中国银行业监管发展与改革研究

李直　朱忠明　王博林　著

中国发展出版社
CHINA DEVELOPMENT PRESS

图书在版编目（CIP）数据

中国银行业监管发展与改革研究/李直，朱忠明，王博林著.
北京：中国发展出版社，2015.1
ISBN 978-7-5177-0239-9

Ⅰ.①中… Ⅱ.①李… ②朱… ③王… Ⅲ.①银行监管—研究—中国 Ⅳ.①F832.1

中国版本图书馆 CIP 数据核字（2014）第 223407 号

书　　名：中国银行业监管发展与改革研究
著作责任者：李　直　朱忠明　王博林
出 版 发 行：中国发展出版社
（北京市西城区百万庄大街 16 号 8 层　100037）
标 准 书 号：ISBN 978-7-5177-0239-9
经　销　者：各地新华书店
印　刷　者：北京市密东印刷有限公司
开　　本：710mm×1000mm　1/16
印　　张：26.25
字　　数：441 千字
版　　次：2015 年 1 月第 1 版
印　　次：2015 年 1 月第 1 次印刷
定　　价：58.00 元

联 系 电 话：（010）68990642　68990692
购 书 热 线：（010）68990682　68990686
网 络 订 购：http://zgfzcbs.tmall.com//
网 购 电 话：（010）68990639　88333349
本 社 网 址：http://www.develpress.com.cn
电 子 邮 件：fazhanreader@163.com

前言

现阶段，中国经济的改革发展已进入重要战略机遇期，我国银行业市场挑战与机遇并存，银行业监管步入了一个新的阶段。本书在借鉴西方国家成熟银行业监管经验的基础上，结合我国国情及银行业的现实状况，着力探讨我国银行业监管现状以及改革重点，提出了以下几个方面的创新论点问题。

第一，在借鉴西方发达国家经济、金融理论的基础上，紧密结合我国银行业监管现状，建立数学模型，并采用多元化的经济学分析模型，运用量化分析手段，以此论证我国银行业监管与金融发展的相关性和有效性，为我国银行业的监管奠定了理论基础。

第二，更新我国银行业监管理念，重点提出我国银行业的监管模式——逆周期性。这里主要提出对银监会监管机构的改革，即一方面加强银行业系统性风险的控制，保持充足的流动性，防止我国经济泡沫的形成；另一方面，在经济处于衰退时，银监会要采取及时有效的危机应对措施，稳定市场，积极进行企业兼并、重组等，指导各类企业扩大自身实力，带动市场走出衰退。

第三，运用经济学中的实证分析方法，对监管的相容性、及时性、综合平衡性、长期稳定性、应变性等有效性分析，构建出我国银行业监管评价体系。针对我国银行业发展进程中的具体数据，论证了我国银行业监管的有效性指标。

第四，构建和完善我国银行业监管体系建设——环境倒逼机制。由于我国银行业监管具有强制性特征，所以从银行业监管制度而言，政府行政力量干预过度，使银行业务发挥的空间被大量挤占，政府主导型制度安排与银行业市场发展内在规律之间的冲突摩擦、行政监管的政策决议存在的时滞等问题，严重破坏了政策的系统性和连续性。因此，从市场需求出发，实行环境倒逼机制，使其更有效地提高银行监管效率。

第五，扩展监管范围，加强宏观审慎监管，防范银行业的系统性风险。要推动银行业立法政策，通过立法将“影子银行”及其他从事银行业务的相关金融企业纳入监管范围，如第三方支付公司、网络公司、小贷公司、各类担保公司等；要从法律角度明确银行业的破产与退出机制，建立我国新兴的银行业市场准入机制，建立我国银行业破产退出机制、重组并购机制；建立我国银行业存款保险制，建立银行业的清偿基金；建立对“影子银行”风险监管防范机制，提出需要建立银监会和证监会分类监管、相互协调的机制，进而防范资本市场与货币市场的风险传染；等等。

第六，建立银行业监管者的多层次的激励制度和约束机制。这要涉及内部约束与外部约束两个层面，需要和银监会有关局部领导者沟通。

第七，提出资产证券化与银行系统性风险的相关性建议。首先从金融市场与货币市场相关性的复杂系统进行经济学分析，然后以有限监管、间接监管、功能监管为主，慎重选择资产证券化类型，通过银行业资产证券化引导我国资本市场资源配置，参与国际资本竞争，维护我国金融安全。

第八，我国银行业支持经济结构调整和转型升级，实行监管权适度下放的改革。银监会要引入宏观审慎监管，优化内外部权力配置；建立统一的金融投资者保护局，整合我国现有资源，参照美国金融消费者保护局（CFPB）模式，将现有的中国人民银行、保监会、证券会、银监会四个机构合并为统一的金融投资者保护局；建立按不同规模差异化监管评价体系，引导银行业差异化经营机制，设立不同的监管指标，引导银行业内生风险管控机制；上海等自贸区新兴监管机制探索。

本书由李直副行长、朱忠明教授提出基本框架并拟定大纲，由沈睿程、郑露、伊瑞华、陈展、高婧、朱哲、张婧驰、孙卉、李卓南、黄洁、郭燕、彭楠分别撰写初稿。各章撰写具体分工是：第一章由刘亚迪撰写；第二章由伊瑞华、陈展撰写；第三章由伊瑞华撰写；第四章由高婧撰写；第五章由朱哲、张婧驰撰写；第六章由孙卉撰写；第七章由李卓南撰写；第八章由黄洁撰写；第九章由沈睿程撰写；第十章由郑露、郭燕撰写；第十一章由彭楠撰写；全书数学模型由王兆桐统一修改核定。

本书前后几易其稿，先由王博林、沈睿程、郑露、伊瑞华在李直副行长、朱忠明教授主持下进行修改，后由王博林（美国纽约银河国际投资公司投资总监）对全书进行长达三个月的总纂和修改，补充新的资料和数据，并对全书部分结构进行了调整并定稿。

在写作过程中，北京大学光华经济管理学院的教授和博士研究生同仁对本书的写作提出了宝贵意见，在此表示感谢！

编　者

2014 年 12 月

目 录

第一章

我国银行业监管的理论基础

在讨论政府与市场的关系中，主要围绕“市场失灵”和“政府功能失灵”进行讨论，但大都停留在定性分析的层面，很少在数理逻辑上给出一致的结论。因此，本章分别从新制度经济学、产业经济学中的规制经济学、行为经济学和法与经济学维度进行定量分析。

第一节 银行业监管的新制度经济学分析

一、新制度经济学和交易成本概述

新制度经济学指以产权和制度为主要研究对象的当代西方经济学说。该学说的主流是以科斯为代表的产权与交易费用经济学和以诺思为代表的制度绩效和变迁经济学，后来经过科斯本人及威廉姆森、张五常、德姆塞茨、阿尔钦和诺思等人的发展，该学派形成了一系列分支学科，包括交易费用经济学、产权经济学、经济分析法学和新经济史学等，构成了一套相对完整的体系。新制度经济学由于涉及了法学、政治学、历史学、社会学、哲学等众多学科，更由于其对经济发展现实问题广泛的解释力、浅显的非形式化表达和密切贴近社会生活的叙事方式，日益为社会各界尤其是经济学界所关注，并成为近20年来现代西方经济学最前沿的研究方向之一①。与传统的新古典经济学的研究思路不同，

① 陈钊：“新制度经济学方法论剖析”，中央民族大学硕士学位论文，2005年。

新制度经济学将“制度”作为内生变量引入经济分析领域，打破了传统经济学在制度既定条件下寻求资源最优配置的分析思路，提出制度不是既定的，在这一前提下探索如何实现资源最优配置的经济制度。

英国经济学家罗纳德·哈里·科斯（Ronald H. Coase）在1960年发表的《社会成本问题》中明确提出“市场交易成本”的概念，他认为市场交易成本应包括度量、界定和保障产权的费用，发现交易对象和交易价格的费用，讨价还价（谈判）、订立合同的费用，督促契约条款严格履行而进行必要检查的费用等。简单地说，交易成本包括搜寻费用、谈判费用和实施费用。

交易成本作为新制度经济学的核心概念，其定义至今仍然没有一个统一的规范。部分新制度经济学家认为，交易成本不仅包括搜寻、谈判和实施成本，还应包括代理成本以及交易的制度成本，这是更广泛的定义。

下面将结合我国银行监管的成本及效率分析，说明深化银行监管对银行业的发展和成长的必要性。

二、银行监管的成本①

1. 银行监管的直接成本（Direct Cost，DC）

银行监管的直接成本是指银行监管导致的直接资源消耗，其中包括银行监管当局制定和实施监管政策需要耗费的人力和物力资源。这主要是指政府设立监管部门制定和实施监管所带来的硬件设施、组织运作以及监管人才的培训等相关费用，以及被监督对象因遵守监管法规而需建立新的制度以及提供培训等所花费的时间与资金，如资本金、存款准备金和保险金等所付出的成本，即执行成本。可见，银行监管的直接成本由两部分组成：由政府负担的行政成本和由被监管的金融机构负担的执行成本。

监管当局的行政成本，如经常性的工资等行政开支、各种检查费用、办公设备的采购费、差旅费等，在存在存款保险制度条件下，还包括存款保险机构对遭受损失的储户所支付的赔偿。银行机构的执行成本包括运行成本与机会成本。运行成本是指银行机构为了满足银行监管当局的要求和遵守银行法律法规而从事某些特定行为时所发生的成本，包括向监管当局提交各种报告的成本、

① 刘丹：“银行监管的法经济学分析”，吉林大学硕士学位论文，2008年。

向客户披露各种信息的成本、满足各种经营标准（如达到特定内部控制标准）的成本等等；机会成本是指由于监管当局禁止银行机构从事特定赢利业务，而使银行机构丧失获利机会而产生的成本。

2. 银行监管的间接成本（Indirect Cost，IC）

银行监管的间接成本主要表现为整个社会的福利水平由于这种监管的实施而降低，是一种效率损失引起的成本。这种间接成本是不易观察到的，它不表现在政府预算支出的增加上，也不表现为个人直接负担的成本的加大上，而只表现在整个社会福利水平的下降上。

第一种效率损失来自对银行业务人员的激励机制作用下降。近年来，为有效防范和化解银行风险，银行监管部门制定了不良贷款责任终身追究制度。从成本理论来分析，这种监管严格、处罚严厉的银行监管，对于促进银行业的稳健发展、审慎经营起到了积极的作用，但由于种种制度控制和各项处罚措施的实施，也使得对银行机构从业人员的激励机制作用下降，对于其业务的发展和自身效益的提高产生了一定程度的影响，如银行机构的“俱贷”现象。同时，银行监管常常引发道德风险，严厉的监管使得银行机构疏于防范，使损失发生的可能性更大。

第二种效率损失来自于监管可能削弱竞争。银行微观经济学的理论认为，银行业的本质决定了银行的经营必须达到一定的规模，同时恶性的竞争将使得整个银行业崩溃。基于这种认识，监管者对银行的市场准入、资本金要求、市场退出等进行了严格的规定。尽管这些措施在一定程度上有助于维护正常和公平的业务环境，保护消费者的利益，但银行体系中垄断的存在和银行业的高度集中降低了银行经营的效率。

第三种效率损失是监管有可能妨碍了商业银行的创新。从理论上说，银行业务的创新，可以使银行机构的业务发展和利益达到一个较高的水平，但由于在业务创新过程中存在诸多不确定的因素，同样也会带来一定程度的风险。作为以利益最大化为最终目标的银行机构，要想获得最大的利益，就必然进行银行创新。银行机构创新有效益，也有风险，其创新获得的收益与得到的激励，在现行体制下难以做到相互匹配，而银行创新若形成风险，则要受到银行监管部门的严厉处罚。所以，银行机构的业务创新必然会有所遏制，由此也必然会使其利益有所损失。

3. 银行监管的变迁成本（QC）

银行监管的变迁成本并不是脱离于监管的直接成本或间接成本的一种成本，而是对发生银行监管制度的重大变革引发的成本的简称。监管制度缓慢演变所引发的变迁成本，完全包含在银行监管的直接成本和间接成本中，而只有当监管制度发生巨变时，银行监管的变迁成本才会跃出水面。银行监管体制的突进式变迁的方式往往是“供给主导型”。供给主导式的制度变迁是在政府的主导下强制性的、先从宪法秩序的创新开始的，它的发生往往是整体性的、突变性的。突进式变迁的原因有两种，一种是由于经济或者银行危机的爆发，使得原先的监管体制遭到废弃；另一种则是为了经济或者银行的发展，进行制度的转轨或者制度的革新。

1933 年的大危机促使了美国乃至世界的银行监管制度的变革，自由混业经营的银行监管制度被严格的分业监管制度所取代，这一监管制度的变迁正是对危机的反应。而 1978 年以来进行的中国银行体系的改革和中国银行监管制度的变革，其核心是为了适应经济的发展。这两种突进式变迁的动机的差异，使得变迁成本的定义有一些不同。这是由于危机造成的突进式监管变迁中，制度的变迁是一些共同的监管理念下的制度创新，新制度和旧制度是一脉相承的；而发展计划的突进式变迁则是不同的监管理念下的制度变革，要么是计划经济向市场经济过渡，要么是银行抑制向银行深化转变，这种制度变迁是对旧的监管制度的否定。

显然，变迁成本只是监管的直接成本和间接成本在某一个特殊时期的巨大成本的表现，但正因为其在特殊时期的巨大成本，才更应该引起关注。银行监管的成本巨大，而一旦银行监管的变革也面临着巨大的变迁成本时，慎重研究银行监管的收益也就极为必要了。

三、银行监管的效率分析

1. 银行监管的收益

银行监管的收益是指银行监管当局实施适当监管所避免的由于金融体系不稳定所造成的损失。因此，银行监管的收益是一种预期收益。

一般而言，银行监管的收益主要表现为三个方面：第一，银行监管可促使社会总体福利水平提高，整个经济由于银行监管塑造的良好的银行机制和环境而改善了资源配置的效率，从而使经济实现了增长，社会的福利水平也因此普遍提高了。第二，银行监管促使银行体系总体收入提高，银行监管通过保护充分有效的竞争、防止垄断和欺诈行为以及避免系统性风险的出现，维护一个和谐良好的经营环境，进而使得整个银行体系实现更高的收入。第三，银行监管可促使被监管机构收入水平提高，银行监管机构的收入是单个银行机构收入的函数，并且两者成正相关关系。

银行监管的总收益（R）具体涵盖以下三个要素。

（1）市场价值和服务质量（R1）。银行的市场价值与服务质量主要体现在两个方面：一是对于银行的投资者来讲，必然要求有满意的回报率和可以接受的风险水平，这既取决于银行本身的经营效率，同时也是银行监管的重要目标。作为金融市场的监管者，也必须把银行机构的市场投资价值列为监管活动的收益范围，并给予必要的关注。二是对于购买银行产品和服务的消费者来讲，无论是存款人、借款人还是结算等其他服务的购买者，都有着不同的利益需求，比如存款资金的安全性、利息收益保障、服务的便捷效率性和满意度等，都是金融消费者关注的焦点问题，而这些领域，往往也是世界各国的监管当局确定监管目标的重要依据，是监管收益的直接来源之一。

（2）资源配置效率（R2）。银行体系作为社会经济活动的中介，其与生俱来的功能就是通过价格机制调节社会资金的流动，引导资源向最有效率的行业领域或市场主体集中，促使有限的社会资源能够最大限度地得到有效利用。从现阶段的实践来看，许多国家特别是发展中国家也都把促进银行业高效运行和促进经济增长作为监管活动的目标之一。实际上，配置社会资源作为银行的基本功能，一直是监管当局关心的重要问题，也是银行监管收益的重要体现。

（3）秩序与稳定（R3）。银行业的高负债经营特性决定了它天生就是一个高风险行业，而金融风险的迅速传染性和高度负外部性，又使得这种风险一旦发生，就极易蔓延和引发社会恐慌，危及区域乃至整个国家的稳定，由此决定了金融市场秩序和风险控制的极端重要性。也正因为如此，各国政府和监管当局都无一例外地把维护银行业的安全与稳定、合理控制和防范风险作为监管的首要目标。

2. 银行监管的效率

银行监管的效率实际上是一个成本收益分析问题，即用最低的成本实现监管收益最大化。公共部门的特质决定了对监管效率评价的困难，例如监管部门的垄断性使其所提供的管理和服务必然具有唯一性，同时监管目标表现出明显的多元化竞争性，监管收益又具有内在的非产品性和无形性，所以非常明确地度量监管的效率几乎是不可能的，我们只能根据因素分析的方式来补充完善技术分析的框架内容。

根据前面的分析框架，我们认为决定银行监管效率的因素既有来自于监管领域的内容，也应当包括来源于银行业机构本身的方面。具体到影响银行监管效率的主要因素，至少应当包括以下三点。

（1）监管目标的特性（g）。监管目标是决定和衡量一切监管活动效果的根本尺度。巴塞尔银行监管委员会推出的《有效银行监管核心原则》指出：银行监管的目标是保持金融体系的稳定性和信心，以降低存款人和金融体系的风险，银行监管还在于努力建设一个有效的充满竞争的银行体系。在实际监管中，监管当局必然要考虑是以稳定银行体系为重心，还是以鼓励竞争以提高银行体系的效率为重心。两种不同的监管目标价值取向，必然会影响监管成本和收益的实际水平及对比关系。

（2）监管政策与制度设计（t）。银行业安全网政策的目的是维护银行业稳健运行。大量的理论研究和实证事实表明，缺乏监管政策协调效应的兼顾，一项监管政策在达到预期政策目标的同时，可能导致反稳定负效应。

在银行业安全网政策中，存款保险制度、资本充足监管、市场准入和退出、问题银行处置政策之间，并非彼此完全独立，各项监管政策之间存在较强的微观反馈效应。例如完备的准入制度、频繁的监督检查以及细致的工作程序与苛刻的监管指标，都会提升监管的成本，但与此同时，严格的准入条件却能够使银行成立后面临较小的风险，频繁的事中检查及合理的指标控制也会降低运营风险，而完善的风险救助和推出制度则可以进一步增大监管的收益水平。

（3）银行业机构体系的性质（p）。由于所有制形式不同，银行法人治理结构及其效力、内部管理和风险控制的动力也不同。对国有银行和农村信用社而言，其资本结构中国家信誉资本占绝对比重，股权资本失去内在的风险规避激励。股权资本结构的不合理，导致了这类银行机构的内在风险控制的动机主要取决于外部监督管理，对这类银行的监管就不能完全套用市场化成熟的监管原理。外资金融机构大多来源于发达的市场化国家，风险管理水平和内控制度都比较先进和完善，但这些金融机构所从事的金融业务一般比较复杂，金融衍生业务的比重相对较高，要求较高层次的监管，应按照国际银行业监管惯例和技术实施监管。

3. 银行监管的效率分析模型

总之，银行监管的效率 Y 取决于上述因素的综合影响，即 $Y = F(x) = F(g, t, p)$。根据前面的分析，监管收益 $R(x) = R1 + R2 + R3$，监管成本 $C(x) = DC + IC + QC$，于是有：$Y = F(x) = R(x) - C(x)$。该函数具有一般成本收益函数的典型特征，即：监管收益函数 $R(x)$ 的一阶导数大于 0，二阶导数小于 0，因而其曲线是凹的；监管成本 $C(x)$ 的一阶导数大于 0，二阶导数大于 0，因而其曲线是凸的（如图 1.1 所示）。

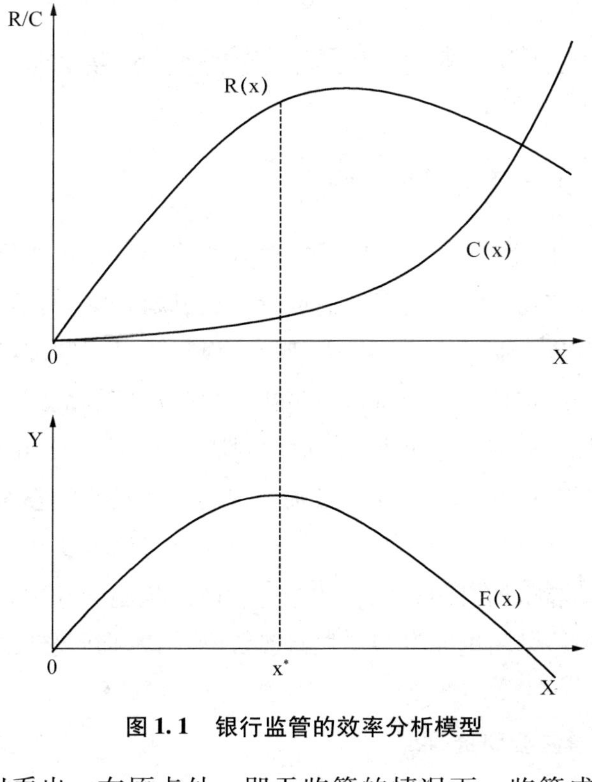

图 1.1　银行监管的效率分析模型

从图中可以看出，在原点处，即无监管的情况下，监管成本为 0，收益也为 0。

当 $F'(x) = R'(x) - C'(x) = 0$ 时，$F(x)$ 有极值，也就是说当边际收益等于边际成本，即 $MR = MC$ 时，监管的净收益最大，此时 $x = x^*$，监管效率达到最高点。在 x^* 点左边，监管力度的边际增加带来的监管收益大于监管成本，或者说监管收益上升得比监管成本上升得快，监管尚有潜力可挖；在 x^* 点右边，监管力度的边际增加带来的监管收益小于监管成本，或者说监管收益上升得比监管成本上升得慢，致使监管的净收益下降，监管效率逐步走低。

至此，我们可以得出的一个理论结论就是：只要银行监管在实现其追求的目标时，对行业的经营活动造成的附带损失最小，那么这种监管就是有效率的。从这个意义上讲，银行监管并非是金融压制和阻碍银行业的发展，而是在确保安全与稳定的基础上促进银行体系的公平、有效竞争。银行监管的核心目标是创造一种提高效率并鼓励竞争的管理结构，促使银行服务适度化并在市场经济中更好地运作。

第二节　银行业监管的规制经济学分析

一、规制经济学相关理论介绍

规制经济学是 20 世纪 70 年代以后在西方经济学中逐步发展起来的新兴学科，它主要研究在市场经济体制下政府或社会公共机构如何依据一定的规则对市场微观经济行为进行制约、干预或管理。“规制”是规制部门通过对某些特定产业或企业的产品定价、产业进入与退出、投资决策、危害社会环境与安全等行为进行的监督与管理。近年来，政府规制活动作为规制经济学的研究对象，有了新发展，主要体现在如下方面：激励性规制与放松规制在全球兴起；社会性规制日益发展，其规制领域不断扩大；政府规制方法着重体现市场原则，出现了政府规制活动与市场机制相融合的趋势。政府规制活动中这些新趋势的出现，促进了规制经济学的迅速发展，规制经济学对这些新趋势的出现进行了深入研究。

1. 规制经济学主要研究领域

规制经济学曾经是产业经济学的分支，但现在已成为一门独立的学科，主要研究的领域包括经济性规制和社会性规制。

经济性规制主要关注政府在约束企业定价、进入与退出等方面的作用，重点针对具有自然垄断、信息不对称等特征的行业。经济性规制主要通过以下几种方式实施：一是对企业进入及退出某一产业或对产业内竞争者的数量进行规制，这一规制可以通过发放许可证、实行审批制或是制定较高的进入标准来实现。二是对所规制企业的产品或服务定价进行规制，也称为费率规制，包括费率水平规制和费率结构规制。三是对企业产量进行规制，产量高低直接影响着产品价格，进而关系到生产者与消费者的利益，通过规制可限制或鼓励企业生产。四是对产品质量进行规制。相对于前几种方式，对产品质量进行规制的成本较高，主要包括监督成本、检查成本，由于规制者难以亲自监督产品生产，企业和规制者之间存在着信息不对称，规制者对产品质量很难把握，因此实践中这类规制方式较少采用。

社会性规制是以确保居民生命健康安全、防止公害和保护环境为目的所进行的规制，主要针对经济活动中发生的外部性有关的政策。近年来，社会性规制在各国逐渐施行，主要通过设立相应标准、发放许可证、收取各种费用等方式进行。

2. 政府规制的发展方向

实行激励性规制与放松规制成为近年来政府规制的发展方向。

激励性规制主要是通过设计合理的制度来克服传统政府规制所存在的缺陷，给予被规制企业提高内部效率的激励，从而减少规制成本，同时提高企业资源配置效率。激励性规制主要有如下几种形式：特许投标制度、区域竞争（或称为标杆竞争）制度、价格上限规制、社会契约制度等。尽管这些激励性规制也不同程度地存在着某种缺陷，但很大程度上改善了传统规制存在的问题，在欧美一些国家的实践中取得了较好效果。

放松规制则意味着放宽或取消原有的规制制度，如将行业禁入改为自由进入，取消价格规制等。放松性规制的首要目的在于引入竞争机制、减少规制成本，促使企业提高效率、改进服务。20 世纪 70 年代以后，美国、日本、英国等国家对电信、运输、金融、能源等产业实行了放松规制。各国在放松规制过程中，根据本国情况采取了不同的方式。英国的放松规制是与私有化过程相伴而生的，先后部分或全部将英国电信公司、英国煤气公司、自来水公司出售，出售后企业的效率有了不同程度的提高。

以上对规制经济学产生与发展的叙述主要是针对经济性规制而言的，因为相对于社会性规制而言，经济性规制起源较早、体系较为完善，发展较为成熟，在早期政府规制中占据着主导地位。但近年来，随着经济发展水平的提高，对生活质量、社会福利等问题关注程度的日益加强，各国对经济性规制产业实施放松规制的同时，将关注点更多地投向了社会性规制领域，社会性规制在政府规制中的地位与作用正逐步提高，规制的领域也不断扩展，规制的方法与手段也在不断改进。政府对社会性规制的重视在某种程度上是社会进步、生活质量提高的反映，更直接体现了对消费者利益的保护与对社会可持续发展问题的关注。因此，社会性规制也将成为未来政府规制中一个日益重要的组成部分。

二、银行监管的必要性

1. 银行中介功能的特殊性

与其他的非银行中介机构相比，银行中介功能的特殊性首先表现在，银行同时具备了吸收储蓄和贷款功能，并将两者在时间与空间上进行转换，但这一功能本身使银行容易遭受挤兑，突然的银行恐慌会使“好银行”在瞬间转变为“坏银行”。其次表现在，银行的贷款很难在二级市场进行交易。此外，银行内部、不同银行之间的联系远比其他非银行中介密切得多，一家银行的倒闭可能会对另一家银行产生较大的影响，所以提供紧急救助的标准应当是银行之间联系的密切程度，而不是银行规模的大小。

2. 信息不对称和不完全

银行的中介地位既是解决授信主体之间信息不对称的产物，也会给金融市场带来更多的信息不对称和不完全，加剧金融市场的不稳定和脆弱性。

银行在与借款人签订借款合同之前并不了解借款人偿还能力的全部信息，因此当资金需求大于供给时，银行提高利率，使低风险的借款人退出市场。其原因就在于不能偿还贷款的人往往积极搜寻贷款，并愿意支付较高的利息。这种逆向选择使得高风险的项目驱走了低风险的项目，贷款成为不良贷款的可能性增大。由于银行的期望收益不仅取决于贷款利率，还取决于借款人还款的概率，信息不对称的存在使得银行提高利率，这可能降低而不是增加预期收益，所以银行宁愿选择在相对低的利率水平上拒绝一部分贷款要求，而不愿在高利率水平上满足所有借款人的申请，于是信贷配给就出现了。此时信贷市场亦处于均衡状态，如图 1. 2 所示，信贷市场上需大于供，而银行却不愿提高贷款利率使供需相等的点即为信贷配给均衡点。银行规制是解决因信息不对称、不完全而产生逆向选择与道德风险的一个有效手段。

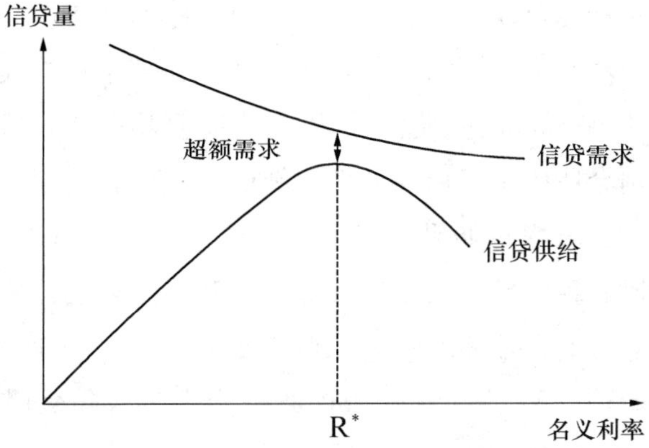

图 1.2　银行信贷需求与供给关系

3. 外部性和系统性风险

银行的经营目标是利润最大化和风险最小化，这会使金融资源集中流向那些风险较小、利润较高的经济部门；相比之下，风险较大、获利前景不明的经济部门则难有金融资源流入。这使得社会各个经济主体不能平等地获得信贷和投资机会，从而不能保证各个经济部门的均衡发展，以及整个国民经济的稳定增长。

银行的外部性比非银行企业更强。银行从事的是高杠杆业务，其债务资产比率大大高于非银行企业，即它可以运用很少的自有资本支持同样规模的资产运营，因此银行发生问题时，对社会公众造成的损失比其所有者的损失要大得多。更重要的一点是，银行风险的“传染性”或多米诺效应（Domino Effect）很强，一家银行机构破产可能导致多家银行机构破产。因为银行同业支付清算系统把所有银行联系在一起，形成一张相互交织的债权债务网络；如果在一个清算期间（通常是一天）结束时，有一家或多家银行未能支付，那么有可能造成全面的流动性危机。而这似乎是银行固有的特性，因为银行把借款人需要的信贷组合转换成存款人需要的存款组合，提供的是一种期限转换机制（Gurley and Shaw，1960）：企业喜欢长期信贷为其项目融资，而居民由于受流动性影响往往倾向于短期储蓄，正是这种存款与贷款期限的不匹配，导致银行不得不经常面对流动性短缺。在部分准备金制（Fractional Reserve）的前提下，银行仅留下一小部分存款作为满足日常提款需要的谨慎性准备金（Prudential Reserve），而将剩余资金用于发放流动性弱的贷款，于是银行不得不经常面对流动性短缺。

同时，信息不对称使存款人不能像对待其他产业那样依据公开的信息来判断某个银行机构的清偿能力，所以当存款人发现其存款银行有大量提款时，由于害怕银行破产（Bank Failure），他们也相应地提取其存款。当提款超出预期的流动性要求时，则会造成正经历流动性短缺的银行声誉受损，银行破产的可能性增大了。因此，一家银行如果控制不好挤兑行为（Bank Run），就有可能引发社会公众的恐慌心理，导致其他银行的挤兑和银行业总体信用的动摇，这说明在一定条件下银行的负外部效应又可能自我放大。

Diamond-Dybvig（1983）建立了一个博弈模型来分析随机因素引起（并非由银行业绩不佳引起）的银行挤兑现象。

考虑一个由三个时期($t=0,1,2$)组成的经济,共有 N 个存款人,每个存款人有 1 个单位的初始禀赋。在时期 $t=0$,存款人不知道自己会在时期 $t=1$ 还是时期 $t=2$ 面临流动性需求;只知道在 $t=1$ 取款的概率是 π_1,取款额为 c_1,在 $t=2$ 取款的概率是 $1-\pi_1$,取款额为 c_2。则在 $t=0$ 时,每个存款人的效用为 $U=\pi_1 u(c_1)+\rho(1-\pi_1)u(c_2)$。其中,$u(\cdot)$ 是单调递增的凹函数,$\rho<1$ 是贴现因子。假设可以在 $t=0$ 时投资于非流动性资产,投资到 $t=2$ 时变现的收益率 $R>1$,而在 $t=1$ 时提前变现的收益率 $L<1$。模型得出两个纳什均衡(如图 1.3 所示)。

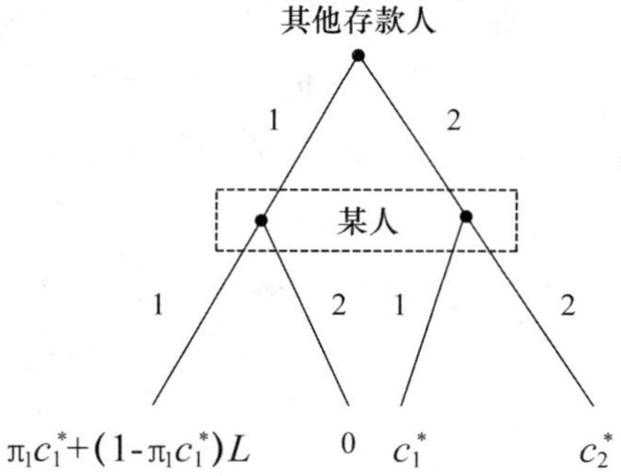

图 1.3　纳什均衡图

（1）如果银行能正确地预测 π_1，并且决定在 $t=2$ 时取款的存款人充分相信银行会按承诺支付给他们 c_2，那么银行将向存款人提供最优契约（c_1^*，c_2^*），满足一阶必要条件：$u'(c_1^*)=\rho R u(c_2^*)$。此时，银行将它吸收存款中比例为 $\pi_1 c_1^*$ 的部分作为现金持有，余下的 $1-\pi_1 c_1^*$ 作为非流动性投资。

（2）如果决定在 t = 2 时取款的存款人发现许多存款人在 t = 1 时取款后，怀疑银行的支付能力，则会产生挤兑。因为某个存款人若预期在 t = 1 时取款的人能够增加到一定限度，银行持有的现金将无法满足兑付需要，于是不得不变现其在非流动性资产上的投资。但即使银行将所有的非流动性资产全部变现，其最大清偿力也仅是 $N[\pi_1 c_1^* + (1 - \pi_1 c_1^*)L]$，只要 N 足够大，这显然小于除这个存款人外所有其他存款人的取款要求 $[N-1]\ c_1^*$。这样的结果是，银行在 t = 2 时的偿债能力为 0，所以这个存款人的最优选择是在 t = 1 时提前取款。由于这一博弈是对称的，所以当所有与这个存款人一样原本决定在 t = 2 时取款的人都认为别人会提前取款时，最优地选择都是在 t = 1 时取款，从而形成银行挤兑。

4. 金融等级结构是自然演进的必然结果

不同的机构和资产之间形成的等级结构，是市场发展过程中金融结构演进的一个重要特征。通常，小银行为了便于办理转账支付业务会在大银行开立存款账户，为了保持流动性会将发行的存款负债与大银行挂钩。这样，久而久之，小银行就会依附于大银行，少数大银行逐渐成为“倒金字塔”式金融体系结构的尖顶。等级结构一旦形成，大银行就会在开展相关业务时对依附于它的小银行进行监督。在现代金融体系中，由于中央银行的信用等级最高，因此自然成为等级结构中的最高层，并行使对其他金融机构的监管职能。所以，即使没有政府，在纯粹的市场力量作用下，同样会产生对银行的规制行为。

三、银行的规制目标

蒂米奇·威斯塔把金融监管的目标分为宏观经济控制、资源配置性控制、结构性控制、谨慎性控制、组织性控制和保护性控制六类，认为宏观经济控制和资源配置性控制日趋无效，但谨慎性、组织性和保护性的管制是非常必要的。美联储则将“维护公众对银行体系的信心；保护存款人的资金安全；培育能够以合理的成本满足公众对高质量金融服务需要的高效和有竞争性的银行体系；银行的合规经营”列为银行监管的目的。

我们把银行规制分为三类：一类为经济性规制，包括对定价、利润、市场准入退出的控制；第二类是审慎性规制，包括对银行产品和经营过程的监督；第三类是信息性规制，指向公众和监管者提供信息的要求。其中，审慎性规制覆盖了业务稳定的一般规则（如最低资本充足率）和特定规则（如风险资本比率、离岸业务限制和贷款分类原则等），是影响银行稳健经营的基础性规制。

以《有效银行监管的核心原则》为依据，持续性银行监管的主要手段包括现场检查和非现场检查。根据巴塞尔银行监管体系的发展，我们把银行规制的方式分为以下两类。

第一类，行政命令方式。传统银行规制是以行政部门的命令方式进行，政府通过行政命令规定不同银行的经营范围，并对违反这些规定的银行采取相应的行政处罚。这种方法存在许多弊端：首先就信息不对称而言，当监管当局无法以合理的成本获取所需要的信息，或者监管所依据的信息来自于监管当局不信任的银行时，规制就达不到预期的效果。其次是经验不对称问题。事实上，银行在其业务经营中比监管当局具有更多的经验，知道如何才能以最低的成本达到监管当局的目标。再次，就监管的执行问题而言，由于复杂的监管方案难于执行，行政规制的结果往往是形成“一刀切”的局面。

第二类，标准化方式。为了克服行政命令式监管的弊端，巴塞尔银行监管委员会使用了银行监管的标准化方法。该方法沿袭了行政命令的一般原理，将资产划分为不同风险级别，并对每种类型确定不同标准的资本要求。也就是说，该方法是借助于不同类型的衍生工具规定不同的风险权重来计算相应的衍生交易所要求的最低资本数额。《巴塞尔协议》规定了两种方法供银行选用：初始风险衡量法和当期风险衡量法，前者以合约期限为标准，后者以剩余到期日为标准。但是，标准化方法仍然没有解决银行和监管者之间的信息不对称和风险评价经验的不对称问题。标准化方法中监管资本的数额是以银行当前资产头寸为基础，没有考虑到银行为了进行风险控制而采取的动态交易策略，也没有考虑各银行在不同金融市场上拥有的不同知识经验和业务操作水平，没有设置不同的资本要求，因此这种监管仍然显得较为粗略。此外，该方法有可能促使银行增加持有更高风险的股票组合头寸，以获取高的收益，而这直接违背了监管当局的监管目标。

在此，我们得出结论，一国政府或银行监管当局实施银行规制的目标应涵盖以下四个方面。

（1）保护银行体系的稳定性。即控制、防范对银行体系造成损害的并对整个金融体系、社会经济运行产生严重影响的系统性风险。

（2）提高金融体系尤其是银行体系的有效性。鼓励竞争和反托拉斯政策是提高金融体系有效性的重要手段，并能在一定程度上减轻道德风险和逆向选择。鼓励竞争不仅仅是为了保护消费者免受垄断定价，而且是为了利用市场力量来提高金融部门之间、金融部门与其他经济部门之间资源配置的效率。此外，金融市场的有效运作还取决于市场参与者对市场的一种信心，也就是市场中的所有参与者都按照公平、透明、置消费者利益于先的规则与程序从事交易活动。银行监管就是要提供公信这样一种公共产品。

（3）保护消费者免受机会主义行为的侵害，即保护消费者免受银行服务部门或金融市场其他参与者的垄断定价或机会主义行为的损害。换言之，由于普通消费者在竞争中通常处于弱势，容易被欺诈和漠视，为确保消费者得到完全的、诚实的金融服务，银行监管当局有必要对银行业制定许多事前的、事后的规制措施，如存款保险制度和持续信息披露制度。

（4）政府为实现其政治目标而对金融体系额外增加的干预或规制，防止银行业务被用于金融犯罪目的。

但是，不管实施银行规制出于何种理由，银行规制的目标必须确保在不确定条件下使资源在跨越时间和空间的配置、转移和分配中具有有效性。在整个金融体系中，银行因其所具有的独特功能从而成为金融体系和现代金融安全的重要组成部分，银行的这些功能可能导致的流动性问题和清偿能力问题，使得对银行的审慎规制和监管变得更为重要。

第三节 银行业监管的行为经济学分析

一、行为经济学相关理论介绍

行为经济学是经济学和风险管理理论发展的最新成果，其代表人物已多次获得诺贝尔经济学奖，如斯蒂格里茨、阿克洛夫、卡尼曼等。它是一门研究在复杂的、不完全理性的市场中投资、储蓄、价格变化等经济现象的学科，是经济学和心理学的有机组合。标准经济学理论假定人的行为是理性的、不动感情的、自私的、追求自身效用最大化的，即认为所有非理性的行为皆不存在。行为经济学却认为人的行为所追求的远不仅限于此，他们还关注公平、互惠和社会地位等其他方面。

行为经济学将心理学——主要是“行为决策”领域的研究引入传统经济学分析框架。“行为决策”的研究对象一般分为“判断”和“选择”两大类。“判断”在行为学研究中的含义是，人们在估计某一事物发生概率的时候整个决策过程是如何进行的。行为学研究中“选择”的含义是，人们在面对多个可选事物的情况下，是如何做选择的。行为经济学的研究一般分为四步：识别传统经济学理论所运用的假设、模型；识别反常规现象；改造原有模型，使之普适性更强；检验新的行为经济模型，寻找该模型的新推论，并论证其对谬与否。

二、银行监管的必要性分析

行为经济学的基本观点是：风险是普遍存在的，而人的非理性则驱动了风险。因此，运用行为经济学分析范式分析银行监管的产生、发展和可选择模式，可以从两个维度来说明，即风险管理和非理性经济人。

1. 风险管理

近年来，尽管四大国有商业银行的不良贷款率有所下降，但随着中国银行业整体改制上市进程的加快，社会信用水平不高、综合税收负担率较重、利率市场化、中小存款机构改制、金融机构业务交叉、银行准入等一系列风险不容回避。在我国利率市场化后，商业银行将更多地使用利率互换、远期利率、利率期货、利率期权等衍生品来管理风险。利率市场化还会进一步促进存款理财化和贷款证券化，创造出新的金融产品。这些金融产品本身具有对冲风险、盘活资产、提高流动性管理能力的功能，但其高杠杆也会将风险放大，因此银行必须对其面临的信用风险、市场风险、操作风险等进行管理。为了避免银行在追逐盈利最大化的目标下做出不合理的高风险决策，银行监管将更加有效地监督银行在风险和收益之间进行权衡。

2. 非理性经济人

从非理性经济人的视角看，由于受到心理和行为因素的影响，银行决策者会出现各种行为偏差，如过度自信、反应偏差、处置效应、从众行为等，这种经济主体的非理性行为对于银行监管的发展和效率有重大影响。

对于银行来说，风险管理是非常重要的，它关系到银行的生死存亡。对于银行客户来说，从单一的存款到将银行产品作为一种理财工具，形成包括多种理财方式的完整理财规划；对于银行来说，从单一的信贷产品，到提供“一揽子”以分散风险、保值增值的理财服务为核心的多样化金融产品组合；对于监管者来说，从分业监管到混业监管的过渡，这些经济主体的消费意识、经营思想、监管理念均体现了银行风险管理的意识层面由非理性到理性的变迁和发展，即银行风险管理产生和发展的根本动因是人的非理性行为演化的结果。

在很多情况下，银行雇员所做出的行为或选择是缺乏“理性”的思考和判断的，与知识和能力没有必然的关系，“非理性行为倾向”是银行风险产生的一个非常重要的因素①。

银行贷款集中风险就是由相似性偏差产生的。行为经济学理论提出，人们通常会根据事件 A 的相关数据和信息来预估事件 B，从而产生相似性偏差，这在银行贷款中也时常发生。如果银行发现某一行业的企业保持了良好的还款记录，就会认为这一行业企业的资信情况比较好，当该行业的其他借款人向银行提出贷款申请时，银行根据它们之间的相似性，往往放松对这些企业的贷款资信审查，以提高贷款的效率，此时贷款就会集中。这种经验判断方式可以大大节省成本，但难免会发生一些偏差，因为即使同一行业的不同企业，其风险水平也是不同的。一旦这些相似性偏差累积产生，银行风险便以信贷风险的形式出现。

银行危机的周期性反复是可利用性偏差的后果。银行的决策者也是受记忆能力或知识水平制约的，并不能对所有必须考虑的信息都能作出正确的评估，他们通常只能利用自己熟悉或能够想象到的信息来进行直觉推断，这种只利用部分信息进行决策将会产生信息的可利用性偏差。欣欣向荣的经济繁荣景象往往使银行决策者认为贷款的风险比较小，从而大量增加其贷款规模，忘记了历史上的银行危机都是在非理性繁荣时期埋下的大量呆账坏账隐患。银行在贷款担保领域还容易产生锚定效应，比如一个贷款申请人向银行申请贷款时，如果有一个著名企业能够为之提供贷款担保，银行就往往轻易相信他的还款能力，而不注意挖掘背后的风险信息。其实，担保企业的知名度与贷款申请人的实际风险状况不存在必然的相关性，而银行的锚定效应则使银行产生了风险。大量

---

① 李锋：“商业银行操作风险的行为经济学分析”，载于《沈阳师范大学学报（社会科学版）》2008 年第 32 卷第 4 期，第 79 ~ 80 页。

的有“可靠”担保的贷款面临着巨大的风险，这不仅仅是信用风险，更是锚定效应产生的银行风险。

银行决策者的决策还会受到“从众心理”的影响，当自己的观点与群体的观点相左时，他们往往会认为主流观点信息充分或预测正确，这种轻易放弃自己观点而追随主流的行为极易产生认识偏差，这就是从众行为效应。从众行为效应削弱了银行决策者决策的独立性，减弱了最终结论的可靠性，从而导致银行风险。

模糊厌恶理论认为，人们在熟悉的事情和不熟悉的事情之间更喜欢熟悉的那个，而回避不熟悉的事情。由于银行贷款起初的偿还情况一般都是良好的，损失情况往往在时间比较晚的时候出现，所以在决定是否贷款时要对风险损失进行贴现。由于模糊厌恶的存在，贴现因子是时间的减函数。对于信贷人员而言，遥远的损失对其决策的负面影响要比简单的贴现小得多。为追求价值期望最大化，信贷人员往往倾向于选择长期贷款，长期贷款的风险暴露时，也许就被简单的纳入信用风险中，但这是贷款期限安排时人为操作的结果，是一种隐性的银行风险，其危害性往往更大。

后悔厌恶与认知失调理论认为，人们做出错误的决策时会对自己的行为感到痛苦，为了避免后悔，人们常常做出一些非理性行为，如可能不愿意接受新信息或提出歪曲的理念以继续维持自己的信念或假设。因此，如果在银行信贷过程中出现“不利”信息，则容易被决策者忽略，使得错误不能及时得到纠正，使纠正错误的最佳时机一次次被延误。如果让银行业务的最初决策者根据决策执行情况对自己的决策进行调整或改正，将是一件费时费力的事情，往往达不到及时调整、改正的效果，造成银行风险的积累。

三、监管机构与银行间的博弈①

银行和监管机构的预期收益与对方的行为选择密切相关，它们之间的决策行为是相互影响和相互制约的。下面对此问题建立了一个动态非合作博弈模型，通过对该模型的求解，得出了监管最理想的纯策略均衡是可能实现的结论。

---

① 张炜：“网络银行监管的制度经济学分析”，武汉理工大学博士学位论文，2010 年。

1. 模型的基本假设

银行和监管机构构成这个博弈的两个博弈方，假设：

（1）双方对有关博弈规定的信息的掌握是充分的，完全知道对方的策略空间和效用函数，但双方都争取自身利益最大化，不会相互合作，故该博弈属于完全信息的不合作博弈。

（2）两者都是风险中性的理性经济人。银行的策略空间为（违规，合规），银行追求自身利益最大化，它将根据自身预期效用最大化来决定采取哪种策略；监管机构的策略空间为（监管，不监管），监管机构也将采取合适的策略来实现自己的利益最大化。

（3）银行守法操作时，无论监管机构监管与否，银行都将得到自己的正常收益，而对于监管机构来说，如果进行监管，不可能成功地查处银行的违法行为；如果银行违法操作，一旦被查处，不仅要没收全部非法所得，还要受到一定程度的惩罚，而监管机构在进行监管工作时也要支出一些费用，如果能够成功查处银行的违法操作行为，将会受到奖励。

2. 建立模型

银行和监管机构的博弈模型如表 1. 1 所示。

表 1. 1　　银行和监管机构的博弈模型

<table>
<tr><td></td><td colspan="3">银　行</td></tr>
<tr><td rowspan="5">监管者</td><td></td><td>违规</td><td>合规</td></tr>
<tr><td rowspan="2">监管</td><td>G − H2 + C，−Rl</td><td rowspan="2">G − H3，R</td></tr>
<tr><td>G − H2，R2</td></tr>
<tr><td rowspan="2">不监管</td><td>G − H1，−Rl</td><td rowspan="2">G，R</td></tr>
<tr><td>G，R2</td></tr>
</table>

其中，G 为监管机构正常效用。C 为监管机构查处违规操作者行为后所得到的报酬。R 为银行合规操作的正常收益。Rl 为银行违规操作时被查处后的处罚金额，R2 为银行违规操作的非法所得。Hl 为监管机构工作失职受到的处罚；H2 为监管机构监管违规操作所带来的监管成本；H3 为监管机构监管合规操作付出的监管成本，一般 $H3 < H2$，因为在监管中检查会遭到重重阻挠，而且违规行为较为隐蔽，从而更难于监管。另外，假定监管机构查处违规操作的成功

概率为 θ，银行的违规操作行为被检举的概率为 λ，这些概率由社会监管氛围、银行监管的法律、法规完善程度以及银行成熟程度等外在环境决定。

令 $M = R2 - R$，$N = Rl + R$，M 就是银行违法操作所获得的超额利润，即比守法操作时多获得的利润，N 是银行违法操作被查处后与守法操作时相比的利润差异。博弈模型可变化成如表 1.2 所示。

表 1.2　　转化后的监管模型

		银　行	
		违规操作	合规操作
监管者	监管	$G - H2 + \theta C$，$R + M - \theta\ (M + N)$	$G - H3$，R
	不监管	$G - \lambda Hl$，$R + M - \lambda\ (M + N)$	G，R

3. 博弈分析

（1）纯策略博弈的均衡分析。

我们分别分析这四种纯策略达到均衡的条件及其可能性。

①（不监管，合规）即监管机构不监管，银行能够自觉守法。这是最理想的均衡状态，但这种情况在现实社会中是不可能存在的。该策略达到均衡的条件是 $R + M - \lambda\ (M + N)\ < R$，即 $\lambda > \lambda^{*} = 1/\ (1 + N/M)$，表示银行采取违法行为不能获取比守法行为更多的利润。显然，银行违法操作所获取的超额利润越多，而被查处的处罚越轻，银行采取守法行为的区域范围也就越小。

②（不监管，违规）即监管机构不监管，银行违法。该策略达到均衡的条件是 $R + M - \lambda\ (M + N)\ > R$ 和 $G - \lambda Hl > G - H2 + \theta C$，即 $\lambda < \lambda^{*} = 1/\ (1 + N/M)$ 和 $\theta C/H2 + \lambda Hl/H2 < 1$，其含义为银行违法操作所获得的利润大于守法操作所获得的利润。而由于监管效用减少，监管机构也不愿意监管。从第二个条件可以看出，要想促使监管机构愿意监管，必须加大成功查处后的奖励，加大对监管机构的失职处分并设法减少监管代价。同时还可以得出随着社会监督力量增强，监管机构会更加恪尽职守，而不会对社会监督产生依赖心理的结论。

③（监管，合规）即监管机构监管，银行自觉守法。这显然不是均衡状态，因为监管机构会很自然地去选择不监管。

④（监管，违规）即监管机构监管，银行违法。该策略达到均衡的条件是 $R + M - \theta\ (M + N)\ < R$ 和 $G - \lambda Hl > G - H2 + \theta C$，即 $0 < \theta^{*} = 1/\ (1 + N/M)$ 和

$\theta C/H2+\lambda Hl/H2>1$，其含义为银行违法操作所获得的利润大于守法操作所获得的利润，监管机构监管时的效用大于不监管时的效用。显然这种均衡是不理想的，要想避免，就必须加大对违规操作者的惩罚力度，提高监管成功的概率，使其满足 $\theta>\theta^{*}=1/(1+N/M)$。同样在 N/M 越大的情况下，银行违规操作的可能性也就越小。

从上述分析可知，银行监管的均衡（监管，合规）则是不可能达到的，而最理想均衡（不监管，合规）是可以实现的，对另外两种均衡（监管，违规）和（不监管，违规），则采取有效措施避免其出现。

（2）混合策略均衡分析。

在同时满足条件 $\lambda<\lambda^{*}=1/(1+N/M)$，$\theta C/H2+\lambda Hl/H2>1$ 和 $\theta>\theta^{*}=1/(1+N/M)$ 的情况下，该博弈会陷入“监管机构监管→银行守法→监管机构不监管→银行违法→监管机构监管”的循环中，这种情况的均衡解就是混合策略。下面，我们通过假定银行以概率 p 选择违法行为、监管机构以概率 q 选择监管行为，来分析监管机构和银行的最优行为选择。

①监管机构的最优行为选择分析。监管机构的预期效用为 $Us=q[p(G-H2+\theta C)+(1-p)(G-H3)]+(1+q)[p(G-\lambda H1)+(1-p)G]$，对 Us 求微分 dUs/dq 并令其等于 0 得：

$$dUs/dq=p^{*}(\theta C+H3+\lambda H1-H2)-H3=0p=H3/(\theta C+H3+\lambda H1-H2) \quad (1)$$

式（1）说明，银行以小于 p^{*} 的概率选择违规行为时，监管机构不进行监管所获得的效应将大于监管所获得的效用。此时，监管机构的最优行为选择将是不进行监管。当银行违规操作的概率大于 p^{*} 时，监管机构的最优行为则是选择监管。当银行违法操作的概率等于 p^{*} 时，监管机构对监管的态度将会保持中立。这就说明，我们可以通过改变均衡概率 p^{*}，来改变监管机构选择不监管行为的区域，最直接的操作就是改变 C 和 Hl。因为 p^{*} 是 C 和 Hl 的减函数，当 C 和 Hl 增大时，监管机构选择不监管的区域就会变小，当 C 和 Hl 减小时，监管机构选择不监管的区域将会变大。因此，监管的主要目的是要把银行违法操作的概率 p^{*} 控制在一个可以接受的水平，要想降低 p^{*}，就必须对监管机构实施有效的激励和约束。理论上，p^{*} 应控制在监管的边际社会成本等于边际社会收益处。

②银行的最优行为选择分析。银行的预期效用为 $Ui=p\,[q\,(R+M-\theta N-$

θM）+（$1-q$）（$R+M-\lambda N-\lambda M$）］+（$1-p$）R，对 Ui 求微分并令其等于 0 得：

$$dUi/dp = R2-\lambda(N+M)-q^{*}(N+M)(\theta-\lambda)=0q^{*}$$
$$=[R2-\lambda(N+M)]/[(N+M)(\theta-\lambda)] \quad (2)$$

式（2）表明，监管概率等于 q^{*} 时，银行选择两种策略的效用相同，而当监管机构的监管概率小于 q^{*} 时，银行的最优策略将是选择违规操作，当监管概率大于 q^{*} 时，银行的最优策略则是选择合规操作。因此，我们可以通过制定政策来影响均衡概率 q^{*} 并达到控制银行选择违规行为区域的目的，容易影响的变量是 λ、N 和 M。因为 λ 越大，N 越大，M 越小，银行违规操作的可能性就越小。这表明，在社会监督环境越完善、监督能力越强的情况下，银行就越没有选择违规操作的积极性，因为，银行违规操作的处罚越重，违法操作所获取的暴利也就越少。

第四节　银行业监管的法经济学分析

法经济学在国际上已经成为金融发展理论的前沿研究方向，同时也引起了国内学者和管理部门的广泛关注。我国当前正在积极推进金融法治建设和金融改革，许多金融改革与发展的结构性难题总是会涉及法律和金融两个方面的问题。

法经济学是在制度经济学基础上发展起来的一门以微观经济学的方法来分析法律制度的学科，是法学和经济学相互渗透融合而成的一个新兴理论体系，其分析过程中往往将经济学中的成本、效益等概念纳入对法律制度的考证中，为人们分析法律提供全新视角。

一、银行监管必要性的法经济学分析①

1. 消除垄断

完全竞争的市场中，任何一个经济主体都在既定的价格条件下追求各自的效用最大化。但是，现实经济生活中是不存在完全竞争性市场的，总是有着不

① 刘蕾："银行监管的法经济学分析"，载于《绵阳师范学院学报》2009 年第 6 期。

同程度的垄断现象，处于垄断地位的企业将通过操纵价格而不是通过提高经济效益来获取最大化的利润。一个自由的金融体系在市场竞争机制的作用下迟早会出现垄断，因为金融业务同样存在规模经济，即规模越大，则成本越低，收益越高。如果一家银行的机构庞大，分支机构众多，就有可能为客户提供多元化的服务，从而吸引更多的客户。而当一家银行机构占据了相当的市场份额后，其他银行机构进入的障碍就会加大。垄断可能造成价格歧视、寻租等有损资源配置效率和消费者利益的不良现象，对社会产生负面影响；会降低银行的服务质量，减少金融产品的有效产出，造成社会福利的损失，所以应该通过监管消除垄断。

2. 减少银行系统本身存在的负外部效应

简言之，外部效应就是市场主体给其他经济主体带来的无须偿付代价的利益或得不到赔偿的损失。外部效应包括正效应和负效应。一方面，从银行的经营角度看，银行不断通过扩大货币创造的功能追求利润，加大了流动性风险，一家银行的破产倒闭可能引起银行体系的连锁反应，出现银行恐慌；另外一方面，从银行支付结算的角度看，银行支付结算系统把所有的银行联系在一起，从而形成相互交错的债权债务关系。如果一家银行出现流动性危机，就可能破坏整个支付结算体系，并通过货币信用紧缩影响经济增长。可见，需要监管来限制银行倒闭的不利影响，保持整个金融体系的健康稳定。

3. 公共物品理论角度

公共物品是这样一种物品，它提供积极的外部正效应，且在消费上具有非排他性，即公共物品一旦出现，谁都可以从中受益。消费的非排他性使得公共物品的生产者很难通过市场机制收回其成本，这种“搭便车”问题导致市场不会提供或只提供很少的公共物品，而一定数量的公共物品又是市场经济正常运转的基础条件。对银行监管，一方面能够及时保护众多存款人的利益，同时又能够维护整个银行体系的稳定、公平和有效，但广大社会消费者和中小存款人既没有积极性也没有能力去搜寻信息或干预银行的运行。因此，对银行进行监管对于整个社会经济和中小存款者而言具有公共物品性质，必然存在数量众多而分散的中小存款者普遍搭便车倾向。因供给严重不足，需要监管机构承担这一公共物品的供给。

因此，仅仅依靠银行自身创造一个和谐稳定运行的金融秩序和良性竞争环境是很难的，这就需要监管机构采取必要的手段引导其稳健运行。监管机构在提高效率、增进平等、促进金融秩序稳定与增长方面有很重要的作用。

二、银行监管失灵的法经济学分析

虽然银行监管促进了金融秩序的和谐稳定，但是监管也不是万能的，银行业的运行仍存在许多问题。一般认为，监管缺陷有以下主要表现。

1. 监管机构的内部性

内部性监管机构作为全民总代表的一种公共机构，其一切行为应当以社会公共利益为目的，然而监管机构仍是由一定的官员组成的组织，有其组织自身的利益目标、地方利益、部门利益、职位升迁、官员收入等；作为官员的自然人，其个人利益目标更为凸显，当其自身的利益目标与社会公共利益不一致时，其所实施的监管行为就有可能受自身利益目标的驱使而偏离社会公共利益。这种内部性构成监管机构不当干预的深层原因，并且诱致政府干预偏离社会公共利益的机会显著增多。

2. 寻租行为

随着监管权力对银行的介入，银行业的利益得失就为监管行为所左右，监管权力有了给银行带来利益的经济价值。银行受其利润最大化目标的驱使，必然寻求租用监管权力的机会，与此对应的监管者一方，在其内部性的作用下，也可能寻求设租的机会，将监管权力出租给交付租金的银行。由于监管者多是由曾经在银行等金融部门工作过的人员组成，因此他们在监管中难免会支持银行的一些利益。如果监管者是自私自利的，他们就可能成为被监管者的“俘虏”。监管者手中握有的权力及掌握的监管目标可能成为行贿、受贿、营私舞弊的源泉。寻租现象不仅降低监管效率，而且导致腐败。

3. 实施监管的资源成本可能大于目标收益

（1）监管的立法成本过高。监管成本随着金融立法的不断增多而呈现先下降后上升的曲线运动。起初，由于没有立法经验，便组织专家学者进行调研，在群众中考察，对初稿反复论证，这使得制定一部金融法律的成本非常高。随着经验的积累、各种机构的成立、法理念的深入人心，立法的成本开始下降，这主要是边际成本的降低，使得法律总成本随之降低。但是，一旦银行监管立法突破了饱和的界限，出现多余的法规、地方规章、行政规定，又会使监管成本上升。这儿成本上升的主要原因是实施成本的增加。随着我国金融市场地位的确立，金融法制建设取得了阶段性的成果，但面对瞬息万变的银行业发展现状仍显滞后。即便是在现存的法律法规中，也存在条款界定含混、规范相互冲突、专业化程度欠缺、可操作性不强、行政干预等问题。

（2）监管的执法成本过高。我国对银行进行监管的方式主要是现场监管。现场监管是指监管人员到被监管机构进行定期或不定期的检查。现场监管虽然可以掌握详细的第一手材料，但是要花费大量的人力、物力和财力，而且受到时间和空间的限制。一时一地进行的监管也缺乏全面性，在具体操作上还带有片面性和滞后性，使监管弹性比较大。我国目前从西方国家引进的非现场监督方式刚刚起步，配套制度并不完善，特别是由于非现场监管方式主要依赖各种报表和数据，而它们的真实性和准确性普遍存在不同程度的问题，以至于很难实现有效监管。

（3）监管体制没有理顺，多头监管致使监管成本加大。尽管银监会在一定程度上整合了监管资源，但还有一些其他部门仍然可以对商业银行进行干预，主要有中国人民银行和财政部，同时国有商业银行内部还有直接对国务院负责的监事会。这种多头监管，容易引起权限不清，被监管对象面对多种指令无所适从的问题。

可见，存在市场失灵的同时也存在监管失灵，基于此，人们对银行监管产生了怀疑。法经济学的诞生为我们重新审视银行监管提供了全新视角：由于市场失灵的存在，就不可能不需要银行监管；又由于监管失灵的存在，就不可能通过银行监管去解决所有的市场失灵带来的问题。现在的问题不是要不要银行监管，而是如何实施更有效和更可靠的监管，监管的目的是为了弥补银行业自由发展的缺陷。存在缺陷的领域才是监管的范围，监管的程度应当以不削弱自由竞争在资源配置上的基础性作用为限。

三、对我国银行监管的法经济学思考

在现实的监管中要注意以下问题。

1. 健全银行监管的法律体系

我国现行的银行监管法制体系除了《中国人民银行法》和《商业银行法》外，还包括国务院颁布的行政法规和中国人民银行发布的银行管理规章。从形式上看，我国的银行监管法制体系似乎已经完善了。然而实践中，经常遇到运用银行法规重叠、不协调和抵触的情况。要达到协调和健全监管法制的目标：第一，法规制定者必须树立规范性立法和效益性立法的理念，重视立法的整体规划；第二，切忌发现一事便立一法，避免引发相关规章之间的不协调和冲突；第三，做好法律规章的立、改、废工作，特别是对不合时宜的内容进行及时处理，对与新法律法规相抵触的规章予以废止或修改。

2. 成本效益分析提高其监管的有效性

长期以来，我国银行监管从形式上侧重于现场检查，要花费大量的人力、物力和财力，成本高。随着市场经济和经济金融业务的发展，非现场监管的比例越来越大。在非现场监管方面，要求各银行机构定期、定项目、定格式地向国家监管部门提供报告；可通过电子技术建立监管信息网络，系统地将银行金融机构各类报表按时按量输入计算机，建立银行监管的系统参数，利用参数进行比较，从中发现问题并及时检查；还可由国家监管部门制定统一的比率表格，进行非现场的检查比率分析，通过比较发现潜在的风险因素，以此建立我国非现场监管的程序和规则。当然，对某些具体的机构、具体的事件，应该进行现场监管，把现场监管和非现场监管结合起来。

3. 把银行自身监管纳入整体监管体系

首先，必须建立和健全法人治理结构。成立董事会、监事会，明确国家所有和法人经营之间的关系；建立信贷审查委员会、资产负债管理委员会等各种经营决策协调部门及咨询顾问机构。

其次，设立专门的内部审计部门，并直接对法人或最高决策管理组织负责，而不受被监管人员和部门钳制。

再次，银行监管要以人为本，要建立一套激励员工提高自身素质的措施，如增加员工收入和加大对金融违规的处罚力度；建立失职追究制度，把责任与违章违规违法现象的多少及其后果联系起来，让员工在运用高职位权利的同时，保持高度的责任心。

第二章

中国银行业监管发展历程

新中国成立以来，中国银行业经历了计划经济体制下中国人民银行作为唯一一家银行、包揽一切银行业务到现今多层次银行类金融机构交叉经营、百花齐放的历史变迁，而监管当局对银行业的监管，也伴随着其行业格局的变化，经历了从计划性监管到市场化监管的变革。然而，中国金融体系出现的混业经营等现象以及监管过程中出现的重复监管、监管缺失等问题，仍然对银行业监管提出了挑战。但正是这些挑战，以及我们为解决问题而做出的不懈努力，使得中国银行监管能够在历史洪流中不断发展、前进。

第一节　1949~1978年：大一统银行体制下的监管

1948年12月1日，华北人民政府宣布成立中国人民银行，开启了新中国金融事业的新篇章。

1949年新中国成立后，百废待兴，恢复国民经济生产是首要任务。1950年《人民日报》的社论引用了斯大林在1930年信用改革中的指示，即信用业务的合理组织与货币资源的正确运用，对于国民经济之发展，实有重要意义。由此可以看出，彼时中央政府已经意识到，建立一个合理的金融制度和有序的金融秩序，管理好信贷业务以及货币流通，对于恢复和促进国民经济发展具有重要意义。因此，在结合马克思主义货币金融思想以及充分吸收苏联金融制度建设经验的基础上，新政府决定构建一个统一的国家银行体系——由国家银行掌握一切信用，禁止其他银行的存在，并整顿收编境内所有金融机构以建立全国统一的金融市场。

此时，中国人民银行的总行已经由石家庄迁至北平，并按照总行、区行、分行、支行四级建制，在全国大部分地区基本形成了中国人民银行组织体系。作为新中国国家金融产权的唯一代表，中国人民银行承担了接管官僚资本银行、改造民族资本金融业、取缔外国在华银行特权、建立农村集体金融组织和完善社会主义金融体系的任务。

其中，国民政府时期遗留下来的具有官僚资本主义性质的四大行——中央银行、农民银行、中国银行、交通银行中，中央银行和农民银行已随国民党迁台，中国银行和交通银行则为社会主义所用；中国银行仍旧经营外汇业务，并成为中国人民银行的一个职能部门。1954 年，在交通银行的基础上创建了中国人民建设银行（今中国建行银行），负责管理和分配根据国家经济计划拨给建设项目和基础建设相关项目的资金，而交通银行的其他业务也并入中国人民银行。1951 年，农业合作银行（今中国农业银行）成立，作为新中国第一家专业银行，用于办理支农拨款和贷款并扶持农村信用合作，但时间短暂，此后更是几经废立。在 1949 年华北人民政府发布的《华北区私营银钱业管理暂行办法》的基础上，以“北四行”“南三行”“小四行”为代表的私营银行，于 1952 年被重组为统一的“公私合营银行”后，于 1955 ~ 1956 年间并入中国人民银行储蓄部，成为新中国金融体系的有机组成部分。1957 年，中国人民银行设立农村金融管理局，管理全国农村金融业务。由此，一个高度集中的大一统金融体制初步形成。

此时的银行监管主体为中国人民银行。依据 1950 年颁布的《中央人民政府中国人民银行试行组织条例》，中国人民银行的主要任务之一是掌握金融行政，监管私营、公营、合营及外商金融业，管理金融市场。在内部机构设置上，中国人民银行总行设立检查处，会计部门设置稽核机构（在以后相当长一段时间内归行政监察机构管理），执行监督管理金融业的职能；在分支机构设置上，1954 年 6 月，中国人民银行撤销各大区区行，由总行直接领导省、直辖市、自治区分行，形成了总行、分行、支行三级组织体系，进一步加强了对全国金融活动的集中管理。

银行业监管则深受计划经济体制思想影响，主要运用行政监管手段，检查信贷总额控制、利率政策落实、现金业务库存及日常管理等情况。

中国人民银行编制了以“统存统贷，统收统支”为核心的综合信贷计划，作为国家经济计划的重要组成部分。信贷资金的来源和运用服从于国家计划，即存款统一上缴总行，贷款由总行统一分配，从而将信用集中于国家银行。

而在利率政策上，中国人民银行从1949～1952年7次全面调整存、贷款利率。1952年，为更好地服务即将到来的大规模经济建设，在全国降低存、贷款利率的同时，统一了关内各区行的利率，建立了统一的利率管理体制①。因利率的调整统一服从于国家计划，未能反映市场的真实状况，因此并不能真正起到调节和影响经济的杠杆作用。

在现金管理上，统一了全国现金管理。国务院在1977年实施的《关于实行现金管理的决定》中，做出了“凡一切国营企业、事业、机关、团体、部队、学校、集体经济单位所有现金，除核定的现金库存限额外，其余必须存入当地中国人民银行”“库存现金限额一般不得超过三天的日常开支，距离银行较远的单位，也不得超过十五天的日常开支，每个单位每天超过库存限额的现金，必须当天或者次日早上存入银行”“各单位之间的交易往来和货币收支，除支付工资、向农村采购农副产品等和在规定限额以下的零星开支可使用现金以外，其余必须经过中国人民银行进行转账结算”等规定，充分降低了居民与单位库存的现金，为银行信贷资金提供了稳定的来源。

银行机构的市场准入则完全由国务院负责。国务院决定银行机构的设立以及原始资本金的数额，基本上不涉及银行机构的市场退出问题。

综上可以看出，这一阶段的银行监管并无太多自主权，中国人民银行既受财政经济委员会指导（《中华人民共和国中央人民政府组织法》），又需要财政部保持密切联系（《中央人民政府中国人民银行试行组织条例》），它的运作带有浓重的“计划”色彩，更像是国家财政部门的“出纳”与“钱袋子”②。其监管侧重于合规性，是否完成计划是考核银行经营管理水平的标准。此时的中国人民银行掌握着金融资产总额的93%③，既是承担货币政策执行的中央银行，又是开展存款、贷款、汇兑和外汇业务的商业银行，更是统一管理国家金融机

① 中国人民银行：《中国人民银行六十年》，中国金融出版社2008年版，第47页。

② 潘建：“新中国中央银行职能的法规诠释”，载于《当代中国史研究》2009年第5期，第96～102页。

③ 李志辉：《中国银行业的发展与变迁》，上海人民出版社2008年版，第15页。

构的监管机构。此时的银行监管，更多的是中国人民银行对自身的监管。

然而，这种金融运作方式和监管模式却是符合我国当时特殊的经济环境需要的。以“一化三改造”为核心的过渡时期总路线需要由国家对经济进行统一管理、统一配置，将有限的资金运用到经济发展最薄弱、最不平衡的地方，因此，一个完全服从于国家需求的金融运作方式对国民经济的恢复和发展是必要的。1950～1952 年，银行对国营工业的贷款增长了 3 倍，对国营商业部门的贷款增长了 5.5 倍，有力地支持了国民经济的恢复和发展。在 1957 年，实现了各项存款余额及各项贷款余额 18.6% 的增长，结余 5.98 亿元财政盈余，而零售物价指数只上升了 1.5%，较为圆满地完成了“一五”计划[①]，也为后续经济发展提供了重要保障。

值得一提的是，这一时期中国经济几经起伏。1958～1962 年，第二个五年计划时期内，中国经历了大跃进和三年严重自然灾害，银行的业务制度和原则遭到严重破坏，信贷投放严重失控。这一时期，国家银行各项存款年均增长 25%，各项贷款年均增长 20%[②]。1963～1965 年，中共中央决定实行“调整、巩固、充实、提高”方针，先后颁布《关于改变信贷管理体制的通知》《关于切实加强银行工作的集中统一、严格控制货币发行的决定》《关于严格控制财政管理的决定》，要求中国人民银行合理提供信贷资金，以控制货币发行量、物价水平和商品生产。经过整顿，国民经济基本恢复正常，金融工作也步入正轨，同期银行工业贷款分别比上年下降 27.9%、1.8%、增长 25.5%，同期商业贷款分别下降 16.3%、3.2%、增长 8.7%，城乡储蓄存款余额在 1965 年末达 65.2 亿元，比 1962 年增长 58.6%，同时，回收了“大跃进”时期多发的现金，市场现金流通量与商品零售额比例从 1961 年1∶5.5到 1964 的1∶8.5的上升，社会经济生活基本恢复正常[③]。然而，1966 年，“文化大革命”的爆发使银行业再次陷入混乱。各单位存款被冻结，中国人民银行各项职能被裁并，稽核机构被撤销，无法正常开展业务活动。1969 年国务院批转了《关于财政部和人民银行总行机构精简合并问题的请示报告》，将中国人民银行由国务院所属部委单位改为财政部领导下的一个独立业务单位，直到“文革”结束后才得以恢复。

---

① 中国人民银行：《中国人民银行六十年》，中国金融出版社 2008 年版，第 49～55 页。

② 刘明康：“新中国银行业发展历史回顾与未来展望”，载于《中国金融》2009 年第 19 期，第 14～18 页。

③ 中国人民银行：《中国人民银行六十年》，中国金融出版社 2008 年版。

第二节　1978～1992年：中国人民银行统一监管时期

一、1978～1984年：重构国有银行体系，确立央行体制

1976年"四人帮"被粉碎后，我国进入了新的历史发展阶段。1977年12月，国务院召开了全国银行工作会议，决定恢复银行独立的组织体系，强调要发挥银行的作用。1979年开始的金融体制改革，致力于重构国有银行体系，打破中国人民银行大一统的格局，让银行不再成为国家财政的附庸。

1983年9月17日，国务院发布了《关于中国人民银行专门行使中央银行职能的决定》，明确规定了中国人民银行是中国的中央银行，作为国务院领导和管理全国金融事业的国家机关，不再对企业和个人办理信贷业务，其任务是"集中力量进行金融宏观调控与管理，研究和制定金融方针政策，加强信贷管理，保持货币稳定"，并将其原有的商业银行职能转移至四大专业银行。1979年2月，党中央、国务院决定恢复成立中国农业银行，负责农村信贷，为农村金融事业服务。同年3月，中国银行从中国人民银行独立出来，成为国家指定的外汇专业银行，专司国际结算和外贸信贷业务。1979年8月，中国人民建设银行从财政部分离，于1983年正式成为专业银行，负责基本建设贷款。1984年1月，成立了中国工商银行，承担原中国人民银行的工商信贷和储蓄业务，并成为当时规模最大的专业银行。

至此，中国人民银行集中央银行、商业银行职能于一身的国家银行体制被打破，适应了改革开放初期日益发达的商品经济对多样化的银行业务模式以及专业化的信贷供给的需要。由于中国人民银行不再承担商业银行的业务，所以更能集中行使央行职能，专注于货币管理、宏观调控以及对银行业、证券业、保险业、信托业的综合监管。而四大专业银行则主要在专业分工的基础上，吸收存款、办理储蓄、发放贷款和转账结算，同时执行一些政策性任务，并且被允许在彼此的专业领域适当竞争存贷款业务①。中央银行与专业银行并存的二

① Yingyi Qian. The process of China's market transition (1978～1998): The evolutionary, Historical, and Comparative Perspectives. Stanford University.

元银行时代由此开启。

这一时期，银行在业务运行上开始逐步摆脱财政部附庸的地位，强调经济效益，主要体现在：信贷政策上，贷款对象由过去的国营企业、集体企业和农业扩展到国民经济的所有领域和不同所有制单位；贷款用途从流动资金扩展到固定资产、基本建设和科研、旅游等；贷款原则由原来“计划性”“物资保证”“按期归还”的三性原则转向强调“扶优限劣”和贯彻国家的产业政策并举。信贷管理开始综合考虑经济性和政策性。

中国人民银行作为监管机构，对银行的监督管理方式也做了调整。1982年，中国人民银行成立了金融机构管理司，负责研究金融机构改革、制定金融机构管理办法、审批金融机构的设置和撤并，监管手段仍然是检查专业银行对信贷和现金两大计划指标的执行情况，但是已经开始从纯粹的计划性行政手段向经济手段和行政手段相结合的方式过渡。从对信贷规模控制的角度看，国务院颁布的《关于改革信贷管理体制的决定》中提出了“统一计划，分级管理，存贷挂钩，差额控制”的办法，并于1981年在总结试行经验的基础上，将此制度完善为“统一计划，分级管理，存贷挂钩，差额包干”，从“统存统贷”总额控制到“差额包干”差额控制的转变，使得各级银行在完成存差计划的前提下，可以多存多贷。这样的监管方式给予了各级银行更大的自主性，能够充分调动其聚集资金的积极性及调度资金的灵活性，利于“择优限劣”原则的贯彻，在提高了贷款的利用效率的同时，也间接促使各级银行提高管理水平。从资金控制上看，为保证央行有足够的资金实力调节和平衡信贷收支，央行不仅拥有财政金库存款和财政性存款，更集中了专业银行的一部分存款以及存款准备金，并通过对存款准备金率的调整，在提高专业银行吸收存款积极性的同时，有效控制贷款规模。

二、1984～1992年：中国人民银行监管的初始探索

1984年10月召开的中共第十二届三中全会通过了《中共中央关于经济体制改革问题的决定》，将经济改革的重点由农村转移到城市，这一决定也引发了国内对金融体系改革的探讨，对中国金融业改革产生了重要影响。这一时期，中国银行业开始向多元化发展，并进行了一系列企业化改革。

1984年中国工商银行的成立，标志着以中国人民银行为中心、四大专业银

行为主体的二元银行体系初步建立。随后，一些新兴商业银行相继设立：1986年成立了我国第一家全国性股份制商业银行——交通银行，打破了专业银行垄断市场的格局；1987年，招商银行、中信实业银行（今中信银行）、深圳发展银行（今平安银行）先后成立；1988年福建兴业银行（今兴业银行）、广东发展银行（今广发银行）等股份制、区域性商业银行相继成立；1992年又有光大银行、华夏银行、上海浦东发展银行、民生银行先后成立。同时，城乡信用合作社、各类非银行金融机构也迅速发展，逐步形成了分工合作、相互竞争的多元化金融体系框架。多样化金融体系的建立，进一步提高了地方的金融自主权，但四大专业银行仍然占据了全中国70%以上的存款，承担着90%以上的银行业务①，金融格局的发展并不平衡。

随着金融体系的多元化发展，为满足社会经济发展的需要，以扩大银行机构经营自主权为核心的企业化改革开始在各专业银行展开。改革的重点主要在以下几个方面。

（1）管理方式上，开始从机关管理方式向企业化管理方式转变，全面推行责任、权力和利益相结合的企业化管理改革，通过建立岗位责任制、目标责任制等方式，充分调动基层银行的积极性，提高银行的经营效率。

（2）信贷体制和财务体制上，自1981年将信贷管理从“统存统贷”调整为“差额包干”后，1985年又改为“实存实贷”；财务体制也由总行实行统一调度和计算盈亏，仅对各级分支机构实行专项指标考核的“统收统支”调整为各银行“单独核算、利润留成”，力求实现银行“独立核算、自主经营、自负盈亏”；并于1989年开始建立“限额管理、以存定贷”的资产负债管理体制。

（3）业务范围上，打破了各专业银行间的业务限制，允许各专业银行在保持各自业务特色的基础上，拓展业务范围；在四大专业银行间，出现了“中国银行上岸、农业银行进城、工商银行下乡、建设银行进厂”的竞争性格局，突破了专业分工的界限，不仅满足了商品经济发展下企业对信贷服务的多样化需求，也促使商业银行进一步提高服务质量、管理水平及经营效率。除此之外，

---

① Saez Lawrence，Yang Joy. The deregulation of state – owned enterprises in India and China. Comparative Economic Studies. September 2001：69 ~97.

专业银行以及新型商业银行更通过出资组建非银行金融机构的方式突破行业分工的界限，银行、证券、信托机构的业务开始相互渗透，大量的银行信贷资金投入非银行机构，为证券、保险、信托等行业的发展提供了资金支持，有力地推动了我国资本市场的发展。

总的来看，虽然企业化改革给予了四大专业银行一定的信贷自主权，但是由于专业银行作为国家调控宏观经济的主要传导渠道，必须支持国家产业政策，遵守和完成国家的信贷计划，其肩负的政策性任务决定了此次改革成效不会显著。然而，作为专业银行现代化经营的重要尝试，这次改革仍在完善银行内部经营机制、提高银行管理水平等方面发挥了重要作用，也为今后专业银行进行商业化改革乃至最终上市积累了宝贵的经验。

这一时期，中国人民银行在机构设置、法制建设等方面有所突破。

第一，在机构设置上，自1984年中国人民银行专司中央银行职能后，县支行曾被撤销，由当地工商银行代理，后于1986年恢复。随着“市管县”行政体制的推行，地区中心支行被取消，改在中心城市设立二级分行，形成在省、自治区、直辖市设立一级分行，地（市）设立二级分行，县一级设立支行的中央银行体系。按照行政区划设立中央银行分支机构，可能会出现机构虚设、政府过度干预等问题，但由于当时根据经济区设立分支机构的呼声颇高，也许是出于行政管理的便利等因素的考虑，中央银行最终还是决定按行政区设立分支机构，这在一定程度上反映了计划经济时期的思想残留。

在这样的分支机构区划下，中国人民银行分支机构对辖区内专业银行的管理主要是依靠政策法令，调节信贷资金、货币发行，但也会通过定期召开辖区内专业银行联席会议、协调会议等，解决存在的问题。

这一时期的稽核工作也发生了重大调整。1985年，稽核部门从行政监察机构分离出来，从中国人民银行总行至分支行都单独设置了稽核机构，从而使银行监管从组织体系上得到了保证。1985~1990年是稽核工作的基础建设期，这一时期致力于规章制度的建立及人才队伍的培养，稽核工作的重点是查错防弊，注重银行合规性经营；1991年起，尤其是1992年邓小平南方讲话后，改革开放的浪潮迅猛发展，为进一步保障金融业健康发展，稽核工作全面开展，在合规性稽核的基础上，对金融机构的社会效益进行监督，并加入了对金融机构的风险稽核。

第二，银行业监管在法制建设上有了新突破。随着金融市场迅速发展，金融秩序出现混乱，主要体现在市场准入上，存在擅自开设金融机构、非银行机构自行开办金融业务等问题；另外，一些领导人批条贷款、擅自豁免、冲销贷款等破坏银行自主权的现象也屡见不鲜。这些不规范的行为对金融市场的稳定造成了巨大威胁。然而，此时银行的工作依据并不完整，甚至一些函电以及领导讲话也会被当作工作规范，缺乏法律效力，不利于银行工作的一贯性。因此，1986 年国务院发布了《中华人民共和国银行管理暂行条例》。作为新中国第一部系统综合的金融管理条例，该条例对中央银行的性质，中央银行、专业银行以及其他金融机构的基本职责、组织机构、业务管理，分支机构的增设、变更、撤销，以及三类机构间的权责关系做了一般性规定。其中，对非金融机构经营金融业务做出了禁止性规定，对专业银行的贷款自主权也给予了保护，规定“任何单位、任何个人都不得强令发放贷款，不得阻挠收回贷款。未经国务院批准，任何单位无权豁免贷款”。综合来看，该条例管理的重心在于市场准入、银行业务机构的设立及业务范围管理的审批，流于一般的行政性管理，并没有较强的风险监管以及审慎性监管意识，对市场退出也没有做出实质性的规定，且在贷款管理、资金运作上仍具有强烈的计划性。但是，作为我国第一部有关金融监管的政策法规，这部具有较浓行政色彩的法律对金融运行实现有法可依、有章可循、维持金融秩序具有重要意义，是新中国银行业监管法制化建设历程中的重要一笔。

从根本上说，这一阶段中国人民银行在金融管理上还是以银行是否遵守国家金融政策、有效执行信贷与现金计划的合规性监管为主，虽然在监管机构设置、业务分工、法规规章等制度建设上取得了一定突破，但仍存在监管行政化严重等问题。这一时期，我国出现了经济增长过热、通货膨胀严重等现象，中国人民银行的工作侧重于通过执行货币政策调节货币供应量，监管职能仍处于起步阶段，在监管手段多样化、监管市场化方面并无实质性进展，并没有履行现代意义上的金融监管职能。所以，本书认为，由于此时的专业银行仍然执行部分政策功能，中国人民银行对其监管始终持谨慎态度，很难大胆地进行市场化监管，这并不适应金融体系的发展及其运作规律，因此，市场化监管应该是其后银行监管改革的方向。

第三节 1992～1998 年：市场化监管初探

1993 年，针对当时中国经济出现货币过量投放、通货膨胀加剧、违规集资拆借、银行不良贷款增多、部分基层银行出现支付困难等问题，国务院发布了《中共中央、国务院关于当前经济情况和加强宏观调控的意见》，以整顿金融秩序、加强宏观调控。其中，特别提出要组建政策性银行，以逐步实现政策性金融与商业性金融的分离，并鼓励各专业银行采取在内部分设账户、分别管理的过渡方法。十四届三中全会则进一步说明了建立以规则为基础的系统、以市场为导向的机构的重要性①。为使金融体制更好地服务于社会主义市场经济建设，同年 12 月，国务院作出了《关于金融体制改革的决定》（以下简称《决定》），提出“建立在国务院领导下，独立执行货币政策的中央银行宏观调控体系；建立政策性金融与商业性金融分离，以国有商业银行为主体、多种金融机构并存的金融组织体系；建立统一开放、有序竞争、严格管理的金融市场体系”是本次金融体制改革的目标。《决定》首次提出了“国有商业银行”的概念，实现了由专业银行向国有商业银行的概念性转变，也首次明确了货币政策的目标是“保持货币的稳定，并以此促进经济增长”。另外，作为金融改革的重点，为实现政策性金融和商业性金融分离，以解决国有专业银行身兼二任的问题，对即将建立的三家政策性银行在职能范围、机构设置等方面做出了重要论述。随后，1994 年，三家政策性银行——国家开发银行、中国农业发展银行、中国进出口银行先后成立（由于政策性银行缺乏足够的分支网络以及政策性信贷所需的资本，所以迫于中央以及地方政府的压力，在一段时间内商业银行还是执行着部分政策性职能②）。在《决定》中，除了通过成立政策性银行分离国有商业银行的政策性业务外，也对四大专业银行提出了一系列改革要求，促使其真正转变为国有商业银行。

---

① Yingyi Qian. The process of China's market transition (1978 ～ 1998): The evolutionary, Historical, and Comparative Perspectives. Stanford University.

② Wong Y C Richard, Wong M L Sonia. Competition in China's domestic banking industry. Cato Journal. 2001, 2: 19 ～41.

Richard 和 Sonia（2001）[①] 曾经对 1994 ~ 1998 年中国四大银行（指中国银行、中国工商银行、中国建设银行、中国交通银行）的集中度做过相关统计，结果如表 2.1 所示，1994 ~ 1998 年，四家银行的资产、存款、贷款集中度均呈现下降趋势，虽然都保持在 80% 以上的较高水平，但是利润水平却急剧下降。此外，中国最大的银行——中国工商银行 1995 年的资产回报率显示为 0.42%，远低于汇丰银行 1.62% 的水平，国有银行盈利能力差的问题已经凸显。由于当时将近 80% 的国有银行贷款对象都是在整个国家的非农经济中占比不到 40% 的国有企业[②]，而国有企业在当时的市场自由化改革浪潮下盈利水平降低，从而对国有银行的收益造成了较大影响。因此，在多元化金融格局下，国有银行的商业化改革及市场化监管被提上议事日程。

表 2.1　　1994 ~ 1998 年四大银行集中度　　单位:%

年份	资产	存款	贷款	利润
1994	93.04	90.14	93.24	83.64
1995	92	89.54	92.39	73.3
1996	88.9	87.08	90.42	68.51
1997	87.03	85.2	88.7	63.8
1998	84.93	84.26	88.51	55.33

一、监管架构调整

此时，中国人民银行仍然执行对银行业金融机构的监管职责，但不再对所有金融机构进行综合监管。随着金融市场日益发展，证券、保险、银行业在业务上相互渗透，不仅增强了金融风险，更增加了监管难度，因此，《决定》中提出要实现保险业、证券业、信托业和银行业的分业经营。与此相适应，1992 年 10 月 26 日，国务院证券委员会和中国证券监督管理委员会宣告成立，将证券业的监督职责从中国人民银行分离出来；1998 年 11 月 18 日，中国保险监督管理委员会成立，进一步把对保险市场的监管从中国人民银行的职能中剥离出

① Wong Y C Richard, Wong M L Sonia: Competition in China's domestic banking industry. Cato Journal. 2001, 2: 19 ~ 41.

② Anonymous. Finance and economics: The worst banking system in Asia. *The Economist*. 1998, 3: 65 ~ 66.

来，由此形成了银行业、证券业、保险业分业经营，中国人民银行、证监会和保监会分业监管的监管框架。

在监管组织架构上，为加强对分业经营的管理、建立规范化的监管组织体系，中国人民银行从1994年开始按照金融机构的类别，设立了银行司、非银行金融机构司、保险司、外资金融机构管理司、农村合作金融管理司、稽核监督局等机构，并制定和完善了针对各类金融机构的管理和监管标准。其中，各类监管司主要负责金融机构注册登记管理、法定代表人资格审查等市场准入审批工作及非现场检查工作，稽核监管局主要负责金融机构的现场检查。这次机构改革虽然进一步提高了内部分工以及金融监管效率，但新的监管模式并不利于对同一法人实行全过程监管。同时，由于1993年以前约七成的央行贷款都由各省市分支机构发放，受到当地政府的妨碍比较严重，因此，1993年以后确立了央行总部对央行各分支机构唯一且绝对的领导地位，削弱了地方政府对金融活动的干扰①。

二、法制化监管深化

这一时期，银行监管进入强化立法阶段。1995年3月《中华人民共和国中国人民银行法》的颁布，为中国人民银行行使职能提供了法律保障：从法律上确认了中国人民银行的职能是在国务院领导下，“制定和实施货币政策、对金融业实施监督管理”，确立了中国人民银行作为央行对所有金融机构的监管权，中国人民银行的工作重心开始转到金融监管上来；对其组织结构、业务管理、金融监督管理职能做出相关规定；进一步强化了中国人民银行的独立性，提出中国人民银行在国务院领导下依法独立执行货币政策，履行职责，开展业务，不受地方政府、各级政府部门、社会团体和个人的干涉；强调货币政策应该在保持币值稳定的基础上促进经济发展。同年7月，《中华人民共和国商业银行法》开始生效，该法对商业银行的机构设立、变更、终止以及业务范围等做出了详细规定，并明确了商业银行“效益性、安全性、流动性”的经营原则，要求商

---

① Yingyi Qian. The process of China's market transition (1978 ~ 1998): The evolutionary. Historical and Comparative Perspectives. Stanford University.

业银行自主经营、自担风险、自负盈亏、自我约束。

这一时期,《中华人民共和国票据法》《中华人民共和国担保法》《中华人民共和国保险法》以及《全国人大关于惩治破坏金融秩序犯罪的决定》颁布,为进一步规范银行经营行为、维护金融秩序提供了法律依据。此外,在机构管理、业务操作、惩治金融犯罪等方面,也相继颁布了一系列专业配套法律规章制度,进一步加强了银行监管的法制化和规范化。

三、监管手段审慎化

1994 年以前,中国人民银行主要通过考察银行是否遵守政策法规进行合规性监管,但是 1994 年 2 月发布的《商业银行资产负债比例管理考核暂行办法》表明监管部门开始将以风险管理为核心的资产负债比例监管纳入监管体系,形成“总量控制,比例管理,分类指导,市场融通”的信贷计划管理体制,着重考查银行防范和化解风险的能力,从而开启了合规监管与审慎监管并行的时代。

1994 年 4 月,为深化金融改革,中国人民银行将以“违约三章”(金融机构要立即停止并认真清理收回违章拆借资金,不得擅自和变相提高存贷款利率,停止向银行自己兴办的经济实体注入资金并实行彻底脱钩)、信贷总量控制为核心的合规监管和以资产负债比例考核体系为核心的审慎监管相结合,对商业银行、城市信用社、非银行金融机构、政策性银行、保险企业、外资金融机构开展了全国范围内的稽核监督工作,查处了多项违规违纪案件,切实维护金融机构的安全稳健运行,促进金融事业健康发展。

第四节　1998 ~2003 年:金融危机后金融监管改革进一步深化

自 1993 年金融体制改革以来,我国在金融业分业经营、银行的商业化改革等方面取得了长足的进步,在社会主义现代化建设上也取得了举世瞩目的成就。然而,经济的快速发展同样积累了大量的金融风险:金融机构不良资产比重过大,造成局部支付危机。截至 1996 年 6 月底,我国四家国有商业银行中,不良贷款余额约为 8400 亿元,占全部贷款余额的 24.75%,全国农村信用社处于亏损状态的约占 44.7%,城市信用社的比例则为 20%,一些农村基金会陆续破产倒闭[①]；金融机构从业人员违规经营，虚假操作。例如广东恩平市政府无视规章制度，鼓励金融机构高吸揽储、账外经营，导致当地农村信用社发放账外贷款52.5亿元，占其同期贷款总额的78.9%，其中13.8亿元被政府部门挪用，造成了严重的经济后果。此外，非法设立金融机构、个人非法从事金融业务、地方私设证券交易所等行为多有发生，破坏了金融系统的稳定，严重危害经济长期稳定发展。

一系列金融风险事件的发生，使党中央意识到进一步整顿金融秩序、防范金融风险的迫切性。1997年7月1日，亚洲金融危机的爆发再次给我国敲响警钟，危机国家的经验和教训也为我国深化金融体制改革、加强金融监管提供了借鉴。

1997年11月17～19日，全国金融工作会议在北京召开，会议审议并通过了中共中央国务院《关于深化金融改革，整顿金融秩序，防范和化解金融风险的通知》（以下简称《通知》）。《通知》中提出了15条针对当前金融领域问题的应对措施，为深化金融改革提出了方向。

这15项措施主要从金融机构内部改革和监管部门改革两方面出发，概括来说，包含以下四个方面的内容：①金融体系的建设。提出健全多层次、多类型金融机构体系，加快地方性金融机构建设；稳步发展和规范资本市场，适当扩大直接融资；严格规范各类金融机构的业务范围，要求在1998年底以前，中国人民银行和所有商业银行一律要与所属的信托、证券、保险公司和其他经济实体在人、财、物等方面彻底脱钩。②金融机构的清理。坚决取缔一切非法金融机构，对农村基金合作社进行全面清理，并将符合条件的农村基金合作社并入农村信用合作社。③金融管理的变革。加快国有商业银行和中国人民保险（集团）公司商业化改革步伐，完善政策性金融体制；建立规范化的信贷资产质量风险管理制度，努力降低不良资产比例；提出通过增加资本金和减少不良资产，将国有银行的资本充足率提高到8%以上，并通过建立健全信贷资产质量管理责任制，力争在3年内将国有银行不良信贷资产比例平均下降2～3个百分点；同时加强对全社会的金融风险教育，尤其是金融从业人员金融从业素质的培养。④金融监管的改进。改革中国人民银行管理体制，强化金融监管职能；加大对

① 戴相龙："回顾1997年全国金融工作会议"，载于《中国金融》2010年第19～20期。

金融机构违规违法经营、非法设立金融机构、非金融机构非法或变相从事金融活动的查处力度，并计划于1998年进行一次全国范围的大检查；建立健全现代金融监管体系，加强监管当局对金融机构内控制度建设、会计制度建设等方面的指导监督；充分发挥电子信息技术在金融系统风险监测、预警体系建设中的作用；此外，要充分关注涉外金融机构，积极稳妥地推进金融、保险业的对外开放。

1997年12月8日，随着《通知》正式下达，我国金融改革步入一个新阶段。银行监管作为金融监管改革的重要组成部分，也做出了重大调整。

一、中国人民银行机构设置发生重大变革

1998年底，我国改变按照行政区划设置银行分支机构的方式，撤销原有的31个省级分行，设立9个跨省大区分行和21个地方办事处。具体来看，在上海、天津、沈阳、南京、济南、武汉、广州、成都、西安设立9个跨省（自治区、直辖市）分行，承担周围省市的金融管理工作；在不设分行的省会城市设立地方监管办事处，另在北京、重庆设立中国人民银行营业部，分别办理北京、重庆的中国人民银行业务。同时，通过调整总行、分行、省会城市中心支行、监管办事处、支行间的监管职责和机构设置，最大限度地削弱了地方政府对货币政策的干扰，强化了中央银行的垂直领导，增强了金融监管的独立性和有效性。

1998年7月，中国人民银行撤销了外资金融机构管理司、稽核监管局，调整为银行监管一司、银行监管二司、非银行金融机构司和合作金融监管司。2001年，为了更好地做到监管分离、集中监管，新设了银行管理司，主要负责银行类机构的市场准入和退出、业务规范、制度建设等；而各类金融机构对应的监管司，则主要负责相应机构的现场、非现场监管①。新的司局设置，改变了原先市场准入与日常监管相分离的监管格局，实现了由同一职能部门对同一法人机构从市场准入、日常运营和退出的全过程监管，使监管更加富有效率。

① 中国人民银行：《中国人民银行六十年》，中国金融出版社2008年版，第88页。

二、强化安全监管，防化金融风险

以往的银行监管主要强调对资产的规模、资金投放等方面的控制，而对其安全性重视不足，随着我国商业银行不良资产比例攀升，监管部门开始重视不良资产率、资本充足率等安全性指标。1996 年 7 月召开的全国稽核监察会议提出金融监管的核心即为风险监管，并于 1998 年 1 月开始取消对国有商业银行贷款规模的限额控制，全面推行资产负债比例管理和风险管理，实行“计划指导，自求平衡，比例管理，间接调控”的新管理体制，转向间接调控下的信贷管理①。

在此基础上，为进一步防化金融风险，监管部门针对各类金融机构开展了一系列检查工作。1998 年 7 月，国务院发起对中国人民银行、国有商业银行、11 家股份制商业银行、住房储蓄银行、城市商业银行和邮政储蓄机构的账外账和违规经营情况的整顿行动②；1999 年，中国人民银行集中力量对国有独资商业银行湖北、湖南、广东和广西四省区分行本部的信贷业务进行了异地交叉检查；1999 年对 10 家股份制商业银行统一授信制度执行情况、不良贷款情况、信用证和银行承兑汇票业务、利润真实性进行检查；2000 年，中国人民银行集中对七类金融机构的资产质量、盈亏状况等进行大检查，以了解金融机构不良资产水平、财务状况、内部控制及高级管理人员任职资格管理等方面的情况③。另外，对违法乱办金融机构的行为按照“谁主管，谁整顿；谁批准，谁负责；谁用钱，谁还债”的原则进行了清理，并且通过注资、收购、债转股、破产关闭等方式整顿了中银信托投资公司、中国农村信托投资公司、光大信托投资公司、广东国际信托投资公司等 111 家信托投资公司、137 家城市信用合作社、数家城市商业银行及新中国金融史上第一家由于支付危机倒闭的海南发展银行。同时，清理了 2.8 万多家农村合作基金会，并将部分符合条件的并入农村信用合作社，其余则由地方政府负责关闭。海南发展银行等金融机构的关闭，侧面反映了中国政府决意不再充当金融机构的保护伞，并以市场化手段规范金融机

---

① 《中国人民银行负责人就取消对国有商业银行贷款限额控制答记者问》，1998 年 3 月 14 日。

② 中国人民银行《关于转发 <国务院办公厅转发中国人民银行整顿银行账外账及违规经营工作实施方案的通知>的通知》，1998 年 9 月 25 日。

③ 《中国人民银行办公厅关于对全国人大财经委有关金融工作的建议的复函》，2001 年 3 月 14 日。

构的决心。

由于国有商业银行在国民经济中的重要地位，中国人民银行格外重视国有银行的安全性问题。为提高国有银行资本充足率，降低其不良贷款率，1998年，国有商业银行通过购买财政部特别国债的方式，补充了2700亿元资本金。1994国务院先后组建信达、华融、长城、东方四家资产管理公司，剥离国有商业银行和国家开发银行共计13939亿元不良资产（其中国家开发银行1000亿元）。此后，为支持四家国有商业银行上市，使其资产质量达到世界先进水平，国家又通过多种方式为其剥离了大量不良贷款。在一系列的措施之后，国有商业银行的资本充足率、不良贷款率有了明显的改善，到2000年底，国有独资商业银行逾期尚未收回的各类贷款占全部贷款的比例略超过25%，其中需要核销的呆账约占3%①，并于2001年实现不良贷款率和余额双降的目标。值得一提的是，自从1998年5月中国人民银行在广东开展贷款质量五级分类试点以来，国有商业银行已经开始使用“正常、关注、次级、可疑、损失”的五级分类法反映不良贷款，与原先实行的“一逾二呆”相比，贷款分类原则从“期限性”到“偿还性”的转变，有利于及时反映贷款真实情况。

除了有效加强国有银行的资本、资产管理水平，监管部门还特别加强针对国有商业银行的考核检查。1998年，中国人民银行集中力量对国有商业银行50个县级支行开展了外汇大检查；2000年，制定了《国有独资商业银行考核评价办法》，首次对国有独资商业银行的经营业绩进行定量考核；2002年，对国有独资商业银行单笔大额贷款、表外资产、非信贷资产损失控制制度情况进行现场检查；并通过向国有重点金融机构（特指国有政策性银行、商业银行、金融资产管理公司、证券公司、保险公司等）派出监事会、加强对国有商业银行信息披露的监管等方式，提高对国有商业银行监管的透明度②。

三、法规建设逐步完善

这段时期，中国人民银行在机构管理、业务操作、惩罚制度等方面颁布了一系列配套的法律法规，建立了一套涉及银行管理各个方面的法律体系，为银

---

① 《中国人民银行办公厅关于对全国人大财经委有关金融工作的建议的复函》，2001年3月14日。

② 廖岷：“中国银行业监管体制变革史”，载于《国际金融报》（http://business.sohu.com/81/95/article207529581.shtml）2003年3月24日。

行稳健运行提供了法律保障，也为更好地践行有法可依提供了法律支持。

具体来看，在机构管理方面，有《金融机构管理规定》《国有重点金融机构监事会暂行条例》《金融资产管理公司条例》《外资金融机构驻华代表机构管理办法》《外资金融机构管理条例》《非法金融机构和非法金融业务取缔办法》《金融机构撤销条例》等；业务操作规则涉及存款业务、信贷业务、支付结算业务、电子银行与银行卡业务等方面，包括《贷款通则》《信贷资金管理办法》《贷款证管理办法》《信用卡业务管理办法》《商业银行中间业务管理办法》等；处罚措施方面，主要包括《金融违法行为处罚办法》《中国人民银行行政复议办法》（试行）《中国人民银行行政处罚程序规定》等[①]；金融机构内部控制方面，有《金融机构高级管理人员任职资格管理办法》《股份制商业银行独立董事和外部监事制度指引》《股份制商业银行公司治理指引》《商业银行表外业务风险管理指引》等。此外，在会计与统计、信息科技管理等方面也做了相应规定。

总体来看，自从中央银行成立以后，无论是监管机构设置还是监管手段改革，都体现了逐步去行政化、加强市场化监管的理念。但是从更宏观的角度看，党政思想还是渗透其中，尤其是亚洲金融危机爆发以后特别成立的中央金融工作委员会，其职责之一即“保证党的路线、方针、政策和党中央、国务院的有关指示、决定在金融系统贯彻落实”，而中国人民银行货币政策委员会只是作为一个咨询机构而存在，难怪有外媒发出“中央金融工作委员会的强势地位使得中国人民银行地位被架空，中国并不存在一个真正的人民银行”[②] 的论断。当然，由于国情不同，中国不一定需要和西方部分国家尤其是美国一样，拥有较为独立的央行体系，但是削弱国民经济管理中的政治影响，强调银行竞争力的培育而非政治正确性应当是监管部门努力的方向。

---

① 李宏：“我国金融法律基本框架的建设与发展”，载于《河南省政法管理干部学院学报》2000 年第 2 期，第 91 ~ 93 页。

② Gilley Bruce：Murphy David. Why China needs a real central bank. Far Eastern Economic Review. May 24，2001：48 ~ 2.

第五节 银监会发展至今

中国银监会于2003年正式成立，同时中国人民银行不再完全承担银行监管职能，中国人民银行的货币政策制定与执行职能和银行监管职能开始分离。至此，银监会、证监会和保监会分工明确、互相协调的金融分业经营、分业监管的体制逐步完善。银监会的成立，标志着我国银行监管进入一个新阶段，旨在改进监管手段、完善监管功能、提高监管效率，对进一步深化金融改革，加强银行监管，保障金融安全、高效、稳定运行，防范和化解金融风险，增进我国银行业竞争力，具有十分重要的意义。我国银行监管制度安排在构建银行监管体系、构建监管法律体系、完善银行监管内容等方面取得了突破性进展。银监会的成立，标志着我国“一行三会”的金融监管体制初步形成，我国分业监管的体制正式确立。“一行三会”的体制，有力地维护了我国金融业的稳定发展，提升了我国银行业的国际竞争力，提升了监管的效率和水平。这一时期，我国银行业参照《巴塞尔协议》完善我国银行业的经营管理体制，监管体制逐渐与国际接轨，极大地促进了我国银行业的发展。

一、银监会成立的背景

从1984年中国人民银行专门行使中央银行的职责开始，到1996年《中国人民银行法》正式颁布，我国银行业的监管体制一直在不断地完善；与此同时，我国银行监管的国际交流也在逐渐深入。这些都说明我国银行监管所取得的巨大进步。然而，随着对外开放，我国金融业不断发展，特别是我国加入世界贸易组织之后，为实现我国金融业的稳定和安全，对我国银行业的监管要求越来越高。原先的监管体制已逐渐不能适应我国银行业的发展，存在的问题也慢慢地显现了出来。

1. 央行同时执行货币政策和银行监管两项职能的效果越来越不理想

当时我国银行业存在高比例不良金融资产，对金融安全形成了很大威胁，但央行体制内的金融监管从业人员只有2000多人，庞大的不良资产与缺少独立的组织人事安排和财务安排下的监管力量不足的矛盾对央行的银行监管带来了很大的挑战。另外，银行监管和货币政策之间存在一定的目标冲突，央行同时执行这两项职能的效果不甚理想，央行的货币政策以宏观调控为主要任务，而银行监管要求与微观主体的市场化相适应。这两方面的矛盾引发了央行分立货币政策和银行监管职能的迫切需求。

2. 银行自身薄弱的内控能力，对银行监管提出了更高的要求

我国的金融体系一直以来属于银行主导型体系，银行在金融产业中占据绝对地位。由于银行是经营货币的企业，同时也具有很高的杠杆率，极易发生流动性风险和支付危机。随着我国改革开放的逐渐深入，我国银行业也取得了快速的发展，但是当时国内相关立法不健全，银行内部控制能力较弱，风险管理的技术手段也很落后，这就使得银行自身追求利润最大化的同时容易导致支付危机，危机的传导会引发整个金融系统的不稳定，这样也就使得央行银行监管职能的有效发挥难度逐渐加大。

3. 金融业的发展不平衡，使得分业监管更符合现状

当时国内金融业存在银行、证券和保险发展不平衡、地区发展不平衡、行业内各经营主体发展不平衡等多重问题，所以更易于发展分业经营；与此同时，监管机构的监管技术和模式也达不到混业监管的要求。因此，对金融行业进行统一监管已不适应金融业发展的格局，它将加大监管成本，并隐留监管不到位的巨大风险。保持分业监管的架构，虽然在机构人员设置上有些庞杂，但与当时的行业发展状况相匹配，有利于发展监管技术和培育各子行业的市场约束机制，特别有利于加大银行业的改革力度。所以，把中国人民银行的银行监管职能分拆出来，更有利于银行业的分业监管和保持货币政策的稳定性。

二、银监会成立后银行监管的格局以及行业发展现状

1. 银监会成立后银行监管的新格局

银监会的成立，使中国金融业“分业经营、分业监管”的框架最终完成，由此形成了中国“一行三会”的金融监管体制。其中，银监会主要负责银行业的监管，而中国人民银行行使中央银行职能。随后颁布的《银行业监督管理法》现已成为我国银行业监督管理的基本法，该法对银监会的法律地位、监管职能等作了明确规定。同时修订的《中国人民银行法》对中国人民银行的原有职能进行了调整。这两部法律是对银监会与中国人民银行进行职能划分的法律依据。目前，银监会、中国人民银行和中国银行业协会都在一定范围内起着银

行监管的作用，银监会起着主要的银行监管职能，中国人民银行承担着部分监管职能，中国银行业协会也承担着行业自律的职能，由此形成了我国银行业监管的新局面，为银行业的快速发展打下了坚实的基础。

2. 银监会成立后银行业的发展现状

（1）银行业资产规模的变化及现状。银监会成立以来，银行业资产规模发生了较大的变化（见图 2. 1）。

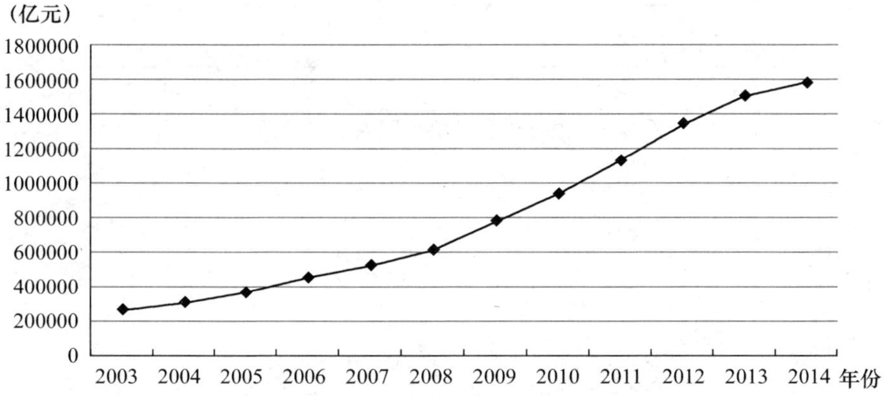

图 2. 1　银行业金融机构资产规模走势图

由图 2. 1 可以看出，自 2003 年以来银行业金融机构的资产规模是逐年递增的，截止 2014 年一季度，银行业金融机构资产总规模已达到近 16 万亿元。可见，银监会成立以来，银行业金融机构的资产规模处于迅速扩张的态势，这也反应了银行业十年来的快速发展。

（2）银行业机构设立网点数的变化。随着银行业资产规模的逐年扩张，银行业的机构网点数也处于逐年扩张的态势，这也是促进银行业资产规模扩张的一个重要原因（见图 2. 2）。

（3）银行业不良资产的变化及现状。银监会成立以来，不仅银行业的资产规模得到了迅速的扩张，而且银行业的不良贷款率也得到了显著改善（见图 2. 3）。

从图 2. 3 可知，自银监会成立以来，银行业的不良贷款率呈逐年下降趋势，截止 2013 年底银行业的不良贷款率已达到 1% 左右，处于历史较低水平。可见，银监会成立以来，银行业不仅资产规模有了较大提升，而且贷款的质量也有了显著提高，这对于银行业的快速安全发展起到了极大的促进作用。

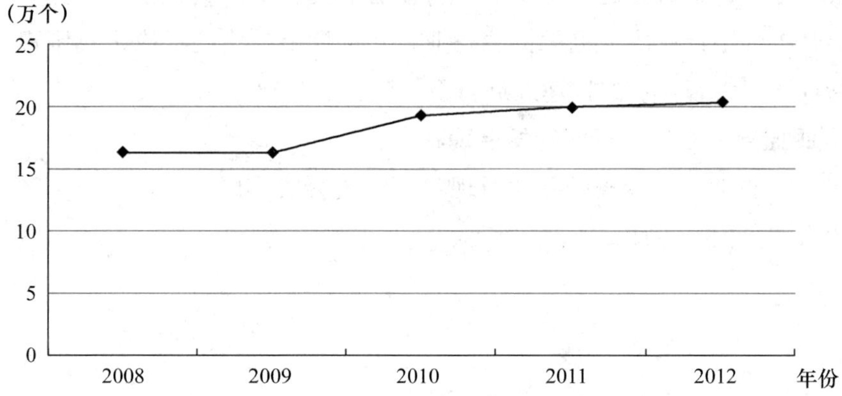

图 2.2　银行业金融机构网点数走势图

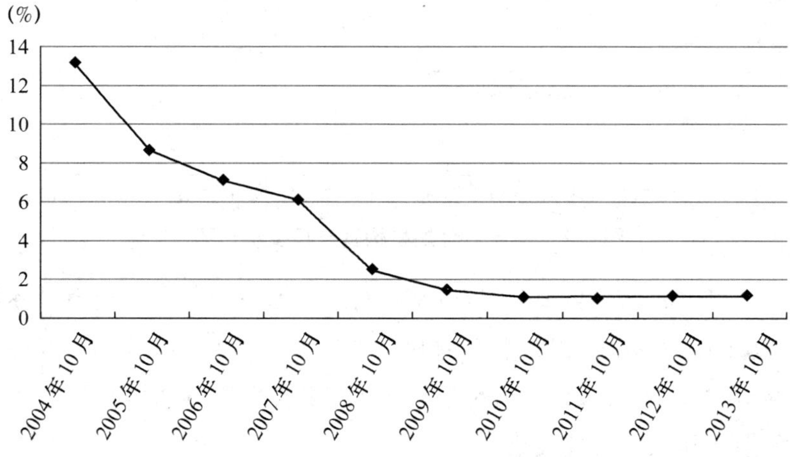

图 2.3　银行业不良贷款率走势图

（4）银行业资本充足率的变化及现状。银监会成立以来，随着银行业资产规模的迅速扩张，银行业的资本充足率也发生了很大的变化（见图 2.4）。

从图 2.4 可知，近年来，我国商业银行的资本充足率一直处于较高水平，远高于《巴塞尔协议》规定的 8% 的水平，截至 2014 年一季度，我国银行业的资本充足率为 12.13%。可见，虽然银行业的资产规模和信贷规模不断扩张，但我国银行业的资本充足率仍然保持较高水平，抵抗风险的能力较强。

（5）银行业的流动性水平变化及现状。图 2.5 是我国银行业近年来流动性比例的走势图。

从图 2.5 可知，近年来，银行业的流动性比例经历了一个先下降、再上升，

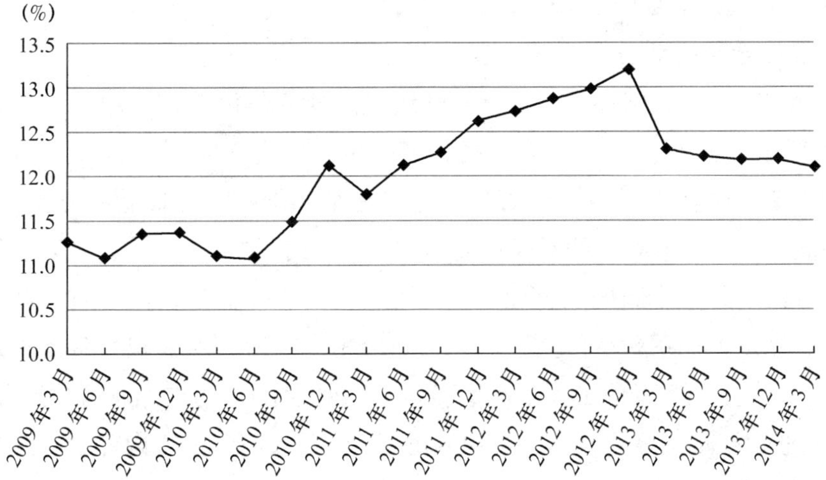

图 2.4　商业银行资本充足率走势图

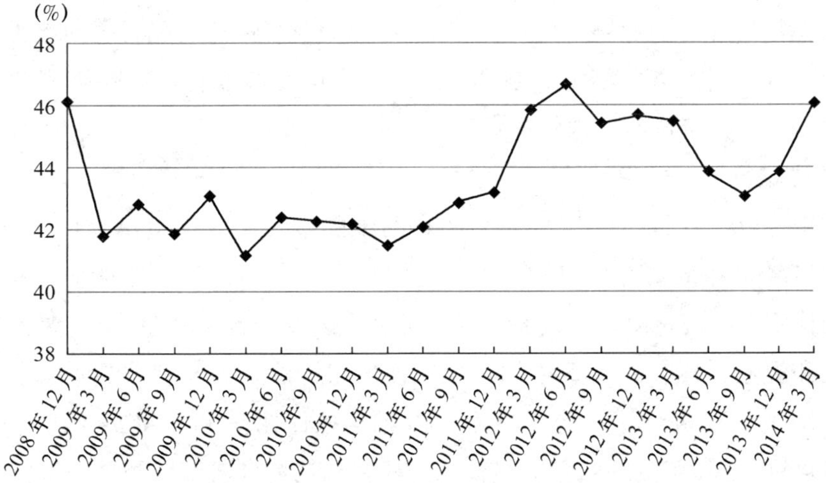

图 2.5　银行业流动性比例走势图

然后在 2014 年初又上扬的过程。流动性风险也是商业银行最致命的风险，当流动性资产无法满足支付需要时，商业银行就会丧失其清偿能力，从而直接导致破产。可见，我国银行业的流动性状况一直很好，发生流动性风险的概率很小。

三、银监会成立至今银行监管发生的变化

银监会成立后，颁布了《银行业监督管理法》，并根据巴塞尔委员会《有效银行监管的核心原则》提出的制度要求，制定了一系列符合我国国情的银行

监管改革措施，使得我国银行监管的面貌焕然一新。

1. 逐步健全银行业监管法律体系

银监会成立后，我国加紧了银行监管法律法规的建设工作，制定了《银行业监督管理法》，修订了《中国人民银行法》和《商业银行法》。全面清理了过去发布的法律效应较小的银行监管规章，在总结我国银行业监管存在的问题，吸收、借鉴国际银行监管实践经验的基础上，提出了“管法人、管风险、管内控和提高透明度”的全新的监管理念；同时，围绕资本监管、风险管理和内部控制等内容制定了一系列审慎监管的规章和规则，包括《商业银行资本充足率管理办法》《商业银行授信工作尽职指引》《商业银行不良资产检测和考核暂行办法》《商业银行集团客户授信业务风险管理指引》《商业银行内部人和股东关联交易管理办法》，以及关于衍生产品监控的《金融机构衍生产品交易业务管理暂行办法》，关于房地产贷款业务的《商业银行房地产贷款风险管理指引》。在此基础上，结合《商业银行内部控制指引》《贷款风险分类指导原则》《银行贷款损失准备计提指引》等规章制度，形成了我国资本监管、风险管理和内部控制为主线的银行审慎监管法规体系。

2. 明晰银行监管的目标

我国银行业监管目标经历了一个逐步明晰的过程，大体上可分以下几步。首先，1994 年颁布的《金融机构管理规定》指出，金融监管的目的为“维护金融秩序的稳定，规范金融机构的管理，保障社会公众的合法权益”，主要关注金融的稳定和规范。其次，1995 年的《中国人民银行法》指出，“保证国家货币政策的正确制定和执行，完善中央银行宏观调控体系”和“维护金融业的合法、稳健运行”，强调金融监管的目标在于稳定和规范金融市场和金融机构的运行。最后，2003 年的《银行业监督管理法》明确规定，“银行业监督管理的目标是促进银行业的合法、稳健运行，维护公众对银行业的信心。保护银行业公平竞争，提高银行业竞争能力”。目前，我国正处于经济转型时期，监管当局加强监管的同时，也需要鼓励银行的业务创新，积极促进市场发展，维护竞争的公平①。因此，保护银行业公平竞争，提高银行业竞争能力，也应成为监管当局监管目标的一部分，同时也应维护金融市场的有效运行。与此同时，银监会

① 王传正：“论中国银行监管制度的构建”，东北财经大学博士论文，2005 年。

也根据不同时期的监管现状，提出具有针对性的监管目标。当下，针对严峻复杂的金融监管形势，银行监管的目标将是防范系统性风险，维护金融稳定，服务经济转型升级。

3. 完善我国银行监管的手段和方法

银监会成立后，确立了我国银行监管的目标，而目标的确立也就决定了银行监管的方式，即以非现场监管为主，现场监管为辅，管理重要的审批登记和制定各种制度。这种新的监管方法革新了以往的监管理念，促进了银行业的快速发展。

非现场监管是按照风险为本的监管理念，全面、持续地收集、监测和分析被监管机构的风险信息，针对被监管机构的主要风险隐患制定监管计划，并结合被监管机构风险水平的高低和对金融体系稳定的影响程度，合理配置监管资源，实施一系列分类监管措施的过程。非现场检查监管者应具有在单一和并表的基础上收集、检查、分析和评估审慎报告的手段。非现场监管，在进行商业银行风险评级、风险预警以及指导现场检查中都有重要作用。通过非现场监管，能够及时和连续地监测银行的经营和风险状况，实现对银行风险状况的持续监控和动态分析。监管机构实施非现场监管应当建立银行业金融机构监督管理信息系统，分析、评价银行业金融机构的风险状况。完善的监督管理信息系统是非现场监管的重要工具。

现场监管是指监管人员直接深入到金融企业进行制度、业务检查和风险判断分析，通过核实和查清非现场监管中发现的问题和疑点，达到全面深入了解和判断金融企业经营和风险情况的一种实地检查方式，是金融监管的重要手段和方式。现场监管按检查的范围和内容，可分为全面检查和专项检查。全面检查是银监会为全面系统评价被查银行业金融机构的经营管理状况，对该金融机构某一时期内的所有业务活动进行实地检查，通过检查对被查银行业金融机构的整体经营状况有了全面地掌握，对被查银行业金融机构做出总体评价，对存在的问题提出整改意见，并依法给予处罚。专项检查是指银监会针对被查银行业金融机构可能或者已经出现问题的业务进行实地详细现场检查。专项检查要重点突出，抓住那些对被查银行业金融机构经营管理活动影响较大、涉及面较广的业务或问题来开展检查工作。

4. 确立我国银行监管的原则

银监会成立后，通过对国际监管原则进行比较，再结合行政法的基本原则和我国的监管实践，最终确立了“依法、公开、公平和效率”四项银行监管原则。

（1）依法原则是指监管职权的设定、行使必须依据法律、行政法规的规定。依法原则是行政法的基本原则，监管的法律性质是一种行政行为，因此，监管应当遵守依法原则。

（2）公开原则也是行政法的基本原则之一，是指除了依法应当保密以外，应当一律公开进行。具体包括：监管立法和政策公开；监管执法行为公开；行政复议的依据、标准和程序公开；行政信息公开。

（3）公平原则是指金融市场的参与者法律地位平等，监管当局都应予以平等对待，包括实体平等和程序平等。

（4）效率原则是指监管当局应该以尽短的时间、尽可能低的成本，严格遵循行政程序和时限，监管机构精干，对监管行为进行成本和效益分析，以最大的合理性和较低的成本来实行监管的立法和具体行为，为银行业的发展提供有力的保障。

5. 完善我国银行内部控制系统

20 世纪 90 年代，英国巴林银行倒闭、日本大和银行隐瞒美国国债交易亏空事件以及东南亚金融危机的发生，给全世界金融界敲响了警钟。此时，随着我国经济金融环境的变化，商业银行因内部控制体系不健全而导致的经济案件频繁发生，违规经营和账外经营的问题日益严重，逐渐引起了监管当局的关注。为此，中国人民银行相继出台了多部加强金融机构内部控制的法律文件，并且在总结以往多年加强银行内部控制管理经验的基础上，出台了《商业银行内部控制指引》，标志着我国商业银行内部控制系统建设迈向了一个新台阶。银监会成立后，为了进一步完善银行内部控制体系，建立风险管理长效机制，保证商业银行安全稳健运行，制定了《商业银行内部控制评价试行办法》。

至此，我国商业银行的内部控制体系在逐步调整和改进中得到进一步的完善，主要体现在以下四个方面。

（1）各银行都建立了对分支机构的授权制度和对客户的授信制度。商业银行对各部门和各分支机构的职责进行了明确划分，并根据各自情况建立起分级管理、有限授权的体制，从营运资金、贷款、担保、拆借等环节对各自的经营管理行为进行了相应的规定；同时，商业银行以有效控制风险的原则，根据经营情况、还款能力和信誉等信息对客户实行综合授信，全面考察和控制风险，以此建立了一套对客户的综合授信制度。

（2）加强资产负债管理。各商业银行建立了资产负债比例监测管理制度，成立了资产负债比例管理委员会，按季度对银行的资产负债比例各项指标进行考核。

（3）完善贷款风险防范制度和信贷风险责任制。银监会于2004年取消了贷款的四级分类方法，实行五类分级管理；并且，为降低贷款的风险，实行了审贷分离制度与贷款抵押担保制度。这一整套制度的实施，大大降低了银行的信贷风险。

（4）建立银行内部监督制度。各银行分别设立了内部审计部门，对信贷资产质量和风险交易加强了监督。

总而言之，在监管机构和银行的共同努力下，我国银行业建立了一套内部风险控制体系，有效地提高了我国商业银行内部风险控制的意识，使得我国银行业的内部控制能力得到了很大的提高。

6. 审慎监管思路进一步落实

随着经济金融的快速发展，经济金融危机不断加剧，不仅是发展中国家，发达国家也会不断地发生金融危机，而且金融危机的数量日益增多；同时，商品、服务、资本的全球化和一体化进程也在不断加剧，系统性风险不再局限于一地，金融风险在地区间、国际甚至全球的传染成为可能。另外，从一段时间来看，尽管个别国家可能会强化金融管制，但总的发展趋势还是放松的，放松金融管制和金融自由化进程也逐渐加剧。这些全新的复杂的金融形势，要求监管机构对当前的银行监管形势进行深入的反思。最终，国际国内监管机构都较为一致地认为，只有实行宏观审慎监管，才能更好地应对当前的金融形势。为此，各国纷纷实行了相应的金融改革措施①。

在金融监管改革中，从2009年4月G20伦敦峰会以来，历次G20峰会都把

---

① 苗永旺、王亮亮："金融系统性风险与宏观审慎监管研究"，载于《国际金融研究》2010年第8期，第5~8页。

宏观审慎监管写入公报。党的十七届五中全会上，周小川提出要“构建逆周期的金融宏观审慎管理制度框架”。与微观审慎监管针对单一金融机构的风险不同，宏观审慎监管针对金融系统的风险，风险的性质是内生的，审慎的控制方式也需要自上而下地关注系统性风险；而非微观审慎监管自下而上地关注单一金融机构的风险。

在我国金融监管中，银监会对国有大银行采取比中小银行更高的资本充足率要求，其本质与《巴塞尔协议Ⅲ》对系统重要性银行的附加资本要求相同，对住房按揭贷款实施差别首付款比例也属于宏观审慎监管措施。中国人民银行2004年引入差别准备金制度，对资本充足率、资产质量不一样的银行使用不同存款准备金率，2011年又引入差别准备金动态调整，不仅有宏观审慎监管的意味，也突破了货币政策工具和金融监管工具的界限。

四、银监会成立以来银行监管所取得的成就

1. 组成了我国特色的银行监管组织结构体系

从历史上看，中央银行制度产生的一个重要原因就是银行业的发展需要银行监管，所以银行监管一直是中央银行的一项重要职能。我国也不例外，中国人民银行从成立到现在一直承担着银行监管的职能。但是随着经济金融的不断发展，中国人民银行的货币政策与银行监管目标产生了激烈的冲突，并且货币政策和银行监管在周期上也存在矛盾。为了提高银行监管的效率，将银行监管职能从中国人民银行分离出来并成立专门的银行监管机构来行使银行监管职能的要求越来越迫切。正是在这种迫切需求下，第十届全国人大一次会议通过了国务院机构改革方案，于2003年3月正式成立中国银行业监督管理委员会（即“银监会”），这样就形成了中国人民银行和银监会共同执行银行监管职能的特色组织结构体系。《银行业监督管理法》和修订的《中国人民银行法》分别对银监会的法律地位、监管职能等作了明确规定，对中国人民银行的原有职能进行了调整，这也为银监会与中国人民银行进行职能划分提供了法律依据。

（1）银监会的银行监管职能。根据《银行业监督管理法》的规定，银监会的监管职能主要有：依据法律、行政法规制定并发布对银行业金融机构及其业务活动监督管理的规章、规则；依照法律、行政法规规定的条件和程序，审查批准银行业金融机构的设立、变更、终止以及业务范围；对银行业金融机构的

董事和高级管理人员实行任职资格管理；依照法律、行政法规制定银行业金融机构的审慎经营规则；对银行业金融机构业务范围内的业务品种审查批准或者备案；对银行业金融机构进行现场检查和非现场检查；会同有关部门建立银行业突发事件处置制度，制定银行业突发事件处置预案；负责统一编制全国银行业金融机构的统计数据、报表，并按照国家有关规定予以公布；对银行业金融机构的违法行为进行查处；负责国有重点银行业金融机构监事会的日常管理工作；承办国务院交代的其他事项；等等。所以，银监会监管职能的规定主要是微观方面的，侧重于对银行业金融机构的日常监督管理。

（2）中国人民银行的银行监管职能。随着 2003 年银监会的成立，国家对《中国人民银行法》和《商业银行法》进行了修改，并且颁布实施了《银行业监督管理法》。新的《中国人民银行法》对中国人民银行的职能作了较大的修改，虽然中国人民银行原来的监管职能部分被剥离，但是仍保留了一些很重要的银行监管职能，主要包括：监管银行间同业拆借和银行间债权市场；实施外汇管理，监管银行间外汇市场；监管黄金市场；指导、部署银行业反洗钱工作，负责反洗钱的资金监测；管理信贷征信业；承担最后贷款人角色；等等。

2. 银行监管的方式和手段不断得到改进

随着经济全球化和金融现代化的不断发展，对银行业的监管改革也在不断深化，监管当局也在不断改进商业银行监管的方式和手段，运用新一代信息技术等科技手段，采取实地检查与非实地检查相结合、定期检查与随机抽查相结合、全面监管与重点监管相结合、外部监管与内部自我管理相结合等灵活多样的方法，不断强化现场检查和非现场检查。同时，银行业监管逐渐改变了单一的行政管理手段，开始综合使用技术监管、法律监管、行政监管、经济监管等多种手段，初步实现了从一般行政性银行管理向多种手段的协调配合转变，从单一的本币表内业务监管向综合的本外币、表内外业务的并表监管转变，从一般性市场准入监管向实施全面系统性监管转变，从事后监管向过程监管转变，从机构监管向注重高层人员监管转变，从合规性监管向注重风险监管和内控制度并重转变。目前，风险监管已贯穿到商业银行监管的各个环节。

在监管方式上，现场监管与非现场监管的协调配合在我国银行业监管中不断改进。通过现场监管，保证银行机构在国家政策及法律法规规定的范围内合法经营，同时能够真实地掌握银行机构的资本金情况和充足程度、资产质量、资本结构是否合理、风险集中的控制情况等内容。通过非现场监管，完善了对银行机构的资产负债表、损益表、现金流量表、各种业务报表和统计报表等的监管制度。随着我国银行业务在国际范围内的发展，对其进行并表监管是综合预防金融风险的重要内容。另外，现在由过去对商业银行的合规性监管为主开始转向对商业银行的风险性监管为主，主要监管银行机构的不良贷款比率、盈亏真实性、资本充足率，并且风险性监管已贯穿到商业银行市场准入、业务运营和市场退出的各个环节，扩大了监管范围，初步实现本外币、表内外和境内外业务的并表监管，推行银行资产风险管理，为我国的银行业监管国际化作出了开创性探索。

3. 我国银行业自身建设取得了巨大进步

经过多年的银行业监管，特别是近几年监管改革的不断深入，使得我国的银行体系进一步稳定。在对我国银行业监管逐步深入的前提下，我国银行业通过不断探索银行业客观发展规律，使得银行自身风险监控和管理的能力不断提升，经营体制机制也得到不断深化变革发展；与此同时，我国银行业通过不断地对外开放，使得银行业能够逐步吸收和借鉴世界银行业的良好做法。经过多年的银行监管，我国银行的整体实力持续增长，抗风险能力不断增强，公司治理状况明显改善，服务能力和水平日益提升，监管的有效性也得到不断提高。下面从四个方面具体分析银行监管给银行业的发展带来的成就。

（1）建立了现代企业制度。通过深化改革，推动金融企业建立现代企业制度，是建立和完善社会主义市场经济体制的重要组成部分，对于促进金融业稳定健康发展，充分发挥金融对国民经济发展的支持作用具有重要意义。在银行监管机构有效监管的前提下，我国银行业金融企业制度得到了不断改进，具体为：①大型商业银行基本完成了股份制改革。“十一五”期间，工、中、建、交四家大型商业银行先后完成财务重组和股份制改革工作，并在香港联交所和上海证券交易所成功上市。2008 年，在全球金融危机的背景下，国家果断启动了农业银行改革，通过汇金公司向农业银行注资 1300 亿元人民币的等值美元。2010 年 7 月，在境内外资本市场剧烈波动的环境中，农业银行成功实现了 A + H 股的公开发行上市。至此，大型商业银行的股份制改革基本完成。②政策性金融机构改革有所成效。目前，政策性金融机构改革也取得了积极进展：开发银行商业化转型工作正在稳步推进，进出口银行和中信保改革也在平稳推进，农发行职能调整和内部改革取得了一定进展。③股份制商业银行改革发展也被积极推动。在多年的金融改革过程中，一批股份制商业银行先后在境内 A 股市场和香港 H 股市场成功上市，公司治理进一步完善，市场约束进一步加强。④农村信用社改革和发展得到有效促进。国家在积极推动大型商业银行股份制改革、建立现代金融企业制度的同时，也不断推进农村金融机构尤其是农村信用社的改革与发展，不断完善其产权制度和管理体制。在多年的金融改革过程中，农村信用社改革试点工作取得重要进展和阶段性成果，管理体制框架初步形成，产权制度改革不断深化，各项业务迅速发展，风险状况明显改善，经营效益持续好转，支农主力军地位进一步增强。

（2）各项业务快速发展。经过多年的改革与发展，银行业日益多元的业务结构、持续增强的创新能力以及不断完善的内部管理，实现了各项业务的健康快速发展，不仅在存贷汇等基础业务领域有长足的进步，而且在绝大多数新兴业务领域也有很明显的发展。例如，信用卡业务、资产托管业务和电子银行业务等。另外，近年来推出的理财、企业年金、投资银行、现金管理等新兴业务的发展也很迅速，业务范围从最初的存贷汇等传统基础业务，发展到覆盖货币市场、资本市场和保险市场等多业务领域，极大地增加了金融服务的供给能力。

（3）各项经营指标显著好转。从资产质量上看，不良贷款比率是衡量银行资产质量的最重要指标，而自改革开放以来，我国银行业不良贷款率已从原先的 30% 左右下降到目前的 8%，其中已股改国有商业银行平均不良贷款率仅为 2% 左右，已经达到或接近国际先进银行的平均水平。不良贷款率的显著下降，说明银行业的资产质量明显提升。从资本充足情况看，我国银行业从原来的资本严重不足，甚至为负值，发展到目前资本充足率平均高于《巴塞尔协议》规定的 8% 的要求，其中已股改国有银行的资本充足率平均超过了 10%。资本充足率的显著提高，表明我国银行自身抵御风险的能力得到了极大的提升。另外，自改革开放以来，我国银行业的资产规模和盈利能力也均有较大幅度的提升。这些情况表明，我国银行业整体实力已经跨上了一个新的高度。

（4）服务功能全面提升。坚持金融为国民经济服务的基本指导方针，不断转变服务理念，创新服务手段，提高服务效率，使银行业服务国民经济的功能进一步提升，作用进一步突出。自改革开放以来，我国银行业提供的贷款量始终占到全部社会资金需求的 80% 以上，信贷结构和质量不断提升，为经济社会发展提供了有力的金融支持，金融主力军作用得到充分发挥。主动适应经济发展和金融需求的变化，努力提供便利化、多样化、个性化的金融产品，金融创新步伐加快，服务充分性不断提高。充分发挥银行业在宏观调控中的独特功能，在历次宏观调控中有效发挥了金融杠杆作用，有力地促进了经济平稳较快发展，推动了经济结构调整和经济发展方式转变，银行业作为金融业的主体，在国民经济发展中的核心作用显著提升。可以说：没有银行业的稳定，就没有经济社会的稳定；没有银行业的支持，就没有经济社会的发展。

第三章

我国银行业监管评价标准

2008 年次贷危机爆发以后，宏观审慎监管下的逆周期监管、银行系统性风险防范成为银行业监管的重点，监管目标也发展为微观审慎与宏观审慎相结合，以确保单个银行稳健经营的同时，有效防范我国银行体系在“走出去”、利率市场化、人民币国际化以及各类资本进入银行业过程中形成的系统性风险。与监管目标相适应，我国银行业监管评价标准也发生了变化，并成为影响银行监管有效性的重要因素。本章通过概述银监会成立以来的监管指标体系发展历程，分析我国银行业监管理念的演变，并在明确有效银行监管定义的基础上，分析几大主要监管指标下银行的经营行为及其对社会经济等方面的影响，揭示出监管评价标准在监管目标实现过程中所起到的重要作用。

第一节　我国银行业主要监管指标

基于“1104 工程”，银监会按照“职责分设、责权明晰、统一协调、运作高效”的思路，通过将现场监管与非现场监管逐步分离，建立起了非现场监管与现场监管相互衔接、相互配合的有效协作机制。其中，非现场监管主要通过银行业金融机构报送的各种经营管理及财务数据、报表和报告，依据各项监管指标，对银行的经营状况、风险管理状况和合规情况进行评估，并在此基础上确定现场监管的重点，以合理分配监管资源。所以，可以说银行业监管是以指标为基础的监管。因此，建立一个有效的监管指标体系是确保中国银行体系安全稳健运行的重要基石。

一、以风险监管核心指标为基础的监管体系

1. 风险监管核心指标

银行作为整个社会资金融通的中介，具有特殊的社会地位。银行业发生危机，将会对社会生产生活造成重大影响，因此，控制风险是银行监管的首要任务。银监会制定了一系列风险控制指标，以监测、评价和预警商业银行风险。

2006 年 1 月 7 日，银监会发布了《商业银行风险监管核心指标（试行）》（见表 3.1），针对中资银行的风险控制，提出了包括风险水平、风险迁徙和风险抵补在内的三层次风险监管核心指标，覆盖了最为重要的市场、操作、流动、信用风险。其中，风险水平类指标属于以时点为基础的静态指标，主要用于测度流动性风险、信用风险、市场风险和操作风险；风险迁徙类指标作为动态指标，用于衡量商业银行风险变化的程度，表示资产质量从前期到本期变化的比率；风险抵补类指标则衡量商业银行抵补风险损失的能力，包括盈利能力、准备金充足程度和资本充足程度三个方面。

表 3.1　　商业银行风险监管核心指标（试行）

风险水平类指标	流动性风险指标	流动性比例（流动性资产余额/流动性负债余额）	≥25%
	风险水平类指标	核心负债比例（核心负债/负债总额）	≥60%
		流动性缺口率（90 天内表内外流动性缺口/90 天内到期表内外流动性资产之比）	≥ -10%
	信用风险指标	不良资产率（不良资产/资产总额）	≤4%
		二级指标：不良贷款率（不良贷款/贷款总额）	≤5%
		单一集团客户授信集中度（最大一家集团客户授信总额/资本净额）	≤15%
		二级指标：单一客户贷款集中度（最大一家客户贷款总额/资本净额）	≤10%
		全部关联度（全部关联授信/资本净额）	≤50%
	市场风险指标	累计外汇敞口头寸比例（累计外汇敞口头寸/资本净额）	≤20%
		利率风险敏感度（利率上升 200 个基点对银行净值的影响/资本净额之比）	指标另行规定
	操作风险指标	操作风险损失率（操作造成的损失/前三期净利息收入加上非利息收入平均值）	指标另行规定

续表

风险迁徙类指标	正常贷款迁徙率	二级指标：正常类贷款迁徙率（正常类贷款中变为后四类贷款的金额/正常类贷款）；关注类贷款迁徙率（关注类贷款中变为不良贷款的金额/关注类贷款）	
	不良贷款迁徙率	次级类贷款迁徙率（次级类贷款中变为可疑类贷款和损失类贷款的金额/次级类贷款）	
		可疑类贷款迁徙率（可疑类贷款中变为损失类贷款的金额/可疑类贷款之比）	
风险抵补类指标	盈利能力指标	成本收入比（营业费用加折旧/营业收入之比）	≤45%
		资产利润率（税后净利润/平均资产总额）	≥0.6%
		资本利润率（税后净利润/平均净资产）	≥11%
	准备金充足程度指标	资产损失准备充足率（信用风险资产实际计提准备/应提准备）	≥100%
		二级指标：贷款损失准备充足率（贷款实际计提准备/应提准备）	≥100%
	资本充足程度指标	核心资本充足率（核心资本/风险加权资产之比）	≥4%
		资本充足率（核心资本加附属资本/风险加权资产）	≥8%

《商业银行监管评级内部指引(试行)》提出的具有中国特色的“CAMELS +”（骆驼）监管评级体系（见表3.2），以风险监管为主导，通过对商业银行的资本充足率、资产质量、管理、盈利、流动性和市场风险状况六个单项要素进行评级，定量指标与定性因素综合考虑，各赋予60%、40%的比重，加权汇总得出综合评级。而后再依据其他要素的性质和对银行风险的影响程度，对综合评级结果做出更加细微的正向或负向调整。综合评级结果共分为6级，其结果将作为监管机构实施分类监管和依法采取监管措施的基本依据。对于评级结果为5级和6级的高风险商业银行，银监会将给予持续的监管关注，限制其高风险的经营行为，要求其改善经营状况，必要时可采取更换高级管理人员、安排重组或实施接管，甚至予以关闭等监管措施。

对于骆驼评级在3级以上，风险较高的银行，银监会将会对其进行持续的风险预警监测。

表 3.2　　"CAMELS +"（骆驼）监管评级体系

"CAMELS +" 评级要素	权重	定量指标（60%）
C：资本充足状况	20%	·资本充足率 ·核心资本充足率
A：资产质量状况	20%	·不良贷款率/不良资产率 ·正常贷款迁徙率 ·次级类贷款迁徙率 ·可疑类贷款迁徙率 ·单一（集团）授信集中度 ·全部关联度 ·贷款损失准备率/资产损失准备率
M：管理状况	25%	
E：盈利状况	10%	·资产利润率 ·资本利润率 ·成本收入比 ·风险资产利润率
L：流动性状况	15%	·流动性比例 ·核心负债依存度 ·流动性缺口率 ·人民币超额备付金率 ·（人民币、外币合并）存贷款比例
S：市场风险状况	10%	·利率风险敏感度 ·累计外汇敞口头寸比例

2. 风险预警体系

银监会以《商业银行风险预警操作指引（试行）》为基础建立风险预警体系，其指标体系主要包括定量指标和定性指标两部分。定量指标由资本充足率、信用风险、市场风险、经营风险和流动性风险五项分类指标组成，共 22 个指标。定性指标包括六项分类指标，分别为管理层评价、经营环境、公司治理、风险管理与内控、信息披露和重大危机事件（见表 3.3）。

如表 3.3 所示，实践中，在指标层面上，银行早期风险预警体系包括对单体银行预警和银行系统性风险预警，对单体银行预警主要通过脆弱性指标进行短期预警、先行指标进行中长期预警。其中，脆弱性指标以"CAMELS +"指

表 3.3　　风险预警指标

主要脆弱性指标	
C：资本充足状况	·资本充足率 ·核心资本充足率
A：资产质量状况	·不良贷款率/不良资产率 ·正常贷款迁徙率 ·次级类贷款迁徙率 ·可疑类贷款迁徙率 ·单一（集团）客户授信集中度 ·全部关联度 ·贷款损失准备率/资产损失准备率
M：管理状况	
E：盈利状况	·资产利润率 ·资本利润率 ·成本收入比 ·风险资产利润率
L：流动性状况	·流动性比例 ·核心负债依存度 ·流动性缺口率 ·人民币超额备付金率 ·（人民币、外币合并）存贷款比例
S：市场风险状况	·利率风险敏感度 ·累计外汇敞口头寸比例

先行性指标	
扩张性	·贷款余额增长率 ·资产增长率 ·表外风险资产增长率 ·存贷款利差（逆向指标） ·贷款组合变动比 ·贷款权益比
信用风险	·当年新形成不良贷款率 ·正常贷款迁徙率 ·关注类贷款占正常贷款比例 ·最大十家集团客户贷款集中度 ·全部关联度 ·住房按揭贷款占比
盈利性	·存贷款利差（正向指标） ·成本收入比
流动性	·存贷比 ·非核心负债依存度 ·一年内流动性缺口比例 ·现有流动性与总负债比例 ·同业市场负债依存度 ·最大十家同业拆入余额占总负债比例
市场风险	·外汇贷款占比 ·一年期以上利率风险敏感度
并表风险	·并表前后资本充足率差异

标为主，而先行指标则在脆弱性指标的基础上，做进一步的拓展：增加了扩张性风险，更加关注银行长期发展状况，并表风险则考虑了附属机构对母行资本充足率的影响；信用风险增加了当年新形成不良贷款率考核资产质量，并着重

关注住房按揭贷款在贷款总额的比重；盈利指标上考虑利差变化可能带来的风险；流动性上增加考虑存贷比、非核心负债依存度，并通过考察同业市场负债依存度、最大十家同业拆入余额占总负债比例，监测银行资金对同业市场的依赖程度；市场风险中，增加外汇贷款的占比，利率风险敏感度也延长了监测期①。

风险预警监测的对象包括国有商业银行、股份制商业银行、城市商业银行、在中国境内注册的外资独资及中外合资银行。同样，作为银监会分类监管的重要工具，风险预警体系有利于监管者对商业银行经营管理活动以及综合风险趋势进行动态监测和分析，及时发现风险隐患，向有关部门和银行机构发出预警信号，为银行监管部门提前采取适当的监管措施提供客观和充分的决策依据，防范和化解银行风险②。

二、大型重要银行的监管体系

由于部分业务规模大、复杂程度高的银行具有较强的风险感染性，如若发生重大风险事件或经营失败，将会给整个银行体系甚至社会经济带来重大影响。因此，银监会对大型重要银行一直保持着较强的监管力度。

1. 2006 年以前的监管指标

2006 年以前，我国商业银行监管主要是从稳定性、发展性、盈利性、辅助性四类监管指标展开，可称之为稳定的银行。其四类指标一般满足如下要求（见表 3. 4）。

2. 三大类七项指标

2006 年 4 月 18 日，针对股份制改革的银行，银监会发布了《国有商业银行公司治理及相关监管指引》，首次明确提出了国有商业银行上市后应树立市值最大化观念，同时以提高经营绩效为中心，对股份制改革后的国有商业银行提出了三大类七项评估指标（见表 3. 5）。

---

① 苗玉峰：“非现场监管的主要监管指标和监管评级”，http：//www. doc88. com/p－9743793484927. html。

② 银监会于 2010 年发布第 112 号文，对非现场检查的基础报表、特色报表以及分支机构报表都做了相应调整，其中增加了《G25 流动性覆盖率［流动性覆盖率（Liquidity Coverage Ratio，LCR）＝优质流动性资产储备/未来 30 日的资金净流出量］和净稳定融资比例情况表》《G44 杠杆率情况表》，使风险评级和风险预警及时跟进了国际监管新趋势。

表 3.4　　2006 年以前银行稳健性指标体系①

项　目	指　标	基本稳健区间
稳定性指标	资本充足率	8% ~12%
	内控能力	强
	流动性比率	25% ~30%
	不良资产比率	5% ~10%
	资产风险率	≤70%
	坏账准备金率	≥1%
	单个贷款比率	40% ~50%
	国际商业贷款比率	<100%
发展性指标	资产增长率	5% ~20%
	存款增长率	≥5%
	利润增长率	5% ~20%
	创新能力	强
发展性指标	资本收益率	≥10%
	资产收益率	1% ~4%
	收入利润比	15% ~30%
	人均利润率	≥8 万元
	收入成本率	≤80%
辅助性指标	市场占有率	高：稳中有升
	信用评级	BBB 以上
	同业排名	靠前：稳中有升

表 3.5　　三大类七项指标体系

项　目	指　标	指标要求
经营绩效类	总资产净回报率	重组完成次年度应达到 0.6%，三年内达到国际良好水准
	股本净回报率	重组次年度应达到 11%，之后逐年提高到 13% 以上
	成本收入比	重组次年度成本收入比应控制在 35% ~45% 之间

① 龚锋："我国四大国有商业银行的稳健性评估与分析"，载于《东莞理工学院学报》2005 年第 6 期，第 29 ~33 页。

续表

项　目	指　标	指标要求
资产质量类	不良贷款比例	不良贷款比例持续控制在5%以下
审慎经营类	资本充足率	资本充足率应持续保持在8%以上
	不良贷款拨备覆盖率	重组当年不良贷款拨备覆盖率应不低于60%，之后在确保财务稳健的前提下逐年提高该比例，争取在五年内达到100%
	大额风险集中度	对同一借款人的贷款余额与本行资本余额的比例不得超过10%

由于三大类七项指标主要对国有商业银行股改情况进行监测，所以其指标设置以重组年份作为时点，对部分指标设置了过渡期，注重考察股改银行经营管理水平和财务实力的增强。由于股改的成功与否直接关系到我国金融发展的全局，因此在指标设置上，接近于国际一流银行的标准。在监测口径上，银监会也对股改银行提出了更为严格的要求：一级资本，口径包括期末余额和增长比例；资产规模，口径包括期末余额、全球排名和增长比例；资本－资产比例，口径包括本期期末余额、上期期末余额、本期期末排名和上期期末排名；税前利润，口径包括期末余额和增长比例；真实利润增长，口径包括本期期末增长比例、上期余额期末增长比例和本期全球排名。三大类七项指标作为对国有银行监测的主要指标，沿用了很多年，2013年颁布《中国银监会关于印发商业银行公司治理指引的通知》后，该法规被废除。

3. 腕骨体系

随着银行业务更加综合化、国际化，单纯地按照资产规模将国内银行划分为大、中、小三类并不能科学合理地监控其风险。因而，根据规模、复杂度、替代性、关联度等方面的差异，将银行划分为系统性重要银行和非系统性重要银行更能符合目前监管要求的发展。虽然目前对于系统性重要银行并没有一个准确的量化标准，但是中、农、工、建、交作为五大国有银行，其规模、关联性、复杂性和可替代性等维度都使其理所当然地被归属于中国的系统性重要银行。

基于对系统性重要银行和非系统性重要银行的划分，2010年初，银监会紧跟国际监管思潮，充分吸收了国际监管领域领先的宏观审慎与微观审慎相结合、逆周期监管的思想，探索建立了腕骨监管指标体系，作为中国式金融差异化监管工具。腕骨体系率先在中、农、工、建、交试行了一年，收到了较好的效果，于是在2011年初在五大行正式施行，并在法人行的基础上，深入到了地方分支机构层面。银监会将按照“一行一策、一年一定、季度考核”的原则，每年调整动态风险监管指标，并以监管意见书的形式下发至各银行业金融机构，同时按季度监测运行情况。腕骨体系要求系统性重要银行于2012年底前达标，非系统性重要银行于2016年底前达标。可以说，对于所有中资行来说，腕骨监管体系将成为银行监管的新标杆。

腕骨监管体系由7大方面13项指标构成，具体见表3.6所示。由于7个方面的第一个英文字母拼起来正好是英文单词“CARPALs”，即“腕骨”，所以称之为“腕骨体系”。相较于以往的监管指标，腕骨体系在以下几个方面有所突破。

表3.6　　腕骨监管体系

评级要素	定量指标（100%）	公　式	测算说明
C：资本充足状况（20%）	资本充足率	Cr = Cmin + Cp	· Cmin：8%最低资本充足率 · Cp：留存超额资本2.5%；反周期超额资本暂取为0 · 系统性重要银行附加资本1% · 0.3%的上下浮动区间
	杠杆率	LRr = CoreC/A	· CoreC：核心资本总额 · A：经调整的表内外资产总额
A：资产质量状况（20%）	不良贷款率	NPLtr = 1/3 ∑NPLt_ i - Lt	· 1/3∑NPLt_ i：前三年平均不良贷款率 · Lt：当年新增贷款对不良率下降的贡献度
	不良贷款偏移度	Ld = NPLr - NPLb	· NPLr：实际不良贷款率 · NPLb：账面不良贷款率
R：大额风险集中度（10%）	单一客户授信集中度	SLtr = 1/3∑SLt_ i	· 1/3∑SLt_ i：前三年平均
	单一集团户授信集中度	SCtr = 1/3∑SCt_ i	· 1/3∑SCt_ i：前三年平均

续表

评级要素	定量指标（100%）	公　式	测算说明
P：拨备状况（20%）	不良贷款拨备覆盖率	Ptr = Pmin + ［ΔLt－1－（GDPt－1－CPIt－1）－5%］	·Pmin：拨备覆盖率最低要求 ·ΔLt－1：上一年贷款增长率
	贷款拨备覆盖率		
A：附属机构（10%）	附属机构资本回报率	AROEr = Ra/Ea	·Ra：附属机构当年税后利润 ·Ea：附属机构当年所有者权益
	母行负债依存度	EDR =（TI－CI）/TL	·TI：母行对附属机构全部资金投入 ·CI：母行资本金投入 ·TL：附属机构负债总额
L：流动性状况（10%）	流动性覆盖率	LCRRr = HQLA/NCO	·HQLA：高流动性资产储备 ·NCO：未来30日资金净流出量
	净稳定融资比率	NSFRr = ASF/RSF	·ASF：可供使用的稳定资金 ·RSF业务所需的稳定资金
	存贷比	LTDtr = 1/3∑LTDt_ i	·1/3∑LTDt_ i：三年存贷比平均值
S：案件防控（10%）	案件风险率	Ftr = 1/3∑（F/A）t_ i	·1/3∑（F/A）t_ i：三年案件风险率平均值

资料来源：穆秀芝，“浅析‘腕骨’监管指标体系的实施对商业银行经营管理的影响”，载于《内蒙古金融研究》2012年第6期，第48～51页。

（1）指标建设更加全面。对资本充足状况的考量，在传统资本充足率的基础上，增加了杠杆率；对资产质量的考核，尤其是对于贷款质量的衡量，从之前的贷款迁徙指标到采用不良贷款偏移度指标，对贷款分类的监管更加审慎；对贷款损失准备状况的考察，综合考虑不良贷款拨备覆盖率以及贷款拨备覆盖率指标，体现逆周期监管特征；针对由于操作风险等因素导致的案件损失风险，增设案件损失率；针对我国大行跨业跨境业务的增加，专门设置了针对附属机构的附属机构资本回报率以及母行负债依存度等指标；对流动性风险的控制，新增流动性覆盖率、净稳定融资比率指标。

（2）指标更具层次性。每项指标都按法定值、触发值和目标值设置三道监管防线，明确了监管调整值及其区间，具有超前预警的特点。同时，将定量测量与定性分析、监管指标标准化与监管自由裁量权有效结合起来。

（3）指标更具动态性。“腕骨”体系的13项指标有13个计算公式，其指标值都是根据各行自己的基础数据计算出来的，所以因行而别，因时而变，体现了动态跟踪的即时监管特点。

（4）测算方式改进。通过引入对部分指标的历史平均数据，在一定程度上平抑了时点数据的波动性。

总的来看，腕骨体系更加注重对银行风险的考察，强调流动性与资本充足状况并重，但对盈利性的评估不足。由于安全稳健运行是盈利的基础，可以看出银监会更加注重对安全稳健的考量，并希望以此为基础间接提高银行的盈利水平。

三、新监管标准下的四大监管工具

2007～2009年金融危机的爆发使监管者开始反思新资本协议的不足。主流观点认为，银行资本整体质量不佳、监管体系尚未对杠杆率进行统一监管、监管体系中亲周期效应未得到重视、强化对单一金融机构的管理、对系统性风险考虑不足等是银行业未能避免危机的重要原因。于是，朝着宏观审慎与微观审慎兼顾、资本监管和流动性监管并重、资本数量和质量同步提高的改革方向，《巴塞尔协议Ⅲ》引入了储备资本、逆周期超额资本、杠杆率等工具衡量资本充足状况，新建流动性覆盖率和净稳定资金比率①等指标管理流动性风险，确立了微观审慎和宏观审慎相结合的金融监管新模式，大幅度提高了商业银行资本监管要求，建立了全球一致的流动性监管量化标准。

为推动中国银行业实施国际新监管标准，增强银行体系稳健性和国内银行的国际竞争力，2011年5月3日，根据《巴塞尔协议III》（以下简称《巴III》）关于银行资本及流动性监管的新标准，银监会发布了《中国银行业实施新监管标准指导意见》，并配套发布了《商业银行杠杆率管理办法》《商业银行贷款损失管理办法》《商业银行资本管理办法（试行）》《商业银行流动性风险管理办法（试行）征求意见稿》，形成了中国银行业当前以资本充足率、杠杆率、拨

① 净稳定资金比率（NSFR，Net Stable Funding Ratio）=可用的稳定资金/业务所需的稳定资金。

备率和流动性比率为四大监管工具的指标体系。

1. 资本充足率

根据《商业银行资本管理办法（试行）》（自 2013 年 1 月 1 日起执行），资本充足率是指商业银行持有的符合本办法规定的资本与风险加权资产之间的比率。主要包括：一级资本充足率，是指商业银行持有的符合本办法规定的一级资本与风险加权资产之间的比率；核心一级资本充足率，是指商业银行持有的符合本办法规定的核心一级资本与风险加权资产之间的比率。

《商业银行资本管理办法（试行）》在以下几个方面对资本充足率做出了规定。

（1）计算方法。

将监管资本从现行的两级分类（一级资本和二级资本）修改为三级分类，即核心一级资本、其他一级资本和二级资本。其中，核心一级资本包括实收资本或普通股、资本公积、盈余公积、一般风险准备、未分配利润、少数股东资本可计入部分；其他一级资本包括其他一级资本工具及其溢价少数股东资本可计入部分；二级资本包括二级资本工具及其溢价、超额贷款损失准备、少数股东资本可计入部分。

相较于《巴Ⅲ》中建议的，核心一级资本主要包括普通股与未分配利润，一般准备隶属于二级资本，银监会在一级资本的要求上略松于《巴Ⅲ》。但是从扣减项看，新标准的核心一级资本全额扣除了商誉、其他无形资产（土地使用权除外）、由经营亏损引起的净递延税资产、贷款损失准备缺口、资产证券化销售利得、确定受益类的养老金资产净额、直接或间接持有本银行的股票、对资产负债表中未按公允价值计量的项目进行套期形成的现金流储备（若为正值，应予以扣除；若为负值，应予以加回）、商业银行自身信用风险变化导致其负债公允价值变化带来的未实现损益。相较于《巴Ⅲ》中允许部分商誉以及递延税项为非扣减项，中国在这方面更为严苛。

为防止银行过度风险承担，资本扣除统一在核心一级资本层面进行，确保银行出现损失时，有足够的随时可动用的资本来吸收损失。

对于商业银行发行的二级资本工具，有确定到期日的，该二级资本工具在距到期日前最后五年，可计入二级资本的金额应当按 100%、80%、60%、40%、20% 的比例逐年减计，通过这种动态指标调整办法，进一步提高资本质量。

优化风险加权资产的计算。详细制定多种评估方式，涉及市场风险、信用风险、操作风险，提高风险覆盖范围。

总的来说，通过严格资本定义，增强了资本的质量及吸收损失的能力；同时最大限度地覆盖了资产的风险，提高了资本充足率指标的稳健性。

（2）指标要求。

《商业银行资本管理办法（试行）》将资本监管要求分为四个层次（见表3.7）。

表3.7　　新监管标准下资本充足率要求　　单位:%

	核心一级资本（扣减调整项）	一级资本	总资本
最低资本要求	5	6	8
储备资本	2.50	2.50	2.50
最低资本要求+储备资本	7.50	8.50	10.50
系统性重要银行附加资本	1	1	1
系统性重要银行	8.50	9.50	11.50
逆周期超额资本	0~2.5		

从表3.7可以看出，第一层次为最低资本要求，核心一级资本充足率、一级资本充足率和资本充足率分别为5%、6%和8%。第二层次提出了2.5%储备资本要求和0~2.5%的逆周期资本要求。其中，储备资本用于吸收严重经济和金融衰退给银行体系带来的损失；逆周期资本暂时规定为0，当出现系统性的信贷过快增长，商业银行需计提逆周期超额资本。第三层次为系统性重要银行附加资本要求，要求为1%。第四层次为第二支柱资本要求，由监管部门根据检查结果或风险判断特别提出。其中，储备资本和逆周期资本皆由核心一级资本满足。

从指标上看，除了5%的核心一级资本充足率高于《巴Ⅲ》要求的4.5%外，其他要求基本和《巴Ⅲ》保持一致。因此，正常条件下系统性重要银行和非系统性重要银行的资本充足率应分别不低于11.5%和10.5%，并将资本充足率达标与否与业务准入挂钩。

如表3.8所示，银监会要求系统性重要银行和非系统性重要银行在2018年底达到各项资本充足率要求，和之前《新标准指导意见》中安排的系统性重要银行和非系统性重要银行应分别于2013年底和2016年底前达到新的资本监管标准相比，安排了更长的过渡期，给予银行充分的时间去达成目标。

表3.8　　新监管标准下资本充足率过渡期安排　　单位：%

银行类别	项目	2013年底	2014年底	2015年底	2016年底	2017年底	2018年底
系统性重要银行	核心一级资本充足率	6.5	6.9	7.3	7.7	8.1	8.5
	一级资本充足率	7.5	7.9	8.3	8.7	9.1	9.5
	资本充足率	9.5	9.9	10.3	10.7	11.1	11.5
其他银行	核心一级资本充足率	5.5	5.9	6.3	6.7	7.1	7.5
	一级资本充足率	6.5	6.9	7.3	7.7	8.1	8.5
	资本充足率	8.5	8.9	9.3	9.7	10.1	10.5

2. 杠杆率

针对资本充足状况的监管，除了上述资本充足率监管要求外，商业银行还提出了杠杆率的监管要求。杠杆率是指商业银行持有的符合有关规定的一级资本与商业银行调整后的表内外资产余额的比率。并表和未并表下的杠杆率均不得低于4%，系统性重要银行和非系统性重要银行应分别于2013年底和2016年底前达到。

具体来说，资本充足率存在三个问题：①资本质量不高。西方国家银行一级资本以留存收益为主，普通股占比不高，核心一级资本稀释严重，因而资本吸收损失能力较低；而中国这点相对比较好，核心一级资本主要以普通股为主。②亲周期性。在经济繁荣时期，资产质量较高，风险加权资产较低，银行资本充足率普遍偏高，在满足既定的监管标准下，银行倾向于扩张资产规模，加剧了繁荣期泡沫的累积；而在经济衰退期，资产质量下降，风险加权资产增加，资本充足率水平降低，为了满足监管要求，银行倾向于收缩信贷，抛售资产，从而进一步加大了银行体系的系统性风险。③监管套利。由于资本充足率的分母为风险加权资产，银行会通过购买大量国债等低风险资产，以降低加权风险资产，或者通过将业务从表内移向表外，以提高资本充足率。

针对上述问题，最新的《资本管理办法》严格了资本定义，以提高资本质量，并提高了资本充足率要求，同时引入了杠杆率作为对资本充足率的补充。具体来看，杠杆率具有以下优势。

（1）逆周期监管工具。杠杆率是风险中性的，仅仅考虑资产的规模：经济繁荣时期，资本充足率对应的资本要求下降，资产扩张，杠杆率将会对银行形成约束，迫使其增加资本；反之，经济下行期，杠杆率可以检测银行过度去杠杆化行为，繁荣时期增加的资本也能对银行起到保护作用。

（2）风险控制加强。杠杆率覆盖了所有资产，可以说覆盖了所有的潜在风险，如经济萧条时期资产价格下降可能带来的市场风险，未能计提完全的表外资产风险等，降低了银行向表外转移资产进行监管套利的可能性。因此，杠杆率是银行风险承担、资产过度扩张的最后防线。

（3）监管成本低。由于杠杆率可以直接依据公开的财报计算，便于监管，也减少了风险加权资产计算过程中可能存在的模型风险。

由于杠杆率是风险中性指标，资产之间的替代是无差异的（杠杆率的分母计算中，除了无条件撤销承诺系数为 10%，表外资产风险转换系数均为 100%），可能导致银行倾向于拥有高风险资产，但此时资本充足率的分母增大，因此通过资本充足率的变化又可以制约杠杆率可能导致的套利行为。

3. 拨备率

银监会采取贷款拨备率与拨备覆盖率指标相互结合的方式考核商业银行贷款损失准备的充足性。

贷款拨备率为贷款损失准备占各项贷款余额的比例，要求不低于 2.5%；拨备覆盖率为贷款损失准备占不良贷款的比例，要求不低于 150%。两者较高者为商业银行贷款损失准备的监管标准。

根据《商业银行贷款损失准备管理办法》，监管部门采取了动态化、差异化的方式对拨备率进行监管。根据经济周期、宏观经济政策、商业银行整体贷款分类偏离度、贷款损失变化趋势等因素对商业银行贷款损失监管标准进行动态调整；依据业务特点、贷款质量、信用风险管理水平、贷款分类偏离度、呆账核销等因素对单家商业银行应达到的监管要求进行差异化调整。

例如，不同银行在保持贷款拨备率一定的情况下，对不良贷款率较高的银行，可以适当提高拨备覆盖率要求，以应对将来可能发生的更高的不良贷款率。对于同一家银行在不同的经济发展阶段——在经济繁荣时期，不良贷款率下降，即便计提拨备量下降，拨备覆盖率仍有可能上升；经济下行期，不良贷款率上升，若计提拨备，反而会加剧银行风险，可以通过在经济上行期提出更高的要求，将多计提的拨备留置下行期，有效减缓银行危机。这些问题都对监管部门能否适时适量地采取监管措施提出了挑战。

对拨备率的达标，监管部门设定了差异化的过渡期安排。对系统性重要银行，要求2013年底前达标。对非系统性重要银行，盈利能力较强、贷款损失准备补提较少的银行业金融机构，要求在2016年底前达标；个别盈利能力较低、贷款损失准备补提较多的银行业金融机构，则应在2018年底前达标。

拨备覆盖率指标在之前的损失准备指标体系中早有涉及，是监测商业银行贷款损失准备充足性、控制信用风险的主要指标，但其自身存在较多不足。

（1）可比性。拨备覆盖率是基于不良贷款计算的，但是贷款的五级分类需要根据一定的主观判断，不同银行间同一类别不良贷款的结构和质量很可能是不同的。因此，即便是拨备覆盖率相同的银行，其对不良贷款的弥补能力也不相同，这将导致拨备覆盖率失去横向比较的意义。所以，拨备覆盖率的高低并不能真正反映商业银行的信用风险防范能力。

（2）亲周期性。经济繁荣时期，银行贷款规模大、质量高，从而不良贷款减少，在一定的拨备覆盖率下，计提的贷款拨备也较少；而在经济下行期，不良贷款增多，需要计提的拨备反而更多，可能使银行陷入更大的危机。针对亲周期性，银行监管部门曾有过根据经济形势和贷款潜在损失的变化不定期调整银行业金融机构应该达到的拨备覆盖率水平的实践。例如，2009年为了提高银行业金融机构风险防范能力，银监会要求各银行业金融机构拨备覆盖率提高至150%，虽然拨备覆盖率的可调节性使其具备一定的抗周期能力，但是对拨备覆盖率监管要求的确定缺乏明确的模型支持，也不能够保证能够完全消除拨备计提的亲周期性。

（3）不完全性。由于拨备率仅仅覆盖了不良贷款，未充分覆盖潜在的、未识别到的信贷风险，所以无法充分抵补贷款质量下降带来的风险。

次贷危机发生后，金融稳定理事会（FSB）在总结相关经验时提出，在信用周期早期确认更高的贷款损失准备能够缓解已发生损失模型产生的亲周期性，因此建议各国引入动态拨备来缓解监管制度的亲周期效应。所以，建立动态拨备制度也成为我国银行监管的重要议题。在最新的监管实践中，银监会引入了贷款拨备率指标，有针对性地对拨备覆盖率的不足进行了补充：①由于贷款拨备率仅与贷款的规模有关，所以贷款分类在不同银行间的差别不会对指标间的横向比较造成影响，这也反映出监管部门对贷款五级分类的结果更加审慎；②

由于经济繁荣期贷款增多，计提的贷款准备增多，而经济下行期贷款减少，计提的贷款准备减少，繁荣时期多计提的贷款准备可用于经济下行期增加的贷款损失，有效降低银行风险，因而贷款拨备率具有显著的逆周期特征；③由于贷款拨备率针对所有贷款均计提准备，从而具有最大的风险控制能力，降低未能充分识别贷款风险可能带来的损失。

4. 流动性比率

根据银监会发布的《商业银行流动性风险管理办法》，现行的流动性指标可以分为合规性监管指标和用于分析、评估流动性风险的监测工具。其中，合规性监管指标包括流动性覆盖率、存贷比、流动性比例，监测工具包括资产负债期限错配、融资来源多元化和稳定程度、无变现障碍资产、重要币种流动性风险以及市场流动性等不同维度的相关指标。这里着重分析流动性覆盖率以及新监管标准中引入的净稳定融资比例。

（1）流动性覆盖率（LCR）。

流动性覆盖率为高流动性资产储备与未来30日的资金净流出量之比，主要从现金流量表角度出发，衡量短期压力情景下（30日内）银行的流动性状况，要求不得低于100%，以确保在流动性压力情景下，商业银行能够保持一定的优质资产。同时，鼓励商业银行增加政府债券和流动性更强的资产的比重，吸收稳定的、期限更长的存款来源。

高流动性资产储备，一般认为是风险低、易定价、与高风险资产相关性低的资产，具有在合格的市场交易以及向央行抵押融资的可接受性，一般包括现金、政府债券、央行票据、存放央行超额准备金等，甚至包括高评级公司债券、抵押债券等。

未来30日的资金净流出量为资金流出与流入的净差额，监管部门依据不同的业务、情景，对现金流入与现金流出赋予了不同的权重。

对流动性覆盖率，监管部门规定了与《巴赛尔协议Ⅲ》一致的过渡期，即商业银行流动性覆盖率应当于2018年底前达到100%；在过渡期内，应当于2014年底、2015年底、2016年底及2017年底前分别达到60%、70%、80%、90%。这与新监管标准提出的基于2年观察期，2013年底达到有所延长。

（2）净稳定融资比率（NSFR）。

净稳定融资比率为银行可用的稳定资金来源与业务所需的稳定资金来源之

比。与流动性覆盖率不同，净稳定融资比关注银行的中长期流动性风险，从资产负债表出发，根据银行在一个年度内资产业务的流动性特征设定可接受的最低稳定资金量，要求不低于100%，目的在于鼓励银行减少对资产负债的期限错配，多用稳定的资金来源支持资产业务。

监管部门按资金来源的性质和稳定性，将银行可用的资金来源设为5档系数，即100%、85%、70%、50%、0%，设定系数时考虑的因素包括存款是否加入存款保险体系、银行是否与存款客户有稳定的业务联系、存款属批发还是零售等。

业务所需的稳定资金来源，即银行从事资产业务（含表外）应当用多少稳定的融资来源予以支持。

在《新监管标准指导意见》中，监管部门规定银行业金融机构应于2016年底前净稳定融资比例的监管要求，在2014年3月1日起执行的《银行流动性风险管理办法（实行）》中未对这一指标做进一步论述，但是根据银监会112号文，该指标已被纳入非现场监管指标体系中。

金融危机中倒闭的西方银行大多具有较高的资本充足率，根据IMF2008年的统计表明，美国银行业资本充足率为12.8%（2007年），日本12.9%（2007年），德国12.2%（2006年），英国12.9%（2006年）[①]，理应具有足够的能力偿付金融市场带来的损失，因此，危机的发生促使监管者开始反思银行信贷风险中不流动的部分所起的放大损失作用。考虑到这些因素，《巴赛尔协议Ⅲ》开始将流动性监管与资本充足监管放在第一支柱上，并引入了流动性覆盖率和净稳定融资比率作为新流动性监管工具，首次在全球统一了流动性监管标准，定量测度商业银行流动性风险。

在引入新指标以前，银监会对流动性风险的监管以存贷比和流动性比例指标为主，但是二者作为时点指标，仅从静态上反映银行的流动性，存在较大问题。新监管指标更加全面精细化地加强了对流动性结构的管理。如在流动性覆盖率中，通过对现金流入与现金流出系数的调整，更为准确地反映了流动性风险：对同业业务采用较高的现金流出系数和较低的现金流入系数，增大净现金

① 翟光宇、陈剑："资本充足率高代表资本充足吗？——基于中国上市银行2007～2011年季度数据分析"，载于《国际金融研究》2011年第10期，第65～72页。

流出额，符合稳健性原则，也有助于约束商业银行对同业资金的过度依赖。此外，通过开展不同程度的流动性危机测试，估计不同程度的流动性危机下应该采取的应对措施，起到风险预警的作用，有助于提高流动性风险管理的效率。因此，新指标对资产和负债的期限匹配、长短期融资的平衡提出了更高的要求。

第二节　银行业监管评价体系对银行业的影响

一、有效银行监管的界定

学术界主要运用社会利益论以及金融脆弱说论证银行监管的必要性问题。社会利益论认为，由于市场失灵的存在，单靠“市场”这只看不见的手并不能真正使资源配置效率达到最大。金融市场上存在大量信息不对称、垄断、外部性等问题，需要通过对银行业进行监管，才能纠正市场失灵。金融脆弱说则从银行自身特性出发，认为银行具有高负债率，容易受到存款人挤提的影响，且银行间的依赖性过强，具有较大的风险传染性，因此，需要注重对银行系统的监管。监管的必要性是被普遍认可的，但正如经济学分析中提出的管制成本问题，银行监管在实际运作中不可避免地会存在一些缺陷，影响其有效性。

监管的有效性常常和监管的效率联系在一起。本书认为，有效性注重监管的结果，效率则是在结果的基础上增加了对成本的考虑，所以两者有重合的部分——对效率的研究，实际上也隐含了对有效性的研究。然而，对有效银行监管的界定标准，从制度规范的视角看，有效的银行监管能建立公平竞争机制，纠正市场失灵，最大限度地提高银行体系的效率和稳定性；而从银行合约参与者和银行运营的视角看，有效的银行监管能通过对银行业进行持续的监管，识别度量金融风险，消除风险不利影响，保持中小消费者和投资者的合法利益[①]。阎庆民（2002）则提出，狭义的监管效率（这里认为有效性是其中一个方面）是监管机构在发现和处理有问题银行方面的工作效率，而广义的监管效率则是从监管的最终目的看，它能保证金融的稳定和促进经济发展[②]。当然，也有不

① 马若菲：“中国商业银行监管有效性研究”，内蒙古大学硕士学位论文，2012 年。

② 阎庆民：“中国银行业效率分析”，载于《金融研究》2002 年第 8 期，第 71 ~ 81 页。

少学者对此提出反对意见，认为这样的界定太过片面。

总体来看，关于银行监管有效性的界定主要集中在两个方面，一个是监管目标论，另一个是监管过程论。监管目标论更关注于监管目标是否得到实现，而监管过程论则集中于制度建设、规则制定方面是否有助于实现监管目的。具体来说，监管目标论是从结果的实现来看，是否达到了监管要求，是否实现了监管目的；而监管过程论，则更体现了影响监管有效性的因素。本书认为，目标与过程的有效是互为前提、缺一不可的，这里所讨论的有效银行监管，既包括在目标实现上，达到了监管要求，实现了监管目的；又包括在监管过程中，相关制度建设是合理有效的。

二、监管目标及影响监管有效性的因素

1. 监管目标

对于应当设立怎样的监管目标，各界并未形成一个统一的标准。有观点认为应该从银行经营的“三性”原则出发，即监管目标在于能够保障银行经营的安全性、流动性、盈利性；另有观点则加入了对社会经济发展影响的考虑。本书认为，《银行业监督管理法》中对银监会的职责定义正反映了其监管目标：“促进银行业的合法、稳健运行”“保护银行业公平竞争”“提高银行业竞争能力”。而银监会也清楚地表示[①]，其工作目标也包括支持国家的经济与社会发展，但前提是必须以安全与稳健的方式进行。因此，银行业的稳定运行是首要目标，而支持社会经济发展是次要目标。同时也认可银行的稳定运行是经济持续发展的重要保障。在该目标的基础上，结合当前经济发展实际以及国际银行业监管实践，现阶段银行业的监管重点则是微观审慎与宏观审慎相结合，在确保单个银行稳健经营的同时，有效防范我国银行体系在“走出去”、利率市场化、人民币国际化以及各类资本进入银行业过程中形成的系统性风险。

2. 影响监管有效性的因素

周慕冰（2012）提出，是否建立了合理的监管激励机制、创新监管机制、

① 国际货币基金组织、世界银行著，中国银行业监督管理委员会译：《关于中国遵守 <有效银行监管核心原则> 详细评估报告》，中国金融出版社 2012 年版。

权威的监管执法等六个方面是影响监管有效性的重要方面[①]；宓丹（2007）则从监管目标实现条件的角度出发，提出“二主体一制度”，认为监管方、被监管方、传导机制在信息效率、制度建设等方面的缺陷会降低监管有效性[②]。本书认为，从过程上看，有效的银行监管深受监管方、被监管方、两者间的互动以及宏观经济环境的影响，因此从这四个方面分析影响监管有效性的因素是比较全面、合理的。

（1）宏观经济环境对监管有效性有重要影响。其一方面体现在银行的经营状况本身就与经济周期密切联系，深受社会经济环境的影响，这同时也为实行逆周期监管带来了挑战；另一方面在于一些国家宏观经济政策的颁布和实施，会对银行监管效果造成较大影响。例如，为减轻次贷危机给我国经济造成的负面影响，中国实施了4万亿投资计划，然而，其在带来制造业短暂繁荣的同时也带来了不良贷款率的上升；在流动性的控制方面，国家实行宽松或紧缩的货币政策也会对银行流动性状况造成影响。

（2）监管方之间的组织机构协调问题。我国实行的是以中国人民银行为中心，银行业、证券业、保险业分业监管的监管模式。而随着金融机构间业务交叉、界限日益模糊，容易出现重复监管或者监管缺失的问题，监管机构间难以做到有效的信息沟通和协调配合。例如，在对地方融资平台债务状况的摸查中，中国人民银行、银监会就先后做过一次调查统计，但由于统计口径等原因，得出的统计数据并不一致，其数字也颇受怀疑。后来又有财政部、发改委、中国人民银行和银监会联合发起的新一轮地方融资平台清查，但是这四部门或多或少与地方政府、企业、银行有联系，为了自身的利益，相互之间可能存在少报、漏报、瞒报等行为，也不能很好地建立信息共享机制，有效地利用和借鉴各自的检查结果。这些问题都会对监管工作的顺利开展造成影响，并最终导致不真实的调查结论。而在监管机构内部，则主要涉及现场检查与非现场检查间的协调合作问题。由于非现场检查为现场检查提供了检查重点和方向，现场检查则有助于及时调整非现场检查的信息。两者之间信息能否实现有效沟通，是影响监管目标实现的重要方面。

---

① 周慕冰：“现阶段提高我国银行业监管有效性的六个问题——基于总结国际金融危机教训的思考”，载于《求是》2012年6月16日。

② 宓丹：“银行监管有效性分析”，四川大学博士学位论文，2007年。

（3）被监管方即银行自身公司治理、内部控制等方面对监管有效性的影响。这具体体现在银行自身架构是否健全，是否能够实现自我约束、自我完善，能够通过制定和实施一系列制度、程序和方法，建立事前防范、事中控制、事后监督和纠正的动态风险防范机制。一个科学有效的银行公司治理和内控制度，是确保银行有效执行各项监管规章的重要保障。

（4）监管机构与被监管机构之间的沟通互动。这里主要讨论信息效率、执法效率以及指标有效性三个方面。

信息效率主要体现在信息披露的充分性不足，包括信息的真实性以及信息的有效利用等方面。在非现场检查中，银行向监管部门上报的信息的真实性将影响对现场检查监管资源的合理分配；另外，在监管部门安排检查项目时，往往是某个地区暴露了某项风险，就开始在全国范围内展开专项检查，并没有充分结合当地实际情况进行风险排查，这也反映了监管自主性不强的特点。

执法效率问题主要体现在监管法律不健全、处罚依据不足，发生违规违纪行为后所实施的处罚对银行的警示作用不强，经常出现同种错误年年犯的问题。例如在对信贷资金挪用问题上，银监会曾多次发文禁止。当2007年披露了中国核工业建设集团公司、中国海运（集团）公司挪用信贷资金进入股市的问题后，银监会给予8家涉事银行的处罚也仅仅是相对于涉案资金比例很低的罚金以及其他一些行政类措施。相关处罚制度不健全的后果是，2009年在一次针对930笔共16.92亿元贷款的调查中，“有21笔共1340万元信贷资金以直接或间接的方式流入股市；有7家银行的21家分支机构不同程度地存在个人消费信贷资金流入股市问题”①，信贷资金挪用依然严重。

最后是指标有效性问题。监管指标是监管部门评估银行经营状况和风险状况并及时采取相关措施的重要工具，其设计是否合理，能否有效规范银行行为、促进银行公平竞争、稳健经营，是实现监管目标的关键，但这在以往针对银行监管有效性的分析中并未受到重视。下面将重点阐述监管指标的有效性对监管目标实现的影响。

---

① “各地彻查银行违规信贷，揭秘资金进入股市路线图”，每日经济新闻，http：//money.163.com/10/0303/08/60RAG72T0025262U.html，2010年3月3日。

三、指标有效性问题

根据最新的监管标准，我国基本形成了资本充足率与杠杆率下的资本监管体系，拨备覆盖率与贷款拨备率为主要指标的拨备监管体系，贷存比、流动性比例、流动性覆盖率和净稳定融资比率下的流动性监管体系。

1. 公平性

资本充足率监管要求隐含的一个监管理念是，具有优质资产的银行可以持有较少的资本金，但若加入了杠杆率指标，对于资产规模相当的两家银行，具有优质资产的银行反而需要计提更多的资本以满足监管要求。

从表 3.9 可以看出，2010 年中国农业银行和中国建设银行的资产质量最差，而其杠杆率高于除城市商业银行以外的大多数资产质量好的银行[①]，这在一定程度上是契合资本充足率正向监管原则的，即具有较多优质资产的银行，可以具有更大规模的资产，进行更高的杠杆经营。但是在加入了 4% 的杠杆率要求后，具有优质资产的银行反而要受到监管，若增加相应资本，则必然影响该银行的盈利水平，甚至激励其追求高风险高收益的资产业务。对于资本充足率、杠杆率双项标准下银行倾向于高风险高收益业务这一行为，诸多学者通过建立数学模型进行了验证。陈梦雯、郭宇岗（2011）[②] 通过建立数学模型，分析得出不考虑资产质量的杠杆率将迫使拥有优质资产的银行扩大风险资产，以高风险获取高收益（ROE）；而黄海波（2012）[③] 等人也通过建立模型，得出双重约束下银行可能倾向于高风险资产而非风险调整资本收益（RAROC）较高的资产。从这个角度看，加入杠杆率这一“粗放”的监管指标，虽然在一定程度上避免了监管部门在风险加权资产评估等方面的信息不对称问题，但对银行进行公正评价以及激励银行稳健经营等方面存在一些漏洞，需要监管部门综合考虑不同银行的特殊情况，实施差异化杠杆率要求。

---

① 北京银行、宁波银行、南京银行由于 2007 年 A 股上市股票溢价资本大幅增加，这里不将其作比。

② 陈梦雯、郭宇岗、Philippe Dorbaire：“《巴塞尔协议 III》中的杠杆率指标对银行风险的影响及其在中国的适用性分析”，载于《江西社会科学》2011 年第 9 期，第 251 ~ 256 页。

③ 黄海波、汪翀、汪晶：“杠杆率新规对商业银行影响研究”，载于《国际金融研究》2012 年第 7 期，第 68 ~ 74 页。

表 3.9　中国 16 家上市银行杠杆率、不良贷款率的变化情况（以 2010 年为例）

	不良贷款率（%）	杠杆率（%）
中国工商银行	1.08	4.69
中国农业银行	2.03	4.38
中国银行	1.1	4.68
中国建行银行	1.14	4.94
交通银行	1.12	4.74
招行银行	0.68	4.18
中信银行	0.67	4.24
兴业银行	0.42	4.19
光大银行	0.75	3.95
华夏银行	1.18	2.69
民生银行	0.69	4.59
浦发银行	0.51	4.6
深圳发展银行	0.58	3.3
宁波银行	0.69	4.55
北京银行	0.69	5.18
南京银行	0.97	6.68

资料来源：各银行年报；胡丹："'杠杆率'监管指标对中国商业银行的影响分析——基于各上市银行的会计报表披露分析"，载于《财会学习》2012 年第 3 期，第 23～26 页。

2. 指标相容性

一些指标在设置上会由于指标间计算关系等方面的问题产生相容性问题。例如，在拨备覆盖率和贷款拨备率（或称拨备率/拨贷比）之间的计算公式"不良贷款率×拨备覆盖率＝贷款拨备率"中，存在如下问题：在市场信用环境未发生重大变化，不良贷款率维持在相对稳定水平时，拨备覆盖率的提升必然会导致贷款拨备率的提升，指标监管上出现了重复；而在拨备覆盖率相同时，不良贷款率高反而贷款拨备率高。可见，不良贷款率与贷款拨备率具有高度的正相关性，不良贷款率低的银行反而要受到监管。针对这点，陈伟钢（2013）[①]

① 陈伟钢："新贷款损失准备金制度的功能"，载于《金融时报》（http：//www.financialnews.com.cn/yw/gd/201306/t20130603_34161.html）2013 年 6 月 3 日。

认为这是由于在指标设计上，拨备覆盖率侧重于监控不良贷款，而贷款拨备率则侧重于监控非不良贷款，因此对不良贷款率低的银行（一般认为标准是1.67%），监管部门会关注贷款拨备率，反之则关注拨备覆盖率，这有利于监管部门抓住监管重点。然而，目前中国商业银行整体约1%的不良贷款率是低于1.67%水平的，而在拨备覆盖率满足的前提下，为了符合贷款拨备率监管要求，同时减少拨备补充对银行利润的侵蚀，银行会倾向于缩减贷款规模尤其是通过减少不良贷款核销等方式降低拨备损耗，而这可能导致银行不良贷款比重的增加。

表 3.10　　兴业银行资产质量指标

项　目	2013 年	2012 年	2011 年
不良贷款率（%）	0.76	0.43	0.38
拨备覆盖率（%）	352.1	465.82	385.3
拨贷比（%）	2.68	2	1.46

数据来源：兴业银行 2013 年年报。

从表 3.10 可以看到，2011～2013 年兴业银行的不良贷款率始终低于 1%，拨备覆盖率也远高于 150% 的监管要求。而贷款拨备率在 2011 年未达到 2.5% 的指标要求，但 2013 年满足贷款拨备率要求时，拨备覆盖率却从 385.3% 下降至 352.1%，因此贷款拨备率的上升主要源于不良贷款率的增加。此时，满足贷款拨备率要求的银行反而是不良贷款率高的银行，这显然是不符合监管目标的，尤其是对于具有优质资产的银行来说，贷款拨备率的设置反而造成了更大的拨备补充压力。

3. 应变性

（1）存贷比与银行业发展。

在涉及流动性监管的三个主要指标中，存贷比是最早被提出也是目前争议较大的一个指标。存贷比的引入始于 1994 年《关于对商业银行实行资产负债比例管理的通知》的颁布，是与当时中国经济过热、物价高企的社会现实以及中国银行业资本监管约束尚未成熟的管理水平状况相适应的。然而，随着中国银行业的发展，该指标却未能很好地适应现代银行业多样化、差异化发展状况，存在以下几个方面的问题。

①风险覆盖面不足。随着商业银行资产负债结构、经营模式发展变化，银行的资产、负债来源的多元化导致存贷比未能充分考虑银行各类资金来源和运用在期限和稳定性方面的差异，风险敏感性不足，难以全面反映银行流动性状况。

②不利于银行多元化发展。当前中国银行业的竞争日益激烈，银行间特色化经营趋势越来越明显。由于经营背景、资金实力等原因，不同的银行的战略定位不同、具有比较优势的业务不同，导致各银行在资产负债表上的表现迥异。如果对所有银行采用统一的存贷比监管指标，将激励商业银行奉行“存款立行”的理念，不利于实现银行多样化发展。

③造成银行间不规范竞争。在积极扩张信贷资产的同时，银行为了满足监管要求，容易爆发“吸储大战”，造成存款“季末冲高、季初回落”的非正常波动。虽然监管部门自 2011 年 4 月起开始推行月度日均存贷比指标，并于 9 月 30 日发布《关于进一步加强商业银行理财业务风险管理有关问题的通知》（91 号文），严令禁止商业银行通过发行短期和超短期、高收益理财产品变相高息揽储的行为，以抑制银行突击吸存、降低存款波动性，但效果并不明显。事实上，银行还可以通过在季末发放贷款等方式巧妙应对监管要求。例如发放 75 万元的贷款，原本需要 100 万元的存款支持，但是由于这笔 75 万元的贷款仍然以存款的形式留在银行账户，所以只需要 25 万元的存款补充。这些应对措施进一步导致存贷比指标失去其信贷约束作用。

存贷比指标虽然存在较大争议，但它却较大程度地反映了中国的金融监管思想，即与美国监管指标侧重于问题发生后的解决不同，中国的监管指标更侧重于问题发生前的预防。正如时任银监会主席刘明康先生在 2009 年国际金融年会中提出的，“《巴塞尔协议Ⅱ》存在问题，传统的监管比例还是有作用的”[①]。因此，至少在中国的银行业监管思想中，在银行业这样一个尤为重视风险控制的行业，有时候一些看似低效率的指标是必不可少的，安全性被放在更加重要的位置上。因此，对存贷比这一指标，目前更多地只能是改进，离取消则还有一段较长的路要走。

---

① Peter Stein . China's Bank Regulation Offers Needed Reassurance, The Wall Street Journal, 2009, 12, http: //cn. wsj. com/gb/20091201/bch095836_ ENversion. shtml.

（2）货币政策的外生性影响。

由于流动性监管指标涉及资金量流通，和央行的货币政策存在密切联系，作为控制银行信贷发放的工具，存贷比指标实际上间接发挥了货币政策工具的功效。

央行拥有三大货币政策工具——存款准备金率、再贴现率、公开市场操作，它作为调控货币量的重要手段，会对银行资金量产生重要影响，并进一步影响银行的信贷投放等业务。一般来说，在经济下行期，央行可能会通过实施宽松的货币政策刺激经济，此时市场上吃紧的流动性反而会变宽松。此外，在对指标进行压力测试，考虑央行作为货币供给者所造成的影响时，也仅仅考虑了央行融资渠道方式改变带来的影响，未能充分反映央行货币政策在其中的作用。因此，流动性指标监管受政策以及经济环境等外部性因素影响较大，银监会设置监管标准时应对其做相应调整。

4. 综合平衡性

（1）安全性与盈利性。

安全性与盈利性都是银行监管部门力求实现的目标，可以说保证银行的安全才能使银行在持续经营的假设下实现更好的盈利，而银行的盈利能力则能为银行的安全运营提供坚实的基础。如何实现二者间平衡也是监管机构长久以来面临的难题。而在监管指标的设计中，这两个目标之间的冲突似乎是难以避免的。

①拨备要求沦为操作银行利润的工具。前文提及监管部门设置诸多监管指标的目的主要在于保障银行安全运行，但是部分指标要求会对银行的盈利造成一定影响。无论是资本充足率的设置——通过提高可用于资产扩张的资本金要求间接控制银行资产业务，或是存贷比指标直接约束银行生息资产的规模，都在一定程度上影响了银行的利润表现。在诸多指标中，拨备指标由于可调控空间较大（我国拨备覆盖率规定，一般准备年末余额应不低于年末贷款余额的1%、次级和可疑类贷款的损失准备，计提比例可以上下浮动20%等），更有可能成为银行操作利润的重要工具。

国金证券在2011年7月发布的一份研究报告①中提出，拨备在本年度银行

① 陈建刚、张英："银行经营现状及趋势分析：拨备成为调节利润工具"，国金证券研究报告2011年7月。

中期业绩报告中成为利润平滑或释放的工具。报告中提到，在“当前市场对于上市银行中报一致预期处于同比增长30%～37%之间”，且“上市银行中期业绩符合预期是大概率事件”，因此，在拨备/拨备前利润保持平稳的状态下，上市银行业绩30%～37%的增速是确定的。然而，结果却与预期出现了较大的偏差，因此报告指出，正是由于拨备计提政策的不确定，导致市场无法精确测算每家上市银行拨备计提的数量：“超此前预期的上市银行主要源于拨备计提下降，而低于此前预期也主要源于加大拨备计提，平滑了部分利润”。总的来说，在满足了150%的拨备要求之后，多家上市银行超过200%的拨备率其实在保证其风险抵补能力的同时，也为自身调节操纵利润提供了超过50%的调节空间；另外，由于拨备的计提多是出于银行对资产质量的主观判断，更为这种操作行为提供了便利。

②流动性监管要求持有更多债券。新监管标准严格了流动性监管要求，银行不得不持有债券这类流动性高但盈利性低的资产，减持长期贷款这类非流动性资产。同时，在债券投资中，监管部门也鼓励银行持有安全性高但收益率相对较低的债券。这些都会对银行的利润造成影响。

以中国银行为例，在证券投资中约98%都属于债券投资，使银行保持了较高的流动性。同时，通过对2012年客户贷款和债券投资的平均余额和平均利率进行测算发现，规模的差距对债券利息收益的贡献约为46%，而利率差距对债券利息收益的贡献率约为54%，因此，减少信贷资产、增加债券持有，确实会对银行利润造成负面影响。

同样以中国银行为例，由于2008年之前政府债券测量口径上并未区分内地发行方及港澳台地区及国外发行方，所以这里将从2008年开始做统计（见表3.11，单位百万元人民币，百分比除外）。另外，由于政府、公共实体及准政府、政策性银行三者皆由国家做担保，因此可认为三者皆拥有中国主权信用评级。

具体来看，中国银行对内地发行者或者港澳台地区及外国发行者的国家信用级别债券总数虽然在上升，但是持有比重呈现下降趋势，而对公司债券的持有比重一直在稳步上升，可见银行期望在保持一定安全资产的同时，提高资产的收益。经过测算，在2012～2013年，债券投资增加期间，债券的规模变化对债券利息收入的贡献度为66.38%，高于利率变化对债券利息收入33.62%的贡

表 3.11　　中国银行债券投资部分统计（2009～2013 年）

		2009 年	占比	2010 年	占比	2011 年	占比	2012 年	占比	2013 年	占比
中国内地	政府	743721	40.94%	903533	43.96%	736515	36.81%	786167	35.56%	777366	34.45%
	公共实体及准政府	15021	0.83%	16462	0.80%	20593	1.03%	20810	0.94%	29056	1.29%
	政策性银行	240884	13.26%	258151	12.56%	327971	16.39%	350077	15.84%	338214	14.99%
	小计	999626	55.02%	1178146	57.32%	1085079	54.23%	1157054	52.34%	1144636	50.73%
	公司	109480	6.03%	149322	7.27%	199025	9.95%	244223	11.05%	325567	14.43%
	小计	1109106	61.05%	1327468	64.59%	1284104	64.18%	1401277	63.39%	1470203	65.16%
港澳台地区及其他国家	政府	138030	7.60%	152895	7.44%	182801	9.14%	253232	11.46%	169155	7.50%
	公共实体及准政府	71643	3.94%	56929	2.77%	53037	2.65%	56721	2.57%	55442	2.46%
	小计	209673	11.54%	209824	10.21%	235838	11.79%	309953	14.02%	224597	9.95%
	证券投资总额	1816679	100.00%	2055324	100.00%	2000759	100.00%	2210524	100.00%	2256470	100.00%

数据来源：中国银行历年年报。

献，因此高风险高收益公司债的持有在规模上对银行利润的贡献可能高于利率变化本身，从这个角度看，增加具有更高安全性的国家主权级别债券的持有是有利于银行的，不过我们必须考虑到如果银行持有债券的同质性、集中度过高，在一定特殊时期，还是有可能出现信用风险和市场风险问题，造成整个银行的系统性风险。由于国外主权具有更大的不稳定性，对国外债券的持有尤其需要持谨慎态度，表中对港澳台及外国发行人项目的减持趋势也许正是出于这点考虑。

（2）安全性与经济发展。

一般来说，银行监管与经济发展应该是相互促进、协同发展的。一个安全运营的银行更能支持经济的稳健发展，而一个腾飞的经济则能为银行的发展注入更多活力，二者的目标应该是统一的。但在《关于中国遵守 < 有效银行监管原则 > 详细评估报告》中提到了一个非常有意思的观点，即“在支持国家发展目标的同时，银监会始终强调坚决不会牺牲其维护银行业安全稳健运行的监管目标”。这说明，银行业的稳健运行和国家发展目标在某些情况下会出现背离。下面简要探讨一下一些银行业监管指标的设置可能会对某些经济领域造成的负面影响。

①安全性与金融创新。创新是经济社会发展的不竭动力，这同样适用于金融业发展，尤其在现今利率市场化快速推进的大背景下，银行的传统信贷业务竞争日益激烈，发展金融创新业务、形成自己的竞争优势已经成为大多数银行的战略重点，同时各类金融衍生工具等金融创新产品更是银行风险防范的重要手段。因此，“把握金融创新与监管的平衡，做到鼓励与规范并举，培育与防险并重”[①]，实现银行安全性与金融创新的有效结合，成为我国监管的一项挑战。

监管部门对资产业务的监管对金融创新有重要影响，这里着重分析杠杆率。与资本充足率受限于风险加权资产不同，杠杆率覆盖了全部的表内外资产，从而约束了银行表外资产扩张，但与西方银行衍生品交易发达、资本充足率容易与杠杆率出现背离、需要通过杠杆率来控制表外业务不同，中国银行业的衍生品市场是欠发达的，截至 2013 年末，中国的中、农、工、建四大银行的存款占总负债比重分别为 78.2%、86.1%、82.9%、85.54%，而贷款占总资产的比重

① 尚福林：“把握好金融创新与金融稳定的平衡”，载于《求是》2014 年 4 月 16 日。

分别为53.62%、47.4%、51.2%、54.42%，业务种类和经营模式相对比较简单、金融衍生品交易并不发达，使金融创新不足。在这样的前提下，杠杆率的约束对于银行发展诸如担保、承诺等中间业务、进一步发展金融创新都会产生一定的抑制作用。因此，不能因为一些以衍生品为代表的金融创新存在问题、存在风险，就抑制其存在，这将不利于银行转变传统的盈利模式。从这个角度看，对银行业实行统一的高杠杆率标准是有待商榷的。

②安全性与企业发展。前文提到，为了满足贷款拨备率、存贷比等监管指标，银行可能会采取缩减贷款规模等方式，这里选取2007～2013年数据（以人民币为单位）进行分析（见图3.1、图3.2）。

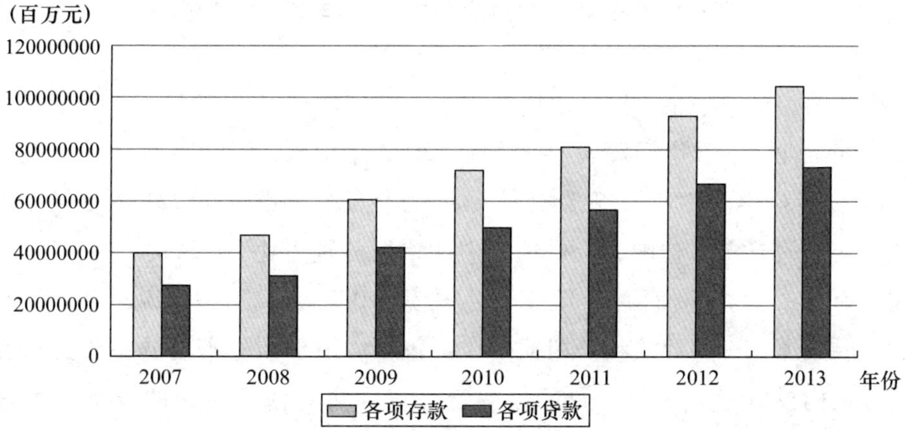

图3.1 中国金融机构信贷收支均值（2007～2013年）

数据来源：锐思数据库。

从图3.1可以看出，在2007～2013年间，金融机构贷款、存款平均余额都在稳步上升。而从增速上看，由于2008年启动的4万亿投资计划，银行经历了一段“天量放贷”时期，贷款与存款的增速在2009年经历了一次急速上升，随后开始出现大幅度回落。在这期间，贷款增速基本上大于存款增速，但是2013年前后开始出现反转，说明银行转向惜贷的可能性较大，而银行惜贷环境下中小企业首当其冲成为牺牲品，这将进一步加剧中小企业融资难的问题。

当然，一些指标的设计上也有利好中小企业的一面，譬如在流动性覆盖率指标中，针对零售以及小企业客户的“未来30天内交易对手可以行使权力的未提取的不可无条件撤销的信用便利和流动性便利”这一项，仅仅赋予了5%的现金流出折算率，远低于针对其他机构的流动性便利及信用便利，在一定程度

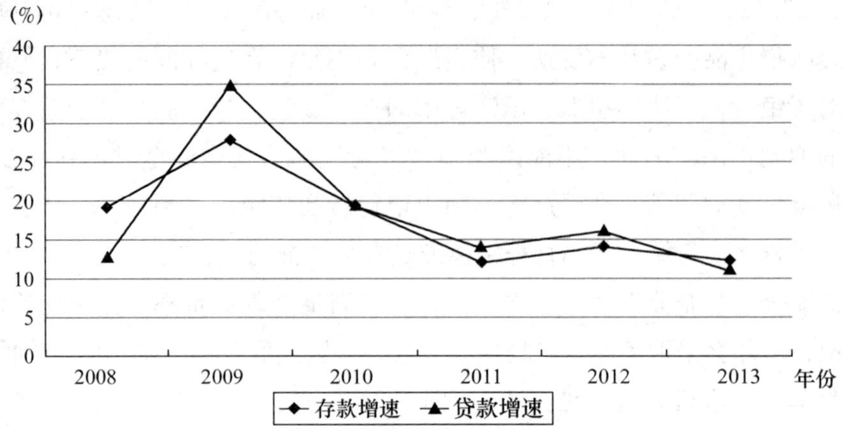

图 3.2　中国金融机构信贷收支增速（2007～2013 年）

数据来源：锐思数据库。

上激励了银行对中小企业提供信贷支持。

③安全性与债券市场发展。据统计，2013 年中国债券市场总交易规模达到 262.7 万亿元人民币，其中现券交易 41.4 万亿元、回购交易 221.2 万亿元。而在现券交易的成交品种中，金融债、中期票据分别占比 30.64%、19.97%，总体超过 50%，而企业债为 16.87%，公司债为 0.55%，相对来说，企业债券融资的主要渠道——企业债和公司债的比重较小。由于债券市场的主要交易者为银行等机构投资者，所以银行的债券交易行为会对债券市场的发展产生重要影响。

前面以中国银行为例时，提到为满足流动性监管要求，银行会增加债券持有，其中对公司债券的数量虽然在持续增加，但是比重仍然较低。按照流动性覆盖率指标的计算规则，国内银行大多将公司债等相关债券视为二级资产，二级资产再划分为 2A、2B 类，2A 资产在当前市场价值基础上按 85% 的折算系数计入合格优质流动性资产，2B 资产在当前市场价值基础上按 50% 的折算系数计入合格优质流动性资产，且合格优质流动性资产中 2A 资产总体占比不得超过 40%、2B 资产占比不得超过 15%。这些规定都在无形中扩大了银行持有国债等高信用等级债券与公司债券间乃至不同信用等级间公司债券的持有成本。因此，银行购买的公司债大多是信用等级高、违约风险小的公司发行的债券，甚至会把它作为一种长期贷款的代替。从这个角度看，流动性监管指标，比如流动性覆盖率，对银行持有的债券资产进行严格的划分，将导致银行对债券投资持更为谨慎的态度，长远来看是不利于公司债市场乃至债券市场发展的。而党的十八届三中全会提出要健全多层次资本市场，大力发展债券市场、拓宽企业直接融资渠道，银行等投资者应该作为其中的重要力量。可见，流动性指标的设计在某些方面是与国家目标相偏离的。

因此，监管机构应该考虑到国内债券市场起步较晚，对公司债、企业债产品和交易采取适度监管原则，鼓励产品的创新和市场发展；另外，由于银行是当前债券市场的主要参与者，银行监管机构应该采取措施鼓励更多银行进入交易所债券市场交易，降低因实施流动性管理办法可能对国内债券市场带来的负面影响。

5. 长期稳定性

一些指标在计算上要基于人为的主观判断，容易导致权重系数任意性高，不能真实反映银行经营状况等问题。如净稳定融资比率，“银行可以稳定获得的资金”“银行业务发展所需资金”的计算中，不稳定存款等项目的划分以及前文提到的不良贷款分类中的人为偏差，都可能造成指标在横向、纵向可比性上出现问题。另外，一些指标中的折算系数等计算要素的选取依赖于外部评级，也间接提高了银行风险的顺周期性。因此，部分监管指标中存在的主观判断成分可能会妨碍银行指标发挥其应有之义，不利于监管机构实现对银行的持续监管。

纵观我国现行各类监管指标，尤其是在四大监管工具出台后，我国初步形成了微观审慎与宏观审慎相结合的监管指标体系。在宏观审慎逆周期监管下，我国紧跟国际领先趋势，积极引进先进的监管理念与监管工具，确保在微观审慎与宏观审慎相结合的基础上，维护单个银行稳健经营的同时，有效防范我国银行体系在“走出去”、利率市场化、人民币国际化以及各类资本进入银行业过程中形成的系统性风险。但是，我们也看到了许多不足之处，特别是监管指标间的协调以及监管指标对经济发展等其他方面可能造成的影响等，都是影响监管有效性的重要方面。此外，在监管指标的层次划分方面，即对大、中、小银行实行差异化监管及激励性监管与约束性监管的有机结合方面，目前的监管体系仍然有较大的改进空间，这也是银行业监管改革的重要方向。

第四章

国际银行业监管评价体系

如何把握国际银行业监管的历史进程和未来发展？当今银行业监管法律制度的最新成就是什么？本章以《巴塞尔协议》为线索，探索了国际银行业监管的普遍规律、国际惯例和法律体系，并从微观审慎监管和宏观审慎监管两方面展示《巴塞尔协议Ⅲ》的监管改革动向，探讨了《巴塞尔协议Ⅲ》未来需要进一步改进的方向。基于包括金融危机在内的经济周期性波动是市场经济的一种自然状态，这种波动会放大金融系统的周期性波动这一事实，本章分析了影响经济周期性波动和金融系统稳定的四大因素，指出了一些国际惯例中关于资本监管的不足，并提出了对策与建议。

第一节　国际银行业监管的主要法律依据

一、国际银行业主要监管组织

1. 巴塞尔银行监管委员会

巴塞尔银行监管委员会简称巴塞尔委员会，原称银行法规与监管事务委员会，是由美国、英国、法国、德国、意大利、日本、荷兰、加拿大、比利时、瑞典10大工业国的中央银行于1974年底共同成立的，作为国际清算银行的一个正式机构。

该委员会的主要宗旨是：交换各国监管安排方面的信息，改善国际银行业务监管技术的有效性，建立资本充足率的最低标准及研究在其他领域确立标准的有效性。需要强调的是，委员会并不具备任何凌驾于国家之上的正式监管特权，其文件从不具备亦从未试图具备任何法律效力。不过，它制定了许多监管标准和指导原则，提倡最佳监管做法，期望各国采取措施，根据本国的情况，通过具体的立法或其他安排予以实施。委员会鼓励采用共同的方法和共同的标准，但并不强求成员国在监管技术上的一致。

2. 金融稳定理事会

金融稳定理事会的前身为金融稳定论坛（Financial Stability Forum，FSF），是8个发达国家（美、日、德、法、英、意、加、俄）为促进金融体系稳定于1994年4月成立的合作组织。在中国等新兴市场国家对全球经济增长与金融稳定影响日益显著的背景下，2009年4月2日在伦敦举行的20国集团（G20）金融峰会决定，将成员扩展至包括中国在内的所有G20成员国，并将其更名为FSB（Financial Stability Board，FSB）。

金融稳定理事会的任务是制订和实施促进金融稳定的监管政策和其他政策，解决金融脆弱性问题。金融稳定理事会成立大会，评估了G20伦敦峰会关于金融监管共识的落实情况。

关于金融监管，金融稳定理事会将设计一套机制，确保国际上各种监管标准不会出现竞相攀比谁更宽松的情况。

关于银行资本充足性，巴塞尔银行监管委员会于2009年底提出了一整套强化银行资本充足性和流动性的规定。

关于证券化，证监会国际组织（IOSC）在2009年9月公布了证券化与信用违约互换产品监督方法的最终稿。

3. 国际清算银行

国际清算银行（Bank for International Settlements，BIS）是英、法、德、意、比、日等国的中央银行与代表美国银行界利益的摩根银行、纽约和芝加哥的花旗银行组成的银团，根据海牙国际协定于1930年5月共同组建的。刚建立时只有7个成员国，现在成员国已发展至41个，遍布世界五大洲。它是致力于国际货币政策和财政政策合作的国际组织。

国际清算银行的宗旨是促进各国中央银行之间的合作，为国际金融运作提供额外的便利，并作为国际清算的受托人或代理人。

扩大各国中央银行之间的合作是促进国际金融稳定的重要因素之一。随着国际金融市场一体化的迅速推进，这类合作的重要性更为突出。因此，国际清算银行便成了各国中央银行家的会晤场所，接受各中央银行的委托开展各种业务。根据国际清算银行的章程，其有权进行下列业务活动。

（1）既可为自己，又可为中央银行购买、出售、交换和储存黄金。

（2）为各成员国中央银行提供贷款和接受他们的贷款。

（3）为各成员国中央银行办理、收买或出售期票以及其他优等短期债券。

（4）既可靠自己，也可以靠各成员国中央银行收受展品出售外汇和有价证券（股票除外）。

（5）接受各成员国中央银行往来资金和存款。

（6）作为被委托人接受政府的存款或根据董事会的决议，接受其他资金销售量，不得发行提示付款银行券、承竞汇票、为各国政府提供贷款（购买国家公债例外）。

（7）对任何一个企业有监督权。

4. 世界贸易组织

世界贸易组织（简称世贸组织）成立于1994年4月，1995年1月1日正式运作，负责管理世界经济和贸易秩序，总部设在瑞士日内瓦莱蒙湖畔。世贸组织是一个独立于联合国的永久性国际组织，具有法人地位，在调解成员争端方面具有更高的权威性。它与国际货币基金组织、世界银行一起被称为世界经济发展的三大支柱。1999年11月15日，中国和美国签署了关于中国加入世界贸易组织的双边协议。2001年11月10日，中国被批准加入世界贸易组织。2001年12月11日，中国正式成为其第143个成员。

世贸组织的宗旨是：①提高生活水平，保证充分就业，大幅度稳步地提高实际收入和有效需求。②扩大货物和服务的生产和贸易。③坚持走可持续发展道路，促进对世界资源的最优利用，保护环境。④积极努力确保发展中国家，尤其是最不发达国家在国际贸易增长中获得与其经济发展需要相适应的份额。⑤通过实质性削减关税等措施，建立一个完整的、更具活力的、持久的多边贸易体制。⑥以开放、平等、互惠的原则，逐步调降各会员国关税与非关税贸易壁垒，并消除各会员国在国际贸易上的歧视待遇。

世贸组织的主要职能是：制定、监督、管理和执行共同构成世贸组织的多边及诸边贸易协定；作为多边贸易谈判的讲坛；世界贸易组织总部寻求解决贸易争端；监督各成员贸易政策，并与其他制订全球经济政策有关的国际机构进行合作。

世贸组织的目标是建立一个完整的、更具活力的和永久性的多边贸易体制。与关贸总协定相比，世贸组织管辖的范围除传统的货物贸易外，还包括长期游离于关贸总协定外的知识产权、投资措施和非货物贸易（服务贸易）等领域。世贸组织具有法人地位，它在调解成员争端方面具有更高的权威性和有效性。

二、国际条约

国际条约和国际协定是国际银行业监管法律的重要国际渊源，对于国际银行业同意监管目标发挥着极为重要的作用。目前，国际间调整银行监管法律关系的条约和协定主要包括《巴塞尔资本条约》系列文件、《国际货币基金组织协定》《国际复兴开发银行协定》《亚洲开发银行协定》、1994 年的《服务贸易总协定》及其金融服务附件和 1997 年的《金融服务协议》等。除此之外，由国际货币基金组织、世界银行等国际组织制定的某些规则、决议或规范性文件，也依其性质被认为是国际货币金融法的国际渊源。因此，规范性文件往往对与国际银行监管相关的国际条约或协定等有解释意义。

三、国际惯例和带约束性建议

目前，国际间被普遍接受的国际银行业监管惯例主要体现为巴塞尔银行监管委员会所发布的一系列银行监管协议：《巴塞尔协议Ⅰ》《巴塞尔协议Ⅱ》和《巴塞尔协议Ⅲ》，具体分别体现为：《对银行国际业务的并表监管》《对银行设立国外机构的监管原则》《统一资本计量与资本标准的国际协议》《银行监管当局之间的信息交流》《大额风险的计量与管理》《对国际银行集团及其外机构的最低监管标准》《衍生工具风险管理指南》《关于市场风险补充规定》《有效银行监管核心原则》《银行机构的内部控制制度框架》《增强银行透明度》《关于统一银行资本衡量和资本标准的协议》《资本计量与资本标准协议修订框架》《稳健的流动性风险监管原则》《稳健的压力测试实践和监管原则》《新资本协议框架改进方案》《新资本协议市场风险框架的修订稿》《交易账户新增风险资本计提指引》《增强银行体系稳健性》以及《流动性风险计量、标准和监测的国际框架》等一系列立法文件。

值得注意的是，关于《巴塞尔协议》在国际上的效力争议问题，要分辨出《巴塞尔协议》的真正效力，应站在一个辩证分析的角度上来看。

对于已加入巴塞尔委员会的国家和地区来说，《巴塞尔协议》对其无疑是具有强制效力的。例如，巴塞尔委员会于2004年6月公布的修订后的《巴塞尔新资本协议》，要求十国集团必须于2006年底前实施该协议。有学者认为《巴塞尔协议》实际上并不具有强制拘束力，理由是该协议无法获得其国内立法机构的认可。如Howard Davies和David Green（2009）在其论著中认为，1988年达成的协议并不具有法律效力，原因在于正如其他此类协议一样，没有哪一家监管机构能够确保其国会的认可。国内也有学者持此观点。巴塞尔委员会也一再谨慎地声明："本委员会并不具有任何正式超国家的监管权力，且本委员会的决定也不具有且从未打算具有法律强制力。"但是，鉴于该协议所具有的突出的可操作性、专业性和科学性特点，不仅包括巴塞尔委员会内的十国集团，甚至许多非十国集团的国家也自愿地遵守该协议的部分标准，如关于资本充足率必须满足8%的规定等。1997年，《有效银行监管的核心原则》的问世，再次证明《巴塞尔协议》已经得到世界各国监管机构的普遍赞同，并已构成国际社会普遍认可的银行监管国际标准。

至此，虽然巴塞尔委员会本身并不具有独立监管的国际组织资格，但实际上已经成为国际银行业监管规则的制定者，其制定的规则具有国际惯例的性质。

而对于未加入该组织的其他国家和地区来说，其法律约束力则不可一概而论。虽然巴塞尔委员会本身不具有制定国际条约的资格，但当今世界的主要发达国家和部分发展中国家都选择了《巴塞尔新资本协议》中的某些规则来指导本国的银行监管政策。例如在2004年7月《巴塞尔新资本协议》定稿后不久，有超过100个国家宣布他们将实施《巴塞尔新资本协议》。因此，对于大多数非成员国家来说，《巴塞尔协议》在其国内的效力因其各国选择的不同而有所不同。若该国宣布实施巴塞尔协议规则，那么《巴塞尔协议》在其国内就相当于是国际惯例的效力水平。如国际货币基金组织和世界银行曾经表示，他们的金融部门评估计划（FSAP）将根据1988年《巴塞尔资本协议》或者《巴塞尔新资本协议》来评估发展中国家，具体选择取决于被评估国家。

而对于那些既未加入巴塞尔银行监管委员会，又未宣布选择实施"巴塞尔系列协议"的国家来说，《巴塞尔协议》在其国内则是没有强制性拘束效力的，该国可以自由选择是否遵循《巴塞尔协议》的规定，因此，《巴塞尔协议》此时表现的效力水平就仅限于是“国际软法”。实际上，尽管在具体执行上差距还相当大，但如今几乎所有国家的政府都宣称他们遵循巴塞尔规则。

对于我国来说，在成为巴塞尔协议组织的成员国之前，巴塞尔协议在我国并不具有强制的拘束力，但自2009年我国加入了巴塞尔协议组织之后，我国正式成为该组织的成员国之一，巴塞尔协议自然顺理成章地在我国发生法律效力，可以作为我国适用的国际惯例的一种。

四、各国国内立法

国际银行业监管法律制度的另一个重要法律渊源就是国内立法及判例，当然这里的判例主要指英美法系国家所形成的立法成果。

典型的国内法如：美国的《1933年银行法案》《1939年银行法案》、1982年《Garnst Germain储蓄机构法案》《1983年国际贷款监管法案》、1989年《金融机构改革、复兴和实施法》、1991年《联邦储蓄保险公司改革法》、1991年《加强对外资银行监管法》、1994年《Riegle-Neal银行跨州经营与设立分支机构效率法》和《1999年金融服务现代化法案》。英国的《1946年银行法》《1947外汇控制法》《1979年银行法》《1986金融服务法案》《1987年银行法》和《2000年金融服务与市场法》。中国的《中国人民银行法》《商业银行法》《银行业监督管理法》《金融机构违法行为处罚办法》《外资金融机构管理条例》《非法金融机构和非法金融业务活动取缔办法》《银行外汇业务管理规定》《商业银行信息披露暂行办法》《商业银行不良资产检测和考核暂行办法》和《金融机构衍生产品交易业务管理暂行办法》等。

第二节　国际银行业监管的主要指标

一、微观审慎监管

1. 全球资本框架

（1）提高资本质量、一致性和透明度。金融危机的现实表明，过度的金融创新导致了资本结构的复杂化，易造成资本监管的漏洞，不利于银行应对风险的要求，加上一级资本质量下降，商誉等无形资产未被扣除，影响了银行吸收损失的能力。而且，各国法律制度、税收政策、会计准则等的差异，也影响了资本的质量、一致性、透明度和可比性。因此，巴塞尔银行监管委员会于2009年12月提出了资本定义和构成的一揽子改革方案，《巴塞尔协议Ⅲ》做了正式界定，总体上，新的监管资本结构更加简化，划分为一级资本和二级资本。一级资本能够在持续经营条件下无条件地吸收损失，增强银行抵御风险的能力。一级资本主要由普通股和留存收益构成。一级资本进一步可划分为普通股一级资本（Common Equity Tier 1）和附属一级资本（Additional Tier 1）。二级资本仅在银行清算时吸收损失。《巴塞尔协议Ⅲ》简化了二级资本，取消了《巴塞尔协议Ⅱ》中的附属二级资本，并取消了专门用于吸收市场风险的三级资本，以确保吸收市场风险的资本与吸收信用风险和操作风险的资本质量相同，提高资本的一致性。

（2）强化风险覆盖面。金融危机前，很多银行的业务集中于与资本市场相关的领域中，银行总资产增长迅速，但是在《巴塞尔协议Ⅱ》的规则下，一些表内外主要风险和衍生品相关风险（如一些银行的交易账户持有大量复杂的、非流动性信贷产品）未能被捕捉到，致使风险加权资产增长相对缓慢，这是金融危机放大的重要因素之一。因此，《巴塞尔协议Ⅲ》强化了风险覆盖面，希望银行的风险加权资产与总资产增长相匹配，并有相应的资本来支持其资产扩张。《巴塞尔协议Ⅲ》对风险覆盖面的强化体现在证券化产品、交易账户、对手信用风险等方面。

①提高资产证券化交易风险暴露的风险权重和相关业务资本要求。对银行账户和交易账户的再证券化，提出了更高的风险权重和资本要求；对使用外部评级确定资产证券化监管资本要求，规定了额外限制条件。这提高了资产证券化涉及的流动性便利的信用风险转换系数，并取消了对市场整体出现动荡时的流动性便利的资本优惠。

②提高交易账户市场风险资本要求。对于交易账户使用内部模型法的银行，一般市场风险的资本要求除了计算VaR，还要采用压力VaR（Stress Value-at-Risk，SVaR）——基于12个月显著压力时期数据计算风险价值和资本要求。对于交易账户使用内部模型计量特定风险的银行，需要对信用敏感头寸计量，新增风险资本占用。对新增风险的转移、结构化产品有更高的资本要求。

③加强对手信用风险管理。巴塞尔银行监管委员会强化了由于银行的衍生

品、回购和证券融资活动带来的交易对手信用风险暴露的资本要求，减少金融机构之间通过衍生品等渠道带来的风险传染。具体措施包括：使用压力情景估计的参数计算有效预期正暴露（Expected Positive Exposure，EPE），以覆盖广义错向风险（general wrong-way risk），以此确定交易对手违约风险的资本要求；使用债券等价法（bond equivalent approach）来捕捉信用估值调整（Credit Value Adjustment，CVA）风险（即盯市损失），以此提出附加资本要求；大型金融机构计算风险暴露相关性时，使用1.25的资产价值相关性（AVC）乘数；提出延长风险保证金期限、压力测试和回溯测试（backtesting）要求；等等。这些措施将对交易对手信用风险暴露提供资本缓冲支持，减少顺周期性，对OTC市场衍生品交易合约转移给中央交易对手提供资本激励，以降低系统性风险，同时对交易对手信用风险暴露的风险管理强化提供激励支持。

（3）引入杠杆率作为资本要求的补充。金融危机的一个重要原因是银行系统构建了过度的表内和表外杠杆。很多时候，银行的资本充足率很高，同时杠杆率也很高。危机加重时，银行被迫去杠杆化（deleverage），从而加剧资产价格下跌，并进一步恶化了损失、银行资本下降及信贷紧缩（credit crunch）之间的正反馈效应。显然，仅有资本充足率要求并不能使银行有效地防范风险。为此，巴塞尔银行监管委员会引入一个简单的、透明的、无风险基础的杠杆率，作为风险基础的资本要求的补充措施。杠杆率的引入，目的在于控制银行业的杠杆率，以避免去杠杆化对金融系统和实体经济的损害，进一步强化风险资本监管。杠杆率基于总体暴露水平，可以对因实施风险基础措施而带来的模型风险和度量错误提供额外保护，避免资本监管可能导致的顺周期问题。因此，杠杆率监管和资本充足率监管相结合，有助于银行更有效地防范系统性风险。

2. 引入全球流动性标准

金融危机发生后，通常会出现金融机构或市场的流动性不足、下降甚至干涸。金融危机前，资产市场通常很活跃，融资成本很低，但市场条件的逆转会使流动性迅速蒸发，即使银行的资本充足，仍然会面临流动性困境。显然，资本充足只是银行稳定的必要条件而非充分条件，流动性对金融市场和银行部门的正常运行同样重要。银行系统在极端压力情景下，必须由中央银行来支持金融市场和机构的运行。银行面临困境主要源自其违背了流动性风险管理的基本原则，因此，巴塞尔银行监管委员会于2008年推出《流动性风险管理和监管的稳健原则》，作为这些原则的补充，巴塞尔银行监管委员会在《巴塞尔第三版协议：流动性风险计量标准和监测的国际框架》和《巴塞尔协议Ⅲ》中提出了流动性覆盖比率（Liquidity Coverage Ratio，LCR）和净稳定融资比率（Net Stable Funding Ratio，NSFR）两个融资流动性的最低标准来加强流动性风险管理。

（1）流动性覆盖比率。流动性覆盖比率为高质量流动性资产数量与未来30日净资金流出量的比值，目的在于提升银行未来30天对潜在流动性中断的适应力。它有助于确保银行在遭遇短期严峻压力情景下，有足够的自由支配的高质量流动性资产应对资金净流出的能力。

（2）净稳定融资比率。净稳定融资比率为稳定资金数量与业务所需的稳定资金的比值，用于度量银行较长期限内可使用的稳定资金来源对表内外资产业务发展的支持能力。它有助于银行正确评估未来一年资产的流动性状况和表外业务带来的潜在流动性需要，确保稳定资金来源的最低数量。其目的在于限制银行在流动性充裕时期过度依赖批发性融资（wholesale funding），激励更好地评价表内外项目的流动性风险。推行新流动性风险计量标准，是为了鼓励银行提高优质流动性资产储备水平，增加长期稳定资金来源，减少融资的期限错配，提高银行应对流动性风险的能力，减少流动性危机发生的概率。新流动性风险计量标准引入了压力情景，弥补了现有监管指标侧重于衡量银行在正常经营状态下流动性状况的缺陷。而且，由巴塞尔银行监管委员会制定统一的监管指标，有助于提升流动性风险计量标准在全球范围执行的一致性，能增强流动性风险监管的操作性和有效性。

此外，巴塞尔银行监管委员会还提出了辅助性监测工具，包括合同期限错配、融资集中度、可用的无变现障碍资产、流动性风险中的外汇风险、市场相关的检测工具等，以便考察银行在现金流、资产负债结构等特定方面的信息，帮助银行全面准确地分析流动性状况。

二、宏观审慎监管

1. 减缓顺周期性

《巴塞尔协议Ⅱ》出台前后，不少研究表明，其资本监管要求会强化银行信贷的顺周期性。次贷危机爆发后，《巴塞尔协议Ⅱ》的资本监管规则受到了众多国家和地区的批评。为了缓解其顺周期性，巴塞尔银行监管委员会和《巴塞尔协议Ⅲ》推出了一些新的措施，包括缓解最低资本要求的顺周期性、采取更具前瞻性的贷款损失准备金、建立资本留存缓冲和逆周期资本缓冲，这些措施有助于确保银行成为冲击的吸收者而不是风险的传递者。

（1）缓解最低资本要求的顺周期性。《巴塞尔协议Ⅱ》增加了风险敏感度和监管资本的覆盖范围。为了缓解最低资本要求的顺周期性，巴塞尔银行监管委员会采取了一些权衡措施，包括利用长期数据来评估违约概率（PD）、衰退期的违约损失（LGD）估计、风险函数更好的校准（将损失估计转换到监管资本要求中），并要求银行要涵盖衰退情景下更大的信贷利差来进行压力测试。巴塞尔银行监管委员会还评估其他一些措施，以使监管者在风险敏感性和资本要求的稳定性之间达到更好的平衡，如欧洲银行监管者协会（CEBS）和英国金融服务局（FSA）对违约概率的调整方法。

（2）前瞻性的贷款损失准备金（Forward looking provisioning）。大量研究表明，建立在已发生损失方法基础上的贷款损失准备金可能导致银行信贷行为的顺周期性。因此，巴塞尔银行监管委员会准备推行更稳健的贷款损失准备金规则，倡导和支持将会计标准改为预期损失方法（Expected loss，EL），以改进财务报告对股东和审慎监管者的有用性和可靠性。巴塞尔银行监管委员会期望预期损失方法能更清楚地反映实际损失，并且顺周期性较目前已发生的损失方法更弱，为此，巴塞尔银行监管委员会正更新监管指南以适应预期损失方法。

（3）资本留存缓冲（Capital Conservation Buffer）。在金融危机初期，许多银行的财务状况和经营前景已经恶化，但仍然大量发放红利、奖金和进行股票回购，这种行为主要由集体行动问题导致，因为如果银行的分配减少将被视为负面信号。为了应对这种市场失灵，巴塞尔银行监管委员会引入了资本留存缓冲，目的在于确保银行持有缓冲资金用于在经济衰退时期吸收损失。资本留存缓冲由普通股一级资本组成。尽管银行在危机期间可以利用这一缓冲，但资本比率越是接近最低要求，受到的限制会越大。一旦银行的资本留存缓冲比率达不到该要求，监管机构将限制银行拍卖、回购股份和分发红利等。这一机制可以防止一些银行在资本头寸恶化时也肆意发放奖金和高红利的情况。

（4）逆周期资本缓冲（Countercyclical Capital Buffer）。金融危机的现实表明，当经济衰退银行遭受损失前，通常伴有银行信贷的过快增长甚至出现信贷泡沫，泡沫破灭银行将遭受损失，并引起或恶化实体经济的衰退，反过来又影响银行的稳定。因此，在信贷过快增长时，银行建立资本防御就非常重要，通过构建资本防御来缓解信贷过快增长。《巴塞尔协议Ⅲ》引入逆周期资本缓冲，由普通股或其他能完全吸收损失的资本构成，缓冲比率为0～2.5%，将根据各国情况具体执行。

逆周期资本缓冲是基于一项更广泛的宏观审慎目标——在银行信贷过快增长时为银行提供保护。对一国而言，逆周期资本缓冲仅仅在信贷增速过快并导致系统风险积累的情况下才会生效。一旦逆周期资本缓冲生效，将作为留存缓冲范围的延伸。

2. 处理金融机构的相互关联

系统性风险可能因为时间维度的顺周期性放大冲击而产生，也可能因为系统性重要银行的过度关联将冲击在金融系统和经济系统中进行传导。系统性重要银行的过度关联还引发了"太大而不能破产"（too big to fail）、"太过关联而不能破产"（too interconnected to fail）等问题，从而产生严重的道德风险。鉴于系统性重要银行及其关联对系统性风险的重要贡献，巴塞尔银行监管委员会要求系统性重要银行应具有额外的损失吸收能力。巴塞尔银行监管委员会与金融稳定局（FSB）正在研究针对系统性重要银行的综合方案，包括附加资本（Capital Surcharges）、或有资本（Contingent Capital）、自救债券（Bail-in Debt）等。

为此，巴塞尔银行监管委员会制定全球系统性重要银行的评估指标及其损失吸收能力的程度，同时考虑流动性附加要求、更严的大的暴露限制、强化监管等措施来缓解系统性重要银行的风险或外部性。除此以外，其他一些资本要求的措施也能缓解系统性风险，如对场外衍生产品交易使用中央交易对手的银行提供资本奖励，对交易和衍生品活动以及复杂证券化产品、表外暴露和金融部门间的暴露计提更高的资本、流动性要求等。

第三节　国际银行业监管的周期性分析

一、经济危机下的银行业监管——亚洲金融危机

1. 概述

亚洲金融危机指发生于1997年的世界性金融风暴。危机发生时，泰国、印

尼、韩国等国的货币大幅贬值。

第一阶段：1997 年 6 月至 12 月。

1997 年 7 月 2 日，泰国宣布放弃固定汇率制，实行浮动汇率制，引发了一场遍及东南亚的金融风暴。当天，泰铢兑换美元的汇率下降了 17%，外汇及其他金融市场一片混乱。在泰铢波动的影响下，菲律宾比索、印度尼西亚盾、马来西亚林吉特相继成为国际炒家的攻击对象。8 月，马来西亚放弃保卫林吉特的努力。一向坚挺的新加坡元也受到冲击。印尼虽是受“传染”最晚的国家，但受到的冲击最为严重。10 月下旬，国际炒家移师国际金融中心香港，矛头直指香港联系汇率制。台湾当局突然弃守新台币汇率，一天贬值 3.46%，加大了对港币和香港股市的压力。10 月 23 日，香港恒生指数大跌 1211.47 点；28 日，下跌 1621.80 点，跌破 9000 点大关。面对国际金融炒家的猛烈进攻，香港特区政府重申不会改变现行汇率制度，恒生指数上扬，再上万点大关。接着，11 月中旬，东亚的韩国也爆发金融风暴，17 日，韩元对美元的汇率跌至创纪录的 1008:1。21 日，韩国政府不得不向国际货币基金组织求援，暂时控制了危机。但到了 12 月 13 日，韩元对美元的汇率又降至1737.60:1。韩元危机也冲击了在韩国有大量投资的日本金融业。1997 年下半年日本的一系列银行和证券公司相继破产。东南亚金融风暴演变为亚洲金融危机。

第二阶段：1998 年 1 月至 1998 年 7 月。

1998 年初，印尼金融风暴再起，面对有史以来最严重的经济衰退，国际货币基金组织为印尼制定的对策未能取得预期效果。2 月 11 日，印尼政府宣布将实行印尼盾与美元保持固定汇率的联系汇率制，以稳定印尼盾。此举遭到国际货币基金组织及美国、西欧的一致反对。国际货币基金组织扬言将撤回对印尼的援助。印尼陷入政治经济大危机。2 月 16 日，印尼盾同美元比价跌破 10000:1。受其影响，东南亚汇市再起波澜，新元、马币、泰铢、菲律宾比索等纷纷下跌。直到 4 月 8 日，印尼同国际货币基金组织就一份新的经济改革方案达成协议，东南亚汇市才暂告平静。1997 年爆发的东南亚金融危机使得与之关系密切的日本经济陷入困境，日元汇率从 1997 年 6 月底的 115 日元兑 1 美元跌至 1998 年 4 月初的 133 日元兑 1 美元；5 ~ 6 月间，日元汇率一路下跌，一度接近 150 日元兑 1 美元的关口。随着日元的大幅贬值，国际金融形势更加不明朗，亚洲金融危机继续深化。

第三阶段：1998 年 8 月初至 1998 年底。

乘美国股市动荡、日元汇率持续下跌之际，国际炒家对香港发动新一轮进攻，恒生指数跌至 6600 多点。香港特区政府予以回击，金融管理局动用外汇基金进入股市和期货市场，吸纳国际炒家抛售的港币，将汇市稳定在 7.75 港元兑换 1 美元的水平上。一个月后，国际炒家损失惨重，无法再次实现把香港作为"超级提款机"的企图。国际炒家在香港失利的同时，在俄罗斯更遭惨败。俄罗斯中央银行 8 月 17 日宣布年内将卢布兑换美元汇率的浮动幅度扩大到 6.0～9.5∶1，并推迟偿还外债及暂停国债券交易。9 月 2 日，卢布贬值 70%。这都使俄罗斯股市、汇市急剧下跌，引发金融危机乃至经济、政治危机。俄罗斯政策的突变，使得在俄罗斯股市投下巨额资金的国际炒家大伤元气，并带动了美欧国家股市汇市的全面剧烈波动。到 1998 年底，俄罗斯经济仍没有摆脱困境。1999 年，金融危机结束。

2. 金融危机影响极其深远

亚洲金融危机影响极其深远，它暴露了一些亚洲国家经济高速发展背后的一些深层次问题。从这个意义上来说，它不仅是坏事，也是好事，为推动亚洲发展中国家深化改革，调整产业结构，健全宏观管理提供了一个契机。由于改革与调整的任务十分艰巨，这些国家的经济全面复苏还需要一定的时间。但亚洲发展中国家经济成长的基本因素仍然存在，经过克服内外困难，亚洲经济形势的好转和进一步发展是大有希望的。

1997～1998 年的亚洲金融危机，是继 30 年代大危机之后，对世界经济有深远影响的又一重大事件。这次金融危机反映了世界和各国的金融体系存在着严重缺陷，包括许多被人们认为是经过历史发展选择的比较成熟的金融体制和经济运行方式，在这次金融危机中都暴露出许多问题，需要进行反思。这次金融危机给我们提出了许多新的课题，提出了要建立新的金融法则和组织形式的问题。学者们试图进行这方面的研究，思考的中心问题是如何解脱 21 世纪初货币制度改革以后在不兑现的纸币本位制条件下各国形成的货币供应体制和企业之间在新形势下形成的债务衍生机制带来的几个世纪性的经济难题，包括：社会货币供应过多，银行业务过重，宏观调控难度加大；政府税收困难，财政危机与金融危机相伴；企业资金不足带来经营困难，提高了破产和倒闭率，企业兼并活动频繁，降低了企业的稳定性，增加了失业，不利于经济增长和社会的稳定；不平等的国际货币关系给世界大多数国家带来重负并造成许许多多国际经济问题。

以上问题最深层的原因，是货币制度的不完善和在社会化大生产条件下企业之间交易活动产生的新机制未被人们充分认识。

3. 金融自由化与不对称信息问题恶化

金融市场信息的弱化是导致这场危机的关键因素。

（1）亚洲金融危机中的不对称信息。

金融系统在经济中扮演关键的角色，这是因为当它正常运行时，可以将拥有富余储蓄的人的资金导向需要资金进行生产性投资的人。金融系统圆满完成这项工作的主要障碍是信息不对称，即金融合约的其中一方与另一方得到的信息存在差异，这会导致道德风险和逆向选择问题。从不对称信息的角度理解金融危机，可以将金融危机理解为逆向选择和道德风险的不对称信息问题严重恶化，使金融市场无法有效地将资金导向那些拥有最佳生产性投资机会的人。

在此，用不对称信息分析来解释亚洲金融危机。这一分析强调危机是由一些基本因素决定的，特别是金融体系中的问题。这与 Corsetti、Pesenti 和 Roubini（1998）、Goldstein（1998）和 Krugman（1998）等人的研究结果相一致。然而，这一分析并没有否定由 Radelet 和 Sachs（1998）提出的非流动性和多元平衡也在其中起一定作用的观点。

对绝大多数危机，尤其是亚洲金融危机，促使不对称信息问题恶化并导致金融危机的关键因素是资产负债状况的恶化，特别是金融机构的资产负债状况。与以前的金融危机一样，如进行过类似分析的 1982 年智利金融危机和 1994 年墨西哥金融危机，金融自由化导致由资本流入支持的借款猛增是危机过程的开始，一旦放松利率封顶和借款类型的限制，借款急剧增加。正如 Corsetti、Pesenti 和 Roubini（1998），Goldstein（1998），世界银行（1998）和 Kamin（1999）提到的，亚洲危机国家信用扩张速度远远超过 GDP 增长速度。借款激增问题并不是借贷的扩张，而是扩张得太快以致造成过大风险，以及相应的未来的贷款损失。

在亚洲金融自由化后发生承担过度风险问题，有两个原因。

第一个原因是当面对金融自由化后新的贷款机会时，金融机构的管理者缺乏有效的风险管理经验。而且，随着信贷的迅速增加，金融机构无法迅速增加必须的管理力量（如受过良好训练的贷款员，风险估算系统等）来有效监控这些新的贷款。

第二个原因是规章或监管体系不健全。即使不存在明确的针对银行系统的政府金融安全体系，也很明显存在内部隐含的安全体系，从而导致道德风险问题。存款人和那些贷款给东亚银行的外国贷款者知道政府很可能会出面保护他们，所以没有监督银行的动力，这样导致这些机构承担过度风险并主动地寻找新的贷款机会。

资本流入使这一问题进一步恶化。一旦实行金融自由化，因为能获得高收益并能得到政府性安全体系的保护，国外资本流入新兴市场国家的银行。这种政府性安全体系由新兴市场国家政府或像 IMF 这样的国际金融机构提供。这样，资本流入会促进信贷激增，导致部分银行承担过度风险。这正是东亚国家的情况，从 1993 ~ 1996 年，每年的资本流入量为 500 亿 ~ 1000 亿美元。Folkens-Landau 发现，有大量私人净资本流入的亚太地区新兴市场国家，银行体系也有可观的膨胀。

金融自由化之后信贷激增的结果是巨额贷款损失和随之而来的银行资产负债状况的恶化。对亚洲国家来说，未偿还贷款占总贷款的比例上升到 15% ~ 35% 。银行资产负债状况的恶化是这些国家陷入金融危机的关键因素。

在像亚洲国家那样的新兴市场国家中，银行业的问题导致金融危机有两条途径。第一条途径是，银行机构资产负债状况的恶化会导致银行限制贷款范围以改善资本充足率，或者甚至会直接导致全面的银行危机，这种危机使许多银行无力偿付债务，从而直接削减了银行体系贷款的能力。第二个途径是，银行资产负债状况的恶化会促使货币危机，因为中央银行很难在面临投机袭击的时候捍卫其汇率。由于利率的提高会对银行资产负债表造成损害，所以任何提高利率来维持本国货币汇率的措施都会进一步打击银行体系。资金到期日不一致以及在经济衰退时会增加信贷风险，会对银行的资产负债状况造成负面影响。这样，当新兴市场国家的货币遭到投机性袭击时，如果中央银行将利率提高到足以捍卫汇率的水平，其银行系统就会崩溃。当投资者认识到一国脆弱的银行体系使中央银行不太可能成功捍卫本国汇率的时候，在卖空此国货币的预期利润的吸引下，他们会更加积极地袭击货币。所以，在银行体系脆弱的情况下，货币投机性袭击很可能得逞。很多因素会激发这种袭击行为，巨额经常项目赤字就是其中一种因素。可见，银行体系状况的恶化是造成货币危机的关键因素。

亚洲金融危机是一个系统性崩溃，此崩溃是由金融和非金融机构的资产负债状况恶化加重了不对称信息问题造成的。其结果是金融市场无法将资金导向有生产性投资机会的人，造成对这些国家经济的破坏性影响。

（2）监管制度的合理设计为当务之急。

从上述关于亚洲金融危机和经济衰退成因的不对称信息分析中，可总结出几个教训，以防范此类危机再次发生，以及在发生危机时该做些什么。第一个教训是，应该通过政府合理的干预使金融系统恢复稳定。对新兴市场国家来说，这需要国际最后贷款者。第二个教训是，国际最后贷款机构必须制定合适的贷款条件，来避免造成金融不稳定的过度道德风险。第三个教训是，虽然资本流动与危机有关，但这只是现象，而不是造成危机的根源，所以外汇管制对于防范今后的危机不大可能奏效。第四个教训是，钉住汇率制对新兴市场国家十分危险，它使金融危机更易发生。

金融的开放和全球化，并不必然带来十年前那样的深重危机。导致金融灭顶之灾的恰恰是缺乏开放的制度设计，并在资本市场国际化的道路上裹足不前。

回望 1997 年亚洲爆发的金融危机，意蕴颇深。危机引发了全球资本市场的动荡，其波及之广、速度之快、破坏之深，令全球震惊。

首先是金融危机的衍发效应。

从东南亚金融危机中可以看出，金融全球化确实加大了市场风险。

第一，东南亚金融危机使亚洲人民资产大为缩水。由泰国引起的金融动荡一直蔓延到亚洲的北部乃至俄罗斯，马来西亚、印度尼西亚、中国台湾、日本、中国香港、韩国均受重创，这些国家和地区人民的资产大为缩水，亚洲人民多年来创造的财富纷纷贬值，欧美国家利用亚洲货币贬值、股市狂泻之机，纷纷兼并亚洲企业，购买不动产，以其 1% 的代价轻易获取了百分之几百的财产。

第二，东南亚金融危机使亚洲国家的社会秩序陷入混乱。由于银行倒闭，金融业崩溃，导致经济瘫痪。而经济衰退又激化了国内的矛盾。

第三，东南亚金融危机使国家政权不再稳定。亚洲金融危机爆发后，由于社会动荡，经济萧条，导致人们对政府的信任度下降。

十年来，亚洲各国采取了很多措施，来补救金融危机的缺陷以及危机所造成的破坏。银行冲销了坏账，重组了资本结构，强化了审慎控制。企业对资产负债状况进行了重新整理，金融危机前的过度投资被逐一清理。更为审慎的财政与货币政策占据了主导地位，外汇储备日益上升，取代了以往严重依赖海外短期资金流入的局面。但十年前危机给亚洲带来的创伤不可谓不深刻，它警示我们：国家安全并非简单地表现为国防安全，在全球化背景下越来越表现为经济安全，而经济安全的关键在于金融安全。当然，我们不能把金融开放视之为“洪水猛兽”，不能据此而锁国；恰恰相反，从来没有一个国家是因为开放而衰退，只有因为封闭而落后的例子，这已为人类的历史所证明。

其次是信贷市场畸形发展。

一方面，许多东亚国家的信贷市场畸形发展，日本、韩国、泰国、马来西亚等国的国内信贷额与 GDP 之比均高达 115% ~200%；另一方面，其资本市场又不成熟或发育不全，致使企业过度依赖商业银行的间接融资，而银行又过于依持政府的“主导”与担保，导致银行信贷过度扩张，银行不良债权或坏账过大，如韩国、泰国的银行不良资产占到其 GDP 的 34% ~40%。与此同时，东亚银行制度的不成熟性还表现在金融监管不力、法规不健全。

最后，宏观金融调控机制有待完善。

新加坡的经验表明，亚洲金融危机并不是改革开放的结果，而是经济环境、经济政策、经济手段的夹生性所致，只要处理好开放进程中政策之间、体制之间的协调问题，经济开放并不会导致金融危机。

因此，不能因为亚洲地区发生了金融危机，就认为我们因金融开放放慢而得到了好处，因此进一步放慢，这种倾向是不对的。在全球化的世界中，资本项目总是不放开，对整个经济发展是十分不利的。中国之所以在亚洲金融危机中基本上没有受到明显的冲击，主要的原因不是中国的金融体制放慢开放所致，而是 1994 年以来中国的外债结构比较合理。中国在稳定货币和规范金融市场等宏观经济管理方面取得了进步，通过财税体制、金融体制和外汇体制等一系列的改革，增强了抗风险能力。所以，在亚洲金融危机十年后，中国应通过推进经济开放，特别是金融领域的开放促进国内的经济发展。

由此看来，汲取亚洲金融危机教训，在完全融入经济全球化之前，建立健全微观金融竞争体制、完善市场性宏观金融调控机制就显得刻不容缓。从国内金融体制改革的现状看，很难说我们已经做好准备，更不可说做好资本市场开放的准备。金融全球化要求商业银行向“流程银行”转变，垂直的报告路线和矩阵式的管理，对中资银行经营体制将带来重大冲击和挑战。目前，中资银行在很大程度上仍然依赖于国家政策的保护，市场竞争的观念并没有多大改观，与外资银行竞争的优势并没有形成。目前，我国银行业的现状是垄断特征仍明显，四大国有银行仍未商业化，仍未摆脱经济体制转型所担负的沉重历史包袱，仍未形成有效的内外部激励约束机制。

从我国的情况看，我国一方面正在开展金融机构健全性改革，另一方面又不断推进金融业的对外开放和市场化改革。应该说，同时开展以上两个工作都是必要的。但是，如果我们在决策上不注意先后顺序，在银行、证券及保险公司的改革尚未取得突破性进展的情况下，就贸然加快金融业的对外开放，推进金融自由化改革，就有可能犯历史性的错误。就对外开放而言，让外资适当增加分支机构，允许其从事更多的业务，允许其参股中资金融机构，确实可以达到加强竞争、引入先进管理经验、促进金融创新的目的。但是，从泰国、中国香港金融危机期间的情况看，外资在金融业中占支配地位，其危害性是非常大的。他们往往会凭借雄厚的实力和娴熟的金融技能，在市场上“翻江倒海”，借机达到在动荡中渔利的目的。以资本市场为例，外资在韩国、泰国股市中的比重分别达到10%和34%，而中国台湾则只有3.5%（外资存放款比重也只有4%左右）。在亚洲金融危机中，韩、泰两国的伤势要比采取渐进式开放的中国台湾重得多。在中国香港，金融危机期间我们也可以清晰地看到，大量抛空股票、抛售港元、买进认沽恒指期权、看跌港元远期汇率的，大都以外资尤其是对冲基金为主。正因为如此，我们应该对外资采取客观的态度，既不能不推进金融业的对外开放，也不能过于开放，让外资在金融业中占据主导地位。

在自由化改革方面，我国确实应推进人民币可兑换、国际化以及汇率、利率等市场化改革，让金融机构逐步培养资金价格波动的风险意识，让衍生产品成为企业对冲风险的工具，让金融创新有比较合适的土壤。但与此同时，我们也应坚持金融机构健全性改革优先的原则。目前，我国金融机构的体质还不够健康，监管部门的大部分人员还缺乏资金大进大出、市场急剧波动的考验，缺乏对金融实务尤其是衍生产品的深刻认识；在此情况下，市场化改革应该贯彻逐步、有序、风险可控的原则。否则，过度的自由化将为投机力量的进出及跨境攻击提供极为方便的通道，原作为锁定风险手段的衍生产品也会因其杠杆效应，而成为拥有庞大资金实力的外资金融机构冲击我国金融市场最有力的武器之一。

汲取亚洲金融危机教训，关键之关键，就是金融监管一定要符合国际规范。国际规范是金融业的生命，是必由之路，大势所趋，不可逆转。

二、经济周期的银行业监管

经济危机的周期波动性和世界性的经济危机是周期性的，是资本主义经济制度的必然产物。马克思主义政治经济学认为，市场经济运行的规律之一就是存在周期性的波动，即周而复始地重复繁荣、衰退、萧条、复苏四个阶段。当市场经济经历了一个高度繁荣的发展时期后，将不可避免地开始步入衰退，而当这种衰退的程度极度严重时，就会爆发经济危机。经济危机没有解决办法，它伴随资本主义制度的产生和发展而不断循环往复的产生。经济危机是市场经济对保持各产业比例关系的一种强制性的内在结构调整机制。不经过这种调整，经济就不可能持续健康地发展下去。第二次世界大战后，世界经济获得了快速的发展，也发生了多次的经济危机。有学者简要统计，到目前为止，就几个主要资本主义国家看，发生经济危机的次数是：美国 7 次，日本 7 次，德国 7 次，法国 5 次，英国 7 次。近期的美国次贷危机引发的全球金融危机也深刻地体现了资本主义市场经济运行的这一特征。正是由于经济周期波动性的客观存在，金融风险以及金融危机的爆发也成为一种经济规律，这种金融风险爆发的必然性自然而然产生了金融业监管的必要性。银行作为金融业的核心产业，是整个国家金融体系的重要支撑。银行危机的爆发，会给社会发展、经济进步带来极大的损害。世界银行的一份研究报告显示，从 20 世 70 年代至 90 年代末的 20 多年间，有 93 个国家共发生 112 次严重的系统性银行危机。因此，加强对银行业监管的要求更加迫切。防范和控制银行风险的前提是认识和掌握这种经济运行规律，从而通过金融监管尤其是银行业监管预防金融风险的大规模损害，为风险的爆发提前做好准备，在最大限度上降低人们在金融危机中的损失。

资本监管皆因银行危机产生而建立，而危机无法预知，人们只能参照危机发生后的痕迹来探索治理危机的方法。危机促使了监管的强化，监管又激发了金融创新，在新一轮的金融危机下监管方案将再一次修改，紧接着又是新一轮的创新，如此周而复返。

有几大因素影响了经济的周期波动和金融系统的稳定。

1. 金融系统中的顺周期性

次贷危机是对金融系统顺周期性的一次完美诠释。早在 2007 年夏季，当美国信贷市场出现相对较小损失的时候，一个影响全球经济的信用危机已经开始孕育。金融史上充斥着这样的例子：市场受到“繁荣”的乐观心理鼓动，银行信用开始扩张，之后市场受到冲击，进入有涨有落的戏剧性阶段，最终进入经济的低迷时期。

如果市场是完美的，这种危机不可能发生，原因是金融工具在理论上能抵消来源于住户和企业的真实冲击。比如，经济个体面临的所有风险能通过转移而消除。类似的，通过将风险有效地在经济机构内部进行重新分配，或者通过国家和世代之间转移，宏观经济冲击也能被金融系统缓冲掉。但现实的金融市场并不完美，首先，它不可能完整。住户和企业所要求的稳定性得不到保证，因为信息不对称可能导致道德风险和逆向选择；类似的还有还款期限较长的金融工具的不可获得性限制了风险跨时转移。其次，金融市场是有摩擦的。直接或间接的交易费用普遍存在，尤其是在初级市场上。

由于金融市场的不完美，金融系统的波动将随着经济周期而进一步放大。研究表明，因经济周期波动而放大银行借贷行为的顺周期性在发达国家最为严重。

2. 资本监管中的谨慎性措施

资本监管的谨慎性措施有两个主要目的：保护公众的存款和引导金融体系稳健发展。自从 1980 年以来，谨慎性系统的国际协调一直是发达国家的当务之急。本着这种精神，巴塞尔委员会成功推出了两套监管标准——《巴塞尔资本协议》（1988 年）和《巴塞尔新资本协议》（2004 年），其主要组成部分是最小资本要求。巴塞尔委员会提出这些谨慎性措施的本意是维护金融和经济稳定，但不幸的是它们本身就存在着顺周期性。早在 20 世纪 90 年代，《巴塞尔资本协议》就被指责促使了信用的崩溃。相比之下，2004 年的《巴塞尔新资本协议》更具有顺周期性。银行在繁荣时期相对于萧条时期遭遇的信贷损失较少，这对他们自有资本有积极影响（资本充足率的分子升高了），从而最大的贷额度也增加了。但在萧条时期，资本充足率将发生变化，风险加权资产（分母）将上升，同时资本（分子）将下降，这对银行的自有资本产生消极影响，从而放贷额度相应的下降。

现行的监管安排容易引起监管的周期性波动，在经济上升时期资本监管放松，进一步促使经济扩张，经济下滑阶段则相反。同时，现行的监管安排会促使监管套利，即通过资产证券化或其他金融创新手段来降低监管机构对银行风险的度量，但并没有实质性地减少总经济风险。

3. 公允价值会计要求

采用公允价值计量助长了银行信贷的内在周期性，从而放大了经济周期的波动。在经济上升时期，市场经济状况良好，抵押物的价值也水涨船高，公允价值的使用会明显提高抵押物的账面价值，银行利润及其资本也会显著增长，这将导致银行信用的过度扩张。银行的大量放贷极有可能成为不良资产，为以后程度更深的、更持久的经济衰退留下祸害。相反，在经济衰退过程中，为了应对公允价值的下降，银行不得不提高拨备及其覆盖率，从而导致信贷规模锐减。从经济整体来看，经济上行阶段，银行信用的扩张会促进经济的繁荣，并且累积大量的泡沫；反之，在经济下行阶段，则会加剧经济复苏的困难，经济周期的波动由此被放大。

在经济衰退时，在公允价值的要求下，银行流动性和资产价格的螺旋下降要求减记利润和损失账户，进而影响资本存量，公允价值计量使得流动性危机增加。许多银行及其监管机构担心，公允价值计量在经济衰退期可能会导致资本监管要求更为严格，对银行发放贷款的积极性产生不利影响，进而延缓经济的复苏。如果信用风险的上升与资本价格的下降同时发生，则完全采用公允价值计量的银行会面临双重压力：一方面资本监管要求会越来越严；另一方面，资产价格的下降会导致银行利润下降。

4. 信用评级

美国次贷危机证明了信用评级在现代金融体系中的关键作用，一旦信用评级出现问题，将给整个金融经济系统造成严重冲击。甚至有学者认为，次贷危机爆发的一大诱因是信用评级机构故意帮助投资银行和券商提高次级债券类投资产品的信用评级，而且未能在危机显现后及时降低此类投资产品的信用评级，导致消费者不能完全了解其中的风险，从而遭受严重损失，最终对全球经济产生了巨大的冲击。

信用评级对银行的稳健运行和银行体系的安全产生重要影响，主要体现在两个方面：一是通过信用评级对金融产品交易价格、信贷市场利率、汇率等产生作用，银行的稳健性会因此而波动、产生危机或颠覆。二是通过信用评级对银行主体产生影响。由于银行经营的特殊性，它是靠自身信用吸引资金并对资金进行有效管理而生存的。评级对银行的信用起到至关重要的作用，一旦评级下调，信用马上会受到质疑，严重时会引起挤兑。如果这种影响扩散到其他银行，一国金融资本的稳定和金融体系的安全将受到严重冲击。

第五章

典型国家和地区银行业监管特点及启示

改革开放30多年来，银行业发展势头良好，近十年来发展尤其迅猛。伴随着我国银行业的快速发展，我国银行业监管体制发展滞后这一严重问题也逐渐显现，并对银行业进一步又好又快发展造成不利影响。我国作为全球金融市场的后起之秀，银行业发展时间较短，银行业监管经验更为不足，所以我们有必要总结和借鉴世界金融业发展领先地位的国家和地区的先进监管经验，从而更好地提升我国银行业监管水平。

第一节　美　国

一、美国银行监管体制的形成与发展

美国银行业监管的演变经历了一个“管制－放松－重新管制－重新放松”的循环往复的发展过程。其监管体制发展较为迅速，是一个不断加强银行法律制度建设的过程。美国银行业在经历了混业经营、分业经营的发展阶段后又逐步走向混业经营，银行监管也在长期的监管实践中，在银行立法等各方面随之不断变化和完善。

1. 银行监管制度的萌芽

美国联邦政府于1791年开始涉足银行监管，当时美国国会通过决议设立了“美国银行”，但在1811年，“美国银行”欲再次取得授权时遭到国会和州银行的反对，未能得到再次授权。1813年，美国国会向第二家“美国银行”发放执

照，但该银行到1836年仍未获得国会再次授权。在1836~1863年间，获取和审查银行财务报表成为各州银行监管的主要手段。银行在这一时期很少受到检查，除非该银行面临破产的威胁。这一时期的美国银行业为美国的早期发展提供了重要的资金支持。

1864年至20世纪初期，联邦和各州的银行监管都在逐步加强，但监管体制无法有效遏制金融恐慌和银行挤兑的发生。1864年《国民银行法》的通过，标志着国民银行制度的确立，也标志着联邦和州双线金融监管制度开始运行。

1913年，时任总统的伍德罗·威尔逊签署颁布了《联邦储备银行法》，建立了行使美国中央银行职能的联邦储备系统（Federal Reserve System，FRS），规定由美国联邦储备系统发行统一的银行券，所有的国民银行都必须要加入该系统，成为联邦会员银行。美国联邦储备系统由7名委员组成的中央管理委员会领导，并在美国12个主要城市建立了地区性联邦储备银行。该法案还授权美国联邦储备系统为其成员银行的票据进行贴现，成员银行可以凭合格资产进行贴现，从而获得流动资金，以迎接迅速增加的信贷需求和由此引发的暂时性现金短缺。最后，该法案还赋予美国货币监理署和联邦储备体系监督、管理和检查成员银行的权力。至此，美国联邦储备体系的基本框架初步形成。

2. 银行监管制度的发展

20世纪30年代的经济大萧条是资本主义国家有史以来最严重的经济危机，它导致了美国历史上最严重的经济衰退，使其银行体系受到尤为重大的影响。在美国股市全面崩溃以后，社会公众对银行体系失去信心，又导致银行加速倒闭。在这次危机中，现有银行监管制度存在的缺陷一一暴露。为了解决这些问题，防止再次出现由于监管缺陷引起的金融危机，人们提出了许多改革措施，包括《格拉斯·斯蒂格尔法》(即《1933年银行法》）和《1935年银行法》，其中最具重大意义的改革措施是联邦存款保险制度的建立。为落实这一条款，美国组建了联邦存款保险公司，从1934年起所有美联储成员银行都必须参加保险，非成员银行经联邦存款保险公司批准可以选择参加，由此便形成了联邦存款保险制度。存款保险制度的建立，使监管更加强调倒闭银行的重组或合并，以维持银行服务并减少该银行所在社区的金融混乱。

1933年颁布的《1933年银行法》，在银行业与证券业之间设立了一道“防火墙”，使得美国的金融业形成了分业经营的格局，相应地也建立了分业监管的监管体制。自20世纪30～70年代，美国经济在其雄厚的实体经济支撑和严格有效的法律引导下逐步恢复了繁荣，金融体系尤其是银行体系也趋于稳定，其严格管制的银行监管原则功不可没。

3. 银行监管制度的成熟

20世纪70～80年代，打造更为开放和富有竞争性的银行体系以及平等对待各类金融机构成为美国银行监管体制的新特点。银行家们希望在应对更富竞争性的外部环境时能更多地利用技术进步和金融创新，以此来保证自身的地位，适应新的时代挑战。20世纪90年代之后，美国的银行监管理念发生了较大的改变，其监管模式进入一个新的时期。在此时期，放松银行监管的内外部条件逐渐成熟，如银行自身经营条件的改善、外部金融竞争的加剧和高利润金融创新的不断发展，这为放松管制提供了可能性。1999年，《金融服务现代化法案》颁布，这意味着1933年颁布的《格拉斯·斯蒂格尔法》废除。《金融服务现代化法案》从法律上废除了银行、证券、保险机构在业务范围上的边界，结束了美国长达66年的金融分业经营历史，其结果是商业银行开始大规模地从事投资银行的业务，混业经营逐渐成为主流。

4. 金融监管改革

2010年7月21日，美国总统奥巴马签署并颁布了《多德－弗兰克法案》，这是自经济大萧条以来改革力度最大、影响最深远、最全面、最严厉的金融改革法案。它成为与《格拉斯·斯蒂格尔法》比肩的又一块金融监管基石，并为全球金融改革树立新的标尺。

这次改革有三大核心，一是扩大监管机构权力，成立金融稳定监管委员会，负责监测和处理威胁国家金融稳定的系统性风险；破解金融机构“大而不能倒”的困局，设立新的破产清算机制，由联邦储蓄保险公司负责，责令大型金融机构提前做好风险拨备，禁止使用纳税人资金救助倒闭的金融机构；限制金融高管的薪酬，确保高管薪酬制度不会导致对风险的过度追求。二是设立新的消费者金融保护局，赋予其超越监管机构的权力，全面保护消费者合法权益。三是采纳所谓的“沃克尔规则”，即禁止商业银行从事高风险的自营交易，将商业银行业务和其他业务分隔开来；反对商业银行拥有对冲基金和私人股权基金，限制衍生品交易；对金融机构的规模加以严格限制。

二、美国银行监管机构

1. 货币监理署

货币监理署（Office of Comptroller of Currency，OCC）不仅是国民银行的首要管理机构，也是美国最早的联邦级银行管理机构，它是1863年依据《美国国家货币法》创建的。其总部设在华盛顿，在美国的各主要城市或地区下设四大分区，分别是中部区的芝加哥分局，西部区的丹佛分局，南部区的达拉斯分局，东北区的纽约分局。四大区分局分别负责该地区金融监督管理事宜。货币监理署内部共设有管理部、监察部、法律事务部、国民银行监管部、国际与经济事务部、大银行监管部、中型银行和社区银行监管部、信息科技服务部、员工与公共事务部9个部门。货币监理署的运作资金99%来源于对国民银行监管所收取的管理费，另外1%来源于投资美国政府债券的利息收入、发放执照收入以及其他收入，财政部不对其进行拨款补助。

货币监理署的主要职责有：第一，审批国民银行的注册和分支行的设置，审核银行合并，宣布国民银行的破产；第二，检查国民银行的资本运营、贷款的数量和质量以及存款安全、存贷利率水平等经营风险管理政策情况；第三，制定相应的管理条例和法规，并组织贯彻实施。

货币监理署通过对国民银行进行审批、监督、检查等决策对国民银行实施影响。截至2005年12月30日，货币监理署共负责监督和控制1933家全国性国民银行，以及外资银行的51家联邦分支机构。其所监督控制的国民银行资产占全美商业银行资产总额的67%。

2. 联邦储备系统

联邦储备系统是美国国会在《欧文·格拉斯法案》（又称《联邦储备法案》）的基础上建立的，由伍德罗·威尔逊总统于1913年12月23日签署。这个系统主要由联邦储备委员会、联邦储备银行及联邦公开市场委员会等组成。

美国联邦储备委员会（The Board of Governors of The Federal Reserve System）是联邦储备系统的核心机构，办公地点位于美国华盛顿特区。该委员会由7名成员组成（其中主席和副主席各1位，委员5名），需要美国总统提名，经美国国会参议院批准方可上任，任期为14年（联邦储备委员会主席和副主席任期各为4年，并可以连任）。

美国联邦储备委员会的职能包括制定货币政策和对金融实施监督管理等。一方面，它通过公开市场操作、规定银行准备金比率、批准各联邦储备银行要求的贴现率这三种手段来实现相关货币政策；另一方面，在金融的监督管理方面，对金融活动的监督是分两个层次进行的：第一层是对美国联邦储备银行的监管，第二层是以对美国联邦储备银行的监管为途径来实现对会员银行的监督管理。

联邦储备银行（Federal Reserve Bank）是1913年按照国会通过的《欧文·格拉斯法案》组建的，作为执行联邦储备系统政策的银行，联邦储备银行在全国划分为12个储备区，每区设立一个联邦储备银行分行，其分别设于（括号内为银行代号）：波士顿（A）、纽约（B）、费城（C）、克利夫兰（D）、里士满（E）、亚特兰大（F）、芝加哥（G）、圣路易斯（H）、明尼阿波利斯（I）、堪萨斯城（J）、达拉斯（K）、旧金山（L）。其中，纽约、芝加哥和旧金山三个联邦储备银行的资产是最大的，占到了总资产的一半。在其他的25个大中城市，美国联邦储备银行也设立了分支机构。

在管理方面，每家联邦储备银行都由9名兼职董事组成的董事会来管理。每家区域性储备银行都是一个法人机构，拥有自己的董事会。除国民银行必须是会员银行外，其余银行是否加入全凭自愿而定。加入联邦储备系统之后，会员银行的私人存款担保就将由联邦储备系统提供，会员银行仅需要缴纳一定数量的存款准备金，对于这部分存款准备金，联邦储备系统不支付利息。在1993年7月之前，这是美联储调控经济所运用的唯一手段。1993年7月，基于美国社会投资方式的巨大变化，美联储主席格林斯潘宣布，实际利率将是今后对经济进行宏观调控的主要手段。

联邦公开市场委员会（The Federal Open Market Committee，FOMC）是联邦储备系统中另一个重要的机构。它由12名成员组成，包括：联邦储备委员会全部成员7名，纽约联邦储备银行行长，其他四个名额由另外11个联邦储备银行行长轮流担任。该委员会设1名主席，通常由联邦储备委员会主席担任，一名副主席，通常由纽约联邦储备银行行长担任。另外，其他所有的联邦储备银行行长都可以参加联邦公开市场委员会的讨论会议，但是没有投票权。

联邦公开市场委员会的最主要工作是利用公开市场操作，从一定程度上影响市场上货币的储量。另外，它还负责决定货币总量的增长范围，并对联邦储备银行在外汇市场上的活动进行指导。该委员会主要的决定都需通过举行讨论会议投票产生，它们每年都要在华盛顿特区召开八次例行会议，其会议日程安排表每年都会向公众公开；而平时则主要通过电话会议协商有关的事务。当然，必要时也可以召开特别会议。

3. 联邦存款保险公司

1933 年，美国国会批准设立联邦存款保险公司（Federal Deposit Insurance Corporation，FDIC）。联邦存款保险公司通过为银行和储蓄机构的存款提供保险、识别和监控存款保险基金中的风险、限制银行和储蓄机构倒闭时对经济和金融体系造成的影响，来维持和提高公众对国家金融体系的信心。

联邦存款保险公司的管理机构是 5 人组成的董事会，这 5 人全部由总统指定，并经过参议院确定，并且不得有超过三人来自于同一个政党。董事会每个月召开一次会议。机构下设监管和消费者保护部、保险和研究部、破产管理部、信息技术部、财务部、行政管理部，以及企业风险管理办公室、经济情况办公室、国际事务办公室、法律事务办公室、纪律检查办公室。

联邦存款保险公司在国民银行倒闭时充当接管人，州银行倒闭时可以在州政府的请求下作为接管人。联邦存款保险公司会在接管银行后进行清算并赔偿存款人的存款。同时，联邦存款保险公司对参加保险的非联储成员银行进行监管，有权对任何参加保险的金融机构进行检查。另外，联邦存款保险公司还对州立银行监管机构提供业务方面的原则性指导，对州银行监管机构的工作人员提供定期培训和考核。州立银行监管的指标体系参照联邦存款保险公司的标准进行设计。

三、美国银行监管的特点

1. 双线多头的监管模式

众所周知，美国是一个三权分立的国家，其银行监管体制也体现了权力制衡的原则。纵向来看，美国的银行监管是由财政部下设的货币监理署（OCC）以及各州政府设立的银行监管机构构成的双线监管体制，前者负责对国民银行发放营业执照，后者负责对州立银行发放执照。横向来看，美国银行实行多头监管制度，除了货币监理署和各州银行监管机构之外，美联储、联邦存款保险公司（FDIC）、司法部、证券交易委员会（SEC）、期货交易委员会（FTC）、州保险监理署（SIC）也都按照各自的职责对银行进行监管（见图 5.1）。

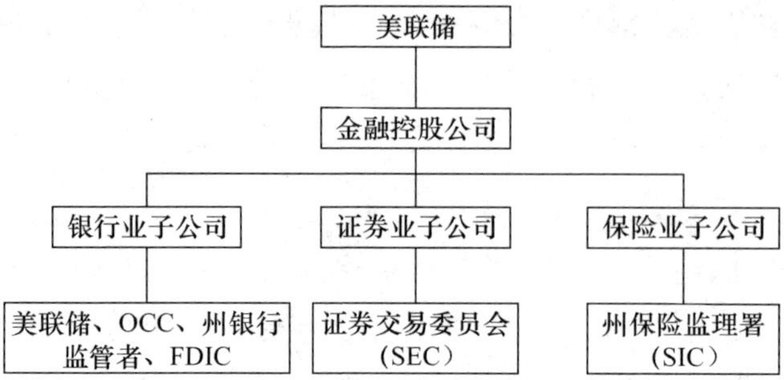

图 5.1　美国金融监管组织形式

资料来源：吴敬琏等，“美国银行监管的模式特点及启示”，载于《中国经济时报》2002 年 1 月。

2. 监管的法制化

美国是一个法制化国家，其立法管制在西方国家中是最严格的。美国金融法律体系，都是在特定历史时期为解决特定问题而制定或修改的，体现了监管的法制化特点。美国的银行法律，不仅有银行大法，还有各种专项法律。20 世纪 30 年代的《格拉斯·斯蒂格尔法》《证券法》、Q 条例等银行监管行政立法是当时为了恢复美国金融系统的信誉和安全颁布的，注重安全性；70 年代的立法更注重保护消费者利益；80 年代的《存款机构放松管制及豁免控制法》《加恩·圣杰曼吸收存款机构法》的出台以及 Q 条例的废除，则是转向放松管制，提高效率和竞争水平；90 年代通过的《金融服务现代化法案》规定，只要银行能够操作充足的资本，就允许其扩大服务范围和拓宽业务领域，美国银行业全面自由化形成；20 世纪初《萨本斯·奥克斯立法案》的出台，被视为美国重新对银行加强管制的信号，更是对混业经营模式的沉重打击。可以看出，美国银行监管通过立法来解决问题，不断提高银行监管的法制化进程，体现了美国银行监管的法制化特点。

3. 注重保护消费者利益

在银行监管方面，监管当局十分注重保护所有的消费者的利益。2010 年 7 月正式生效的《多德·弗兰克法》第十章明确规定设立消费者金融保护局。法律规定，作为独立的联邦机构，消费者金融保护局负责监管消费金融产品和服务，其中心使命是让金融产品和市场服务于美国人民。在保护消费者利益的立法方面，美国有《放贷公平合理法案》《信贷机会均等法案》《联邦委员会改进措施法案》《金融秘密权利法案》等。

4. 量化的监管体制

在美国，现场检查是银行监管过程的核心。在检查过程中，现场检查人员主要检查五个方面：资本金充足情况、资产质量、内部管理水平及风险控制能力、获利能力以及流动性。这一评级制度被称为“骆驼评级制度”，是1978年由美联储、美国存款保险公司、货币监理署等联邦监管部门联合制定的评级制度。检查人员对银行的每一个方面进行共5级的打分，最后结合五个方面的分数得出综合级别。此类评级活动通常一年进行一次，评级结果虽不对外公布但是要通知银行董事长，勒令银行对出现问题的方面加以改正。

5. 监管内容的全过程导向

美国对银行业的监管是一个全过程的导向，即从银行的成立，到银行业务经营过程、业务拓展，再到银行的改组、兼并、破产等，任何可能出现风险的环节，都属于监管当局的监管内容。比如在业务运营环节，为了防止银行片面追求利润，过度承担风险，进而对银行体系的稳健和安全产生不良影响，美国政府制定了许多监管法律法规，以法律手段限制银行在经营活动中的冒险行为，以保证银行的稳健经营。再比如在银行并购环节，银行监管当局也需要对并购的合法性、合规性以及可能对金融秩序造成的影响做出具体的评估，并给出决定性的意见；否则，银行兼并将无法成行。

四、美国银行监管模式对我国的启示

1. 保持中央银行的相对独立性

为了适应我国社会主义市场经济体制的客观需要，进一步发挥中央银行的宏观调控作用，实现“保持本币币值的稳定，并以此促进经济增长”的货币政策目标，应注重保持中央银行的相对独立性。在处理中央银行与政府的关系方面，应遵循两条原则：一是国家经济发展目标是中央银行活动的基本点；二是中央银行货币政策要符合金融活动的规律。中央银行应独立于财政部，但又在资金和业务上与其发生联系，两者之间的关系体现在货币政策与财政政策的互相配合和互相协调上。

2. 注重监管机构之间的协调合作

随着我国金融改革开放的深入和全球金融一体化的发展，我国金融业的混业经营势在必行。金融业的混业经营并不意味着必须实行混业监管，但对监管机构之间的协调提出了更高要求。对此，美国的监管方式值得借鉴。美国在1999年颁布《金融服务现代化法案》之后正式开始了金融混业经营，但其目前的金融监管方式仍然是分业监管，监管机构之间分工明确，协调合作。从美国经验来看，监管效率的高低主要取决于监管机构之间的信息沟通、监管指标的标准化、监管程序以及监管人员行为的规范程度，这对于我国金融业监管具有重大的指导意义。

3. 坚持原则导向型监管

原则导向监管是应对金融全球化挑战的一次理念更新，其核心是强调监管的目的是创造市场纪律发挥作用的条件，而不是用监管替代市场纪律。次贷危机发生之后，美国财政部对其监管体制进行反思。2008年3月31日，美国财政部发布了《美国金融监管体制改革蓝图》，该蓝图认为，美国现行的分业监管体制存在巨大矛盾，监管体制不能有效防范和管理系统性风险，不利于推进金融创新，容易导致重复监管。因此，很有必要对其监管体制进行整合与改革，长期建议是建立一个全新的目标导向的监管框架：整合成立微观"审慎金融监管局"，负责监督保险公司和联邦承保的银行，解决政府担保导致的市场纪律松弛问题；扩大美联储监管权限至整个金融体系，负责宏观市场稳定性监管；成立"商业行为监管局"，负责规范商业活动、保护消费者利益。其本质上采用了原则导向监管的理念和做法，即根据市场的发展变化来调整监管资源，增加与市场的有效沟通，更好平衡监管的加强与市场纪律的培养。反观中国，为了防范金融风险，我国采用了强化管制、严格限制银行等金融机构的市场准入、业务范围和业务活动自由度的监管原则，试图通过限制金融机构的活动来预防风险。同时，受种种因素制约，金融监管水平不高、监管工作比较粗放。由于长期限制金融领域真正的竞争，金融机构的业务发展相当迟滞，竞争力严重缺乏，潜在金融风险巨大。因此，有必要对现行金融监管原则和思路加以反思及调整，以推动金融市场竞争，促进金融监管水平的提高。

第二节 英 国

一、英国银行监管体制的形成与发展

作为老牌的资本主义强国，英国虽然从 1694 年英格兰银行建立起就开始了银行监管体制的创建过程，并有《1946 年银行法》将英格兰银行国有化、授权英格兰银行对其他银行进行监管，但是并没有形成相对配套的金融监管体制。在 1979 年以前，英国没有正式的金融监管，主要以金融机构的自律监管为主，辅以英格兰银行的监管，并没有依据正式的法律法规，而是通过君子协定和道义劝说的方式进行监管，缺乏量化指标和标准化监管方法。

1979 年，英国颁布了《1979 年银行法》，该法案在英国金融监管史上具有里程碑意义，不但赋予英格兰银行金融监管权，使英格兰银行有权对接受存款的金融机构进行监管，同时也标志着英国银行业监管进入法制化发展轨道。但是，《1979 年银行法》并没有从根本上改变英格兰银行的传统监管方式，英格兰银行在监管上仍具有较大的自主性。

1987 年，英国政府修改并颁布了《1987 年银行法》，其主要内容是废除金融监管双轨制，将原有的二级银行牌照合为一级，凡是银行，无论大小均必须接受严格的监管，明确禁止非授权机构接受存款。《1987 年银行法》的颁布，确立了英国银行业监管的法律框架，揭开了依法对金融业全面监管的序幕，标志着现代英国金融监管体制的确立。

1997 年 10 月 28 日，英国金融服务局成立，英国进入统一监管体制阶段。政府将英格兰银行等 9 家监管机构的金融监管职能移交给新成立的英国金融服务局，统一对银行、证券、保险进行监管。金融服务局统一对金融机构进行监管，不仅降低了监管成本，提高了监管效率，而且可以全面评估金融机构的风险状况，促使金融机构加强内部控制制度建设，大大提高了金融服务的水平。金融服务局的成立，适应了全球化背景下的金融混业经营的潮流与趋势，这种单一监管体制也为其他国家的监管者提供了借鉴。

2000 年 6 月 14 日，英国出台了《金融服务与市场法》（Financial Services and Markets Act 2000，FSMA），该法案于 2001 年 4 月 1 日正式生效。《金融服

务与市场法》的出台，标志着英国金融监管体制的又一次重大变革，监管体制转变为规范的单一监管机构体制，确立了金融服务局的单一监管机构地位，其监管范围包含了金融领域的方方面面，包括银行、证券、保险以及各类互助会。《金融服务与市场法》的主要内容包括金融服务局的组织架构、监管目标、监管原则、监管对象、如何行使各项监管权力、公司上市申请、设立发行共同投资基金、对劳埃德保险市场的监管以及对投资者的保护等。《金融服务与市场法》的颁布，说明行业自律这种监管模式已经不再适合日新月异的金融业发展。

2008 年金融危机爆发后，金融监管的重要性日益凸显，英国政府重新审视了原有的监管体制，并制定了监管体制改革方案。其主要内容是裁撤英国金融服务局，分拆成三个机构来执行其原有职能：在英格兰银行下新设金融政策委员会（Financial Policy Committee，FPC），作为宏观审慎监管机构；新设审慎监管局（Prudential Regulation Authority，PRA），作为英格兰银行的子公司，负责对金融机构的审慎监管；这两个机构的成立，恢复及强化了央行金融监管职能和权力；新设金融行为监管局（Financial Conduct Authority，FCA），负责消费者保护和行为监管。

二、英国银行监管机构

1. 金融政策委员会

金融政策委员会是英格兰银行的下设机构，由英格兰银行行长担任主席。金融政策委员会成立后，英格兰银行原有的金融稳定委员会被撤销。金融政策委员会的主要职责是识别、监控并采取措施消除或减少系统性风险，以维护和增强英国金融系统的风险抵御能力。

金融政策委员会的主要职能有：监控英国宏观金融系统稳定性，识别和评估系统性风险；向英格兰银行、财政部、审慎监管局、金融行为监管局或其他监管机构提出建议；向审慎监管局和金融行为监管局发出指示；编制《金融稳定报告》等。

2. 审慎监管局

审慎监管局是英格兰银行的一部分，负责对银行、投资银行、房贷合作社及保险公司等社会金融机构进行审慎监管。审慎监管局的监管目标有两个，分别是一般监管目标和保险监管目标。一般监管目标是促进审慎监管局许可实体的安全性和稳健性，保险监管目标则是确保保单持有人或可能的保单持有人享有适当程度的保护。保险监管目标仅适用于相关保险业务构成受审慎监管局监管的情形。

3. 金融行为监管局

金融行为监管局负责监管银行、保险以及投资事业，包括证券和期货。其目标是保护消费者，保护和增强对英国金融系统的信心，保持金融业稳定发展及促进金融业之间的良性竞争。金融行为监管局对风险的容忍度更低，更倾向于采取预防手段而不是坐视损害发生。这种方法还将意味着更多地使用判断，即用专业知识来判断消费者的损害是否会发生，并基于这种前瞻性分析进行相应的干预。

三、英国银行监管的特点

1. 金融监管的制度化发展

在 1979 年以前，英国的金融监管实质上是一种非制度化的监管，并没有依据正式的法律法规。在《1979 年银行法》之后，英国金融监管体制逐步走向制度化和规范化。随后的《1987 年银行法》又进一步深化改革了英国银行业监管，最主要的改变是取的消金融监管双轨制，所有银行均必须接受严格的监督。

2. 独特的监管评价方法——"ARROW"监管评价体系

"ARROW"监管评价体系是英国金融服务局对被监管机构（包括银行、保险公司及证券机构等）实行的一种监督评价方法。"ARROW"的程序是将监管期间细分为 7 个阶段，即准备评估阶段、可能性风险评估阶段、制定风险控制方案阶段、内部确认和调整阶段、发送信函与沟通阶段、跟踪评估阶段、新的评估循环阶段。这 7 个阶段首尾相连，形成一个连续的监管闭环。2003 年 7 月起，"ARROW"风险监管框架被用于对伦敦金融市场全部机构的风险监管。

"ARROW"在下列方面具有优势：一是有助于通过集中关注重点风险以实现英国金融服务局的法定监管目标；二是更为优化配置英国金融服务局的人力资源，有效地利用监管资源；三是设立了透明度较高的风险处理执行机制，有助于对不同类型和规模的机构采用一致的监管措施；四是更加适应伦敦金融市场的灵活性，做到因地制宜，实现监管上的弹性。

3. 实现非现场监管与现场检查有机结合

非现场监管是英国监管当局进行持续性监管的主要手段。监管人员的工作就是通过非现场监管，发现银行的主要风险，及时更新非现场监管信息，制定现场风险核实重点，评估银行的整体风险状况，提出监管措施，并监督银行的整改。在实际工作中，监管人员非常看重银行的内部信息，如董事会会议纪要、各类委员会会议纪要、内部风险报告及内审报告等。

英国监管当局派出现场检查队伍，主要是为核实非现场监管所得出的初步结论，详细评估银行的特定风险，即风险发生的可能性。监管当局对现场检查频率、工作内容和出入现场的人员、时间都有规范性要求，现场工作通常不涉及原始资料的核查。由于成本因素，英国监管当局逐步减少现场检查次数和检查时间，以降低成本，对于影响力较小的银行只进行非现场检查。

4. 由单一监管机构走向多家监管机构

长期以来，英国的银行监管体制一直是单线多头的。1997 年英国政府设立了金融服务局，并将英格兰银行等 9 家监管机构的监管职能移交给新成立的金融服务局，从此它成为集银行、证券、保险三大监管职责于一身的金融监管机构。但是 2008 年金融危机后，英国决定裁撤英国金融服务局，分拆成金融行为监管局、审慎监管局、金融政策委员会，从而使监管由单一监管机构走向多家监管机构。

四、英国银行监管模式对我国的启示

1. 应逐步从分业监管模式过渡到统一监管模式

从英国的经验来看，随着银行机构集团化、层次多元化、业务全能化的发展，中央银行正在淡化其微观的金融监管职能，强化其宏观经济的监管职能，这也是西方国家金融监管制度改革的必然趋势。随着我国金融业逐步对外开放，我国的银行机构会面临日益激烈的国际竞争，与此同时，随着创新金融工具的不断引进，信息技术在我国金融领域中的广泛应用，我国金融机构创新的步伐不断加快，金融业务之间的相互交叉和渗透，银行机构跨行业经营的趋势也会日益强化。以分业为主要特征的银行监管模式势必难以适应我国金融机构集团化、综合化、多元化的发展趋势。因此，根据世界经济新的发展情况，适时改善我国的银行监管模式就显得尤为重要。我国应淡化分业管理、分部门式的金融监管，强化风险管理，强化综合性的金融监管，最终实现统一监管模式，以便尽快与国际先进的金融监管制度接轨。

2. 注重保护消费者的利益

总的来看，国际金融危机对银行业的危害是普遍且深远的，批发银行业务和零售银行业务都深受其害。但是不同于大企业，普通消费者和中小企业更依赖零售银行业务，他们在金融危机中受到的冲击更大。因此，英国的监管部门强调政府在实施金融监管过程中应当更加重视保护消费者的利益，尽量减少他们的风险和损失。其财政大臣乔治·奥斯公布的全面改革英国金融监管体系的提案则提出成立独立的消费者保护局，为消费者提供简明清晰的资讯，防止“不公平和欺诈性交易”，并促进公平、有效率和创新性的金融市场服务。英国的改革说明，加强消费者保护已经成为次贷危机后金融监管改革的一个重要内容。

3. 加强审慎监管，前移监管关口

考虑到现代金融风险的复杂性和连锁性，金融监管部门有必要将监管关口前移，多做一些前瞻性的监测工作，尽量做到防患于未然，以免金融危机出现时疲于应付。从英国北岩银行危机来看，监管部门的疏于防范和玩忽职守是酿成危机的重要原因，正是监管部门的失职，使北岩银行的风险一步步累积直到爆发。这一案例对我国金融监管工作有重要启示。我国金融监管部门应在实际工作中将监管关口前移，及早发现隐患、解决隐患，而不是在事后寻找补救措施。通过多种措施实现审慎监管，才能使我国金融业的风险得到更好的控制。同时，应当加快培养高素质人才，多向西方国家学习金融监管经验，让更多具备胜任能力的人走上监管岗位。

第三节　日　本

一、日本传统银行监管体制

1. 主管机关

日本政府在金融自由化之前对银行业实行高度的集中管理，由大藏省管理所有的金融事务，并在金融监管上领导作为中央银行的日本银行，但保留日本银行在决定金融政策时的相对独立性。所以，日本银行业监管形成了由大藏省和日本银行共同负责的传统监管模式。

大藏省作为金融行政主管机关，对金融业的管理和监督具有极大的权力，而其权力是由银行法和其他金融法律法规赋予的。大藏省设有大藏省银行局、证券局和国际金融局，这些部门负责对金融机构的监管和检查工作。其中，尤以银行局主管的银行监管为重。

日本银行作为货币政策的制定者和执行者，同样也是金融监管的主体。日本银行内设考察局、营业局以及信用机构管理局，通过现场检查和非现场检查结合的方式，加强对银行业的监管。需要注意的是，日本银行并没有监管上的法律权利，只是在行政上受到大藏省的直接领导和管理监督，并对其工作进行配合。

2. 日本传统监管体制的特点

（1）“护卫船队”式银行监管。“护卫船队”式银行监管指的是按照效率最差的银行为标准，来决定各种各样的监管措施，包括市场准入管制、分业管制、利率管制、资金流动管制等，维持“银行不破产神话”，进而达到从金融层面支持日本经济复兴、增长以及稳定金融秩序的目的。“护卫船队”式银行监管控制新的市场准入，创造产生利益的机会。同时，银行机构有相当大的自主权，可以通过向大藏省的经济诉求实现自己的目的。监督成本也因为监管全部集中于大藏省而远低于市场监管。

（2）以限制竞争为监管目的。日本传统银行监管的目的是限制银行间的竞争，保证现有银行获得超额利润，从而达到保证金融市场稳定以及满足产业发展的资金需求的双重目标。这也是日本“护卫船队”式银行监管的一种延伸，对银行的保护色彩十分浓厚。对银行的保护性监管决定了银行监管主要以严格限制竞争的事前监管为主。

（3）薄弱的健全性监管措施。日本银行监管以预防性措施为主，侧重限制竞争性管制。各类经营比率指导作为健全性管制，并非是为了督促金融机构提高经营安全，而是保护、培育银行，使其获得较大收益。因此，在日本，限制与保护的双重职能由预防性措施独自完成，尤以限制竞争性措施为重。“保护”是指直接给银行以利益，无论银行优劣，一律保证其正常的经营状态，可以说是“弱者保护”。

（4）形同虚设的存款保险制度。1971 年，日本制定了《存款保险法》，并于同年成立存款保险机构。日本存款保险制度主要是以大部分民间金融机构为对象，强制其加入保险机构。实际上，由于大藏省协同日本银行通过一系列保护手段使银行免于破产，所以一直到 80 年代存款保险机构都没有支付过一次保险金，存款保险机制可以说是形同虚设，没有发挥过任何作用。

二、日本银行监管体制改革

1998 年 4 月 1 日，新的《日本银行法》通过，该法赋予日本银行独立制定货币政策的职能，并强调日本银行应履行金融监管的职责，使日本银行在金融监管领域的地位大大提升，其决策独立性得到了很大的加强，与大藏省的关系也发生了根本性变化。

1998 年 6 月，金融监督厅成立，合并大藏省银行局、证券局的监督检查部，并对保险业和归通商产业省管辖的消费者金融机构等非银行金融机构实施监督。

1998 年 12 月成立金融再生委员会。不久，金融监督厅被归置于金融再生委员会之下，仍继续行使金融监督厅原有的监督检查职能。大藏省继续负责金融制度方面的重大决策、企业财务制度检查，存款保险机构的监管则由大藏省与金融再生委员会协同监管。

2000 年 7 月，在金融监督厅的基础上成立金融厅，并将原属于大藏省的金融政策制定权、金融制度决策权、企业财务制度检查权等划入金融厅的职权范围。大藏省仅保留与金融厅一起对存款保险机构的协同监管权，并将工作重点放在保证破产处置和危机管理的制度性决策以及决策的顺利实施方面。

2001 年 1 月，在日本政府机构改革中，大藏省更名为“财务省”，撤销了金融再生委员会，并将金融厅升格为内阁府的外设局。自此，金融厅成为日本金融监管的最高机构，全面负责金融监管。由于金融厅没有设立分支机构，所以地方财务局接受金融厅委托，对地方中小金融机构行使金融监管职权。至此，日本金融监管权再一次高度集中。

截至 2001 年，一个以金融厅为核心、独立的日本央行和存款保险机构共同参与、财务省协同监管、地方财务局受托监管的新的金融监管体制框架初步形成。

三、改革后的日本银行监管体制

1. 监管机构

（1）金融厅。金融厅的职能主要是：制定和研讨金融制度；检查和监督金融机构；对金融业发展态势的监视；负责对银行、证券和保险等各金融市场的统一监管，实现金融监管的一体化；与财务省一起，共同对金融机构的破产处置和危机管理进行立案；等等。

金融厅负责监管银行、证券、保险等商业性金融机构，财务省继续负责监管政策性金融机构，地方性中小金融机构由金融厅和地方财务局共同负责监管，其他的农业合作社、劳动金库等由相关的农林水产省和劳动省监管。

（2）日本银行。作为日本的中央银行，日本银行的法定职能是独立执行货币政策。但由于执行货币政策需要了解和把握金融业的运行状况，因此日本银行根据《新日本银行法》拥有与所有有业务往来的金融机构签订检查合同的权利，这加强了现场检查的力度和方式，督促和指导金融机构有效控制经营中出现的各种风险。随着《新日本银行法》的颁布，日本银行直接对国会负责，其独立性得到大大加强。

2. 改革后日本银行监管的特点

（1）突出中央银行的独立性。不断深化中央银行独立性改革，从而带动金融监管体制的全面改革。将金融监管职能独立出来成立金融厅，使其成为日本金融业最高的行政监管机构。

（2）从分业监管走向专业职能监管。日本银行和金融厅均按照金融监管业务的性质而非行业性质对内部监管机构进行重组，成立以不同监管职能为主的专业监管部门。

（3）力求达到分业监管与职能监管的有机统一。这就要求在实现职能监管的基础上，要充分保留分业监管的优势。职能监管部门之下按行业细分部门科室，以发挥原分业监管人员的技术经验优势，实现机构改革的平稳过渡。

（4）对不同金融监管机构加强协调工作。设立总务机构，主要负责监管部门内的协调监管工作；为增强监管机构内部的信息沟通，提高统一监管水平，在职能监管部门之外设立协调各职能监管部门工作的总务课或总务局；同时，注重不同监管机构监管人员之间的信息交流与沟通，增强不同监管机构在监管工作中的协调与配合。

(5) 顺应金融自由化的发展趋势，缩小行政监管的范围，增强市场监管的作用。行政监管只负责金融制度的确立、金融机构经营的合规性与稳健性、金融风险监管等宏观内容，不再干预金融机构的具体业务。对金融机构运营状况的监管，主要通过信息披露、增强居民的风险意识和会计师事务所等社会中介服务机构进行。

四、日本银行监管模式对我国的启示

在金融监管的稳定性方面，日本堪称一流，创下了战后几十年银行不倒的神话。我国应借鉴日本银行监管模式的经验，保证我国银行体系的稳定健康发展。

1. 保持银行监管稳定性、效率性、公平性的统一

借鉴日本银行监管的模式，我国应注意保持银行监管稳定性、效率性、公平性之间的统一。银行监管的中心任务是维持整个银行体系的稳定性；而效率的高低直接影响到被管制者是接受监管还是逃避监管，决定了监管能否继续维持；公平则是金融监管的重要宗旨之一。稳定性、效率性和公平性三者之间既有统一的一面，也有对立的一面，过于强调稳定，很可能伤及效率和公平，而过于强调效率，也会使稳定和公平难以实现。总之，对于管制当局来说，重要的也是最困难的是寻找这三者之间的平衡点，而这种平衡必须是动态中的平衡，必须根据国家整体的经济发展目标和内外部环境的变化不断调整。

2. 加强监管机构独立性，防范相关政治利益影响

金融改革后的日本金融监督厅在拥有金融监管权的同时，也拥有金融政策立法权和制定权，权力过于集中，政监不分，容易受到政治利益集团的影响，从而在相当大的程度上影响了日本金融监管的有效性。我国应借鉴日本监管模式的经验，根据巴塞尔委员会《巴塞尔有效银行监管核心原则》的精神，在确保管理独立、监督独立、机构独立和预算独立的基础上实现银行监管工作的独立有效。管理独立是指我国监管机构应拥有适当的制定监管规则的自主权力，以保证监管者的快速行动和监管工作的稳定专业。监督独立是指我国监管机构对金融机构执行监管时不受外界的干扰，保证实施过程的独立性，保证监管功能的完整性和统一性。机构独立则要求监管机构处于独立于政府立法、执行部门的机构地位。如果监管部门附属于政府的某一执行部门，则难以实现监管独立。预算独立是指我国监管机构应拥有决定机构预算规模和作用途径的权力。监管者能独立决定预算来源、规模和运用，就有条件更好地抵制通过预算而进行的政治干预，并对监管领域出现的突发事件做出迅速反应，还可通过富有吸引力的工资雇佣合格人才。

3. 注重金融全球化趋势，加强监管国际合作

加强银行监管的国际合作是金融全球化环境下的必然选择。目前，国际银行业的监管标准正在向全球统一化方向发展，以保证对跨国经营银行监管工作的规范，维护国际金融活动的安全。例如，国际清算银行作为“各国中央银行的中央银行”，由其发起拟订的新、老《巴塞尔协议》及《有效银行监管的核心原则》等文件已为越来越多的国家所接受，标志着全球统一的金融监管标准趋于形成。我国应学习日本银行监管人员积极向国际监管体系学习先进经验的精神，密切关注国际银行监管模式及方法的更新与修订。在金融全球化的大背景下，我国金融部门应更加重视国际性金融组织的作用，更加积极地参与国际性行业组织的规则制定与讨论。

第四节　新加坡

一、新加坡金融监管机构

新加坡金融管理局（Monetary Authority of Singapore，MAS）是新加坡的中央银行，成立于1971年，是经议会批准设立的国家法定机构，负责对新加坡各类金融机构实行统一的监督管理，同时还通过制定合理的货币政策以及对经济运行的宏观监督来促进持续且无通货膨胀的经济增长。新加坡金融管理局管理汇率、外汇储备以及银行部门的流动性，对包括银行业、保险业、资本市场中介机构、财务咨询机构及证券交易所在内的金融机构进行完整的监管。新加坡金融管理局被授权打造一个合理且不断前行的新加坡金融服务业，通过完善的公司治理结构和国际会计准则来塑造新加坡金融业。新加坡金融管理局不隶属于任何政府部门，其最高管理机构是董事会，各董事由总统任命，董事会主席由总统根据内阁提名任命。新加坡金融管理局借助与其他政府部门和金融机构的紧密合作来确保新加坡金融业的活力与竞争力，使新加坡发展成为区域和国际金融中心。

二、新加坡金融监管的特点

1. 建立了较为完善的循环监管体系

在监管循环中，非现场监管居于主导地位。新加坡金融管理局采取多种方法完成非现场监管工作，包括全方位搜集信息、全面风险评级、全程跟踪等。金融管理局定期向银行收集报表，并且从多种来源取得对银行的评价，其中现场检查人员、国际资信评级机构、银行的内外部审计者、各类媒体和金融市场上与被监管者相关的资讯均起到了很大作用。金融管理局还强调非现场监管人员与银行高管之间的有机互动，他们之间信息交流频繁，不断交流和讨论银行经营和管理情况，以取得银行的真实信息，并将这些信息输入信息处理系统，实现监管信息资源共享，提高了监管的效率。

2. 以风险检查为核心的现场检查

新加坡金融管理局一般专注于针对某一类特定风险的现场检查，但在特定情况下也会采取全面检查的手段。全面检查的时间跨度一般在 3 个月以上。

在金融管理局的监管体系中，非现场监管信息对于确定金融管理局对银行的现场检查力度和频率起着决定性作用。金融管理局的通常做法是，根据每一家银行对本地金融业的影响程度及非现场评级所揭示的风险状况，决定所有银行的现场检查频率。

金融管理局根据银行在金融业中的地位、风险大小以及对金融业的影响程度对银行实行分类监管，一般划为三类：将所有本地银行和大型外资银行分支机构定为第一类，实施重点监管；将业务规模小的外资金融机构定为第三类，不予重点监管；其余银行划入第二类。银行的风险越大、地位越重，则检查的频率越高、内容越多。

3. 突出风险监管，建立适合自身的风险评级体系

新加坡金融管理局致力于控制银行业的风险，因此它在借鉴美联储 CAMELS 风险评级法的基础上，结合新加坡银行业的实际，对本地银行建立了 CAMELOTS 评级系统。这是一个相对完善的风险评级系统，其中，C 是资本充足性，A 是资产质量及信贷风险，M 是经营管理，E 是盈利能力，L 是流动性风险，O

是操作风险及其他风险，T是信息技术风险，S是对市场风险的敏感性。对外资银行建立了PLATOS评级系统，其中P是母国银行的支持，L是流动性，A是资产质量，T是信息技术，O是操作风险，S是市场风险敏感度。

新加坡金融管理局对监管信息处理系统中获取的信息进行加工、处理后，对银行现实和潜在风险运用CAMELOTS和PLATOS评级系统进行全面评估，最终确定的风险级别由每一项指标评估并加权综合后得出。金融管理局根据风险评级结果，对被监管银行采取不同的监管措施，督促其降低风险。此外，新加坡金融管理局对于重点银行和非重点银行的评级频率也不尽相同，一般对重点银行每季评级一次，而对非重点银行每半年评级一次，体现了差异化监管的特点。

4. 注重市场评价作用

新加坡金融管理局通过信息披露，充分发挥市场对银行董事会及管理层有效性的评价作用，主要侧重于三方面的内容：一是银行业经营情况。包括银行的资金来源结构、资产分布、准备金的提取、信贷信息、税前利润、收益等情况。二是公司治理。包括公司董事及管理层的薪酬政策、公司经营政策、董事的资格及其参与管理的情况、公司的相关交易情况、高层管理人员的阅历和工作职责。三是银行风险管理。侧重披露流动性风险、市场风险、信贷风险等方面的信息。

5. 充分发挥银行公会的作用

在银行监管中积极发挥新加坡银行公会（Association of Banks in Singapore，ABS）的作用，通过银行公会来实现一些目标和职能。新加坡银行公会有六大职能：一是制定并实施银行公会章程。二是协调银行与客户、银行与银行之间的投诉和矛盾。三是制定最佳实践，促进银行业务操作标准化，为会员银行提供相同的平台。四是组织协调行业性项目，如银行同业支付系统、电子支票系统、消费信贷局、消费者手册。五是组织研讨会、介绍会等社交活动，促进会员之间及新加坡银行业与全球金融业之间的交流。六是代表银行业对影响银行业的立法及政策提出行业性意见，协调与政府各部门之间的关系。

6. 不断借鉴国际经验，保持监管高标准

新加坡金融管理局是一个善于学习、借鉴国际先进监管理念与方法的机构。它认为，创建更加具有活力、创新机制的金融体系与对金融机构保持严格高标准的监管并不矛盾，稳定的金融系统可以带来更多好处，为金融自由化提供更加坚实的基础。因此，对国际金融界出现的先进金融制度、技术和方法，新加坡政府总能保持敏感，对其中有利于保持新加坡金融稳健的管理制度和方法，总是采取积极引进的态度，高标准、严要求制订管理办法。

例如，按照国际清算银行《新巴塞尔协议》的标准，各国商业银行应当在规定的期限内逐步达到8%以上的资本充足率，其中一级资本不少于4%。而新加坡对银行要求的一级资本充足率则是12%，远远高于国际通行标准。由于新加坡银行达到了金融管理当局的资本充足率，所以保证了银行业的稳定。为降低过高的一级资本充足率给银行带来的过高资本成本，新加坡金融管理当局于1998年12月降低了资本充足率的要求，资本充足率虽然仍必须在12%以上，但不必全部是一级资本，一级资本在10%以上即可，另外2%可以是二级资本。但就算如此，新加坡金融管理局制定的二级资本的定义远远严格于国际清算银行，新加坡银行业的稳定性得到了一如既往的保证。

三、新加坡银行监管对我国的启示

1. 注重对金融风险的防范，监管以风险为本

新加坡银行监管呈现出以风险为本的特点，即时时刻刻注重对金融风险的防范，从银行机构市场准入、业务营运、内部治理和信息披露等方面制订了比较完善的风险管理框架。在此基础上，合理配置监管资源，采取较为先进和科学的风险评级系统，有针对性地实施风险监管，定期对本地银行和外资银行进行风险评估，确认主要的风险领域及其发展趋势。这些措施有力地促进了银行业的稳健经营，为新加坡成为国际金融中心创造了良好的条件。

近年来，我国逐步加强了对银行业的风险监管，但由于我国银行业目前的风险较大，监管部门对风险管理的方法和能力远远不够，对风险的认识停留在表面上，没有建立起完善的风险管理框架，致使银行业的风险没能得到有效控制。因此，我们应在坚持严格审慎准则的基础上，对银行业进行持续性的动态风险监管。

2. 注重信息技术系统对银行监管的后台支持作用

新加坡金融管理局高度重视技术在金融监管工作中的运用，开发出了一套实用的监管网络，监管人员可以随时通过该网络获得各个银行的一般情况、风

险状况和每次对其检查的详细记录以及监管政策、操作手册等大量信息。正是该网络的有效运用，为新加坡金融管理局确定监管重点、合理配置监管资源提供了极大帮助。

我国综合性的监管信息系统在开发和运用上比较空缺。监管部门应着手建立监管信息资料库，并与统计局进行合作，同步共享信息。这样，不仅可以使监管人员明确监管对象的情况，还可以保障监管人员能够针对具体情况解决问题。

3. 重视监管质量内部控制，提高内审人员的专业标准

新加坡金融管理局制定了一整套现场、非现场检查操作手册，明确各类检查程序和方法，同时，对每次检查结果，银行署不同的监管部门会给予评价，提出具体修改意见，以提高监管水平。这些举措，保证了金融管理局的检查效率，规范了监管标准，提高了监管质量。

我国现场、非现场检查时虽拥有一些监管政策和标准，但并无相应的操作手册，执行起来标准不统一，难度不小，效果也欠佳。另外，由于我国银行部门不少内审人员缺乏相应的专业水准，致使评价工作流于形式。因此，我国应学习新加坡相关部门的经验，编写相应的操作手册，使监管作业程序化、标准化，使监管质量内部控制更富效率。

第五节　中国香港

一、香港银行监管体系发展历程

1. 香港银行监管的自由放任阶段

香港的银行业发展较早。1845 年东方银行作为香港第一家银行开业，其总行位于英国伦敦，并于 1851 年获取发行钞票的皇家特许权。1865 年 3 月，香港上海汇丰银行在香港注册成立，成为在本地注册的第一家商业银行，从此以后，香港的银行机构逐步增加，银行业务不断扩大。由于没有中央银行，香港政府对于银行业缺乏必要的监管，银行业经营环境十分宽松，因此也吸引了大量流动资本，加速了香港银行业的发展，香港银行业发展呈现出一派欣欣向荣的景象。在之后的近百年中，港英政府采取自由放任的政策，对于银行业几乎没有监管政策。政府对市场准入不设任何门槛，除了发行钞票必须获得许可之外，对银行从事何种业务不作任何限制。20 世纪 30 年代，美国爆发的经济危机致使多家银行发生挤兑、破产，这为香港银行业敲响了警钟，香港银行业开始意识到银行业的健康发展是需要有效监管的，因此香港银行业内部组建了自律性的监管组织。如成立于 1950 年的香港外汇银行公会的主要作用是统一银行业对客户的外汇买卖价格和有关外汇业务的各项收费及处理办法，这就是一个典型的银行业自律性组织，用以控制银行业的内部风险，促进银行业的健康发展。

2. 银行业监管制度的初步形成

二战后，香港金融市场迅速恢复了生机，由于香港政府缺乏专项法规来监管银行的创办，致使香港银行数目激增以及银行质量参差不齐。为了加强对银行业的监管，1948 年港英政府颁布实施了香港第一个《银行业条例》，该条例正式确立政府对银行的监管，政府的目的是保护储户利益，维护社会稳定发展。1964 年，港英政府在深入研究银行业监管制度之后通过了新的《银行业条例》，到 1967 年又根据 1965 年银行业危机中暴露出来的问题对《银行业条例》进行修订。

1983 年 7 月 1 日，香港正式实施金融三级制，此时港英政府对银行业的监管架构已初步形成，对已认可的金融机构的监管已从松散型朝密切型演变。1948 年《银行业条例》确立了银行业咨询委员会，1964 年《银行业条例》确立了银行监理处和银行监理专员，1976 年《接受存款公司条例》确立了接受存款公司监理处、接受存款公司监理专员和接受存款公司咨询委员会。同年，成立金融事务科，下辖接受存款公司监理处和银行监理处。1981 年政府修订了《接受存款公司条例》和《银行业条例》，将监管三级认可金融机构新的权力赋予两个监理专员。另外，政府还于 1981 年成立了根据 1980 年《香港银行公会法案》设立的香港银行公会，其前身是 1950 年成立的香港外汇银行公会。根据 1980 年的《香港银行公会法案》，香港银行公会是一个对银行系统的经营活动有约束力且所有挂牌银行必须参加的法团组织。

3. 回归前香港银行业监管制度

1984 年 12 月，中英两国政府发表了关于香港问题的联合声明，香港从此进入了回归前的过渡期。香港特别行政区保持国际金融中心地位的货币与金融政策目标在中英联合声明中得以确立，香港特别行政区也将保留原有的货币金融制度，包括对接受存款机构和金融市场的管理和监督制度。在此基础上，香港政府在过渡期内基本形成了一个完整的银行业监管架构。

80年代初的银行危机促使政府对《银行业条例》进行重大修订，合并了原有的《银行业条例》与《接受存款公司条例》，新条例于1986年实施。1988年9月，《巴塞尔协议》中关于资本充足率的规定被港英政府全面引用，香港银行业监管政策与国际开始逐步接轨，不得不说香港银行业执行率很高，次年的平均最低资本充足率就超过了《巴塞尔协议》的要求，达到了8.6%。1993年4月，香港金融管理局成立，银行监理处并入该局，最终形成了香港银行业的监管架构。

4. 回归后的香港银行业监管制度

1997年7月1日，香港顺利回归祖国，成为我国历史上第一个特别行政区，进入全新的历史发展阶段。提高香港作为国际金融中心的地位成为特区政府成立之初的一大工作重点，因此一个完善的审慎监管制度是必不可少的。特区政府颁布的《有效的银行监管主要原则》，是对原有银行业监管制度的延续与发展，在促进银行业的整体稳定发展上提供了制度依据。

1997年8月，香港特别行政区立法会通过修订版《银行业条例》，使市场风险资本制度具有了法定效力。为使香港的监管架构更加符合巴塞尔银行业监管委员会发布的《有效监管银行业的主要原则》，1999年香港特别行政区颁布了《银行业条例（修订）》。2001年，特区政府又对高级管理层的委任、认可机构的业务地点和利用互联网发放存款业务广告的监管制度做出了更新与强化；2002年对证券及期货条例做出相应修订，旨在完善对证券业的监管架构。

二、香港银行监管机构

1993年4月1日，香港金融管理局成立，由外汇基金管理局与银行业监理处合并而成。作为香港的中央银行机构以及中华人民共和国香港特别行政区政府辖下的独立部门，香港金融管理局直接向财政司司长负责，主要维护港元汇率稳定，负责香港的金融政策及银行、货币管理。

香港金融管理局是香港政府架构中负责维持货币及银行体系稳定的机构，其主要职能有四点：一是维持港元汇价稳定；二是透过稳健投资策略，管理外汇基金（即香港的官方储备）；三是促进香港银行体系稳健；四是发展香港金融市场基础设施，使货币畅顺流通。

香港金融管理局是香港特区政府架构的一个组成部分，但它可以按与公务员不同的机制聘请员工，以吸引具备适当经验和专门知识的人才。当然，香港金融管理局总裁及其员工仍为公职人员，助理总裁及其以上级别的高管人员由财政司司长委任。

三、香港银行监管的特点

1. 监管体系的独立性与有效性

香港金融监管体系和中国内地很相似，银行业、证券业和保险业均有专门的监管机构：银行业的监管主要由香港金融管理局负责，证券及期货事务监察委员会负责监管证券和期货业务，保险业务监理处负责保险业的管理。各监管机构的分业监管和明确分工是确保监管效率的基础。香港银行监管机构还顺应时代发展的潮流，加强了与其他监管机构以及国际合作与交流，从而形成了严密的监管体系，避免监管不足。

2. 银行业监管的自律性

由于特殊的历史和政治因素，香港形成了特殊的监管现象。除了在政府层面由金融管理局负责商业银行市场准入与退出的全过程监管外，还有民间自律组织——香港银行公会，香港所有的挂牌银行都必须加入这个组织。该组织在取得财政司同意后，可以制定包括普通收费协议、港元利率套利协议等银行业务规则，甚至还可以指令某一会员停止某项服务。

3. 银行业监管法律体系不断完善

一直以来，香港在银行监管法制化进程上都走在了前面。香港强调银行法制化管理，通过完善各种金融条例与法案制定出系统的行为准则。香港现有的金融监管法律法规条款比较细致，体系已经较为完整，银行监管的法律基础是《银行业条例》，它对商业银行市场准入、业务管理、风险防范、信息披露都作了详细规定。在数次经济危机中，香港银行监管法律体系中存在的漏洞与缺陷均暴露出来，但香港政府可以根据市场运行中出现的问题，及时改革和完善法律制度，使得香港银行监管法律体系在反复思索和论证中得到不断完善，形成了强有力的监管体系。

4. 积极、主动、灵活的监管方式

（1）香港金融管理局对监管对象的风险控制予与帮助。香港金融管理局为其监管对象提供了细致而具体的帮助。该机构详细列出评估、管理各类风险所应考虑的因素，并反映在监管手册中，其中一些因素如“稳健的风险管理制度应具备的元素”“稳健的信贷风险管理过程的主要元素”等既是香港金融管理局对监管对象的软性规定，也是认可机构在对自身风险的管理过程中很重要的参考依据，极大地方便了银行业对自身风险进行更科学、系统的管理和评估。

（2）香港金融管理局对银行业内部的风险评级持积极鼓励的态度。香港金融管理局鼓励银行积极开展内部风险评级。虽然香港金融管理局现阶段未给出指定标准，但是其鼓励银行业采纳能配合五级贷款分类制度的内部风险评级制度。银行业可以针对自身内部风险、结合自身业务量和业务性质，设计和完善内部风险评级制度，这样更加有效合理。

（3）香港金融管理局注重对监管对象健康发展的合理引导。香港金融管理局对银行业机构的监管是建立在对银行的制度评估和监督的基础上的。这种定位于制度监管的治本方式能够有效引导银行关注自身的制度建设，再加上香港金融管理局对银行风险管理系统和监督制度的支持鼓励态度，充分调动了银行业的积极性。

（4）香港金融管理局与监管对象高层的互动。香港金融管理局与银行业高级管理层每年都会进行审慎监管会议，不仅如此，香港金融管理局每年都会与董事局成员举行会议、与内外部审计公司举行三方联席会议。这些会议的长期举行，为香港金融管理局与银行业间的互动与沟通提供了畅通、开放的渠道。

在香港金融管理局与银行业的交流互动中，香港金融管理局可以获得对当前监管制度的实践反馈，找出现有制度的缺陷和不足，及时做出合理的改善。金融管理局还可以借此机会向银行业解释监管制度和政策上的疑问，释放监管重点方向。同时，银行业高级管理层也可以向香港金融管理局提出意见和建议，从实际出发的意见和建议对保持监管制度的有效性具有重要作用。

5. 细致科学的监管方法

（1）权责分明的细致规定及缜密监察的科学体系。香港金融管理局在多项监管科目上拥有细致的规定，比如在信贷管理上要求信贷的调查要多层次、全方位进行，个人和企业客户的信贷审查工作要由不同的部门负责。香港金融管理局不仅有着细致的规定，同时还会将这些监管举措形成书面文件，做到有据可查，由此构建缜密监察的科学体系。该体系不仅可以使监管当局的监管渗透到银行业运行的每一个环节，还可以令银行业不断完善自身的内部监管和风险控制。

（2）运用压力测试进行风险评估。压力测试是指将整个金融机构或资产组合置于某一特定的（主观想象的）极端市场情况下，然后测试该金融机构或资产组合在这些关键市场变量突变压力下的表现状况，看其能否经受住这种市场的突变。一般来说，包括评估金融机构的盈利、资本充足情况、流动性等方面所受的影响。2002 年香港金融管理局和银行业就已经在实际中定期进行压力测试了。银行业进行压力测试，就可以了解到在非正常环境即“压力”环境下，可能出现的损失和面对的风险，还可以了解自己的抗压能力，从而作好准备以应付这种情况，并根据自身缺陷进行改进。香港金融管理局在引入国际先进风险评估方法方面一直积极主动，这对香港银行业风险管理水平的总体提升起着关键作用。

四、香港银行监管模式对内地的启示

香港作为国际经济金融中心之一，其制度运作方面的经验对于正向市场化经济制度变迁的内地，具有一定的参考和借鉴作用。在分析香港银行业监管制度的特点时，应结合国内银行监管的实际情况，更好地吸收其成功经验，规避不足。

1. 加快配套法规建设，全面实施依法监管

《银行业监督管理法》的颁布实施，标志我国银行业监管的法律框架已经建立，但与之相配套的法律法规还十分缺乏，监管协调机制和银监会内部事权划分还有待确定，以前的不少规章制度急需清理、修改，不少法律条款还需要进一步细化。因此，当前内地的配套法规建设的任务还非常繁重。

2. 改进风险识别手段，尽快建立风险预警机制

风险监管的重点在于准确评估和预警银行风险，尽可能将各种监管关口前移，从源头上遏制银行风险苗头，从而有效防范风险的发生。为此，要尽快建立适合我国国情的风险评估系统，定期对银行机构的风险进行量化分析和连续动态的评估，进而确定哪些机构应当首先接受检查，哪些地区及其中的机构应重点检查，以便尽早发现问题并及时采取有效措施，实现由事后发现和化解风险向事前预警和预防风险转化，防患于未然。我国可以考虑各个银行机构之间联网，推行统一的信息采集系统，自动生成各类监管数据，并不定期进行抽查，确保监管信息的真实性。

3. 完善信息披露制度，规范信息披露标准

国际上，《新巴塞尔协议》已充分肯定了市场约束在分配资金和控制风险上的作用，将市场约束作为其三大支柱之一。市场约束的关键是要求银行机构对相关的信息进行充分披露。我国虽然已经制定了《商业银行信息披露指引》，但其要求还是较低层次的，与香港等地区的披露制度和我们银行自身风险管理的要求还有较大差距，亟待进一步完善。为此，建议尽快对《商业银行信息披露指引》进行修改，建立强制性的信息和风险披露制度，而不是一般的指引，要以法规形式明确银行经营信息和风险披露的内容和形式、信息披露的原则和标准以及信息披露的法律责任，逐步建立符合国际惯例又兼顾我国国情的银行业信息披露制度，造就更多的编外银行业监管者。

第六节　德　国

一、德国银行监管体制的形成与发展

1. 德国早期的银行监管制度

1838 年，普鲁士王国时期制定的《储蓄银行法》是德国银行监管制度的开始。1874 年，德国正式公布了《银行法》。19 世纪 70 年代初，统一的德意志帝国建立后，普鲁士银行改组为帝国银行，并在全国范围内统一使用金本位马克。第一次世界大战后，为防止资金外流，加强对银行业的监管，德国政府分别于 1916 年颁布《外汇条例》、1920 年颁布《资本逃避法》、1925 年颁布《银行经营证券与存款业务法》。1924 年颁布的新的《银行法》还明确规定帝国银行应该独立于政府，并取消政府向帝国银行借款的权力。

2. 二战后德国的银行监管体制

由于多种因素，德国在二战后分为东德、西德两个不同性质的国家。西德，也就是联邦德国，在逐步恢复经济过程中按照西方体系建立起银行监管制度，

直至1961年《银行法》通过后才有了统一的监管框架，建立了联邦银行业监管局。东德，也就是民主德国，实行高度集中的中央集权体制，监管体制也是集中统一模式，其银行监管的主体是国家银行。

3. 德国统一后的银行监管体制

随着1990年10月3日柏林墙的倒塌，东西德国统一成新的德国，其银行监管体制也在统一的潮流中不断改革和完善，逐步形成“混业经营，分业监管”的体制，监管机构主要有联邦监管局、德意志联邦银行、有价证券交易监管局、保险监管局等。

二、德国银行监管机构

德国实行的是“混业经营，分业监管”的金融监管体制。银行监管主要由联邦监管局和德意志联邦银行共同负责。

1. 联邦监管局

联邦监管局隶属于财政部，独立行使对银行的监管。其主要职责是：批准成立新的银行机构；对经营不善和违规经营的金融机构进行调查，并决定是否关闭这些金融机构；对金融机构从事有价证券业务进行审查，并颁发经营有价证券的许可证；制定商业银行活动规则，如资产负债比例等，并负责对整个银行体系的法律监督。联邦监管局局长由政府会同联邦银行同意后提名，由总统任命。

2. 德意志联邦银行

德意志联邦银行是德国的中央银行，也是欧洲中央银行系统的一部分。德意志联邦银行只有部分监管职责，其监管重点：一是将所获财务数据报送联邦监管局，并向联邦监管局提供业务咨询，但无权对商业银行采取具体行动；二是德意志联邦银行负责搜集银行大额贷款的信息并与联邦监管局共享，以监测大额贷款的风险集中度；三是通过让各商业银行定期报送各类日常报表的形式对银行资产的流动性进行监管。

三、德国银行监管的特点

1. 全能银行制度下的强有力银行监管

德国的全能银行制度是适应其文化传统和经济环境而建立起来的，对德国的经济进步和社会发展起到了巨大的作用。在全能银行制度下，德国不断加强银行监管的力度，出台了一系列紧急法令，引入对银行的官方监督系统，又引入了对从事存款和证券、信托业务的银行发放许可证的制度及要求它们定期报告财务状况的制度等，进一步完善和规范了全能银行制度，维持了德国银行体系的稳定。

2. 在严格监管的同时，提倡和鼓励竞争，并逐步扩大自由化的范围

德国的金融法规严谨周密，体现了德国人一向严谨、认真的作风，但仍保持着适度弹性而不至于僵化。在注重安全性和流动性的同时，也注重提高银行经营的效率与活力。相对来说，德国的金融监管制度比美国、日本等国宽松，对银行所能经营的业务种类和范围及投资和持股的限制较少。例如，1967 年德国取消了利率限制，在外国银行设立分支机构方面逐步放松条件，这使得外国银行进入德国金融市场的数量日益增多，银行业的国际化水平不断增强。

3. 监管法律体系完善

德国金融监管的法律体系是以德国《基本法》《商法》《民法》为依据，以《金融法》《联邦银行法》为核心，以《抵押银行法》《联邦保险法》《投资银行法》《证券交易法》《信贷法》《提高公司业务透明度法》《防止内幕交易法》《公司法》《证券账户管理法》《破产法》等系列监管法律为基础，结合欧盟对成员国银行统一的监管法律以及《巴塞尔银行监管委员会有效银行监管的核心原则》等，构成德国金融监管的法律体系，并且不断对其加以充实和完善。其整个法律体系有依据，有核心，有具体可执行条款，法律法规之间有内在有机联系，环环相扣，可执行性极强，这也反映出德国人严谨细致、认真踏实的民族性格。联邦监管局的地位及职责由《联邦银行法》《信贷法》等 40 余部法律赋予就是一个很好的例子。总体看来，德国法律规定，联邦监管局有权对包括银行、金融服务机构、保险公司等所有金融机构进行监管，并且可以依法对被监管对象进行处罚。

4. 分类管理、区别对待的监管机制

德国作为欧洲最发达的国家之一，许多外国银行都在德国设有分支机构。对于外国银行金融机构的监管，德国实行国民待遇原则，但也分为宽松、较松、很严三类。一般来说，对欧盟国家的银行实行宽松的监管。因为欧盟有统一的银行监管法律，对这些国家在德国的银行机构的监管可以等同于对德国本国的银行机构的监管，除一些非常有限的业务以外，其他主要由本国负责监管。较松的监管主要针对美、日等国在德国的银行机构，德国金融监管部门仅需按照与这些国家签订过的有关合同和协议来进行监管，甚至还可享有某些优惠政策。对欧盟以外的其他国家的银行机构，德国对其实行严格的监管。

5. 监管内容明确有序、重点突出

德国联邦监管局监管的目标明确，其主要目的是要保证银行具备正常支付能力，维持银行系统的正常运行，防范银行机构的债权人及其他利益相关者可能遇到的损失，减少甚至消除德国银行业的不良运作对本国经济的潜在危害。从监管内容上来说，德国银行监管的内容全面，明确有序，具体包括市场准入监管、资本充足性监管、清偿能力监管、贷款集中程度监管、银行检查和审计、存款保险管理、银行风险出现时的处置措施等。总体而言，这些监管内容可以归纳为三个方面，一是对商业银行准入的监管，二是对资本和偿付能力的监管，三是对存款保险制度的监管。

四、德国银行监管模式对我国的启示

1. 央行和银监会之间应形成一种长效互补的监管机制

德国银行业的监管强调央行和联邦金融监督管理局各司其职，协调分工，双方在议会签订的协议中列明了各自在日常监管活动中的角色。根据协议，在持续进行的监测过程中，联邦银行的职责主要包括评价金融机构提交的年度决算和审计报告，并负责银行业务操作的定期审计；而联邦金融监督局作为联邦银行监管办事处的继承人，负责整体性措施的实施工作。

在我国分业监管的体系下，央行对经济环境更容易形成总体把握，从而对银行业的发展方向更易于从宏观上进行定位，银监会则负责对银行的具体微观监管。如果央行和银监会之间能形成一种长效互补且互通信息的监管机制，更会有利于商业银行各项业务的开展，提高我国银行业在世界范围内的竞争力。另外，我国监管机构为减小监管压力并规避自身风险，会倾向于控制被监管机构的风险和经营行为，对业内新产品和新业务的开发采取抵制态度，这可能阻碍商业银行创新活动的发展。因此，针对银行风险的不同状况，监管部门应对不同机构采取“一行一策”的监管措施，实施分类管理和差别监管，以降低监管成本，提高监管效率。

2. 注重社会力量的监督，引导社会机构参与对金融业的监管

德国金融业有较强的外部监管力量，既有来自于政府部门的监管，也有来自社会的监督。德国的金融机构每年必须接受社会审计机构的审计，审计报告可直接作为联邦金融监管局评价金融机构的重要依据，这决定了社会审计在德国金融监管中扮演着重要角色。

而在我国，监管工作一直处于一种非完全透明状态，不仅监管成本高，监管效果也不太好。《银行业监督管理法》和《行政许可法》颁布后，对增加监管透明度的要求更高。增加监管透明度不仅是依法监管的需要，也是搞好金融服务、提高监管效率、加强对监管者“再监管”的需要。为此，在制定制度、政策前要建立征询制度，广泛征求监管对象和公众的意见，使政策的出台尽量符合银行业发展实际，减少制度的推行成本。近几年，尽管社会审计机构尝试进入金融领域，但是与政府监管部门和审计机关的沟通渠道还不畅通，相互之间的合作也刚刚起步，还没有成为我国金融监管体系的重要组成部分。因此，建议在加强管理、提高信用的前提下，将我国社会审计力量分阶段、有步骤地引入金融审计领域，把社会审计机构的参与作为加强对金融监管的有益补充，以增强我国金融领域的审计力度，提高监管效率。

3. 财政部门应适度参与国有银行管理，维护国有金融资产的完整

从德国情况看，地方财政部门也参与一些银行的投资，甚至控股部分银行。而这并没有影响德国的金融监管架构，联邦金融监管局仍然是所有金融机构业务上的主管部门，财政部门仅从投资者的角度，通过派出股东代表或董事参与金融机构的管理，或直接以出资人的身份参与管理。

从银行的资本构成看，目前我国绝大多数银行由财政部门直接投入资金，属于国有或国有控股性质。因此，无论是维持分业监管模式还是采取统一监管模式，各级财政部门都可以借鉴德国经验，以主要投资者的身份，向国有及国有控股银行派出股东代表或董事，参与金融企业的管理，在股东大会或董事会等公司治理机构中充分发挥作用。各级财政部门应在进一步理顺与金融企业投资关系的前提下，按照现代企业公司治理结构的要求，适时适度参与国有及国有控股金融企业的管理，以维护金融国有资本的安全和完整，实现金融国有资产的保值增值。

第六章

我国银行业转轨期的研究与分析

改革开放以来，中国经济、政治和社会发展发生了翻天覆地的变化，三大产业经济总量增加，人民生活水平提高，国家财政支持经济改革力度不断增强，中国取得举世瞩目的建设成就。在经济发展和政策支持的推动下，金融业尤其是银行业开始了加快改革建设的步伐。中国建立了比较完整的银行业发展体系，对我国经济增长和人民生活水平提高发挥了巨大的支持作用。与此同时，中国的银行业监管也取得很大进步，监管机构不断发展，监管法律日益完善，监管手段和方式更加多样化。但是，在当前经济转轨时期的经济结构调整、经济下行、政府职能转变、社会信用体系不健全等环境下，以及利率市场化、人民币国际化的趋势下，银行业发展和银行业监管面临诸多问题和挑战。

第一节　银行业监管的环境分析

一、银行业监管的经济环境分析

1. 经济环境分析

我国改革以经济体制改革为主线，目标是建立社会主义市场经济体制。在随后几年中，围绕这一目标，国家逐步建立配套措施，推动财税、金融、外汇等改革[①]。随着改革效应的逐渐显现，我国的经济环境也在发生变化。

① 李晓西主编：《中国经济改革30年丛书——市场化进程卷》，重庆大学出版社2008年版。

（1）经济持续发展。

第一，GDP 增长。改革开放解放和发展了社会生产力，打破了束缚经济建设的各种体制障碍，中国摆脱了贫穷落后的局面，综合国力大幅提高，人民生活达到初步小康水平。从经济总量看，按照当年价格计算，从 1978 ~ 2013 年，中国国内生产总值从 3645. 2 亿元稳步增加到 56. 89 万亿元。在 2010 年第二季度，中国 GDP 总量为 1. 3 万亿美元，首次超过 GDP 总量 1. 28 万亿美元的日本，一跃成为世界第二大经济体。人均国内生产总值从 1978 年的 381 元增加到 2012 年末的 38420 元。从经济增长率看，1978 ~ 2013 年间，虽然经济增长率有不同幅度的震荡波动，但总体上保持高速增长的发展趋势，远超世界平均水平（见图 6. 1）。总体来看，经济的稳定增长为金融业尤其银行业发展营造了良好的环境。

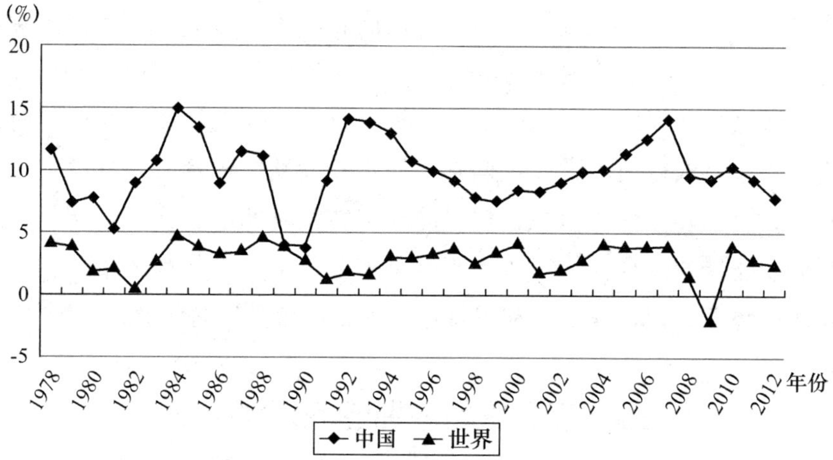

图 6. 1　1978 ~ 2012 年中国和世界 GDP 增长率对比

资料来源：世界银行：http：//databank. worldbank. org/data/home. aspx。

第二，产业结构调整。经济的快速发展伴随着产业结构改善。改革开放以来中国的产业结构发生了较大变化，符合产业结构演变的一般规律。从总量发展趋势看，第一产业从 1978 年的 1027. 5 亿元上升至 2012 年末的 52373. 6 亿元，第二产业从 1745. 2 上升至 235162 亿元，第三产业从 872. 5 亿元增加至 231406. 5 亿元。从结构来看，三大产业之间的比例关系有明显的变动。第一产业在 GDP 中的占比呈现下降趋势，从 80 年代初的 30% 下降至 2012 年末的 10%；第二产业的比重呈现波动震荡，但一直稳定在 40% ~ 50% 之间；第三产业占 GDP 的比重不断上升，从 1978 年的 23.94% 上升至 2012 年的 44.59%（见图 6.2）。从对经济发展的贡献率[①]来看，截至 2012 年末，第三产业对经济的贡献率增加至 45.6，比第二产业的 48.7 低 2.9 个百分点，发展为经济增长的重要动力。

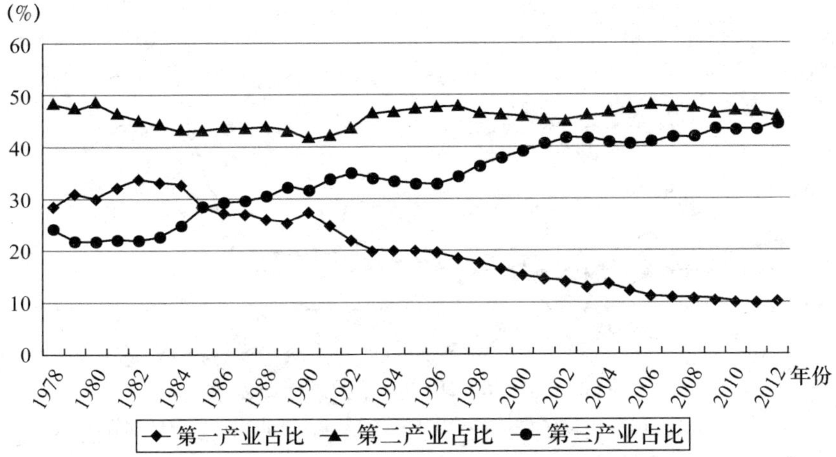

图 6.2　1978～2012 年三次产业占比

资料来源：根据 1978～2012 年《中国统计年鉴》整理。

在第三产业比重增加的同时，其内部结构也发生变化。传统的交通运输、邮电通信、批发和零售贸易、餐饮等占主导地位，但金融、教育、计算机服务和软件业等发展较快，推动着结构转换和升级[②]。第三产业在吸纳就业、增加居民收入、推动经济发展、完善社会主义市场经济体制方面发挥着不可替代的作用。

第三，对外贸易增长，外汇储备增加。十一届三中全会后，随着社会主义市场经济体制的逐渐确立，政府改革了经济调控方式。随着人民币汇率改革，人民币完成在经常项目下的可自由兑换，以及国家各种支持外贸的配套政策出台，对外贸易的规模和体系逐渐完善。从进出口总额方面看，在改革开放尤其是加入世界贸易组织后，中国进出口总额大大增加，进出口总额从 1978 年的 206.4 亿美元增长到 2012 年末的 41600 亿美元，首次突破 4 万亿关口，增长 200

① 三次产业贡献率指各产业增加值增量与 GDP 增量之比。

② 夏杰长："中国服务业三十年：发展历程、经验总结与改革措施"，载于《首都经济贸易大学学报》2008 年第 6 期。

倍。其中，出口额从97.5亿美元增加至22100亿美元，增加近227倍，进口额从108.9亿美元增加至19500，增幅近179倍。1978～2013年中国进出口差额见图6.3所示。

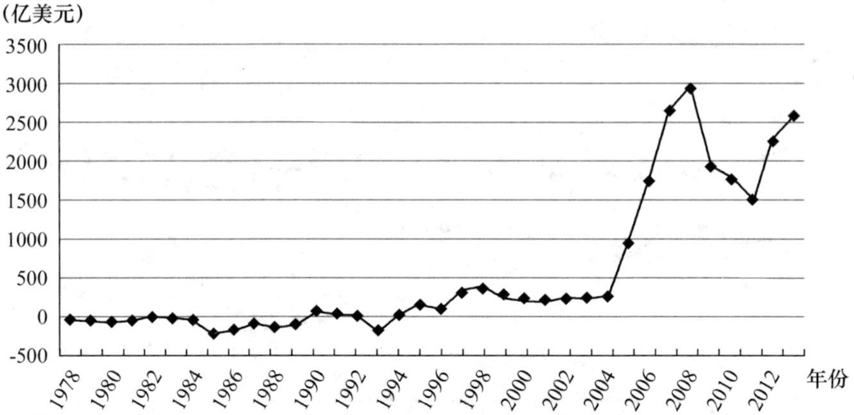

图6.3　1978～2013年中国进出口差额

资料来源：中国统计局官方网站；国新办2013年全年进出口情况新闻发布会。

改革开放以来，中国对外贸易依存度①呈现波动上升趋势，由1978年的不到10%上升至2012年的47%，在2006年高达65%（见图6.4）。由于金融危机的影响，出口低迷，依存度下降，但总体来看仍保持了较高的依存度。对外贸易依存度的提高，说明中国对国际市场的依赖和紧密程度加深。

随着改革开放不断深入和经济实力的增强，以及出口拉动GDP的政策导向，中国的外汇储备从无到有，并保持了快速发展势头。1978年中国的外汇储备只有1.78亿美元，截至2013年末，中国外汇储备余额为38213.15亿美元，再创历史新高，比2012年末增长5097亿美元，继续保持全球外汇储备第一大国的地位。

（2）人民生活水平不断提高。

第一，居民收入增加，消费结构改善，储蓄存款余额提高。改革开放不仅

① 对外贸易依存度反映一国经济通过对外贸易与整个世界经济发生联系的程度，是经济开放度的主要指标之一。对外贸易依存度越高，说明世界经济对国内经济的影响越大。在实践中，常用的贸易依存度指标主要有：商品贸易依存度（商品贸易总额/GDP）、贸易依存度（商品与服务贸易总额/GDP）、出口依存度（出口总额/GDP）、进口依存度（进口总额/GDP）、商品出口依存度（商品出口总额/GDP）（张智革、吴薇："中国对外贸易依存度的动态分析"，载于《国际经贸探索》2011年第10期）。本文使用进出口贸易总额与GDP之比。

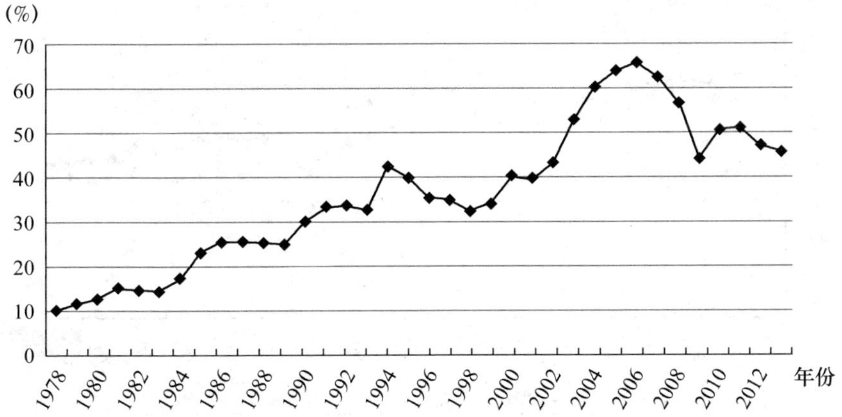

图 6.4　1978～2013 年中国对外贸易依存度

资料来源：中国统计局官方网站；国新办 2013 年全年进出口情况新闻发布会，http：//www. scio. gov. cn/xwfbh/xwbfbh/wqfbh/2014/20140110/sp30125/Document/1359078/1359078. htm。

使中国的经济实力和综合国力不断增强，也使人民收入水平得到实质性提高。根据国家统计局数据计算，1978～2012 年城镇居民家庭人均可支配收入增长 78 倍，达到 26955 元，农村居民家庭人均纯收入增长 66 倍，为 8896 元。收入的增加带来了消费结构的明显优化升级。从恩格尔系数[①]可以看出，食物消费占总消费的比重不断下降，而属于高层次的住、行、服务各类消费比重增加。城镇居民家庭恩格尔系数从 1978 年的 57. 5 下降至 2013 年的 36. 2，农村从 67. 7 下降至 39. 3（见图 6. 5）。总体来看，城乡居民生活告别温饱时代，整体生活明显改善。

随着收入增加，城乡居民拥有的财富呈现快速增长趋势。2012 年，中国居民储蓄余额高达 39. 9551 万亿元。2013 年 8 月，中国居民储蓄余额已经超过 40 万亿元（见图 6. 6）。目前，我国已成为全球储蓄金额最多的国家。中国家庭储蓄率与 GDP 之比相对比较稳定，同时较高的储蓄率为投资建设提供了重要的资金来源，也保证了金融机构尤其银行业的稳定性。

第二，城镇化率提高。改革开放 30 多年来，中国逐渐打破城乡二元制的结构，通过户籍制度改革引导农民有序进入城镇务工等形式转移农村劳动力，城镇化经历了从建设小城镇到发展大城市，再到大、中、小城市与小城镇协调发

① 恩格尔系数：根据恩格尔定律得出的比例数，是表示生活水平高低的一个指标。其计算公式是：恩格尔系数 = 食物支出金额 ÷ 总支出金额。

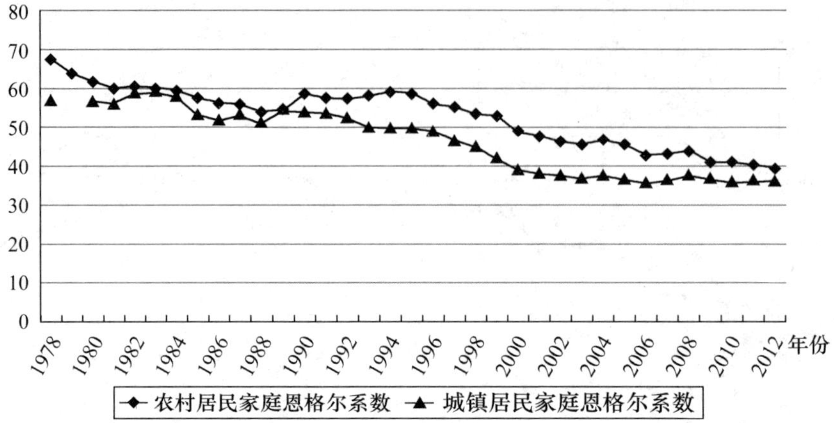

图 6.5　1978～2013 年中国居民家庭人均可支配收入和恩格尔系数

资料来源：根据《中国统计年鉴 2013》和国家统计局《2013 年国民经济和社会发展统计公报》整理。

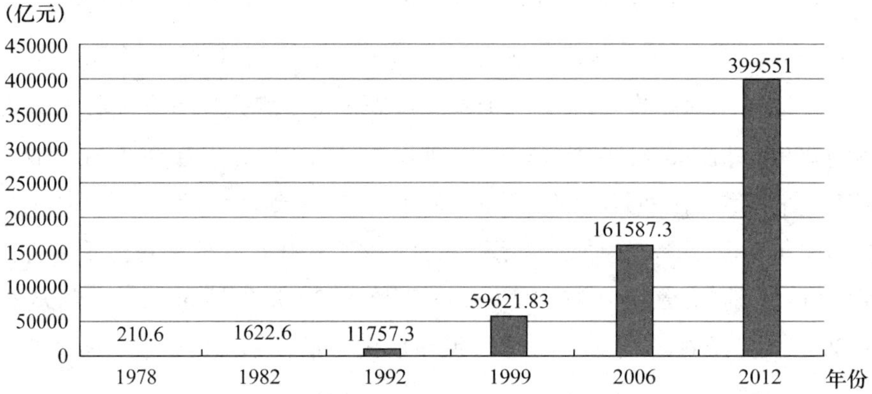

图 6.6　1978～2012 城乡居民人民币储蓄余额

资料来源：根据国家统计局官方网站数据整理。

展的一系列变化。1978 年中国城镇化率为 17.55%，低于世界平均水平 20 多个百分点，到 2012 年，中国城镇化率为 51.27%，仅低于世界 1.28 个百分点，中国与世界城镇化水平之间的差距不断缩小。2013 年，十八届三中全会提出加快推进新型城镇化建设，更好地发挥城镇化对创造就业机会、提升产业结构、推动经济增长的重要作用。

城镇化连接着城镇和农村、工业和服务业、投资和消费，它对金融服务提出更新更高的需求，为银行业发展带来新的机遇和挑战。新型城镇化促进大、中、小城市与小城镇协调发展，将带来中小城镇更多的资金需求。而农村生产方式的转变将吸纳更多劳动力和新型产业，也会带来更多的银行信贷需求。

（3）财政支持金融发展改革。

国家财政积极稳妥地推动金融机构改革，提高金融机构竞争力，通过财政会计制度改革、税收优惠、财政补贴等方式，为金融发展创造良好的环境。从会计制度看，财政部先后建立了以成本管理为核心内容的金融保险企业财务会计制度，“两则两制”（《企业会计准则》《企业财务通则》）以及分行业的企业财务制度，并建立了与国际接轨的财务报告制度，对金融机构经营管理和稳定发展发挥了重要作用。在金融税制方面，不断调整金融业税负，实行有差别的税率制度，对农村金融实施税收优惠，促进金融业发展。

以银行业为例，在 2008 年，国家将所得税率从 33% 下降到 25%，为银行业贡献了 15% 左右的净利率增速，缓解了经济下行周期中拨备回升和资金回流给银行带来的压力。根据测算，每降低营业税率 1%，能够为上市银行带来 2% 以上的净利润拉动幅度。根据交银国际研究报告显示，税率每下降 1%，相当于增加上市银行净利差 3. 7 ~5. 9 个基点。

表 6. 1　　历年来金融业营业税和所得税税制调整

发布时间	事　件	税制调整
1993 年 12 月 13 日	国务院发布《中华人民共和国营业税暂行条例》	金融保险业的营业税税率为 5%
1994 年 7 月 7 日	财政部、国家税务总局下发了《关于金融保险企业有关所得税问题的通知》（财税字［1994］027 号）	自 1994 年 1 月 1 日起的“八五”后两年内，中国工商银行等 9 家金融企业的企业所得税税率为 55%，其他金融保险企业的企业所得税税率为 33%
1997 年 2 月 19 日	国务院下发《关于调整金融保险业税收政策有关问题的通知》（国发［1997］第 5 号）	修订《中华人民共和国营业税暂行条例》中有关金融保险业营业税税率的规定，将金融保险业营业税税率由现行的 5% 提高到 8% 对农村信用社营业税，在 1997 年 12 月 31 日前减按 5% 征收，仍作为地方财政收入；自 1998 年 1 月 1 日起恢复按 8% 的税率征收 规范金融、保险企业的所得税税率，对目前执行 55% 所得税税率的金融、保险企业，其所得税率统一降为 33%。金融、保险企业所得税的预算级次不变

续表

发布时间	事　件	税制调整
2001 年 3 月 7 日	财政部、国家税务总局下发《关于降低金融保险业营业税税率的通知》（财税字［2001］21 号）	从 2001 年起，金融保险业营业税税率每年下调一个百分点，分三年将金融保险业的营业税税率从 8% 降低到 5%。即：从 2001 年 1 月 1 日至 12 月 31 日，金融保险业营业税税率为 7%；从 2002 年 1 月 1 日至 12 月 31 日，金融保险业营业税税率为 6%；从 2003 年 1 月 1 日起，金融保险业的营业税税率降为 5%
2007 年 3 月 16 日	《中华人民共和国企业所得税法》	第一章总则第四条：企业所得税税率为 25%

资料来源：根据国家税务总局官方网站、中国政府网站数据整理。

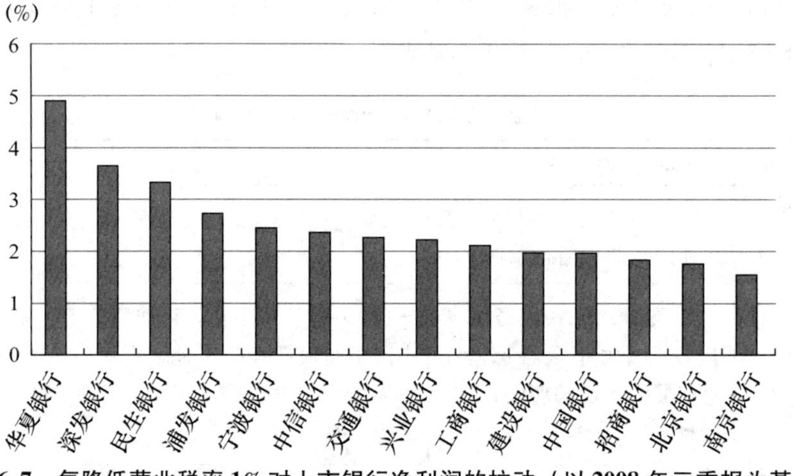

图 6.7　每降低营业税率 1% 对上市银行净利润的拉动（以 2008 年三季报为基础）

资料来源：兴业证券研究报告。

根据国家发展规划，财政部加大对农村金融机构的补贴支持力度，实行涉农贷款增量奖励，对新型农村金融机构给予费用补贴。据财政部公布的数据，2009 年以来中央财政不断加大定向费用补贴政策力度，五年间中央财政分别拨付资金 4189 万元、2. 19 亿元、10. 32 亿元、23. 27 亿元和 41. 05 亿元，累计向 3785 家农村金融机构（含薄弱地区金融机构）拨付补贴资金 77. 26 亿元。财政补贴和各项配套措施的完善，促进农村和银行良性互动，推动农村中小企业发展，使农村金融机构更有力地为县域经济提供服务。

（4）政府职能转变：从管理到服务。随着改革开放不断深入，计划经济逐渐向社会主义市场经济过度，经济领域的改革逐渐扩展到政治领域。

1978～2000 年：改革主要围绕政府和市场、企业的关系展开，减少指令性计划范围，赋予地方政府和企业更多自主权。1978 年十一届三中全会提出，充分发挥中央部门、地方、企业和劳动者的主动性、积极性和创造性。1982 年和 1983 年利税改革，打破了政府统收统支的局面，扩大了企业利润留成。1984 年进一步提出，按照“政企职责分开，简政放权”的原则对政府进行改革，正确发挥政府机构管理经济的职能。1992 年政府明确提出改革的目标是建立社会主义市场经济体制，主要有：建立现代企业制度，实现企业投资主体多元化；以机构改革带动政府职能转变；通过财政、金融和外汇等管理制度的改革为政府职能转变奠定基础，进一步理顺中央和地方事权及财权关系。

2001 年至今：改革由浅入深，从经济向文化、社会等多方面展开。中国加入世贸组织后，建立社会主义市场经济和世界经济一体化的发展趋势使得政府进一步明确职能定位。2006 年“十一五”规划纲要指出，加快建设服务政府、责任政府和法治政府。政府从基本国情出发，按照积极稳妥的原则推进改革，重点在于机构改革和国有企业改革，政府继续推动建立适应市场经济要求的企业机制，健全市场运行规则和机制，完善所有制结构和收入分配制度，建立社会保障体系，综合运用经济、法律和行政手段调控经济。

总之，改革开放以来，政府改革取得明显成效，政府职能逐渐转变，组织机构优化，工作效率得到提高。不过，政府改革仍有发展的空间，未来宜继续推动政府改革，提供更好的公共服务，更好地适应社会主义市场经济发展。

（5）中国国际地位提高。中国的经济总量不断增长，竞争力明显增强，在贸易、金融、投资领域等全面对外开放，综合国力有了显著提高。

第一，国际竞争力明显增强。2013 年世界经济论坛（WEF）公布的《2013－2014 全球竞争力报告》① 显示，中国排名第 29 位，过去五年一直保持在前 30 位，领先于其他金砖四国（南非，53；巴西，56；印度，60；俄罗斯，64）。该报告认为，中国的宏观经济环境向好（第 10 位），通胀水平从 2012 年的 5.4%

---

① 《全球竞争力报告》的竞争力排名依据是“全球竞争力指数”（GCI），该指数由世界经济论坛在 2004 年推出，从 12 个方面衡量一国综合竞争力状况，即采用 12 个衡量指标，分别为制度、创新、宏观经济环境、医疗卫生和基础教育、高等教育与培训、商品市场效率、劳动力市场效率、金融市场发展水平、技术就绪度、市场规模、商业成熟度及创新。

下降到2013年的3%以下，而且中国的预算赤字比较温和，公共债务占GDP的比例为22.9%，是全世界最低之一，法制建设和创新能力有所加强。

瑞士洛桑国际管理学院（International Institute for Management Development, IMD）公布的《世界竞争力年鉴（WCY）》，通过对全球60个经济体的经济、政治、社会建设进行统计排名后，按照经济绩效、政府效能、商业效率和基础设施4个基本类别，涵盖14个一级指标综合评价。2010年，IMD加入“债务压力测试”，判断国家债务水平。年鉴显示，加入世贸组织后，中国竞争力排名大致呈震荡上升趋势，近五年来一直在20名左右波动，2013年中国竞争力排名第21名，比2002年上升20名。分项来看，中国的经济表现尤为突出，连续四年排名第3位，商业效率和基础设施建设也得到改善。

第二，进入世界500强的企业数大幅增加。据美国《财富》杂志统计，中国大陆进入世界500强①的企业数量从1996年的2家增加到2013年的89家，名列全球第二，中国企业数量占榜单19%。从行业看，2013年中国9家银行进入世界500强企业，分别是中国工商银行（排名29）、中国建设银行（50）、中国农业银行（64）、中国银行（70）、交通银行（243）、民生银行（411）、招商银行（412）、兴业银行（428）和浦发银行（460）。

总体来看，改革开放后，国民经济持续平稳较快增长，社会蓬勃发展，人民生活水平提高，中国在国际经济中的实力增强，与全球的联系日益紧密，为金融业改革发展提供了良好的经济和社会环境。

（6）转轨时期的经济问题。

第一，经济增长面临下行压力。当前，经济增长面临进一步下行压力，中国经济延续进一步放缓趋势。政府投资对经济拉动放缓，政府固定资产投资持续回落。由于房地产行业走软，固定资产投资进一步回落；工业增加值增长率从2008年的15%下降至2014年的8.7%，尤其在2010年后呈现连续下降趋势，传统工业面临产能过剩的压力；出口企业已经逐渐企稳，但很难恢复10%以上的增速。过去依靠廉价劳动力等比较优势吸引外资，依靠消耗能源换取高速发展等方式无法再支持经济发展。

---

① 排行榜按照截止日不晚于2013年3月31日的财务年度的营业收入（折算为美元）对公司进行排名。

经济下行给银行业带来严峻挑战。政府主导的“信贷——投资——经济增长”正反馈扩张机制是经济增长的基本动力，但同时也导致银行业资产快速扩张。在经济转型下，这种扩张机制逐步弱化。政府固定资产投资规模增速下降，致使银行扩张和发展速度放缓。

第二，产业结构面临调整与升级。进入21世纪以后，中国经济增速创下世界奇迹，但原有的粗放型经济发展方式造成生态和环境的严重恶化。资源供给制约，生态环境恶化，降低了人们的生活质量，不少地区政府有很强的投资和发展冲动，热衷于扩大经济规模，盲目发展高耗能、高污染项目，对环境资源保护力度不够。2008年金融危机爆发后，政府迅速出台4万亿元投资计划、十大产业振兴计划，各大商业银行增加企业贷款，直接和间接地扩大投资。2009年固定资产投资迅速增长，成为经济发展的主要推动力，但部分行业也出现重复建设和产能过剩、银行不良资产潜在风险增大等问题。

2013年11月中国工程院院士陆佑楣在2013年能源峰会上指出，2012年我国一次能源消费量36.2亿吨标准煤，消耗全世界20%的能源，单位GDP能耗是世界平均水平的2.5倍，美国的3.3倍，日本的7倍，同时高于巴西、墨西哥等发展中国家。中国每消耗1吨标准煤的能源仅创造14000元人民币GDP，而全球平均水平是25000元GDP。高消耗、高排放的重化工业化发展模式加重了资源与环境负担，与建设可持续发展的和谐社会难以协调。

产业结构对银行业业务提出严峻挑战。目前，占银行信贷结构比重较大的基础建设和投资项目逐渐走弱，在传统产业调整过程中，可能引发银行较大比例的不良贷款。能否根据经济结构和行业特征调整业务方向和风险控制技术是银行业面临的重要问题。

第三，城乡二元制结构仍然存在，贫富收入差距大，金融服务现状和需求不对称。根据国家统计局公布的数据，2003~2013年我国基尼系数①均高于国际警戒线0.4，表明我国社会财富分配不平等，贫富差距过大。从城乡收入来看，近十年城乡收入差距在2007年、2009年达到3.33后在2013年回落至3.03（见图6.8）。这表明，中国加快收入分配改革、缩小收入差距的任务仍具有紧迫性。

---

① 基尼系数是经济学中用于衡量居民收入差距的常用指标，基尼指数在0和1之间，数值越低，表明财富在社会成员之间的分配越均匀。国际上通常把0.4作为收入分配差距的“警戒线”。根据世界银行数据，2010年全球基尼系数平均为0.44。

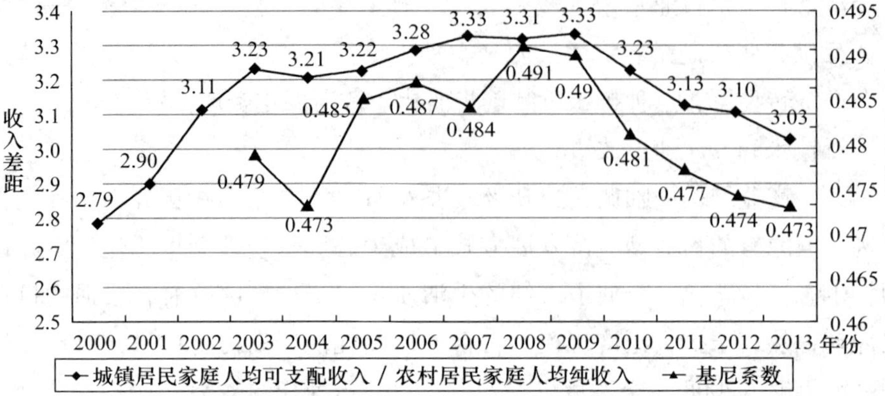

图 6.8　2003～2013 年中国城乡收入差距和基尼系数

资料来源：根据国家统计局公布的信息数据计算。

农村地区存在广泛的金融服务需求，我国目前大型商业银行开展农村金融业务的内生动力不足，农村中小金融机构发展尚处于起步阶段，未来是否发展更具包容性的农村金融服务体系，优化金融资源配置，真正发挥出农村金融对于农村经济发展的促进作用，是银行面临的重要问题。

总体来看，当前中国经济形势复杂多变，既有新动力因素，也有下行不利因素。银行业发展内外环境发生很大变化，对银行发展提出了层层考验。

（7）经济建设目标和金融领域进一步改革方向。

2013 年十八届三中全会公报指出，“经济体制改革是全面深化改革的重点，核心问题是处理好政府和市场的关系，使市场在资源配置中起决定性作用和更好发挥政府作用。”“要建立公平、开放、透明的市场规则，完善主要由市场决定价格的机制，建立城乡统一的建设用地市场，完善金融市场体系，深化科技体制改革。”报告从全局上阐明经济改革的方向，对金融改革提出了新要求，并提出放宽金融等服务领域外资准入限制，强化金融监管。

2014 年政府工作报告提出，大力推进经济建设，在金融领域“加强金融监管和流动性管理，保持金融稳健运行”，“深化金融体制改革”；通过改革利率市场化，推进民间资本进入；建立存款保险制度，发展普惠金融；健全法律体系，完善金融监管等措施，让金融更好地服务实体经济。

30 多年的经济建设和国家发展表明，改革开放是中国增强经济实力、提高综合国力的必然选择，“是中国特色社会主义发展前进的成功之路”，经济的发展为银行业发展营造了良好的外部环境。但是，面临经济转型，中国改革进入深水区，经济增长变化、经济结构调整、城乡差距等问题对银行业发展带来挑战。新时期国家提出的经济建设规划为金融和银行业发展提出了新要求和发展方向。

2. 银行业发展现状推动银行监管改革

改革开放30多年来，中国的银行业数量和从业人员显著增加，组织体系更加健全，风险防范水平提高，经营体制逐渐完善，发挥着重要的金融服务功能。

（1）银行数量和从业人员增加，组织体系更加健全。经过近十年的改革发展，目前我国已经建立了比较完善的银行机构体系，机构种类、数量和从业人员大幅增加，农村中小金融机构逐渐发展，为经济建设发挥了重要作用。截至2012年末，银行业金融机构法人共计3747家，从业人员336多万人。其中，城市信用社和城市合作银行逐渐改制为城市商业银行，更好地发挥服务当地的作用。

表6.2　　2012年银行业金融机构法人机构和从业人员情况表

机　构	从业人员数（人）	法人机构数（家）
大型商业银行	1665973	5
政策性银行及国家开发银行	62231	3
股份制商业银行	315585	12
城市商业银行	259261	144
农村信用社	502829	1927
农村商业银行	220042	337
农村合作银行	55822	147
企业集团财务公司	7571	150
信托公司	11710	67
金融租赁公司	1855	20
汽车金融公司	4477	16
货币经纪公司	447	5
消费金融公司	716	4
新型农村金融机构和邮储银行	200769	864
资产管理公司	8240	4
外资金融机构	44560	42
银行业金融机构合计	3362088	3747

资料来源：根据银监会2012年报数据整理。

（2）商业银行人民币贷款在社会融资活动中占据主导地位，但占比下降。人民币贷款仍然是实体经济的主要融资工具，但是金融体系的其他融资方式已经开始发挥作用。2002 年社会融资规模①总量是 15.76 万亿元，人民币贷款占比 91.86%；到 2013 年末达到 17.29 万亿元，比 2012 年增加 6879 亿元；2013 年末人民币贷款占比连续下降至 51.43%，比 2012 年低 0.6 个百分点（见图 6.9）。2013 年末金融机构表外业务（包括委托贷款、信托贷款和未贴现银行承兑汇票）贷款占社会融资规模的 29.95%，比 2012 年高 7 个百分点。其中，委托贷款和信托贷款分别增加至 2.55 万亿元和 1.84 万亿元，达到年度历史最高水平。

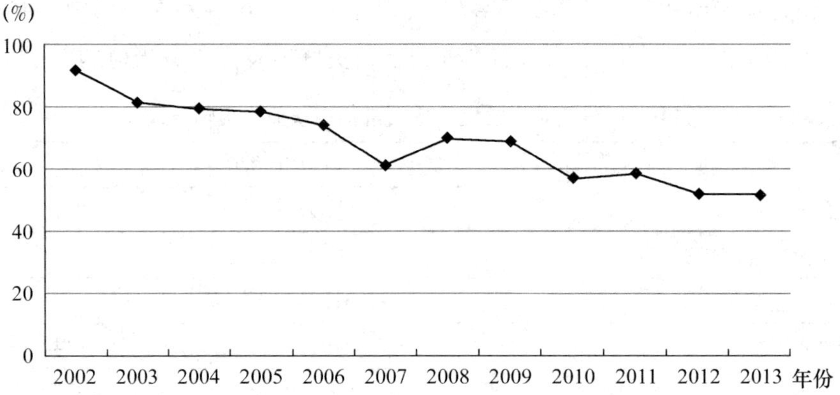

图 6.9　2002～2013 年我国社会融资人民币贷款占比

资料来源：根据中国人民银行官方网站数据整理。

（3）资产规模总额扩大，但增速放缓。银行业金融机构始终保持快速发展趋势，资产规模不断增长。2013 年末，银行业金融机构资产总额达到 151.35 万亿元，比 2012 年同期增长 13.27%。其中，大型商业银行资产总额达 65.6 万亿元，比 2012 年同期增长 9.26%，占银行业金融机构的 43.34%；股份制商业银行资产总额达 26.94 万亿元，比 2012 年同期增长 14.49%，占银行业金融机构的 17.8%；城市商业银行资产总额达 15.18 万亿元，比 2012 年同期增长 22.93%，占银行业金融机构的 10.03%；其他类金融机构资产总额达 43.64 万

① 社会融资规模是指一定时期内实体经济从金融体系获得的资金总额，主要包括人民币贷款、外币贷款、委托贷款、信托贷款、未贴现的银行承兑汇票、企业债券、非金融企业境内股票融资、保险公司赔偿、投资性房地产和其他金融工具融资等。

亿元，比 2012 年同期增长 15.73%，占比 28.83%。

由于银监会加强对理财产品监管和债市整顿，不合规的交易行为减少，从而影响银行总资产增速。2003～2013 年的 11 年间，银行业资产增速在 2009 年达到最大增速 25.91%，此后逐渐下降，在 2013 年降至 13.27%（见图 6.10）。

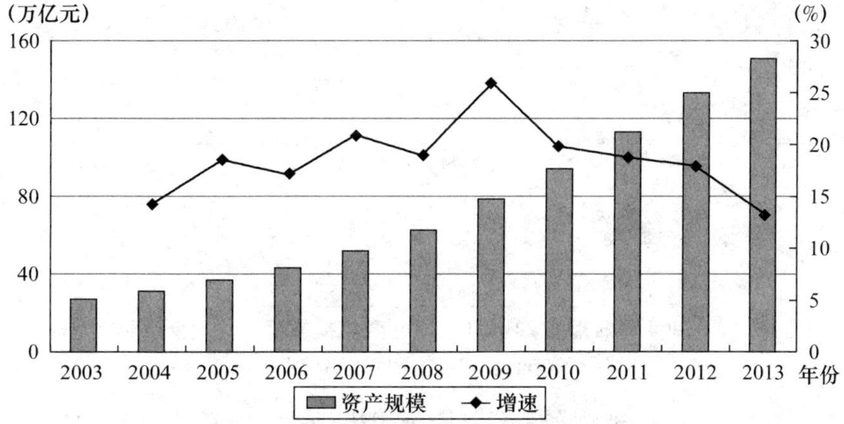

图 6.10　2003～2013 年银行业金融机构总资产

资料来源：根据银监会年报 2012 和银监会官方网站数据整理。

为打破银行业垄断，优化金融市场结构，促进金融服务水平和资源配置效率，截至 2013 年末我国已经建立各类银行业金融机构，它们发挥不同的金融服务职能。分类来看，大型商业银行的总资产占比下降，而股份制商业银行经过几年发展壮大，资产占比持续走高。2003 年城市商业银行资产规模占银行业金融机构的 10.7%，截至 2013 年末占比上升至 17.6%。大型商业银行市场份额从 2003 年的 58% 下降至 2013 年的 44.9%。

（4）存贷款余额持续增长，增速先增后降。2004～2013 年间，存贷款余额逐年增长。其中，存款余额从 2004 年 5 月的 22.5 亿元增加到 2014 年 4 月的 108.45 亿元；贷款从 2004 年 5 月的 17.06 亿元增加到 2014 年 4 月的 75.68 亿元。从增速来看，受 2008 年金融危机影响，我国银行增加了对企业贷款，存贷款增速出现先增后降趋势，其中存款和贷款增速在 2009 年 6 月达到最大值为 29% 和 34%。在后期由于经济结构调整等因素，存贷款增速随后逐年下降至 13.7% 和 10.9%（见图 6.11）。

（5）银行理财市场蓬勃发展。发行量和募集资金规模创新高。据 wind 资讯统计，2013 年商业银行全年理财产品稳步增长，发行数量达到 44983 款，比

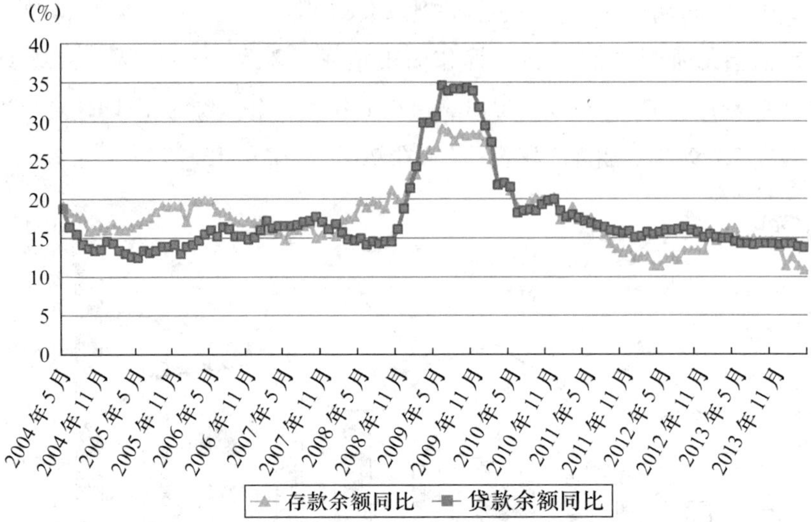

图 6.11　2004 年 5 月至 2014 年 4 月金融机构各项存贷款余额同比增速

资料来源：wind 数据库。

2012 年增长 38.81%。理财产品募集资金规模仍然保持季末上升的趋势，是银行季末揽储的有效手段。截至 2014 年 4 月，大型国有银行凭借资金优势，股份制银行依靠创新能力，积极创新各类产品和服务。从市场份额看，发行量最大的前十家银行是中国建设银行、交通银行、民生银行、广发银行、平安银行、中国银行、中国工商银行、中国农业银行、招商银行和南京银行。从理财产品比重来看，截至 2014 年 4 月，人民币理财产品持续增加，占市场的 97%。从收益类型看，由于非保本类产品划入表外业务，不会占用银行贷款额度和资本金，且操作灵活，2013 年非保本型理财产品占比 71%，保本类产品占比 29%。但也正是由于表外被划入表外业务、收益率相对较高等特点，受到严格监管。

（6）全面参与国际银行业监管改革，资本充足率高于国际监管标准。近十年来，商业银行不良贷款余额和不良率总体处于下降趋势（见图 6.12），资本充足率高于国际监管标准（资本充足率 8%，核心资本充足率 6%）。2012 年银监会发布通知，对储备资本要求（2.5%）设定 6 年的过渡期：2013 年末，储备资本要求为 0.5%，其后五年每年递增 0.4%。到 2013 年末，对国内系统性重要银行的核心一级资本充足率、一级资本充足率和资本充足率的最低要求分别为 6.5%、7.5% 和 9.5%；对非系统性重要银行的核心一级资本充足率、一级资本充足率和资本充足率的最低要求分别为 5.5%、6.5% 和 8.5%。

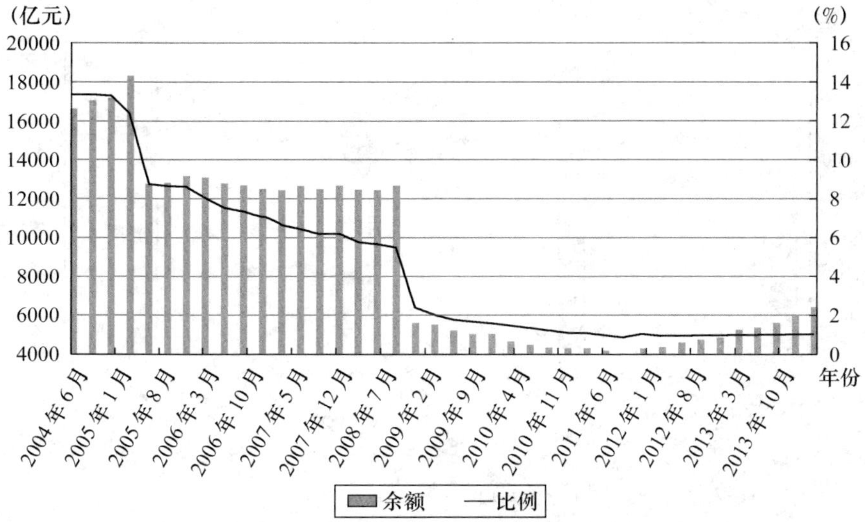

图 6.12　2004 年 4 月至 2014 年 4 月商业银行不良贷款余额和不良贷款率

资料来源：根据 wind 资讯数据整理。

表 6.3　　近年来部分上市银行的资本充足率　　单位:%

	2010 年	2011 年	2012 年
拨备覆盖率	217.7	278.1	295.5
资本充足率	12.2	12.7	13.3
核心资本充足率	10.1	10.2	10.6

资料来源：银监会 2012 年报。

（7）收入结构继续优化，盈利水平继续提升。近三年来，银行盈利水平不断提高，净利润从 2010 年的 7637 亿元增加至 2013 年的 14180 亿元，其中非利息收入占比不断增长，从 2010 年末的 17.5% 增加至 2013 年末的 21.15%，提高 3.65 个百分点（见图 6.13）。

3. 经济发展与银行业发展计量分析

关于金融发展与经济增长的关系分为三派，分别认为：金融发展促进经济发展（Schumepeter，1912），功能完善的银行能够甄别并对企业家提供金融支持，从而推动经济发展；金融发展受经济发展的影响和决定（Robison，1952），金融受到经济发展水平的影响；金融发展和经济增长互为因果关系（Patrick，1966）。

改革开放以来，中国经济增长获得了令人瞩目的成就，金融业得到发展。许多学者对中国经济增长和金融、银行业发展的关系进行了深入研究。梁志元

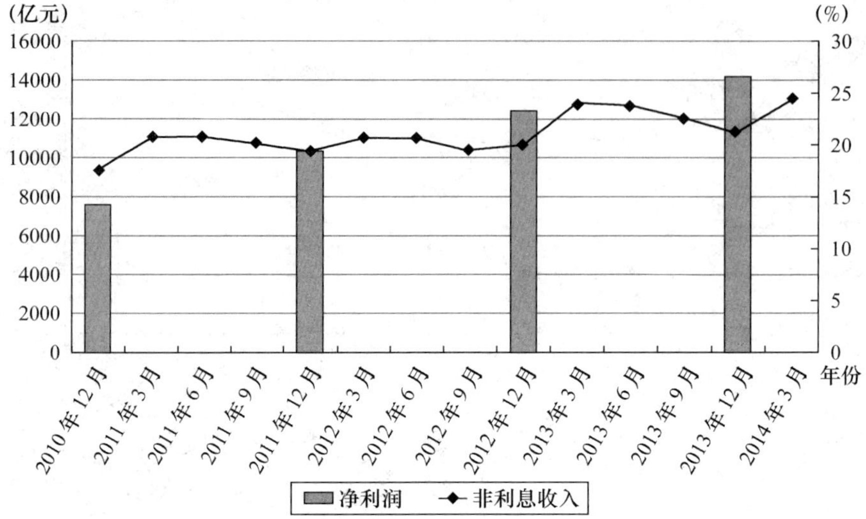

图 6.13　银行净利润和非利息收入占比情况

资料来源：根据 wind 资讯数据整理。

(2011) 从制度经济学角度分析认为，中国金融发展与经济增长的关系是：经济增长是金融发展的内在驱动力，金融信贷是经济快速增长的保证。

对于我国银行发展与经济增长的关系，实证结果总结为以下两种。

第一，存在双向正相关和因果关系。梁琪和滕建州（2005）采用时间序列研究方法，对 1991 ~2004 年间季度数据对中国股市发展、银行发展与经济增长之间的关系进行了因果检验和协整分析，认为银行发展与经济增长之间有双向因果关系。赵振全和薛丰慧（2004）通过分析 1994 年第一季度至 2002 年第四季度经济发展和银行信贷数据，认为信贷市场对经济增长有显著作用。进入 2000 年以后，1997 ~2008 年数据（张宇英，2009）和 2001 ~2010 年中国信贷、GDP 和股市数据（季益烽，2014）也显示银行部门与经济增长指标之间存在双向因果关系，这与梁琪和滕建州的研究相一致。史立君和李建军（2013）认为环境因素、政策因素和改革因素对银行业与经济发展协调性有显著的影响。

第二，不存在因果关系。万阿俊（2011）对中国 1987 ~2008 年间中国银行业和经济增长数据的研究认为，经济增长并不会引起银行发展指标增加。

分省来看，银行发展的研究更为细致和全面，一是将银行业发展分为规模、结构和效率三个方面，二是分省、分区域具体分析与经济增长的关系。薛丽达

(2010) 认为山东省经济增长促使银行业集中度下降，但银行集中度下降不是经济增长的原因。陈新岗和唐寅（2011）认为，经济的增长使得山东省银行业集中度下降。石丽丽（2012）通过分析广东省经济发展和银行业发展数据，认为二者存在稳定的关系，银行业发展规模对经济增长的促进作用比较显著，而银行业效率和集中度对经济增长的作用不显著。张宁宁（2012）分析河北省银行业发展效率和经济增长之间的关系，认为它们之间存在正相关关系，但银行业规模对河北省经济增长的拉动作用并不明显，并且河北省银行业市场集中度与经济增长呈反向相关关系，河北省银行业结构、规模和发展效率与经济增长之间双向均无因果关系。内蒙古（长青等学者，2013）和贵州地区（罗丹和罗宗儒，2012）经济增长促进了银行业发展，但银行业发展并未对经济增长形成有力支撑。马润平和苟伟超（2013）通过分析 1979 ~2011 年甘肃省银行业发展与经济发展数据，发现甘肃省银行业发展与经济增长存在长期正相关关系，但银行业发展对经济发展的贡献率较低。仲伟周和赵子晗（2013）认为，陕西省的银行业效率的提高与集中度的降低可有效促进地区经济增长，银行业的规模对经济增长的贡献并不显著，陕西经济的增长不能促进陕西银行业规模扩大、效率提高和结构改善。

分地区来看，原立勋（2011）认为长期来看，东西部地区银行业发展与经济增长均呈正相关关系，但东部地区经济增长是银行业发展的原因，而中部（金虎斌，2013）、西部地区（王东，2013）则是银行业发展、集中度下降促进了经济增长。其主要原因可能是西部地区经济增长的主要动力是大型项目投资，银行为其提供资金支持从而促进经济增长。

下面就我国金融业尤其是银行业发展与经济增长作简要实证分析。

首先，数据选择。选取 1992 ~2013 年银行业和经济增长数据，以金融相关率（FIR）=（金融机构存款 + 金融机构贷款）/GDP，金融效率（CDS）= 金融机构存款/金融机构贷款两个指标衡量银行业发展水平，以 GDP 总量衡量地区经济增长水平。对东部、中部和西部地区进行相关性检验（数据来自《新中国六十年统计汇编》，中国统计局和 wind 数据库）。

根据《区域金融运行报告 2012》划分方法，东部地区是北京、天津、河北、辽宁、上海、江苏、浙江、福建、山东、广东、海南，中部地区是山西、吉林、黑龙江、安徽、江西、河南、湖北、湖南，西部地区是内蒙古、广西、重庆、四川、贵州、云南、西藏、山西、甘肃、青海、宁夏、新疆。

其次，实证分析。

第一步：根据选取的指标和其他学者的研究，建立模型：

$$GDP = \alpha_0 + \beta_1 CDS + \beta_2 FIR + \varepsilon$$

对各组数据进行 ADF 平稳检验后结果如表 6.4 所示。

由表 6.4 可以看出：三个地区的 GDP 增长率、CDS 和 FIR 都是非平稳序列，分别对各个地区的数据进行差分后继续检验，可以看出，这三者均是二阶单整序列，所以这三者之间可以进行协整，以此得到它们之间的统计关系。

表 6.4　　　　对数据 ADF 平稳性检验结果

地区	变量	检验方式	ADF 检验结果	临界值
东部	GDP	(C, T, 4)	2.70	-3.96
	CDS	(C, T, 0)	-2.94	-4.53
	FIR	(C, T, 0)	-1.94	-4.53
中部	GDP	(C, T, 4)	0.76	-4.67
	CDS	(C, T, 0)	-1.19	-4.53
	FIR	(C, T, 3)	-2.83	-4.67
西部	GDP	(C, T, 3)	0.77	-4.67
	CDS	(C, T, 0)	-1.19	-4.53
	FIR	(C, T, 3)	-2.83	-4.67
东部	D (GDP)	(C, T, 2)	-1.91	-4.67
	D (CDS)	(C, T, 0)	-3.85	-4.57
	D (FIR)	(C, T, 4)	-3.68	-4.80
中部	D (GDP)	(C, T, 4)	-2.49	-4.80
	D (CDS)	(C, T, 0)	-3.95	-4.57
	D (FIR)	(C, T, 3)	-2.78	-4.72
西部	D (GDP)	(C, T, 4)	-2.49	-4.80
	D (CDS)	(C, T, 0)	-3.95	-4.57
	D (FIR)	(C, T, 3)	-2.79	-4.72
东部	D [D (GDP)]	(C, T, 1)	-9.07	-4.67
	D [D (CDS)]	(C, T, 1)	-4.669	-4.667
	D [D (FIR)]	(C, T, 1)	-4.93	-4.67

续表

地区	变量	检验方式	ADF 检验结果	临界值
中部	D [D (GDP)]	(C, T, 1)	-11.84	-4.67
	D [D (CDS)]	(C, T, 1)	-5.02	-4.67
	D [D (FIR)]	(C, T, 1)	-6.27	-4.67
西部	D [D (GDP)]	(C, T, 1)	-11.84	-4.67
	D [D (CDS)]	(C, T, 1)	-5.02	-4.66
	D [D (FIR)]	(C, T, 1)	-6.27	-4.67

第二步：协整检验后结果如表 6.5 所示。

表 6.5 数据协整检验结果

	原假设：协整议程数目	特征值	迹统计量	5%临界值	P 值
东部	没有*	0.736339	39.16091	35.01090	0.0170
	至多 1 个	0.556919	15.16525	18.39771	0.1339
	至多 2 个	0.028109	0.513218	3.841466	0.4737
中部	没有*	0.745006	47.36478	42.91525	0.0168
	至多 1 个	0.577504	22.76751	25.87211	0.1161
	至多 2 个	0.331879	7.259149	12.51798	0.3182
西部	没有*	0.642721	31.74750	29.79707	0.0294
	至多 1 个	0.395601	13.22120	15.49471	0.1069
	至多 2 个	0.206253	4.157839	3.841466	0.0414

东部地区：说明在 0.05 的显著水平下通过协整检验，可以协整，方程数为一个，则经过协整这三者关系式为：GDP = 57.08 × CDS + 15.84 × FIR。

中部地区：说明在 0.05 的显著水平下通过协整检验，可以协整，方程数为一个，则经过协整这三者关系式为：GDP = 53.24 × CDS + 15.57 × FIR - 3.87 × @TREND。

西部地区：说明在 0.05 的显著水平下通过协整检验，可以协整，方程数为一个，则经过协整这三者关系式为：GDP = -18.7 × CDS + 16.52 × FIR。

从东、中、西部地区的协整关系可以看出，东部和中部地区金融相关率和金融效率与经济增长之间存在正相关关系，而西部地区金融相关率与经济发展正相关，金融效率与经济增长负相关。

再次，检验结果分析。中国银行体系有自身的作用逻辑：在东部和中部地区，由于经济发展较快，市场主导性强，存贷款转换效率、银行贷款对经济支持的力度与经济增长正相关；而西部地区在大部分年份，信贷效率受政府主导干预较大，在经济发展缓慢时期存贷转换效率越高。

4. 转型时期银行面临的问题和对策

经过改革开放30多年的发展和变革，我国当前正处于经济转轨时期，倒逼机制不再表示为由于国企借款或承担支援经济建设等要求引发银行业自下而上的货币供给过程，而是经济、金融、政治、文化信用等因素共同推动下的自身改革。经济环境的改变对银行业发展不是局部修正，而是发展战略、服务方式、盈利方式的全面转变。

（1）面对商业银行已有大客户市场饱和，调整客户结构。

经济转型的过程必然伴随着产业结构的调整。随着投资和出口拉动型增长模式的转变以及劳动力成本的上升，未来高新技术产业、关系民生问题的医疗保健行业将成为经济发展的新动力。银行必须根据新兴行业特点防控风险。

银行商业化改制较晚，没有专门支持中小企业的国有银行，商业银行的信贷资源会向优质大客户倾斜，支持国家重点地区、重点企业和重点项目，中小企业很难成为银行的主要服务对象。随着国民经济发展、市场环境向好和企业经营状况变化，中小企业和农户成为中国经济的重要组成部分。中小企业数量占到企业总量的99%，税收贡献达50%，吸纳80%就业。同时，由于中小企业的财务机制不健全，缺乏有效担保品，经营管理不稳定等因素，一直是制约商业银行向其贷款的因素。

在未来，银行业务逐渐向支持高新技术产业和中小企业倾斜，强化中小企业金融服务，帮扶中小企业升级转型。在做好传统信贷服务的同时，开发理财、结算等服务巩固客户群体。

（2）面对银行产品同质化风险，提高创新能力。

随着国内金融市场的发展和个人金融需求的多样化，投资理财逐渐深入人们生活，对于企业和个人多样化的理财需求水涨船高。

理财产品具有以下三个特点：一是理财产品增加银行流动性，不占用银行自有资金且得到大量稳定的资金来源。银行往往与某信托公司合作，通过“理财产品——银行——信托——客户”渠道取得资金。二是理财产品转嫁风险。由于理财产品是表外业务，对银行计提拨备没有要求。三是理财产品为银行带来中间收入，增加银行收益。

我国的理财产品从服务上看，同质化严重。当前市场上理财产品数量众多，但创新手段不强，忽视了对客户细分和需求细分，其目标客户、产品设计和销售方式趋同。从风险防控看，由于短钱长投和信息披露不透明，银行理财产品暗含风险。一是期限错配。银行理财产品往往在月末成为各银行揽储的重要手段，导致活期存款转化为理财产品，银行通过构建“资产池”将募集来的资金投资各个项目。如果投资者减少或退出理财市场，将使资金链断裂，引发连锁式风险。二是信息披露机制不完善，信息不对称导致投资者知情权得不到保证。

为此，银行必须形成以客户为中心的经营思想，根据客户需求开发新产品；不断提高技术创新能力，开发便捷高效的自助银行、网上银行、电话银行等服务渠道；创建符合银行经营特色的理财品牌和服务体系。

（3）面对国有股一股独大，推进改善股权结构。

在中国，股权包括国有股、法人股、流通股等，代表不同的利益群体，对银行经营目标和监督管理能力也有不同。目前，大部分银行业国有股占主要控股地位，国有股股东可能对银行经营产生过度的行政干预或者干预缺位，股权制衡机制不完善，从而不利于建立现代企业制度，影响银行经营效率提高。

银行应继续推进引入境外战略投资者，优化股权结构，与我国市场机制、资本市场及经理人市场的发展变化进程达成动态统一。国有商业银行仍采取内部监控模式为主，分散股权结构，不断完善银行内部治理机制。

（4）面对金融脱媒和利率市场化，大力扩展中间业务。

所谓金融脱媒，是指资金的供给绕开商业银行，直接传到需求方。随着金融市场的深化发展，企业和客户的融资渠道逐渐多元化，融资方式和融资渠道余地增大：直接融资（如股票或债券市场融资）大量增加；大型企业财务公司发展分流银行客户；而近几年电商、互联网金融利用大数据和云计算技术带来高效便捷的金融服务，给投资者带来更多选择。金融脱媒使得银行储蓄资产在社会金融资产中所占的比重下降，存款来源相对减少，资金成本增加。

利率市场化推行过程中，利差收窄，存贷款利率逐渐由资金市场供求关系决定，银行传统盈利模式受到严峻挑战。基准存贷款利率及利率浮动范围的调整，使银行贷款利差收窄，商业银行必须调整商业模式以便保持盈利。

当前，银行业务领域主要分为公司信贷、中间业务和零售业务。公司信贷主要服务于高端客户和企业。在未来，银行宜改变过度依赖信贷业务的状态，大力发展零售和中间业务等低资本占用业务。梳理以客户为中心的理念，在客户定位上，商业银行将目标更多地放在中间业务和零售业务上。商业银行可以利用自身资源、资金和人才优势，拓展投行业务，如企业直接融资发行承销、融资咨询顾问、企业资产管理等服务；在零售端，从传统个人信贷扩展到银行卡、投资理财等多个领域，拓展综合经营。

（5）面对金融监管，多渠道开拓银行资本补充。

一直以来，我国商业银行面临资本结构过于单一、资本补充渠道狭窄等问题，主要靠留存收益、发行普通股和少量次级债券等方式补充资本。加之近年来，随着全球金融危机的爆发，各国监管机构加强对银行系统风险的防控，在资本充足率监管下，商业银行在进行资本扩张的同时必须不断补充资本，满足监管要求。面对这一趋势，商业银行必须构建多层次、多元化的资本补充渠道，夯实资本基础。

在未来，银行依靠短期外源融资（资本市场）补充机制可以缓解资本紧张的压力，但长期必须通过内部积累建立可持续的资本补充机制。银行在改变传统盈利模式的同时，进一步加大非信贷业务发展力度，提高盈利水平；同时商业银行应根据自身风险特性建立评估程序，实现资本管理的前瞻性。

（6）面对不良贷款升温，增强风险定价和预防能力。

市场经验认为，不良贷款率变化滞后于经济运行，目前不良贷款的分布情况印证了2012年国内经济下行、外部需求不足和大宗商品价格波动等复杂形势。由于经济增速放缓，工业企业利润增提下滑，产能过剩行业偿债能力下降，银行业不良资产持续上升；由于当前许多银行表外融资新增规模超过表内信贷新增规模，一旦理财产品无法偿还，银行可能动用表内资金，使表外风险转移至表内；基础设施信贷资金量大，地方政府融资余额高企。综合来看，未来银行的资产负债表并不乐观。

在未来，银行必须充分估计隐形不良贷款规模，增强风险定价和预防能力，定期对宏观经济、金融危机的潜在影响进行测试，对资产风险状况实施监控，采取多种金融衍生工具进行风险防控。

5. 转型时期经济层面监管建议

中国是一个新兴加转轨的国家，在以市场化为目标的经济改革中存在着计划经济与市场经济、国有经济与非国有经济、行政干预力量与市场运行机制等各类矛盾冲突。

（1）推动银企关系改革。我国国有银行与国有企业间存在着“裙带”关系，国有企业是国家政策重点支持对象，银行在实现其政策目标时，往往把大量的信贷资源配置给低效率甚至无效率的国有企业，导致资源配置效率低下，也使银行内部形成大量不良贷款。随着国有企业改革的深入发展，现代企业制度的确立和完善，必然要重塑银企关系。

（2）推动银行体系改革，鼓励银行竞争。第一，促进银行内部竞争。推动股份制商业银行在发达地区竞争，深化专业型多元化经营。战略定位精准、管理体制顺畅、组织行动力强、经营灵活的银行将有望凭借其核心竞争力获取竞争优势。同时，构建人力资本战略，加强人力资本战略的匹配性和协同性，提升和塑造吻合自身禀赋和战略要求的人力资本。第二，营造良好的市场竞争环境，加快银行技术进步、提高经营效率、促进业务转型，促进中资银行与其他非银行金融机构、外资银行充分竞争。

（3）防止出现银企“三角债”。一是要加强信贷资金流向监测，严防信贷资金注入民间融资和非法集资；二是银行内部要密切关注信贷客户动态，对于存在明显迹象或已查实参与民间融资的客户，要逐步减少授信直至收回贷款；三是要做好员工行为排查，防范员工参与民间借贷和非法集资。

二、影响银行业监管的政治环境和分析

1. 改革开放以来监管机构回顾

社会主义市场经济要求发挥市场在资源配置中的基础性作用，但如果任由市场和企业自由自发运作，宏观经济的均衡稳态就会被破坏，因此需要政府采用财政和货币政策加强宏观经济调控。我国处于计划经济向市场经济的过渡时期，市场机制尚不完善，政府既要体现市场经济的一般要求，又要体现社会主义特色。

1978 年十一届三中全会，拉开了银行业改革开放的序幕。银行业监管演变史可以分为机构设置和法制建设两部分。

机构设置方面：1982 年我国建立了以中央银行为核心、商业银行为基础、其他金融机构相配合的多元化金融体系。1984 年中国人民银行确立为国家中央银行，由此开启了我国现代金融监管的序幕。中国人民银行基本剥离商业性业务，正式成为我国的中央银行；中国工商银行则成为规模最大的专业银行，负责工商企业贷款；作为配套措施，中国建设银行从财政部分离，负责基本建设贷款；中国农业银行则承担农村服务贷款。1998 年 8 月 20 日，财政部宣布用 30 年长期特别国债向工行、农行、中行、建行四家国有独资商业银行注资 2700 亿元，以补充资本金，处理不良资产，化解风险。2003 年开始国家启动股份制改造，打破国有体制。同年，银监会正式成立，其大力推进监管理念、制度和技术创新，促进银行跨越式发展。2006 年我国兑现加入世贸组织承诺，银行业全面对外开放，外资银行进入中国开展业务，促进银行业竞争和创新。

法律建设方面：30 多年来，我国银行业法制建设从无到有，随着银行体系和银行监管机构建立和完善，法律法规建设取得了很大进步。我国先后设立并修订了《银行管理暂行条例》《中国人民银行法》《中华人民共和国商业银行法》、《银行业监督管理法》等，加入世贸组织后相继发布了一系列金融监管规章和规范性文件。

财政支持方面：1994 年《预算法》《中国人民银行法》的出台，初步界定了财政与央行的关系，中央财政不得向中央银行透支，同时央行可以采取公开市场业务等手段调节货币供给，根据货币供应需要决定在公开市场上购买国债，但不得直接购买财政发行的债券。

总体来看，中国的银行业经过 30 多年的改革发展，实现了由“大一统”向现代化商业银行的转变，围绕经济建设的核心不断发挥金融服务职能。

2. 监管政策不足

中国正在进行的是由政府主导的市场化改革，政府在经济发展、资源配置、理顺收入分配等领域起到了重要作用，但政府越位、缺位、错位的管理行为也会阻碍经济正常运行。1994 年分税制改革后，财政集权导致政府过度干预阻碍经济发展（顾清扬，2002），地方政府在公共服务领域的干预对金融生态环境有很大影响（李扬、王国刚，2005），由于 GDP 考核指标的压力，地方政府为了增加地方经济规模、官员由于仕途升迁需求普遍出现干预金融系统信贷的现象（周立、巴曙松，2005），政府控制金融资源和扩大投资的行为虽然能在短期内促进经济发展，但长远上将给经济金融带来负面影响，降低银行业效率，浪费金融资源，抑制银行业发展（王翔，2012）。政府的经济职能应该照顾大局，而非由自身利益驱动。政府除了完善各项法律制度，加强宏观调控外，更应该加注重社会公平、保障民生、维护社会稳定。具体来说，我国监管不足主要表现在以下方面。

（1）监管滞后。政府与银行管理部门之间缺少有效的协调和配合机制，往往在风险发生后，政府为了维护经济稳定、促进经济发展进行各种补救措施。

（2）过度干预。虽然商业银行股份制改革已经基本完成，资本结构和治理结构得到改善，但国家依然保持控股地位，至今未建立高管的市场化选拔聘用机制，高管直接由中组部选拔。

（3）行政管制。在市场准入管制方面，中国银行业存在较高的行政壁垒，体现为管理层面的机构审批、准入门槛，由此带来的“暴利”存在明显不公，容易导致寻租、腐败等一系列问题。在利率管制方面，利率市场化有助于提高金融机构的自主定价能力，促进融资多元化。2013 年 7 月 20 日央行全面放开金融机构贷款利率管制，但利率市场化进程的关键举措——存款利率管制尚未完全放开，造成了信贷配置效率的低下以及资金价格在不同类别企业间的双轨制，扭曲信贷市场的价格信号，更成为目前民间借贷高涨和中小企业融资难的深层原因。信贷规模控制成为指令性的货币政策工具，使得货币政策的可测性、可控性和相关性下降，不能充分概括和反映实际经济体的货币总供给量，也不能有效抑制贷款的需求总量，央行通过调控新增贷款规模的办法来达到控制物价和实现充分就业的目标将变得越来越困难。

3. 转型时期政治层面监管建议

党的十一届三中全会公报明确，全面深化改革的核心问题是处理好政府和市场的关系，使市场在资源配置中起决定性作用。第一，由市场供求决定尚未放开的部分要素价格决定权。政府能用政策手段调节或引导价格。第二，减少对国有企业人力、财力和物力的使用权。第三，维护正常的市场秩序和查处各种经济犯罪。具体有如下建议。

（1）逐步优化风险监管的目标体系和效率评价体系。结合宏观和微观审慎原则，同时覆盖信用风险、市场风险、流动性风险、操作风险、法律风险等主要风险，并具有逆周期性。

(2) 增强监管前瞻性和主动性。在制定监管政策和方向时，应该做到：一是事先进行充分的态势判断和预测，尽量正确的可行性分析及论证，减轻突发事件带来的损失，避免资源浪费；二是注重监管政策的细化和落实，不能将积极学习变成笼统的口号；三是做好宣传和培训工作，增强监管政策操作的内生动力。

(3) 推动市场准入方面的透明化、法制化，推行利率市场化，以促进银行参与竞争，逐渐放松银行信贷规模管制。商业银行根据宏观调控的要求，自主调控信贷规模，加强资金合理有效配置。

(4) 吸取近几年银行监管的成功做法，引起世界先进监管理念和方法，使我国银行监管效率平稳上升。具体来说，一是要加强银行公司治理，改善股东结构，任用机制法制化、程序化；二是要参与国际监管标准的制定，结合世界成功经验和我国银行业实际状况，不断完善监管法律法规体系，提高立法科学性；三是要完善银行业金融机构的信息披露制度，扩大披露的深度和广度，提高透明度，增强市场约束力；四是要注重结构化限制性的监管，推动银行业破产法和存款保险制度的制定，形成有效的市场退出机制，增强对金融消费者的保护。

总之，银行监管改革应继续采取渐进式协调改革策略，与中国经济发展、金融现状和社会国情相适应。在现阶段，我国金融尤其银行监管改革不是完全取消政府干预，而是需要改变干预的方式，在放松管制的同时建立一套符合本国国情的监管制度。

三、影响银行业监管的信用文化环境和分析

1. 社会信用文化现状

银行业的发展离不开良好的信用文化体系建设，这也是我国商业银行加入WTO之后的重要任务之一。近几年，我国银行业机构改革和立法条例得到发展，但信用体系建设一直举步不前。我国信用法律体系不完善，信用中介和服务体系建设薄弱，失信惩罚机制尚未完全确立，信用缺失现象严重，个人或企业拖欠银行债务的案例屡见报端。信用危机制约了我国市场经济的健康发展。

2. 社会信用文化缺失的原因分析

信用指的是诚实守信，是我国传统文化的重要内容。古人多忠义轻利，强

调修身齐家治国平天下，追求个人境界的自我要求。传统中国以礼仪治天下，依靠宗族和血缘关系调节人际关系，维护道德伦理和社会准则，社会思想文化趋于一致性，社会信用有良好的道德基础。但在计划经济时期，政府通过行政命令配置资源，人们之间并不存在真正的商业信用交易活动，对商业信用、银行信用认识淡薄。

而在市场经济条件下，信用基于借贷行为而产生，规定了双方的权利和义务，依靠严格的契约和法律惩罚手段保证经济行为有效。随着市场经济发展，市场化程度提高，人们之间经济往来纷繁复杂，社会道德的约束性遭到多元文化冲击，各种价值观相互碰撞，人们寻求个性解放，同时也带来道德信用上的困惑。传统的社会信用观念在某些方面不能适应市场经济需要。

3. 社会信用文化体系监管建议

（1）监管部门应建立企业、个人、银行业综合征信系统。对于企业，评估机构可以利用企业的资产负债表、利润表、现金流量表，参考企业实际经营情况，综合考量盈利指标，对借款人的还款历史记录进行全面考察。对个人，建立个人信用制度，搜集个人缴税情况、银行借贷记录、个人收入数据。将企业和个人的资信状况建成综合征信系统，减少信息不对称。

（2）加强银行内部信用文化建设。将银行信用文化建设与经营现状综合分析；培养员工的银行信用文化意识，形成参与信用文化建设的自觉性。

（3）监督信用中介和服务机构的行为。依法规范社会中介机构的行为，要根据商业银行业务需求，不断丰富与完善产品与服务，并且利用各种技术手段，加强违法行为的排查，努力实现中介标准化服务。

第二节　我国银行业多体制经营

一、政策性银行

1. 建立与发展

1994 年，为贯彻落实金融改革方案，我国先后建立了国家开发银行、中国进出口银行和中国农业发展银行。三家政策性银行以国家信用支持为依托，为国家经济发展战略服务；同时实施市场化运作，避免过度依赖财政导致的经营效率低下。政策性银行的建立，为国有商业银行市场化改革铺平了道路，同时也起到贯彻国家“两基一支”建设、支持国家进出口贸易发展、扶持弱势经济主体和支持“三农”发展的作用。经过20年的发展，我国政策性金融机构体系逐渐形成，为我国经济与社会发展发挥了重要作用。

政策性银行开始向市场运作转型。2008年，国家开发银行股份公司正式挂牌成立，国开行率先由政策性银行改制转型为商业银行，“改革后，国开行主要通过开展中长期信贷与投资等金融业务，为国民经济重大中长期发展战略服务”。中国进出口银行和中国农业发展银行则按照此前改革规划，应从内部机制体制改革出发，对业务进行重新定位，为组织模式进一步转变创造条件。

2. 特点

（1）两种属性并存。不同于一般商业银行，政策性银行在建立之初就具有政策性和企业性两种属性。这一特点从根本上要求政策性银行必须在遵守市场经济一般规律的同时，发挥国家赋予的支持经济建设的政策使命。

（2）法人治理机构。政策性银行的法人治理模式不同于一般性公司治理模式。从股权结构来看，政策性银行的第一大股东是财政部，某种意义上是政府实施有效政策的机构，政府的偏好很大程度上影响其业务性质和发展方向。

（3）特定的业务范围。具体来看，三家政策性银行经营重点各有不同。国家开发银行贯彻国家宏观经济政策，筹集和引导社会资金，解决经济社会发展的瓶颈和薄弱环节，致力于以融资推动市场建设和规划先行，支持国家基础设施、基础产业、支柱产业以及战略性新兴产业等领域发展和国家重点项目建设，促进区域协调发展和城镇化建设。中国农业发展银行的主要职责是按照国家的法律、法规和方针、政策，以国家信用为基础，筹集资金，承担国家规定的农业政策性金融业务，代理财政支农资金的拨付，为农业和农村经济发展服务。进出口银行的使命则是扩大我国机电产品、成套设备和高新技术产品进出口，推动有比较优势的企业开展对外承包工程和境外投资，促进对外关系发展和国际经贸合作，提供金融服务。

3. 面临的挑战

（1）法律定位不准。在我国金融立法体系中，只有《银行法》《证券法》和《保险法》，政策性金融法律仍是空白。一方面，没有专门的政策性银行法律。对政策性银行的监督管理，只能部分参照《中国人民银行法》和《银行业监督管理法》。另一方面，现行的一般性的行政法规和部门规章的层次较低、权威性不高，约束力远低于法律。目前，隶属于行政法规的国务院“22 号文”被当作政策性银行的规制依据。规章制度上，参照《政策性银行金融债券市场发行管理暂行规定》和《关于政策性银行财务核算有关问题的通知》等部门规章。这些条文并没有严格指明政策性银行的法律地位，对政策性银行的经营行为没有明确约束，导致政策性银行存在人为机会主义和运行无序，从而降低了对政策性银行的监督约束。另外，在资本充足率的要求方面，政策性银行和商业银行同时适用《商业银行资本充足率管理办法》，此要求没有考虑到政策性银行资本来源和业务的特殊性。

（2）资金融资结构单一。政策性银行的政策性和商业性并存、优先考虑贯彻国家经济政策的特殊要求等特性意味着其容易出现盈利能力和资金补偿的不协调。首先，政策性银行主要资金来源于政府注资，但政策性银行成立后，政府注资一直没有增加，使其财务补偿机制和风险补偿机制缺失。其次，政策性银行承担了为国家战略性开发建设项目提供资金支持的作用，而这些项目一般建设周期长，存在大量资金需求，而短期内银行无法通过上市等市场化方式补充核心资本。另外，在发行债券方面，进行股份制改革后，若不再由政府政策和国家信用支持，存在被各评级机构下调信用评级的可能性。

（3）银行业务范围混淆。我国政策性金融银行成立以来，一直存在着业务混淆问题。按照国家最初的建设计划，应该依据一定时期金融经济运行环境和国家政策的调整及变化，首先进行职能定位，然后据此调整和开展业务。现在政策性银行不断扩大业务范围，倒逼政府调整其职能定位。2004 年以来，由于无法律约束和业务范围频繁调整，政策性银行借助特殊背景和各种隐性优势，不断扩大商业性业务范围，逐渐扩大了与商业性银行的竞争范围。

（4）银行运营机制有待完善。首先，公司绩效考评和激励机制不健全。目前，对于政策性银行没有完整科学的绩效评价体系。在实践中，由于其肩负国家发展使命，经营注重社会效益，而盈利归属国家，这使得银行对员工的考核体系缺乏效率，没有实施充分的激励机制。其次，公司治理股权问题。政策性银行最大的股东是财政部，其次是国家控股的金融机构（如中金公司、养老基金等）。所以，政策性银行名义上归国家所有，但实际上没有明确的所有者主体，极易导致财产界定不清，责任制约机制失衡。再次，委托代理问题。政策性银行实行一级法人体制，上级和下级之间是授权经营体制，政府与政策性银行、总行与分支行之间存在层次委托代理关系，导致国有资产得不到充分利用。最后，信息不对称问题。信贷市场是不完全的信息市场，由此导致的逆向选择和道德风险更加严重。由于信息不对称，极易造成管理者的短视行为，以牺牲国家利益为代价牟取私利。

4. 对策建议

（1）立法强化定位，目标更加注重社会效益。坚持“一行一策”，对政策性银行实行专门立法。政策性银行的根本使命是为国家经济建设提供支持和服务，所以必须将政策目标和社会效益放在首位。在坚持基本政策属性的前提下，结合各银行特点和已有业务，单独立法并区分不同的发展重点，通过制度来确保政策性金融业务和商业性金融业务的分离，加强机构自身建设。

（2）多元化融资，拓宽融资渠道。随着改革进程推进，借鉴国开行和国外同行做法，构建以债券融资为主的多元化融资体系。资本补充渠道可以包括中央财政增资、汇金公司外汇注资、税收返还、地方政府或其他机构参股、社会发债等。出资方式包括：由政府和中央汇金公司直拨和外汇储备注资；地方政府或其他机构参股；开发银行的资本公积金、盈余公积金、未分配利润经财政部批准可以转增实收资本；准许发行混合资本债券或高级次级债补充附属资本。这样可以形成政策性金融补充资本金的长效机制，并以国家信用为基础进一步拓宽政策性金融的资金来源渠道①。

（3）建立现代企业制度，完善公司治理机制。对于政策性银行，一方面进行产权制度改革，在保持国家控股的前提下，引入国内外战略投资者，形成董事会、监事会和高级管理人员之间相互制衡的机制；另一方面建立完善的公司治理制度，保证政策性银行的公司治理，做到经营目标利润化、经营者行为规范化、激励机制市场化、高管选用竞争化和资产管理商业化。

（4）明晰业务范围。国家开发银行应继续坚持商业化改革，致力于中长期投融资项目建设，重点支持中部、西部和东北部等区域经济发展。进出口银行应在拓展其在进出口、海外承包工程、对外投资等方面的国际业务。中国农业发展银行应强化其对农村、农业、农民的扶持力度。

---

① 肖彧：“浅谈我国政策性银行战略转型的改革构想”，载于《商业现代化》2011 年第 3 期，第 193 ~ 194 页。

（5）注重风险管控，建立多种风险管控机制。与一般商业性银行不同，政策性银行资金主要投向国家基础产业，而这些行业一般项目周期长，短期内无法产生经济效益，还伴有极高的风险。因此，应逐步建立并完善风险隔离和风险补偿机制。

二、大型商业银行

1. 五大行介绍

新中国成立后，我国的银行体系建设参照苏联模式，中国人民银行既是中央银行，同时承担商业银行职能。改革开放后，随着国家经济发展和社会主义经济体制逐步建立，银行体系逐渐改革完善，中国人民银行不再承担商业银行职能，代之的是先后设立的中国农业银行（以下简称农行）、中国银行（以下简称中行）、中国建设银行（以下简称建行）和中国工商银行（以下简称工行）四家国有专业银行，并重新组建交通银行（以下简称交行）。

四大行建立之初，其经营各有特色，其中，中国工商银行坚持“择优扶植”信贷原则，以支持国有大中型企业为重点；中国农业银行致力于建设面向“三农”、城乡联动，融入国际和服务的多元化；中国建设银行主要承担集中办理国家基本建设预算拨款和企业自筹资金拨付，监督资金合理使用等职责；中国银行主要承担国家外汇外贸业务的资金融通业务；交通银行则继承百年民族品牌的同时成为中国金融体制改革的先行者。

1994 年，根据“产权清晰、权责明确、政企分开、管理科学”的原则，国有专业银行进行商业化改革，实现政策性与商业性分离。加入世贸组织后，我国以中国银行、中国建设银行进行股份制改革试点，进行财务重组，引进战略投资者。截至 2010 年，五家大型商业银行先后成功上市，实现了股份制改造。

股改以来，围绕经营转型，五家商业银行逐渐发展为以商业银行为核心，在综合化经营的基础上，致力于建设多元化服务、海内外一体化的大型跨国银行。五大银行通过推进经营模式变革，提高核心竞争力，推动各项事业稳健可持续发展，为国家经济建设做出巨大贡献。具体如下。

（1）大型商业银行整体实力大幅提升，经营效益显著提高。年报显示，农行 2013 年实现净利润 1662 亿元，同比增长 14.5%；中行 2013 年实现税后利润

1637亿元，同比增长12.35%；工行2013年实现净利润2630亿元，比上年增长10.2%；建行2013年净利润2151亿元，同比增长11.12%；交行2013年归属于母公司的净利润622.95亿元，同比增6.73%。

（2）在资产质量方面，截至2013年末，工行、中行、建行不良率都保持在1%以内。其中，工行不良率为0.94%，比上年末微升0.09个百分点；中行不良率为0.96%；建行不良率为0.99%，与上年持平。而农行不良贷款率虽然超过1%，达到1.22%，但比去年下降了0.11个百分点，且拨备覆盖率高达367%。交通银行不良贷款率为1.05%，比去年上升了0.13个百分点。

2. 面临的挑战

（1）公司治理结构仍待完善。大型商业银行在我国金融市场中发挥有重要作用，根据表6.6可以看出，五家商业银行总股本规模庞大，A股发行和交易量多于H股；五大行中四家商业银行国家股一股独大，掌握绝对控股权。这种股权结构使得国家政策指导性明显，从而弱化了经营的商业性。

表6.6　　五大行大股东情况（截至2013年12月）

	股东名称	大股东持股数（万股）	占总股本（%）	股份性质
工商银行	中央汇金投资有限责任公司 中华人民共和国财政部	12415585.30 12331645.19	35.33 35.09	流通A股 流通A股
农业银行	中央汇金投资有限责任公司 中华人民共和国财政部	13083199.03 12736176.47	40.28 39.21	流通A股 流通A股
中国银行	中央汇金投资有限责任公司 香港中央结算（代理人）有限公司	18917903.36 8160357.76	67.717 29.210	流通A股 流通H股
建设银行	中央汇金投资有限责任公司 香港中央结算（代理人）有限公司	14316143.66 7260841.20	57.26 29.04	流通A股 流通H股
交通银行	中华人民共和国财政部 香港中央结算（代理人）有限公司	1970269.38 1490136.90	26.53 20.07	流通H股，受限流通A股

资料来源：根据同花顺软件数据整理。

（2）中间业务矛盾重重。目前，大型商业银行的主要利润收入逐渐向表外业务转化，金融产品创新所得收入比重逐渐加大，但依然存在金融产品缺乏差异性、层次不高等问题。第一，产品重眼前，忽视长远效益。在创新过程中，一味追求规模，抢占市场和提高知名度，对客户需求没有进行详细研究和判断，从而使金融产品不具有长远吸引力。第二，产品重规模，忽视差异性。商业银行依靠数量扩张，品牌效益不高，金融产品多是基础产品的重新简单组合，同质化严重。第三，产品重传统，忽视时代性。目前，银行金融产品多是西方产品，后加以改造，新型网络技术与银行尚未紧密结合，电子化自助服务系统亟待提高。

（3）风险管理仍需加强。一是我国银行业风险管理起步较晚，管理理念较落后，重点强调业务发展而忽视业务背后的风险管理，为了经营业绩规避监管的现象时有发生。二是目前大型商业银行都建立了自己的风险控制部门，但没有形成统一有效的风险控制管理体系和风险数据库系统。信息沟通不畅，银行无法建立相应的资产组合管理机制，不能准确掌握风险敞口，直接影响到风险管理决策的科学性。

3. 对策建议

（1）加强公司治理，改善资本结构。充分发挥董事、监事和高级管理人员的作用，决策权、执行权和监督权三权分立，相互制衡。董事会总体负责银行经营管理和风险防控，充分提高决策能力；监事会监督和约束董事和高管工作；推动激励约束机制改革，充分发挥高级管理层的积极性；明确股东权利，推进股权结构改革，建立多元化的股权结构。在股改完成后，继续优化股权结构，调整国有股比例，避免“一股独大”的局面，确保少数股东话语权和合法权益；引入战略投资者，有效制约对商业银行经营的不正当干预，同时借鉴战略投资者的市场化经营理念和原则，提高经营绩效。

（2）坚持走出去战略，发展国际化大银行。我国商业银行的国际化水平仍然不高，海外业务客户基础仍较为薄弱，应深入推进各境外机构的本土化经营，加速适应当地环境，提供本土化服务。随着跨境贸易增大，人民币国际化深入推进，大型商业银行积极“走出去”，充分参与全球金融市场竞争。“受全球金融风暴的影响，欧美大银行在2008年和2009年税前利润大幅下降。欧美发达国家大幅注资金融机构以维持其优势地位，但其恢复仍要2～3年时间”[①]，这

① 林景臻：“建设大型跨国银行集团是中国当务之急”，http：//www.yicai.com/news/2013/01/2455523.html。

为我国大型商业银行国际化提供了重要机遇。商业银行国际化应以服务国内企业走出去为重点，通过并购或者设立分支机构等方式，扩展境外融资渠道，构建海外服务平台。

（3）发挥自身优势，开拓农村金融市场。近几年由于农业、农村经济发展，广大农村地区对金融服务的需求量和种类增大。大型商业银行应以此为契机，以分支机构和营业网点为主力，充分发挥综合性经营优势，成为工业与农业的金融纽带。在制定区域政策、产品创新、开拓市场方面大胆尝试，扩大对国家重点项目和重点领域的扶持。

（4）积极开发多样化的中间业务。长久以来，商业银行以存贷款业务息差为主要营业收入，当前利率市场化使得传统存贷利差收入受到冲击，通货膨胀更使大量资金流出银行体系。同时，证券、基金等非银行业金融机构对商业银行的信用中介、支付中介功能提出挑战，分流了银行个人客户资金，金融脱媒已成必然。商业银行必须大力开发中间业务，通过创新开发满足不同客户需求的理财产品。

在金融产品开发方面，做好战略定位，选择合理标准，进一步细分客户，开发多样化产品。借鉴国外银行、私人银行经验，充分考察客户职业、偏好、风险承受能力等，为不同客户打造个性化金融产品。同时，加强与其他产品部门、第三方公司合作，建立互动、开放、交流式产品平台，拓展销售服务渠道。此外，提高从业人员的专业化服务水平，如财富规划、投资组合管理、财务咨询等多种服务，稳定客户关系。

在资产证券化业务方面，目前我国资产证券化尚处于起步探索阶段，大型商业银行主要针对住房抵押贷款资产证券化，发行和交易仅限于银行间市场，规模小，交易量少。未来应加大此部分业务开发。

（5）建设内部审慎监管和风险预警机制。大型商业银行必须加强对分支机构的层层授权控制，增强整体防控能力。收集全国银行业风控数据信息，形成数据库，建立行之有效的信息沟通和政策协调系统。在员工中广泛开展金融风险知识宣传普及工作，提高风险防范意识。完善风险预警机制，及时调查、有效规避潜在风险。针对理财产品设计专门的风险评估书，在设计中采用切实有效的风险计量、检测、控制和处理方法，将其纳入综合风险管理体系。在推销中加强风险提示，由客户对评估结果进行选择确认。

三、股份制银行和城市商业银行

1. 股份制商业银行

（1）基本介绍。经过20多年的改革探索，我国的中小股份制银行初步划分为两类：股份制银行和城市商业银行。目前，我国有全国性股份制商业银行12家，分别是招商银行、中信银行、华夏银行、中国光大银行、上海浦东发展银行、中国民生银行、兴业银行、广发银行、平安银行（原深圳发展银行）、浙商银行、渤海银行、恒丰银行（见表6.7）。

20世纪90年代，为优化城市信用社经营，更好地化解地方金融风险，以城市信用社为基础组建了城市商业银行，截至2012年5月，全国共有城市商业银行137家，营业网点近万个，遍及全国31个省（市、自治区）。股份制商业银行依靠较高的公司治理水平，有效的激励约束机制，简便的业务流程，不断开发符合市场用户需求的产品和服务，已经成为银行业不可缺少的重要组成部分。

（2）股份制商业银行经营特点。第一，风险管理水平较高。股份制商业银行大多为上市银行，内部控制制度比较科学合理，银行内部互相制约及监督性较强，风险管理水平较高；而国有银行近年来在风险管理和内控建设方面虽然进步较快，但与股份制商业银行相比仍有相当差距。第二，经营机制较灵活。国有银行的经营自主权受政府影响较大，往往时滞较长，造成国有银行经营管理陷入被动。而股份制商业银行不同于国有银行，其历史包袱小，经营方式灵活，可以自主根据利率、汇率等市场信息迅速调整经营策略。

（3）股份制商业银行面临的问题。

①公司治理仍需完善。

第一，我国股份制商业银行相较非股份制银行，公司治理结构有较大的提升，且全部建立了股东大会、董事会、监事会、管理层的组织架构，但是职权界限仍不明确，董事会下设立的审计委员会、战略委员会和薪酬委员会在董事会决策程序中往往地位不明，其身份作为咨询还是独立决策未能明确。

第二，公司治理的执行情况较差。在监管实践中，商业银行公司治理执行力较差，在组织架构建立后，不能保证各治理主体按照要求运作和执行，董事会的决议在银行经营管理中无法得到有效的贯彻。我国股份制商业银行的第一

表 6.7　　全国性股份制商业银行（截至 2013 年末）

银行名称	成立时间	主要股东	总部	注册资本（亿元）	资产总额（亿元）	上市时间
招商银行	1987 年	招商局集团	深圳	215.77	33227.01	A 股：2002 年 H 股 2006 年
中信银行	1987 年	中信集团、西班牙对外银行（BBVA）	北京	467.87	27658.81	A 股：2007 年 H 股 2007 年
平安银行	1987 年	中国平安保险集团	深圳	51.2335	8521	A 股：1989 年
广发银行	1988 年	中国人寿、花旗银行	广州	114.08	9189.82	未上市
兴业银行	1988 年	福建省财政厅、恒生银行	福州	107.8641	18496.73	A 股：2007 年
光大银行	1992 年	中央汇金公司、中国光大集团	北京	404.35	20167.07	A 股：2010 年
华夏银行	1992 年	中国首钢集团、国家电网、德意志银行	北京	68.4973	15000	A 股：2003 年
浦发银行	1993 年	中国移动、花旗银行	上海	186.5347	30364.32	A 股：1999 年
民生银行（民营企业）	1996 年	新希望投资有限公司	北京	283.66	25940.66	A 股：2000 年 H 股：2009 年
恒丰银行	1987 年	烟台蓝天投资	烟台	10	3510	未上市
浙商银行	2004 年	浙江省财务开发公司	杭州	100	3019	未上市
渤海银行	2005 年	天津泰达、渣打银行	天津	50	2650.86	未上市

资料来源：根据同花顺软件数据整理。

大股东或者控股股东均为政府或政府机构，政府干预现象比较严重。银行行长大多为政府直接委任，银行内部公司管理流于形式①。

第三，商业银行信息披露及透明度情况有待提高。我国股份制商业银行大多为上市银行，银行自身信息披露情况及社会责任情况已有很大的改善，但是在年度报告和公告中对银行控股股东情况的披露仍较少，从而导致无法对银行及控股股东间的关联交易情况实施充分监管。

②金融产品同质化，创新能力不足。

第一，与国有银行的竞争。我国大部分中小商业银行都采用了跟随型市场定位战略，其市场定位与国有大型银行明显趋同，在客户定位、区域定位以及产品定位等诸多方面有着高度的相似性，中小商业银行几乎就是大银行的缩影。这表明，大多数银行不能恰当地根据自身特点采取差异化的经营策略，盲目跟风现象比较严重，金融产品的创新和差异化经营问题亟待解决。在网点劣势和现有资本条件约束下，如果在这些方面继续展开与大银行竞争，发展空间势必越来越小。

第二，股份制商业银行之间的竞争。我国股份制商业银行的壮大，对我国银行业同质化现象有了一定程度的改善，股份制银行曾通过不断地创新使自身在竞争中赢得生存空间。但随着股份制银行的整体快速扩张，加大了对大客户的争夺，而忽略了对中小企业的金融服务，未对其周边的金融环境和自身实力进行准确细致地分析，更没有进行有效的市场划分、充分发挥其比较优势，股份制银行创新力度明显降低，有些产品虽然名称不同，但内容大同小异。市场定位不合理，使得股份制商业银行只关注眼前的短期利益，而无法获得长期的比较优势和优势领域，长此以往，必将失去经营特色和竞争领域，发展受限。

2. 城市商业银行

（1）基本情况介绍。城市商业银行是中国银行业的重要组成部分，其前身是成立于20世纪80年代的城市信用社，当时的业务定位是：为中小企业提供金融支持，为地方经济搭桥铺路。城市商业银行经历了城市信用社和法人银行阶段，在当地政府支持下，通过资产置换、增资扩股等方式，银行资产质量和

---

① 王华庆："商业银行公司治理有四大不足"，http：//www.shfinancialnews.com/xww/2009jrb/node5019/node5036/node5046/userobject1ai32437.html。

盈利水平大为提高，走上了稳健发展的道路。截至2012年11月，由中国人民银行管理、中国银监会监管在册的城市商业银行共144家。

（2）银行特点。与其他国有商业银行和一般股份制商业银行相比，城市商业银行有着自身的特殊性。城市商业银行的股东由当地企业、个体工商户、城市居民和地方财政入股资金构成。其中，地方财政为最大股东，持股30%左右。2002年以后，为增强城市商业银行实力和抗风险能力，各地加大了战略投资者的引进力度，但是依然没有改变地方政府对城市商业银行实际控制的局面，地方财政股比例虽然有下降的趋势，但是主要流向了地方政府控制的地方国有企业。地方政府股东主要通过地方政府融资平台影响地方城市商业银行绩效。为了满足地方融资的需要，地方政府借助在城市商业银行的控股地位影响银行信贷行为，使贷款更多地流向地方融资平台。短期内，地方城市商业银行的资产业务量大增，银行绩效提高，但长期来看，由于地方融资平台盈利能力差、地方政府担保不足，未来的还款面临压力，地方城市商业银行具有较大的信贷风险。

（3）目前存在的问题。

第一，内部和外部盲目竞争，战略定位尚待完善。银行同质化竞争和地方政府的发展冲动导致的巨大发展压力。一方面，城市商业银行规模较小、发展冲动大，急需做大规模，否则会落在各类排名的后面。而为了尽快做大规模，很多银行与大型商业银行抢占大企业、大项目，走与其他银行同质化的道路。另一方面，城市商业银行作为地方性金融机构，与地方政府有着千丝万缕的关系，为了发展，更需地方政府直接或间接的支持。地方政府为了追求GDP的快速增长以及树立本土银行的品牌形象，不可避免地会要求城市商业银行尽快做大做强，为本地经济发展投入更多的信贷资源。

第二，公司治理结构尚需加强，激励机制不足。我国城市商业银行股权结构不合理主要表现在：地方政府的持股比例普遍偏高，很多在直接或间接上达到了控股的地位，地方政府形成“一股独大”的地位；股权集中在国有企业或者国有控股企业的手中，使得城市商业银行被少数代理人控制，其贷款在很大程度上受政府意愿的影响，甚至成为地方政府的提款机。城市商业银行绝大多数由政府控股，股东大会很难真正代表所有股东的利益；绝大多数城市商业银行的董事会和高管都是由地方政府考察、提名，这种情况下产生的银行领导班子带有很浓厚的行政色彩。

目前，我国城市商业银行的激励机制大多由工资、奖金及各种福利构成，而且管理者的工资和福利远高于普通员工，使得银行员工工作升职的目的是获得更高的工资、福利，而不是银行的长远利益。另外，员工之间，不同岗位、不同职责的员工收入水平差不多，这表面上表现为“一视同仁”“公平对待”，但实际上对重要业务岗位的员工激励不足，不能调动员工的积极性。

第三，信息技术和人才储备不足。一方面，我国城市商业银行成长于地方，长期以来最主要的是从事存贷业务，对现代科技的应用重视不足，造成其在科技方面的投入严重不足。相对于大型商业银行和全国性股份制商业银行来说，城市商业银行的信息技术明显落后，制约业务的发展和核心竞争力的提高。另一方面，城市商业银行从业人员学历水平普遍不高、专业知识不强，服务意识尚待提高。

第四，金融产品和服务创新不足。城市商业银行对这些中间业务的认识还不足，产品创新带来的利润占比较少；而且城市商业银行在金融产品创新上也比较薄弱，难以满足客户高效且多样化的金融业务要求。这在很大程度上制约了业务拓展，影响城市商业银行核心竞争力的提高。

3. 股份制商业银行和城市商业银行发展建议

综合来看，中小型股份制商业银行普遍面临定位不足、公司治理不够健全、产品创新能力不足等问题。未来发展中，应充分发挥自身优势，加强战略规划，服务当地，特色化经营，进而开拓市场。

（1）立足自身特色，明确市场定位。根据自身的实际情况，由小及大，先立足于本地化经营，在立住脚跟、打好基础的情况下探索更大的区域化经营。一是充分利用本地优势，壮大银行的综合实力，为下一步的区域化经营打好坚实基础。一些由地方起家的商业银行在当地具有一定的影响力和声誉，可以充分利用当地的人际资源和地缘优势，稳健地扩大市场份额，降低经营成本、形成价格优势，积累经营经验、提高资金实力。二是中小商业银行在规模和经营管理上容易与社区相互作用，产生相对于大银行所缺失的“亲和性”，这有利于解决中小商业银行贷款决策中的信息不对称问题。

（2）继续推进股权多元化改革，完善公司治理结构，处理好与地方政府的关系。对股份制商业银行来说，由于公司治理结构涉及较多的利益关联，很难仅通过公司内部自律来实现治理结构的改善，因此需要监管部门监督和第三方机构辅导，可以通过外部介入，建立有效的制度，促使内部机制实现有效性。另外，要完善股份制商业银行出资人制度，出资人制度作为一种重要的内部管理制度，可以和外部的法律监管相辅相成，使股东大会、董事会、监事会和管理层各司其职。城市商业银行由于数量多，加上我国各地区经济环境差异巨大，因此，在推进商业银行的股权化改革过程中，必须针对各地区的实际情况，谨慎推进股权化改革，避免因改革与地方政府造成过多的冲突，影响改革的进度和成效。

（3）提高产品创新能力，差异化经营。中间业务的发展是商业银行现代化的重要标志之一，西方商业银行发展策略中就包含高度重视中间业务。我国股份制商业银行应注重中间业务的创新和发展，积极突出有特色的新型金融产品，提供新型服务方式和理念。从满足客户服务需求、形成业务特色为出发点，设计出一系列富有特色的产品或服务手段。

（4）建立健全用人机制，提高员工素质。加强对员工的道德、业务培训，增强经营服务意识和风险意识，提高业务水平和服务水平。探索科学化的民主测评体系，充分考虑现任管理人员与基层行员意见，使经过选拔机制成长起来的员工能够真正得到各方支持，这一方面有助于工作顺利开展，另一方面有利于提高员工忠诚度。

四、农村中小金融机构

1. 基本介绍

根据银监会分类，农村中小金融机构包括农村信用社、农村合作银行、农村商业银行和新型农村中小金融机构。经过多年探索和发展，中国已经初步形成比较完善的农村金融体系。农村中小金融机构改革试点成效明显，多元化产权模式逐步形成，经营效率提高，“支农服务主力军”的作用进一步显现，对改善和提升农村金融服务能力和水平、促进解决“三农”问题发挥了重要作用。

2. 面临的挑战

（1）利率市场化改革下的冲击。目前，国内银行业正逐步推进利率市场化改革，在此背景下银行的盈利能力必然受到冲击，各类银行必然加快创新业务的推出，贷款定价能力较弱、存款吸收渠道较窄的农村中小金融机构将遭受更大的挑战。

（2）存款保险制度缺失和理财产品的开发能力较弱。目前，我国尚未建立显性的银行存款保险制度，但国有银行存在隐性的政府担保。与其他银行（如全国性股份制银行）相比，在没有存款保险的情况下，农村中小金融机构更有可能面临储户流失的局面。

（3）抗风险能力偏弱。与其他银行相比，农村中小金融机构的客户对象更多的是农户和农村中小企业。在当前小农经济生产技术和水平不高的情况下，金融行业原本就存在的信用违约风险更加突出。农业生产易受自然条件和社会市场条件制约，抗灾能力弱，而农户和农村中小企业获得的贷款资金大多投入到严重依赖自然条件的农村经济当中。另外，农户和中小企业缺乏满足银行抵押要求的抵押品，资信状况不佳，农户信用意识普遍较差，农村中小企业经营效率不高，还款能力差。一旦发生灾害，农民和农村小企业无法偿还贷款，将对农村金融机构造成很大的违约风险。因此，提升农村中小金融机构内部的风险控制水平势在必行。

（4）硬件设备和人员素质有待提高。在技术设备方面，目前中国农村中小金融机构电子化建设滞后于业务发展，在硬件与科技方面的投入不足，产品种类少，竞争力不高。在人员设置方面，员工整体素质参差不齐，知识面较窄，高素质、高学历、高技能的优秀人才缺乏；管理人员文化素质偏低，潜在的道德风险大。这些均使得农村中小金融机构不能够及时有效地开拓和创新业务，制约着其服务和管理水平的提高。

3. 对策建议

（1）坚持服务“三农”的市场定位。农村中小金融机构必须立足农村市场，不与国有商业银行、全国性股份制商业银行争业务、抢客户，而是充分发挥地方性银行的地域优势、网点优势和决策优势，在细分市场的基础上为支持当地经济发展提供全方位的金融服务。

（2）完善治理结构，建立健全激励约束机制。打破原有的行政指派方式，按股份比例选举产生组织机构管理人员。在制约机制上，推动“三会一层”的建立和相互制衡，形成一套正向且严格的激励约束机制；赋予监事会更大的权力，如对财务的审计权，对管理层的监察权，对董事会重大决策的否决权等，使监事会行使的职责不受制于董事会。在评价反馈机制上，建立科学的激励、约束与评价机制，使高级管理层的报酬与经营业绩挂钩，使管理人员的行为更加规范，才能使得治理结构得以稳固和发展。

（3）发挥自身优势，创新金融产品和服务。随着农村经济的发展和客户群体的成长，原有的金融产品和服务范围越来越难以满足客户的需求，农村中小金融机构可以发挥与当地联系密切等优势，以市场需求为导向创新金融产品和服务，不断增强自身实力，优化服务方式和创新服务工具。

（4）需要建立激励机制，加强人才的引进与培养。现代金融业的竞争，归根到底是人才的竞争，作为农村商业银行，需要拥有一批业务熟练、责任心强、敬业爱岗的员工，为不同层次、不同行业、不同金融需求的客户提供个性化服务。

（5）建立包括存款保险制度在内的中小金融机构的市场化退出机制。存款保险制度的出台，有利于增强农村信用社的外部公信力，从而吸引更多潜在顾客；而中小金融机构市场化退出机制的完善，使得更多资本得以参与金融机构的改革和扩张，有利于加大民间资本参与金融服务的力度，增强对“三农”和小微企业的金融服务能力。

五、非银行金融机构

1. 小额贷款公司

（1）发展概况。

2005 年，中国人民银行和银监会启动小额贷款公司试点。2008 年，中国人民银行发布《关于小额贷款公司试点的指点意见》，将试点扩大到全国范围。

小额贷款公司是自然人、企业法人与其他社会组织投资设立，不吸收公众存款，经营小额贷款业务的有限责任公司或股份有限公司。资金来源主要有资本金、捐赠资金、来自不超过两个银行业金融机构的融入资金；监管部门主要是当地金融办或相关机构，中国人民银行对于理论和资金流量进行检测并纳入信贷征信系统；建立资产分类制度和拨备制度，确保资产损失准备充足率保持在 100% 以上。

截至 2013 年末，全国共有小额贷款公司 7839 家，从业人员 95136 人，贷款余额 8191 亿元，全年新增贷款 2268 亿元（见图 6. 14）。其中，贷款余额最高的是江苏省，为 1142. 90 亿元，其次为浙江省，贷款余额 899. 85 亿元。最低的是西藏自治区，为 2.25 亿元。拥有机构数量最多的是江苏省，为 573 家，最少的为西藏自治区，仅有 6 家。

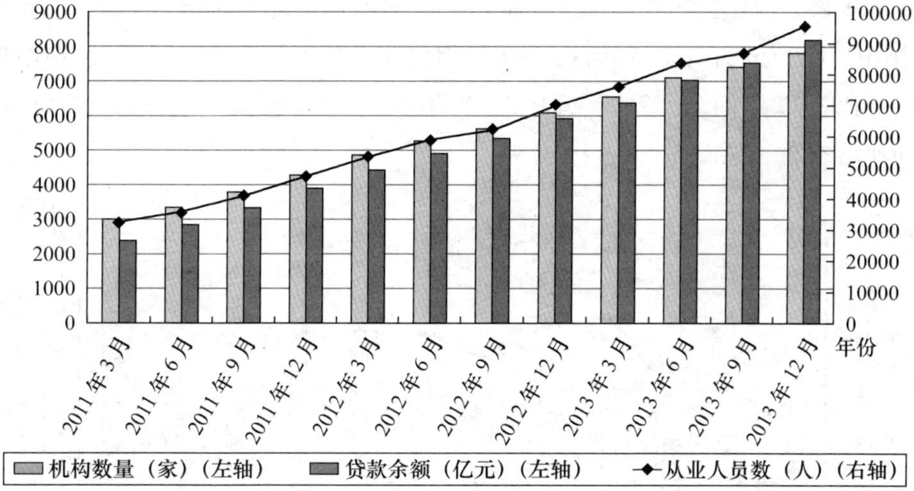

图 6.14　2011 年 3 月至 2013 年 12 月中国小额信贷公司数量、贷款余额和从业人数

资料来源：根据中国人民银行官方网站数据整理。

（2）面临的问题。

第一，小额贷款公司业务面临商业银行挤压。小额贷款业务是一种以低收入阶层为服务对象的小额度、持续化的信贷服务方式，现已成为各家商业银行业务拓展的必争之地。随着金融脱媒现象的不断加剧，传统信贷市场竞争压力日渐增大，越来越多的商业银行意识到正快速发展的小额信贷业蕴含着可持续增长的利润和机遇，开始探索进入这一领域。

第二，小额贷款公司作为新生的投融资机构，在市场上尚未形成品牌影响力，客户不清楚它的服务内容和方式，以及与银行、典当等机构的区别，且由于其定价水平较高，容易招到普通客户的抵触。另外，作为新设机构，缺乏存量客户，新客户资源面窄，同业竞争激烈；相对老牌银行，小额贷款公司在品牌、社会知名度和客户基础等方面差距显著，因此，其客户资源有限。

第三，小额信贷机构本身的诚信评价及风险控制能力受到质疑。小额信贷组织如何能够让社会公众普遍接受，如何能够保证控制金融风险，是我国小额信贷发展中遇到的首要问题。为了控制相关的金融风险，我国对小额信贷机构的运行规则选择了只贷不存的方式。但作为信贷机构，只贷不存的约束条件限制了规模扩张和进一步发展的潜力。

2. 信托公司

近年来，信托公司规模保持大幅增长，但增速下降。2013 年，其资产总规模为 10.91 万亿元，比上年增长 46%。但增速呈现下降趋势，2013 年同比增速 46%，比 2012 年的 55.27% 下降 9.27 个百分点，首次结束了连续 4 年超过 50% 的同比增长率（见图 6.15）。

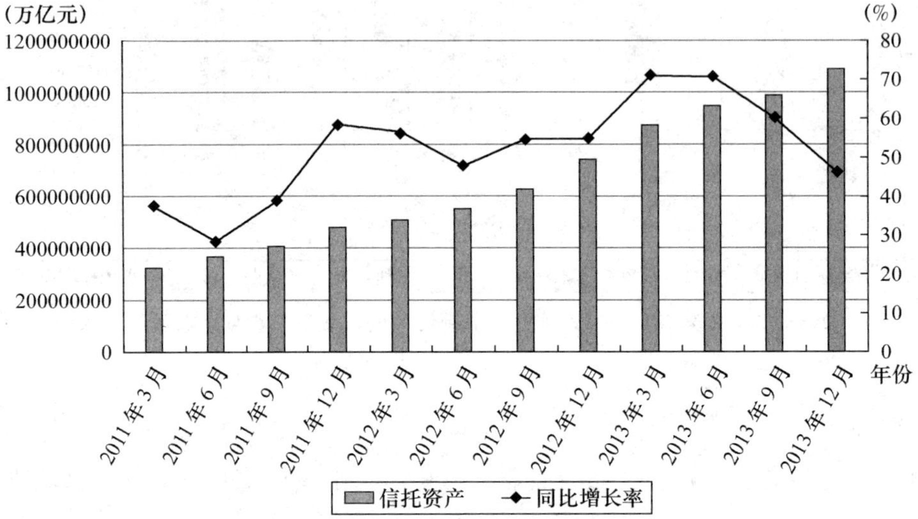

图 6.15　2011～2013 年信托公司资产及增速

资料来源：东方证券，行业研究报告，2014 年 2 月 25 日。

经营效果保持良好势头。2013 年度，信托公司全行业经营收入总额 832.60 亿元，平均每家 12.24 亿元，与上年 638.42 亿元总额与每家 9.67 亿元相比，同比分别增长 30.42% 和 26.58%；经营收入中，信托业务收入占比达到 73.44%，同比略减 0.48 个百分点。全行业利润总额 568.6 亿元人民币，营业利润率高达 68%。行业净资产收益率（ROE）为 22.25%，同比增加 0.53 个百分点。

但由于近几年经济、金融、经营环境的变化，优质企业和项目回归银行和资本市场；宏观经济下行和结构调整导致基础资产风险加大；其他资产机构的理财产品与信托私募融资功能等竞争因素出现，信托业经营仍存在隐含风险。

3. 担保公司

担保公司可以为中小企业提供担保，从而帮助其筹集资金，在很大程度上缓解了中小企业融资困难的局面，成为我国中小企业融资的重要保证。2010～

2012 年担保公司发展稳步增长，法人机构数从 2010 年的 6030 家增加至 2012 年末的 8590 家，从业人员从 8.7 万人增加至 2012 年末的 12.57 万人，资产总额从 2010 年的 5923 亿元增加至的 1.04 万亿元（见图 6.16）。

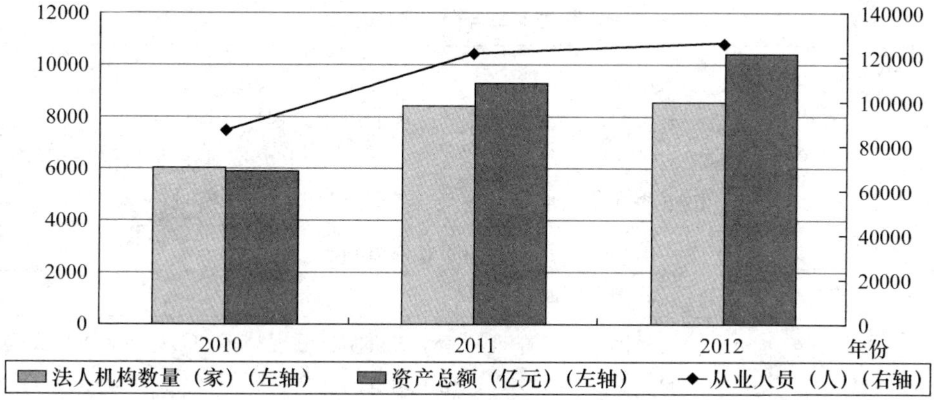

图 6.16　2010～2012 年担保公司机构数、资产总额和从业人员情况

资料来源：根据 wind 资讯数据整理。

担保公司由于起步较晚，发展历史较短，在经营管理、风险防控等方面有很多不健全之处。第一，担保公司属性不明确，属于金融体系中边缘化的机构，其发展没有受到严格的法律保护。第二，担保公司内部风险管理较弱，绝大多数担保公司虽然建立了法人治理机构，但运作机制不完善，财务状况和资产质量造成很大风险隐患。第三，由于担保公司客户多是规模小、信息不透明的中小企业，加上内部专业化水平低、风险管理经验缺乏等因素，容易导致盲目、随意担保，存在较大风险。

第三节　利率市场化、人民币国际化的发展方向

一、利率市场化

1. 利率市场化进程

作为金融资产价格的利率，其市场化问题一直备受关注。长期以来，我国存贷款利率市场化一直贯彻“贷款利率限制下限，存款利率管住上限”的原则，事实上央行通过对不同期限存贷款基准利率管制，阶段性的实现了这一目标。2013

年7月，央行宣布全面放开金融机构贷款利率管制，取消贷款利率下限，由金融机构自主决定贷款利率，由金融机构根据商业原则自主确定贷款利率水平。至此，我国利率市场化改革进程过半，但存款利率市场化尚未放开（见表6.10）。

表6.10　　　　我国利率市场化进程

年　份	主要措施
1993	党的十四大《关于金融体制改革的决定》提出，中国利率改革的长远目标是：建立以市场资金供求为基础，以中央银行基准利率为调控核心，由市场资金供求决定各种利率水平的市场利率管理体系
1996	中国人民银行放开银行间同业拆借利率
1997	银行间债券回购利率放开
1998	中国人民银行改革贴现利率生成机制，贴现利率和转贴现利率在再贴现利率的基础上加点生成，在不超过同期贷款利率（含浮动）的前提下由商业银行自定
1998～1999	中国人民银行连续三次扩大金融机构贷款利率浮动幅度
1999	中国人民银行批准中资商业银行法人对中资保险公司法人试办由双方协商确定利率的大额定期存款（最低起存金额3000万元，期限在5年以上不含5年），进行了存款利率改革的初步尝试
2000	放开外币贷款利率和300万美元（含300万）以上的大额外币存款利率；300万美元以下的小额外币存款利率仍由中国人民银行统一管理
2002	中国人民银行统一中、外资金融机构外币利率管理政策，实现中外资金融机构在外币利率政策上的公平待遇
2003	放开英镑、瑞士法郎和加拿大元的外币小额存款利率管理，由商业银行自主确定
2003	对美元、日圆、港币、欧元小额存款利率实行上限管理，商业银行可根据国际金融市场利率变化，在不超过上限的前提下自主确定
2004	中国人民银行再次扩大金融机构贷款利率浮动区间。商业银行、城市信用社贷款利率浮动区间扩大到［0.9，1.7］，农村信用社贷款利率浮动区间扩大到［0.9，2］，贷款利率浮动区间不再根据企业所有制性质、规模大小分别制定。扩大商业银行自主定价权，提高贷款利率市场化程度，企业贷款利率最高上浮幅度扩大到70%，下浮幅度保持10%不变。贷款上浮取消封顶；下浮的幅度为基准利率的0.9倍，还没有完全放开。与此同时，允许银行的存款利率都可以下浮，下不设底

续表

年　份	主要措施
2006	浮动范围扩大至基准利率的 0.85 倍
2007	Shibor 正式运行。至此，银行同业插接市场利率，票据市场转贴现利率，债券回购利率，国债与政策性金融性发行和二级市场的利率都已完全实现市场化
2011	“十二五”规划纲要明确稳步推进利率市场化改革，加强金融市场基准利率体系建设
2012	存款利率浮动区间的上限调整为基准利率的 1.1 倍；贷款利率浮动区间的下限调整为基准利率的 0.8 倍
2012	再次将贷款利率浮动区间的下限调整为基准利率的 0.7 倍
2013	进一步推进利率市场化改革，自 2013 年 7 月 20 日起全面放开金融机构贷款利率管制。将取消金融机构贷款利率 0.7 倍的下限，由金融机构根据商业原则自主确定贷款利率水平。并取消票据贴现利率管制，改变贴现利率在再贴现利率基础上加点确定的方式，由金融机构自主确定

对于存款利率市场化，央行给出的解释是，放开存款利率管制是利率市场化改革进程中最为关键、风险最大的阶段，需要根据各项基础条件的成熟程度分步实施、有序推进。

2. 利率市场化需要制度配合

（1）存款保险制度。一方面，利率市场化的过程伴随着金融机构之间的竞争。银行之间的竞争带来风险的扩大，恶性竞争甚至会冲击金融体系稳定。另一方面，通常银行只保留部分存款作为备付金，一旦客户大规模取款，银行将陷入困境。一家银行发生挤兑，则其他银行发生连锁反应，尤其对中小金融机构带来冲击。因此，必须设立存款保险制度，确保客户资产不会因为银行倒闭遭受损失。

（2）处理好政府与市场的关系。目前，政府在部分金融领域的管制一定程度上主导了资金配置，不仅导致资金配置效率低下，还引发企业或银行寻租行为。利率市场化即资金配置由市场而非政府决定，政府不再对信贷分配进行行政干预，银行按照信贷风险和市场资金量确定利率，进一步发挥市场的基础性作用。因此，利率市场化需要处理好政府与市场的关系，取消政府对资金分配的行政干预，让资金流入增长潜力大、效益好的部门，带动企业发展，促进经济增长。

3. 利率市场化对银行带来的挑战

（1）行业结构受到冲击。在原有严格管制的固定存贷款利率体制下，发放高风险贷款无法通过提高利率取得足够的风险补偿，发放低风险贷款则可以根据管制利率获取超额收益，在经营利润与资产质量的双重压力下，大小银行竞相为资信良好的大客户提供贷款，而对其他贷款的审批则异常谨慎。因此，中小银行在与大企业谈判时往往处于弱势地位，大企业客户对银行利润的贡献率和股本回报率也日趋下降，利率市场化将改变上述游戏规则，开始遵循“收益与风险成正比”的市场规律。由于中小型商业银行吸收的存款单位成本将会高出大型商业银行，其便会自觉地将贷款客户定位于中小企业客户和中高端私人客户，从而使资源得到最优的配置，也将给现有的银行结构带来巨大的冲击。

（2）经营压力加剧，利润受到挤压。利率市场化后，商业银行拥有了利率的自主定价权，银行之间在存款和贷款领域的竞争将加剧，其稳定的依靠存贷差赚取利润的日子也将一去不返，银行只有通过业务的创新来弥补利润的下降。银行业结构的变化也将促进竞争性市场的形成，寡头独大的局面将被打破，进而形成大、中、小银行并存和业务倾向不同银行的局面。利率市场化也为外资银行提供了更为有利的发展空间，它们将更为充分地利用其成熟的商业技巧和管理理念，在竞争的环境下争夺市场，这无形中给我国商业银行带来了更大的经营压力。

（3）金融脱媒使得银行主营业务受到冲击。利率市场化带动金融市场发展，使一部分投融资从间接方式向直接方式转化，产生了资金脱媒现象。大量的企业临时资金不再通过存款方式来增值，而是在资本市场、货币市场上投放出去来获得短期收益。居民的投资理念也将逐渐成熟，储蓄率会有所降低，他们会更关注包含风险价值的金融市场的收益。并不灵活的银行贷款与多样化的金融产品相比，不再具有竞争力，商业银行的主营业务将受到较大冲击。

（4）利率风险加大。利率风险是指市场利率变动的不确定性给商业银行造成损失的可能性，利率市场化后，由于市场存在诸多不确定因素，利率波动会比较频繁，有时幅度过大、波动过度时会严重威胁我国商业银行的资本基础，甚至会造成银行倒闭。

（5）信用风险更加突出。随着利率市场化改革的深入，利率体系结构改变，资源配置方式也跟着改变，并进一步改变信用关系，使部分经济主体受损，从而引起信用风险的发生。此外，信贷活动中普遍存在信息不对称，商业银行贷款项目中的逆向选择行为和道德风险使银行的资产将更集中于高风险项目，同时市场中的微观主体对利率体制变动的适应需要时间，其经营稳定性必然受到影响，这又会加大商业银行的信用风险。

（6）流动性风险加大。利率市场化允许商业银行更加灵活地运用价格工具吸收存款和调整资产负债结构，但同时也增加了资产负债期限结构匹配的复杂度，改变了资产负债项目的稳定性。存款利率浮动之后，不同银行之间的利率差异将加大，各项存款特别是同业存款在银行之间的流动频率可能会加快，流动的规模也可能会加大。在利率市场化过程中，商业银行通过资产证券化等手段将表内业务转移到表外，放大财务杠杆，提高非利息收入。商业银行表外业务、利率衍生品交易的发展，会提高资产的杠杆化收益，但这些业务和交易的现金流预测难度更大，其流动性风险更加难以识别。

（7）操作风险更为凸显。我国商业银行是一个多级委托代理组织体系，银行管理层缺乏追求盈利和长远发展的内在动力，存在较为严重的内部人控制问题，道德风险和违法违规问题严重。利率市场化条件下，我国商业银行不仅有贷款发放的决定权，更具有了贷款的定价权，贷款的定价权在失效的内控制度下会导致寻租行为，如果内控问题无法尽快得以改观，商业银行的操作风险会越发严重。

二、人民币国际化

1. 人民币国际化进程

人民币国际化是指人民币能够跨越国界，在境外流通，成为国际上普遍认可的计价、结算及储备货币的过程。尽管目前人民币境外的流通并不等于人民币已经国际化，但人民币境外流通的扩大最终必然导致人民币的国际化，使其成为世界货币。

改革开放 30 多年来，中国经济日益融入全球经济体系中，在中国经济总量迅速上升的同时，国际市场对人民币的市场需求也相应上升，特别是在国际金融危机冲击下，主要国际货币波动显著加大，国际经济治理格局出现变化，直接扩大了对人民币的需求。在市场需求的驱动下，中国相应采取了一系列配合措施，以积极稳妥的方式不断推进人民币的国际化进程（见表6.11）。

表6.11　　人民币国际化进程一览表

时　间	主要内容
2007年6月	首只人民币债券登陆香港。此后，内地多家银行先后多次在香港推行两年或三年期的人民币债券，总额超过200亿元人民币
2008年7月10日	国务院批准中国人民银行三定方案，新设立汇率司，其职能包括“根据人民币国际化的进程发展人民币离岸市场”
2008年12月4日	中国与俄罗斯就加快两国在贸易中改用本国货币结算进行了磋商；12日，中国人民银行和韩国银行签署了双边货币互换协议，两国通过本币互换可相互提供规模为1800亿元人民币的短期流动性支持
2008年12月25日	国务院决定，将对广东和长江三角洲地区与港澳地区、广西和云南与亚细安的货物贸易进行人民币结算试点；此外，中国已与包括蒙古、越南、缅甸等在内的周边8国签订了自主选择双边货币结算协议，人民币区域化的进程大步加快
2009年2月8日	中国与马来西亚签订的互换协议规模为800亿元人民币/400亿林吉特
2009年3月9日	国务院确认，人民币跨境结算中心将在香港进行试点。具体的试点方案和办法尚未出台
2009年3月11日	中国人民银行和白俄罗斯共和国国家银行宣布签署双边货币互换协议，目的是通过推动双边贸易及投资促进两国经济增长
2009年3月23日	中国人民银行和印度尼西亚银行宣布签署双边货币互换协议，目的是支持双边贸易及直接投资以促进经济增长，并为稳定金融市场提供短期流动性
2009年4月2日	中国人民银行和阿根廷中央银行签署双边货币互换协议
2009年7月	六部门发布跨境贸易人民币结算试点管理办法，我国跨境贸易人民币结算试点正式启动
2010年6月	结算试点地区范围将扩大至沿海到内地20个省区市，境外结算地扩至所有国家和地区
2011年6月21日	央行公布了《关于明确跨境人民币业务相关问题的通知》，正式明确了外商直接投资人民币结算业务的试点办法，成为推进人民币跨境流动的又一重大举措

资料来源：新华网（http://news.xinhuanet.com/fortune/2012－04/15/c_122982109.htm）。

2. 人民币国际化对银行带来的挑战

随着金融全球化的不断加快，各国都在抓紧制订措施，提高本国经济的竞争能力，而货币国际化作为金融全球化的一个重要特征，是决定一国在世界市场地位的重要手段。我国加入世界贸易组织之后，对外经济贸易的范围已经深入到了全球市场，要想谋求更快的发展，就必须顺应世界发展的潮流，逐步实现人民币国际化。人民币国际化有利于提升商业银行的经营效率和国际竞争力，但同时也对商业银行的经营管理提出了诸多挑战。

（1）竞争压力加剧。人民币国际化后，银行业会存在来自人民币境外市场上外资银行以及来自境外离岸市场人民币业务的双重竞争压力。尽管中资银行在经营人民币产品方面具有本币经营的优势，但外资银行（如美国、日本、欧洲的一些跨国银行）在经营境外货币业务方面历史更悠久、经验更丰富、技术更先进、成本更低、效率更高，因此，我国银行必将会与外资银行在境外市场产生较为激烈的竞争。此外，人民币境外业务的发展对国内竞争力不强的银行将是一个严峻的挑战，因为在人民币境外市场，银行可以分享人民币市场份额，且境外人民币市场的运作具有更大的灵活性和成本优势，如较低的税收、较低的营运和交易成本、没有外汇管制、较低程度的公告和保密制度等，可以为客户提供多元化的投资组合，从而对在岸市场的银行形成竞争压力。

（2）来自境外的制度及信用风险。人民币国际化要求商业银行能够经营人民币跨境结算业务，而银行人民币跨境业务的开展又需要境内代理行能够扩大境外参加行的范围。我国的商业银行在拓展境外代理行时，往往会遇到对方国家（地区）在贸易结算法律和制度上以及一些政治、文化上的阻碍，一旦我国商业银行与境外代理行间的授信关系建立，将要承担更多的关联责任和信用违约风险。因此，如何控制我国商业银行境外代理行的信用风险，就成为我国商业银行面临的又一个新的挑战。

（3）资产负债和流动性管理难度增加。人民币国际化使得国内商业银行资产负债表从国内延伸到国际，来源于国际市场的资产和负债在资产负债表中的占比会越来越大，这对国内商业银行的管理能力提出新的考验。此外，人民币国际化带来人民币利率和汇率改革的加速，这就要求国内商业银行提高利率和汇率的风险敞口管理能力。人民币国际化也带来国内商业银行客户的国际化和服务市场的国际化，这要求国内商业银行能够 24 小时满足流动性管理的需要。

（4）面对人民币产品定价权的争夺。随着当今国际经济活动日趋泛金融化，各国银行都在积极争夺货币资产定价的主动权，所以人民币国际化必将使得争夺人民币资产定价权的竞争更为激烈。

（5）在非自由兑换货币的汇率定价、资金头寸转换、满足客户对人民币保值增值的需求等方面存在困难。

第七章

我国银行业监管法律基础、改革与创新

银行业实施监督和管理，究其实质，并非仅是经济学问题，更重要的是法律的问题。我国银行监管法律体系规范了银行业的监管权力，做到了职权法定，权力监控；树立了银行业监管法律对于监管者、被监管者以及相关社会主体的至上权威。银行监管机构能够依法监管践履政府依法行政的政策要求，有力地推动了我国银行业的稳定发展和飞速进步。只有认真深入地了解我国银行监管的法律制度，改进我国银行监管法律的不足之处，紧跟时代步伐发展法律监管体系，才能够真正地践行法律精神，完善我国的银行监管体系。

第一节　我国银行业监管的法律基础及内涵

一、我国银行业依法监管的基础

法治是现代社会治理的重要理念。依法治国是我国重要的治国方略，依法监管是我国金融监管的重要方针。金融法治，就是依法治理金融，根据国家的法律、法规以及规范性文件等来规范和调整金融行政管理行为、金融个体经营行为等一切金融活动以及随之而产生的各种关系。考虑到银行对经济发展的重要性，银行监管的重要性不言而喻。由于法制具有强制性、普遍性和稳定性的特点，因此以法律手段进行银行监管具有不可比拟的优势。法律不仅为银行监管确立指导方向，更是监管机构监管权限和监管内容的依据。

对银行业实施监督和管理是由银行业市场和法律本身的特性所决定的，表现在以下方面。

第一，银行业是高风险行业。其蕴藏的风险不仅源于外部市场的冲击，如市场风险、经营风险、信用风险等，更重要的是来自银行业自身的内生性风险，如利率风险、汇率风险等。内外风险的交杂，使得整个银行业处于十分脆弱的地位，并且极易对整个社会经济产生不良的影响。同时，银行的风险具有强烈的行业传导性，一家银行的风险很容易推及至整个行业，产生强烈的“多米诺骨牌效应”，从而引发社会经济的动荡。而法律的监管可以通过具体规定在一定程度上控制银行的风险，从而在一定范围内确保整个金融体系的安全。银行风险的特殊性内在地决定了法律对银行监管的可调整性。

第二，监管机构的监管权限源自银行监管法的授权。银行监管机构的监管权限源自法律的授权，是法律赋予了银行监督管理机构为履行其职责享有的公共权力。《中国人民银行法》在第五章用七个条文对中国人民银行的监管权限进行了规定。《银行监督管理法》也分章节分层次的规定了银行业监督管理委员会的职责和权利。

我国的银行业监管建立在依法治国方略的推进过程中，脱胎于依法行政的社会环境中，具有鲜明的法治取向。我国对金融的监管遵循公平性、公正性的原则。依法监管是我国进行银行监管的法律基础。从公法视角考虑，我国政府对银行业的监管整体上体现为依据法治精神创设先进的具体的法律制度①。我国在银行监管法治建设过程中逐渐制定了良好的银行业监管规则，形成了较为完整的银行监管法律体系；规范了银行业的监管权力，做到了职权法定，权力监控；树立了银行业监管法律对于监管者，被监管者以及相关社会主体的至上权威。

二、当前我国银行业监管的法律法规监管体系

银行监管法律制度简称为银行监管制度，就是通过银行监管立法建立起来的、有关银行业监管的相关法律规范性文件和调整银行监督管理关系的一系列强制性的规则及行为制度的总称。健全的、层次分明的银行监管法律制度的建立，有利于我国银行监管实现依法监管与有效监管的动态平衡。

---

① 黄毅：《银行监管法律研究》，法律出版社 2009 年版。

以1986年国务院颁布的《银行管理暂行条例》为标志，我国开始对银行进行依法监管。经过了近30年的不断进步与发展，现阶段我国已经初步建立了以《中华人民共和国商业银行法》和《中华人民共和国银行业监督管理法》为核心，以《金融违法行为处罚办法》和《中华人民共和国外资银行管理条例》等行政法规为骨干，以部门规章和大量规范性文件为主体，以中央立法机关和中央政府的相关法律、法规、决议和命令为辅助，以及相关金融司法解释为补充的现代银行监管法律法规体系。现阶段，我国共有银行业监管法律与相关法律25部，银行业监管行政法规和相关行政法规16部，银行业监管规章26部，银行业监管规范性文件569件，以及最高人民法院发布的银行业监管相关司法解释93件[①]（见表7.1）。

表7.1　　我国银行监管法律法规体系一览表

法　律	《中华人民共和国商业银行法》 《中华人民共和国银行业监督管理法》 《中华人民共和国中国人民银行法》等
行政法规	《金融违法行为处罚办法》 《中华人民共和国外资银行管理条例》等
部门规章	《流动资金贷款管理暂行办法》 《固定资产贷款管理暂行办法》等
规范性文件	《银行业金融机构国别风险管理指引》 《商业银行资本充足率监督检查指引》等

1. 以《中华人民共和国中国人民银行法》和《中华人民共和国银行业监督管理法》等法律法规为核心

《中华人民共和国中国人民银行法》《中华人民共和国商业银行法》和《中华人民共和国银行业监督管理法》是我国用于监督银行业的三部专门法律，也是银行业监管相关法律中最重要的三部法律。以三部法律为核心，以其他法律相关条款为补充，初步构建了我国银行业依法监管的法律框架。

（1）《中华人民共和国中国人民银行法》（以下简称《中国人民银行法》）。

① 银监发［2012］年1号令“中国银监会关于发布银行业规章和规范性文件清理结果的公告”以及由法律出版社于2011年出版的《中国银行业监管法规汇编（修订版）》。

《中国人民银行法》颁布于1995年3月18日第八届全国人民代表大会第三次会议，并根据2003年12月27日第十届全国人民代表大会常务委员会第六次会议《关于修改〈中华人民共和国中国人民银行法〉的决定》进行修正，2004年2月1日正式实施。

在银行监督管理委员会成立以前，中国人民银行承担着监管银行业发展的重要责任。《中国人民银行法》第一次以法律的形式明确规定了中国人民银行在金融业监督管理方面的法律地位和职能，为银行业的监管提供了法律依据。从此以后，中国银行业的监督管理有了明确的监管机关加以管理和专门的法律加以约束①。《中国人民银行法》为以后的银行业监督管理法律的颁布和实施奠定了基础。

《中国人民银行法》实施近10年后，为了适应金融监督管理体制改革的需要，2003年国务院设立了中国银行业监督管理委员会，并于同年对《中国人民银行法》进行了修改，明确了银监会在银行监督管理方面的专门的地位。中国人民银行对于金融机构不再有监督管理责任，但是为了维护金融稳定，中央银行也必须履行相关的监管职能。修订后的《中国人民银行法》在第五章对中国人民银行的金融监督管理职能做出了详细的描述。

（2）《中华人民共和国商业银行法》（以下简称《商业银行法》）。

为了适应我国银行的商业化改革，1995年5月10日《商业银行法》正式颁布并实施②。这是继《中国人民银行法》颁布以后我国金融体制改革和法制建设的又一个重要的成果。《商业银行法》总结了我国1949年以来特别是金融体制改革以来我国商业银行改革的实践经验，根据建立社会主义市场经济体制下商业银行体系的需要，创造性地借鉴并吸收了各国商业银行立法的成功经验和做法。《商业银行法》的颁布与实施，对完善我国金融法律体系，依法保护存款人和其他客户的合法权益，促进国有专业银行向商业银行的转变，规范商业银行的行为，维护商业银行经营自主权，保证商业银行按照安全性、流动性

① 2003年的《中华人民共和国中国人民银行法》修正案中将“对金融业实施监督管理”的内容删去，增加了“防范和化解金融风险，维护金融稳定的内容”，但是同时保留了中国人民银行必要的监管职责。

② 根据2003年12月27日第十届全国人民代表大会常务委员会第六次会议《关于修改〈中华人民共和国商业银行法〉的决定》修正，并于2004年2月1日正式施行。

和效益性的市场原则稳健经营和发展，提高商业银行信贷资产质量，保障金融体制改革的顺利进行，推动金融业的健康发展，提供了法律保障，发挥了重要作用。

《商业银行法》的立法目的在于保护商业银行、存款人和其他客户的合法权益，规范商业银行的行为，提高信贷资产质量，加强监督管理，保障商业银行的稳健运行，维护金融秩序，促进社会主义市场经济的发展。该法对商业银行的各项业务的具体实施规则进行了规范，提供了商业银行的经营范本，并且规定商业银行接受依法监管。这种监管具体包括银监会①对商业银行设立、变更、终止以及业务范围的监督管理；对商业银行的董事、高级管理人员任职资格的监督管理；对存款人保护的监督管理；对贷款和其他业务的监督管理和对财务会计的监督管理等②。

（3）《中华人民共和国银行业监督管理法》（以下简称《银行业监督管理法》）。

2003 年是我国金融监管体制改革的关键一年，这一年，全国人民代表大会通过了关于《商业银行法》和《中国人民银行法》的修正案，同时决定成立中国银行业监督管理委员会，将原有的中国人民银行的监督管理职能交由银监会承担。为了更为有效地适应我国金融监管体制改革的需要，明确银监会的责任，完善监管制度，强化监管手段，加大监管力度，提高监管水平，《中华人民共和国银行业监督管理法》应运而生③。现在《银行业监督管理法》已经成为我国银行业监督管理的最重要的法律依据，与《商业银行法》和《中国人民银行法》共同构成了我国银行业依法监管的核心。

《银行业监督管理法》既吸收了国际银行业的先进管理理念和制度，同时也结合了中国银行业监管的历史经验，具有鲜明的特点。《银行业监督管理法》明确了监管者的目标、要求和原则；保证监管者的独立性，建立监管当局的内部监督制度；通过制定和实施银行业金融机构的审慎经营原则，实现监管方式

---

① 银监会成立之前由中国人民银行进行监管，《中华人民共和国商业银行法》（1995）的论述为“商业银行依法接受中国人民银行的监督管理”。

② 李文阁：《中华人民共和国商业银行法释义和实用指南》，中国物价出版社 2004 年版。

③ 2003 年 12 月 27 日第十届全国人大常委会第六次审议通过了《中华人民共和国银行业监督管理法》，该法自 2004 年 2 月 1 日生效。2006 年 10 月 31 日，第十届全国人大常委会审议通过《关于修改银行业监督管理法的决定》，并于 2007 年 1 月 1 日正式施行。

从合规监管向风险监管的转变；加强现场和非现场监管手段；提高并表监管能力；加强信息披露，强化市场约束；在法律中明确赋予银行监管当局在银行业金融机构未遵守审慎经营原则时，采取强制措施的权力；加强银行监管当局与国内其他监管机构以及和国际监管机构的协调。

《银行业监督管理法》以法律的形式确定了银监会在银行业监管的地位和职责，对银监会的发展具有重要的意义。《银行业监督管理法》的颁布，有利于加强对银行业的监督管理，规范监督管理行为，防范和化解银行业风险，保护存款人和其他客户的合法权益，促进银行业的健康发展①。它是世界上第一部专门的银行业监督方面的法律，丰富了国际监管立法，对国际监管具有卓越的贡献。

除了这三部专门的关于银行的法律之外，我国还有《反洗钱法》《物权法》《合同法》《票据法》《公司法》等22部法律的相关条款与银行业监管有关，这些法律为我国商业银行的监管提供了良好的外部环境。同时，为银行监管过程中出现的具体问题提供法律依据，最高人民法院也发布了相关的司法解释，如《关于审理借贷案件的若干意见》《担保法司法解释》《关于审理存单纠纷若干问题的意见》等93条司法解释，来确保监管。

2. 以《金融违法行为处罚办法》等行政法规为骨干

行政法规是国务院根据宪法和法律，按照法定程序制定的有关行使行政权力、履行行政职责的规范性文件的总称。银行监管行政法规的效力仅次于法律，高于规章和规范性文件。银行业监管的行政法规是对监管法律中原则性问题的具体化，是建立在法律基础上的具体操作性规则制度。

我国现有的银行业监管相关行政法规有《现金管理暂行条例》《储蓄管理条例》《企业债券管理条例》《外汇管理条例》《非法金融机构和非法金融业务活动取缔办法》《金融违法行为处罚办法》《对储蓄存款利息所得征收个人所得税的实施办法》《人民币管理条例》《国有重点金融机构监事会暂行条例》《个人存款账户实名制规定》《金融资产管理公司规定》《住房公积金管理条例》《金融机构撤销条例》《外资银行管理条例》《政府信息公开条例》《行政复议法实施条例》，共16部，这些法规不仅有利于具体考察银行业金融机构业务的

① 《中华人民共和国银行业监督管理法》总则第一条。

合规性，同时提高了银行业监督管理的可操作性。

3. 以部门规章和规范性文件①为主体

银行监管部门规章和规范性文件都是由银监会发布的关于银行相关业务的具体规定。其内容覆盖广泛，规则制定详细，是我国在进行银行业具体业务监管时最直接、最方便的工具。银行业监管规章覆盖了银行业经营管理中最重要的问题，包括调整银行准入的管理方式和程序的决定，以及涉及银行核心信贷业务的贷款通则、“三个办法一个指引”和关于非银行金融机构的监督管理规定等。银行业监管规范性文件则体现了银行业监督管理者对于银行业发展的密切关注，多体现为对于具体问题的批复和通知，是我国银行业监管最灵活的政策工具，实时反映出市场的动态情况，有利于实现及时有效的监管。这些规范性文件，不仅覆盖了国内商业银行的监管，同时也对政策性银行、外资银行、农村中小金融机构、非银行金融机构的监管提出了重要的指导性意见。

现阶段，我国银行业监管体系涵盖了银行监管机构职权、银行业行政许可、银行监管质量立法、银行业审慎经营规则、银行业务创新监管等诸多领域；反映了宪法、银行监管法的立法精神和银行监管发展的现实需要；借鉴了国际范围内有效银行监管的良好经验和通行做法。银行监管机构能够依法监管践履政府依法行政的政策要求，有力地推动了我国银行业的稳定发展和飞速进步。

第二节　我国银行监管法律法规存在的问题和缺陷

银行业的法律制度安排是防范和处置金融风险的基础，也是促进银行业健康发展的制度保障。完善的银行监管法律制度应该具有有效性、持续性以及内外的平衡性。现阶段，我国虽然已经初步建立了较为完善的银行监管法律体系，但是其中仍然存在不少的问题与缺陷，不仅在银行立法的层面上存在不健全的问题，而且随着我国金融改革的深入，也有一部分法律制度安排已经不适应我国银行业的发展状况。银行改革，法律先行，为了进一步推动我国银行业的发展，我国必须首先从法律层面上进行改革与创新，以此来保证银行业的健康运

① 本文的规章与规范性文件以银监发［2011］1号《中国银监会关于发布银行业规章和规范性文件清理结果的公告》为基准。

行与发展。

一、我国银行依法监管宏观上存在的漏洞与不足

1. 银行监管主体权责不明确

银监会成立后颁布的《银行业监督管理法》的立法宗旨主要在于两点：一是实现银行监管权的重新配置与分离；二是根据国内金融业的发展状况进行银行监管法的融合与协调。但修改后的《中国人民银行法》将央行的职责定位为制定与执行货币政策，维护金融稳定，提供金融服务。可以看出，银监会的监管职权是从中国人民银行分离出来的，而且中国人民银行还保留了对银行业的部分监管职权，两者的职权划分存在模糊地带，部分职权形成交叉，如管理职能与货币职能难以明确区分，容易出现重复监管等问题。此外，中国人民银行作为存款类金融机构的最后贷款人，有权力对这些金融机构的风险和经营状况进行了解、分析乃至必要的指引，从而可能会导致中国人民银行与银监会之间的权力冲突，如果两者协调不好，就有可能出现一些双方都不监管的“真空”领域。可见，银监会的职权界限不是很明确。另外，银监会只是我国银行业金融机构最主要的行政监管主体，而不是唯一的银行业监督管理机构，其行政主体地位合法性依然存在争议。

2. 银行监管制度内容存在缺陷

我国银行监管制度内容存在的缺陷可以分为以下几个方面。

第一，金融控股公司的监管立法未建立。金融业的混业经营已是大势所趋，我国已存在许多不同形式的金融控股公司，而金融控股公司的监管立法还没有确立。

第二，存款保险制度也未建立。随着银行业的逐步放开，各地的民营银行和城市商业银行等相继成立，各类银行机构之间的竞争将会更加激烈；与此同时，经营不善的银行机构退出行业竞争的现象也将会逐渐显现，为降低这种现象给金融稳定带来的风险，也为改变中国人民银行提供的隐性存款保险的局面，就必须通过立法来确立存款保险制度。

第三，银行业的准入和退出机制尚待完善。银行业的准入机制在机构准入方面仍需要完善，如要求符合国民经济发展的需要，符合金融业发展的政策和方向，符合合理布局、公平竞争原则等，这些无一不是笼统、缺乏量化指标的。

而实际操作中，银行监管人员容易将其当作可有可无的规定而忽略不计，对那些申请设立分支机构的银行通常是“来者不拒”；在业务准入方面，不论新老银行，也不论银行资产规模大小、内部管理水平高低，更不论其设立初衷如何，基本上是没有区别；在人员准入方面，强调高管人员的学历、行业工作年限、专业技术职称等，但对其管理经验、工作业绩、个人品行等则缺乏相应考量，而这点对新银行的负责人而言又尤为重要。同时，市场退出是银行业在特殊阶段保护利益相关者的一种重要途径，但是目前我国除了《商业银行法》和《银行业监督管理法》之外，并没有专门的法律对此加以规定，而且上述两部法律的规定并不具体，是原则性的阐述，实际操作过程中并不能切实运用。

此外，还有一些缺失的地方，例如对于问题银行的退出方式列明了几种类别，但是对于运行良好银行的主动退出则没有规定，这在实践中显然会出现无法可依的情况。

3. 银行监管权限越位和过度

国有商业银行经过改革已经成为企业法人，是盈利性组织，独立进行经营决策并承担市场风险，是银行业法人金融机构作为法人存在的重要基础和必然要求。然而，长期以来，我国为了实现银行业的完全稳定，向商业银行提供了全面隐性担保，即政府对商业银行在经营过程中形成的损失进行政策性冲减或核销，通过严格的监管防止商业银行出现破产倒闭。这种做法，一方面使商业银行因为有了国家担保而疏于经营管理和风险防控，造成银行业的低效率和高成本；另一方面也成为政府对商业银行进行不合理行政干预的潜在理由，形成双重道德风险。另外，现阶段我国对商业银行的隐性担保在承担银行业投资者自身应该承担责任的同时，也承担了银行经营者应该承担的责任，甚至承担了存款者应该承担的责任。这种对银行业多方主体过度的不适当的保护，不仅不能够真正保护这些主体，还可能会起反向激励作用，容易形成道德风险，进而可能在银行业体系中形成金融风险。

此外，银行监管过度则会导致银行业金融抑制问题。鉴于监管的各项严格指标限制，商业银行出于对安全与收益的权衡，减少对“三农”和中小企业的信贷支持；又由于过高的银行业市场准入门槛将大量民间资本阻挡于正规银行业市场之外，造成了“三农”和中小企业的有效信贷供给不足。从深层次分析，正是由于监管过度，造成了国有银行的过度集中，也就不能满足整个市场的信贷需求；而民间资本进入银行业受到严格管制，又导致了民间金融非正规繁荣，更是难以监管。

4. 法律层次低

法律对于权利与义务的规范起到最高的约束作用，然而在我国的银行监管的法律体系当中，涉及银行监管的具体原则和规范大多是国务院、中国人民银行和银监会所颁布的行政命令。根据银监会的统计数据，我国的行政法规和规章制度有700余件，其法律效力远不及正式法律的约束力强。

5. 金融创新法律体系缺失

我国的金融创新正在如火如荼的发展过程当中，虽然不如欧美等发达地区的市场显得活跃，但是金融创新，尤其是金融衍生产品、影子银行、互联网金融等对我国的金融市场的发展起到了重要的作用。然而，现阶段，我国的金融创新的法治建设问题具有浓重的问题导向特征，即出现问题，由问题制定政策，缺乏完整性的、综合性的立法考虑。这使得我国现阶段金融创新的监管并非出于安全与效率的最佳平衡点。另一方面，我国对于政策性银行的监管始终处于较为放松的状态，随着政策性银行市场化改革的进一步加速，有必要从立法的角度对政策性银行进行相应的规范。

二、具体法律法规条款的问题和不足

1. 《中国人民银行法》

《中国人民银行法》自2003年修订以来已有十余年，期间我国经济金融形势发生了巨大变化，金融体制改革持续推进，金融业对外开放不断深化，金融混业经营趋势越加明显，中国人民银行职能随之发生了较大变化。为了适应现阶段金融发展状态并且深化金融市场的发展程度，中国人民银行在履职中存在的不少问题都需要在法律制度上予以解决。现行的《中国人民银行法》已经不能适应市场经济发展和央行履职的客观需要，部分制度设计滞后于时代变迁，有必要进行再次修改。

首先，央行作为最高金融监管机构的法律地位尚未明晰。《中国人民银行法》在第一章规定了中央银行的地位和职责，明确地将《中国人民银行法》的立法目的定位为“为了确立中国人民银行的地位和职责，保证国家货币政策的正确制定和执行，建立和完善中央银行宏观调控体系加强对于金融业的监督管理”，这实质上只是将中央银行的定位局限在了银行业的监管上。它造成了央行对于证券业、保险业监管的忽略，削弱了央行作为金融监管机构的主导地位，同时在一定程度上与银监会的定位和职责规定出现了重复，造成了监管重复。加之金融混业经营的前提下，金融业务的复杂化也加剧了由于央行地位不明晰而导致的金融监管“真空”。在金融监管层面，中国人民银行对其他金融监管部门的影响力不足，难以与银监会、证监会、保监会建立有效的监管协作和信息共享机制。在现行的《中国人民银行法》的规定之下，央行的监管水平无法得到有效的提高。

其次，中央银行的职责界定不明，缺乏对现实金融市场发展的及时反映。金融市场的快速发展，使现阶段的金融监管法律滞后。尤其是在金融危机之后，各国央行纷纷修改各自的法律，增加了自身宏观审慎管理者和系统性风险监管者的职责定位。而我国的《中国人民银行法》并没有做出相应的修改。虽然我国也在积极探讨并且出台了一系列的政策来强化央行的职能，但是政策的法律效力远远弱于法律的效力，这也使得我国央行实行宏观审慎监管职能缺乏强有力的法律依据。同时，根据《中华人民共和国反洗钱法》《征信业管理条例》、新“三定”方案、《跨境贸易人民币结算试点管理办法》《非金融机构支付服务管理办法》等法律、法规和规范性文件，中国人民银行已经新增反洗钱等重要职能，但是这些职能并没有通过法律予以确定。另一方面，金融消费领域的纠纷日益增多，央行没有切实履行自己作为综合的金融监管机构应当承担的保护金融消费者的责任，而分业的金融消费者保护很容易最终出现互相推诿责任的局面，无法切实维护消费者的合法权益。

第三，《中国人民银行法》对央行的职责和履职的规定过于原则化和目标化，缺乏具体的可执行性的规定，从而削弱了央行监管的有效性，导致中国人民银行无法履行中央银行的很多正常职责。如中央银行的核心角色之一是充当最后贷款人，维护金融稳定，但现行《中国人民银行法》对维护金融稳定职责的规定过于原则化和抽象，仅限于目标性宣示，缺乏具体阐释和相应的监管授权。

2.《商业银行法》

《商业银行法》是我国商业银行经营与发展的重要法律，但是现行的《商业银行法》已经无法涵盖飞速发展的商业银行业务的各个方面，其中的一些规定也限制了我国商业银行的进一步发展。

例如，《商业银行法》第3条规定我国商业银行经营范围包括13个类别。但是，随着金融创新业务的大量涌现，电子银行业务、理财业务、企业债券承销业务和资产管理业务等《商业银行法》经营范围中未包括的业务，已经成为商业银行的主体业务之一；同时，我国商业银行的资产负债结构发生了较大变化，大量代客理财业务由表内转为表外，同业业务在资产中的占比越来越高，这些变化都未能在《商业银行法》经营范围内得到体现。不仅如此，《商业银行法》中并没有对银行经营的业务进行有层次的划分，这使得不同等级之间的银行同质化明显，无法充分发挥各自的优势，市场发展的优化格局并未形成。

再比如，《商业银行法》第39九条规定资本充足率不得低于8%。2012年，我国依据《巴塞尔协议Ⅲ》制定的《商业银行资本管理办法（试行）》不但重新界定了资本定义，而且在最低资本充足率要求的前提下，增加了储备资本和逆周期资本的监管要求，对系统性重要银行资本充足的监管要求是11.5%，其他银行是10.5%，而我国的《商业银行法》尚未进行修改，使得法律要求与监管实践存在差异，缺乏效力高的法律予以支持。

还有，《商业银行法》第39条规定存贷比不得超过75%，这个规定严重限制了我国商业银行负债比的优化和业务的拓展。在利率市场化、金融脱媒、资本监管和互联网金融冲击的市场环境下，商业银行的负债来源和资产运用呈现明显的多元化趋势，资产负债结构发生了较大变化，传统的存贷业务在资产负债中的占比越来越低，再加之贷款规模控制，使存贷比对商业银行的资产负债管理失去了实际意义。因此，应以《巴塞尔协议Ⅲ》中的流动性覆盖率和净稳定资金比例进行替代。

再者，《商业银行法》第43条规定"商业银行在中华人民共和国境内不得从事信托投资和证券经营业务，不得向非自用不动产投资或者向非银行金融机构和企业投资，但国家另有规定除外"。这是我国金融业分业经营、分业监管的法律依据之一。但是，近年来国家监管部门和相关部委在综合化经营方面制定了配套政策，实行了个案审批；出现了以中信集团、光大集团、平安集团为代表的金融控股集团，以五家大型银行为代表的控股非银行金融机构的综合化经营实践，纷纷突破分业经营、分业监管的限制，而其他银行大量的综合化经营需求无法得到满足，不利于商业银行整体竞争力的提高。《商业银行法》中明确规定的分业经营的形式阻碍了我国金融市场的竞争化，不利于商业银行多元化的发展。

另外，在《商业银行法》中缺少对于商业银行准入和退出机制的规定。商业银行的多元化发展必须以分层次的市场准入法律规定为基础和前提。良好的市场竞争环境也必须有完善的市场退出法律机制予以保障。虽然商业银行的破产在我国尚不是特别突出的问题，但是其对金融稳定具有巨大的破坏性。考虑到商业银行之于整个金融发展乃至社会稳定的重要性，必须建立完善有效的市场准入和退出的法律制度。

3.《银行业监督管理法》

《银行业监督管理法》是为了适应金融业分业经营分业监管而应运而生的专门对银行业的监管提供法律依据的一部重要法律，是现阶段银监会进行监管的最重要的法律依据。然而，金融危机之后，世界银行业的监管发生了重大变化，新的监管理念、新的监管目标、新的监管手段和新的监管指标纷纷出台，改变了原有的监管模式。而我国的《银行业监督管理法》并没有根据市场的变化进行有效的修改，从而限制了我国银行业的发展，无形中提高了我国银行业经营的风险等级。

首先，银行监督管理委员会作为监管银行业发展的最重要机构的地位并不明确，从而导致了银监会自身定位不清晰，无法切实履行职责。虽然中国人民银行已经将对于银行监管的执法权剥离给银监会，但是仍然有相当一部分的执法权保留在了央行，加之央行定位局限在银行业，从而导致了中央银行和银监会监管重合，一方面浪费了监管的资源，另一方面又使得权责界定不清。

其次，《银行业监督管理法》规定缺乏层次性。银行业发展呈现着多种形态的发展形式，如大型银行、中型银行、小型银行、村镇银行等，不同的银行经营业务有所区别，影响范围和能力各不相同，因此对于银行的监管也要分层次、分等级的进行。金融危机之后的《巴塞尔协议Ⅲ》提出了系统性银行的概念，率先给银行分等级监管树立了规范。虽然我国已经落实了《巴塞尔协议Ⅲ》的相应指标①，但现行的《银行业监督管理法》并没有将其纳入其中，造成了实践与理论的落后，削弱了银行监管的有效性。

---

① 2012年我国正式实施《巴塞尔协议Ⅲ》的相应指标规定。

第三，《银行业监督管理法》过于原则化，缺乏执行的具体操作准则。在缺乏细则的前提下，银监会对于商业银行监管的有效性将大打折扣。例如，《银行业监督管理法》对于银监会在实施监管时规定，“国务院银行业监督管理机构应当公开监管程度，建立监督管理责任制度和内部监督制度”[①]，却没有明确制度的内容，这使得银监会人员在进行监管时没有统一的规范可以遵循，无形中增加了寻租的空间。再比如，《银行业监督管理法》对于银行的非现场检查缺乏相应的规定，非现场检查的时间和手段非正规化，弱化了监管效力。

4. 配套法律法规和规范性文件

现阶段，我国具有效力的行政法规和规范性文件以及部门规章等有 740 多部[②]，涉及了银行经营与发展的各个方面，不仅有对银行具体业务的规定，而且也涵盖了对于不同银行类型的规定。不过，很多配套措施出台之后并没有随着业务的发展进行相应的修改，大约 40 部的办法仍然保持着暂行的状态，严重滞后于现阶段的市场发展。例如《贷款通则》自 1996 年 8 月 1 日正式施行以来虽然发布了新的版本，但是并没有做出修改。再比如《票据法》规定的商业银行的票据类型中有很多已经不再金融市场上流通。而且，这些银行监管的配套措施当中有很多是完全重复的内容，并没有起到细化规则、提供执行规范的作用。比如 1997 年 12 月 1 日起施行的《支付结算办法》大量直接照搬了《票据法》《票据管理办法》的规定。再者，这些配套文件还存在着一定的不协调之处，使得相关者的相关行为的法律依据混乱，不利于银行监管的统一性。

第三节　我国银行监管法律法规体系改革与创新

毫无疑问，我国银行业法治建设的道路还很漫长。当前及今后一段时期内，银行业监管法治建设要围绕规范与发展这两大主题，进行银行监管的法律体系创新。所谓银行监管法律创新，重点就是以宏观审慎监管思想指导规范银行监管法律法规体系的设计，弥补现行法律法规体系中的空白，提高依法监管的有效性，为银行发展和银行监管提供法律依据，引导我国银行商业化的进一步发

① 《银行业监督管理法》第二章第十三条。

② 截止到 2011 年。具体参考《中国中国银行业监管法规汇编（修订版）》，法律出版社。

展和金融市场的繁荣发展。银行监管法律法规体系的改革与创新，是我国银行业改革转型的起点和基础，也是深化我国市场经济体制改革的重要举措。

一、树立宏观审慎监管思想，以市场为导向完善银行监管法律体系

长期以来，金融监管更多地侧重于微观监管，侧重于对单个机构风险的监管，这种微观审慎监管思想体现了金融稳定政策模式的传统理念：如果单家金融机构实现了稳健经营，那么，作为所有金融机构集合的金融体系就应该是稳定的，故金融监管只需关注如何实现微观层面的稳健运行。然而国际金融危机表明，仅凭微观层面的努力难以实现金融体系稳定，监管当局有必要从经济活动、金融市场以及金融机构行为之间相互关联的角度，从整体上评估金融体系的风险，在此基础上健全金融体系的制度设计并作出政策反应，即加强宏观审慎监管。正如 G20 伦敦峰会公报指出，金融业和金融监管措施的重大失误，是导致金融危机的根本原因①，其中金融监管措施的重大失误便是指各国监管机构单纯关注微观金融个体而忽视宏观审慎监管。

危机之中，欧美各国纷纷对国家监管机构进行重组和改革，并修改相关法律强调宏观审慎监管。美国撤销储贷监理署，将其主要职能并入货币监理署，成立金融消费者保护局和联邦保险办公室。美联储成为“超级监管者”，除继续负责对大型复杂金融机构的监管外，还承担了前述新设立的金融稳定监督委员会的大部分职能。英国撤销金融服务局，将其职能分别并入新设立的审慎监管局和金融行为监管局，并实施审慎监管和行为监管相结合的“准双峰”的金融监管体制；同时赋予英格兰银行宏观审慎管理和微观审慎监管权，分别由其董事会内部设立的金融政策委员会和其附属的审慎监管局具体实施。欧盟创建“一会三局”超国家性质的监管体制，宏观上建立“一会”——欧洲系统性风险委员会，微观上建立“三局”——欧洲银行业监管局、欧洲证券与市场监管局、欧洲保险与职业养老金监管局。德国赋予央行宏观审慎管理权，金融监管局负责微观审慎监管。俄罗斯撤销金融市场局，由俄央行行使其职能。俄央行成为统一监管者，对所有金融机构实施宏观审慎管理和微观审慎监管，同时接

① G20 伦敦峰会于 2009 年 4 月 2 号发布公报，提出了应对金融危机的各项政策以及新的监管要求。凤凰网（http：//news. ifeng. com/world/special/2009g20/news/200904/0403_ 5997_ 1089514. shtml）。

管财政部和政府有关金融市场监管标准制定的部分权力，参与起草政府对金融监管的相关法律规定。

与此同时，中国也在进行金融体制的重大变革。我国《金融业发展和改革“十二五”规划》指出：“借鉴国际经验并结合我国国情，进一步构建和完善逆周期的宏观审慎政策框架，有效防范系统性金融风险，保持经济金融平稳较快发展。”然而，我国并未从法律上对宏观审慎监管进行具体的规定与规范，宏观审慎监管缺乏必要的法律依据。因此，我们必须对现行的《中国人民银行法》《银行业监督管理法》等相关法律予以修订，进一步明确和厘清中国人民银行的职责和地位定位。

第一，在法律上确立中央银行履行宏观审慎性监管的地位。目前，我国正处于经济转型、金融改革的关键时期，全社会的法治意识不断增强，依法行政也成为中央银行越来越重视的问题。中央银行若行使宏观审慎性监管，就必须有法律层面的基本保证。为更好地履行宏观审慎性监管，维护经济的平稳运行，应尽快修订《中国人民银行法》，从法律上明确赋予中国人民银行履行宏观审慎性监管的主导地位。同时，将监管的权力细化分工，明确各级中国人民银行的监管权限和义务，增强系统性风险的提前识别能力，确保金融系统的稳定运行。

第二，修订《中国人民银行法》，明确中国人民银行履行宏观审慎性监管的工具。一是在法律上明确赋予中国人民银行宏观审慎性监管工具，将中国人民银行实践采用的差别准备金动态调整机制及社会融资规模监测等工具纳入《中国人民银行法》相关法律条文。二是将逆周期监管工具及系统性重要金融机构的监管措施纳入《中国人民银行法》法律条文。三是明确规定中国人民银行可依据巴塞尔委员会的规定，制定宏观审慎监管工具实施细则办法。

第三，设立宏观审慎监管委员会，强化信息沟通及协调。借鉴英格兰银行的模式，参照中央银行货币政策委员会的做法，在中央银行内部设立宏观审慎监管委员会。宏观审慎监管委员会具体负责宏观审慎性监管政策的制定并对专业监管机构提供意见指导，专业监管机构具体负责各行业的金融监管并定期向宏观审慎监管委员会报送监管信息，保证宏观审慎监管信息的沟通及协调，确保金融系统的平稳运行。

第四，制定系统性风险监测评估办法细则，完善宏观审慎性监管法律体系。

应加强系统性风险识别监测，促进中国人民银行有效实施宏观审慎性监管。依据《中国人民银行法》制定系统性风险监测评估办法细则，明确中国人民银行系统性风险监测、评估、识别的具体措施办法。建立金融稳定压力测试相关的实施办法，定期组织商业银行金融稳定压力测试，为提高宏观审慎性监管评估的前瞻性和科学性提供法律依据。

二、改革银行准入制度，建立市场化的准入模式

银行市场准入是银行进入市场的门槛，对其进行监管是银行监管的重要组成部分，而且是银行监管的首要环节，是保障银行业金融机构稳健运行和银行体系安全的重要基础，具有特殊的意义。现阶段，我国关于银行准入制度是基于《商业银行法》以及银监会2003年5月29日颁布的《中国银行业监督管理委员会关于调整银行市场准入管理方式和程序的决定》而建立的。银行市场准入的重要标志就是金融监管当局授予的相关许可证，即银行牌照。监管当局授予银行牌照的过程包括了一系列复杂的审批环节。根据《商业银行法》和《中国银行业监督管理委员会关于调整银行市场准入管理方式和程序的决定》，我国金融监管当局对于银行业的世行准入主要围绕着机构、业务、人员等基本问题进行了不同程度的管理和规范。但是在现阶段市场化条件下，我国的银行业准入制度存在着一定的局限性。

第一，制度设计存在着局限性，没有统一的银行市场准入制度，无论是中资银行和外资银行之分，还是中资银行内部，都存在着不小的差异。这种法律制度安排表明我国当前金融立法仍然保持了以往的思维惯性，缺乏对于市场主体公平对待的立法取向。人为分类的制度安排使得法律自身很容易出现矛盾之处，同时增加了不少审批的成本。

第二，具体规定有的过于原则，有的过于细化。例如，对于机构准入要求，符合国民经济发展的需要，符合金融业发展的政策和方向，这些都是笼统的缺乏量化的规定，无法予以衡量，在实际中经常被作为可有可无的规定而忽略不计；而在业务准入方面，不论银行的经营管理年限，不论规模大小、管理程度和水平，不考虑其风险承受能力，均采取统一的审批条件；在人员管理方面，过于强调高学历和专业职称，缺乏对于其银行业管理能力和管理水平以及职业道德的考量。

第三，银行牌照设计不合理，无法区分银行层次。目前，我国的银行市场准入方面采取的是单一的拍照制，这种做法没有从监管层面对于银行的等级和种类加以划分，无法促进银行的合理定位，从而无法实现对于经济主体不同的融资需求，同时也没有区分银行的不同风险等级。

通常情况下，银行的牌照管理制度的确立（银行市场准入制度的确立），不仅会受到本国（或地区）政治、经济、文化等因素的影响，更重要的是取决于该国金融业发展水平和市场准入政策以及金融业竞争状况。关于市场准入法律制度的设立，宜对以下方面予以关注。

一是完善我国银行市场准入制度，不断提高准入制度监管的有效性。我国现阶段的准入制度改革必须坚持以《商业银行法》为核心，坚持市场主体的平等性原则，将外资银行的准入与监管纳入与中资银行统一的制度框架之下，同时不再以银行属性，而是以银行资产规模为主要分类标准进行单独立法，将现有的行政法规和规范性文件加以整合和调整，在改革牌照设计的基础之上，根据牌照级别不同来区分准入资格。

二是以银行牌照为手段进行调节，促进银行业机构和业务的结构性调整。借鉴其他发达国家和地区的做法，通过立法方式对现有的银行体系进行强制划分或整合，建立多级银行牌照制，促进银行的功能定位和合理竞争。以资产规模为划分标准，对银行市场准入的牌照实现分层次、分类别的区别式发放。根据抓大、搞活、扶持三大基本思路，以国有银行为主体的高资产规模银行为重点，以地方性商业银行和城乡银行为基础、特殊照顾农村商业银行，进行分层次、有重点的监管，既提高了监管的效率，也减少了监管的成本。

三是建立健全银行牌照收费制度，减少监管者的寻租空间。当前的银行市场准入制度复杂且缺乏透明性，如果建立银行牌照收费制度，不但可以减少监管者的寻租空间，同时也能更好地树立责、权、利相匹配的法治理念，从而提高监管的有效性。

银行准入制度的改革必须与当前的金融发展相适应，是一个循序渐进的过程。现阶段市场准入制度改革的目标应该是在简化审批程序的基础上，提高银行市场准入制度的有效性，在坚持市场主体公平性的原则之下，实现银行准入资格的分等级审批。而在金融市场化全面发展的未来，在有效地监管框架之下，将银行的准入制度向注册制发展，从而真正实现银行业的自由竞争与自由发展。

三、健全银行退出机制的设计，实现银行的有效退出

市场进入与市场退出是市场竞争规律的两个相辅相成的重要方面。市场化银行发展体系的构建，不仅需要准入制度，更需要健全的退出制度。商业银行退出市场，可能是由于竞争激烈而形成的兼并与收购行为，也有可能是由于经营管理问题而产生的被动退出问题。考虑到商业银行之于社会稳定发展的重要性和特殊性，必须要有严密的市场退出机制来化解因为被动市场退出而产生的社会冲击。

当前，我国对于商业银行的退出尚未形成权威的定义。现行的《商业银行法》第七章第七十二条提到了商业银行因解散、被撤销和被宣告破产而终止，意义等同于商业银行市场退出。商业银行市场退出的顺利进行对于经济发展具有重大意义，它一方面可以提高市场的发展效率，另一方面也可以防止因个别问题银行倒闭而导致的金融体系不稳健，进而引发信用、经济的社会危机。

2008 年的金融危机使得全世界大量的商业银行由于负债率过高和经营不善面临着市场退出的风险，尤其是欧美发达地区，包括一些大型知名商业银行在内的银行纷纷宣布破产。截至 2009 年 11 月，美国共有 115 家银行倒闭，在 10 月 30 日更是创下了单日银行倒闭的最高纪录——一日倒闭 9 家银行。值得庆幸的是，这些发达国家和地区在较为成熟和完善的市场退出机制的保护下，在关键时刻稳定了市场的信心，避免了危机的进一步快速扩散。

现阶段我国商业银行之间竞争激烈，同质化趋势严重，但是在国家隐形的保护下，市场退出机制一直是一个模糊的概念。为了提高商业银行的市场化程度，增强市场上的竞争效率，商业银行市场退出机制的改革势在必行。我们应该避免像日本式的行政主导的市场退出模式，那只会造成市场竞争的退化，不仅达不到优胜劣汰以及资源合理的配置，同时也加剧了财政负担。我们应该借鉴欧美地区的市场主导方式，以达到市场竞争自由化的目的。

市场主导型退出机制以存款保险制度为核心，以充分的市场和完善的法律环境为基础。充分的市场发展使得银行可以借助多种手段处理银行自身的经营发展问题。所有市场参与者在法律的框架下进行活动，在强烈的市场规则观念的指导下，各自承担各自的损失。同时，各个负责机构根据自身的职权规定做出相应的决策，整体分工明确，协调统一。完善的法制环境包括严密的法律体

系和对金融突发事件的迅速响应机制，将整个金融体制置于一个稳定的有规则可循的框架之下。在这一环境中，问题银行的处置程序和参与者各自的权利、义务都是既定和明确的，这有利于迅速高效地处置问题银行，减少社会摩擦，降低成本支出。

我国的市场退出机制改革中，首先，要从法律的高度明确商业银行市场退出的形式，并且建立一套完整的与市场退出机制相关的配套机制，尤其是存款保险制度的建立，将成为商业银行市场退出机制的核心基础，同时配以商业银行的市场退出清偿基金机制，再一次牢固市场退出机制的补偿基础。其次，整合现行法律，针对商业银行的特殊性，建立一套完整的适应于商业银行自身的破产法律体系。同时，明确商业银行市场退出机制监管的主体以及辅助机构，明确分工，协调一致。再次，在商业银行市场准入时，明确参与各方的法律责任，尤其是银行建立的出资方的法律责任，考虑到商业银行之于社会公众的重要意义，适时推出无限责任清偿制，从而突出商业银行的社会责任。

四、时刻关注市场发展，加强对金融创新的监管力度

当前，金融混业经营的趋势愈加明显，金融行业之间的界限越加模糊，加之网络技术的飞速发展，金融创新层出不穷，具体表现为：第一，依据《商业银行中间业务暂行规定》，商业银行可以从事的金融衍生品交易、投资基金托管、代理证券业务、代理保险业务与保险公司紧密相关，同时证券公司的保证金账户以及保险公司的一些保险品种类似于银行储蓄的作用。第二，金融控股公司客观存在，类似于光大集团和中信集团等金融控股公司，实质上早就是混业经营的金融公司。第三，商业银行作为场外市场，活跃着多种衍生产品，银行间衍生产品交易活跃。第四，互联网金融兴盛。

当年，美国爆发的金融危机，就是监管放松的大背景下金融创新所导致的金融风险的蔓延，金融危机过后，很多国家纷纷加强监管尤其是提高了金融创新的监管等级。而在我国现阶段的市场发展状态下，虽然市场自由化程度后于欧美发达国家和地区，但是金融创新却发展迅速，很多金融创新产品和形式游走于法律的模糊地带，在创造高额利润的同时也带来了相应的高风险。因此，金融创新将成为我国未来金融监管的重点。

金融创新的监管，首先就是要建立健全法律监管体系，将金融创新作为银

行监管的重点，从法律的层面对金融创新提出切实的监管要求。另外，要建立完善的监管协调机制，尤其是对于分业经营背景下混业经营的相关环节，做到信息共享，协调监管，避免过度监管和监管“真空”。

针对金融衍生品的监管，重要的是整合现行关于金融衍生品的相关法律法规，提高监管的法律等级，避免对单一产品的立法监管，以综合法律的形式分类型加以立法。在监管金融创新的同时，为了活跃市场，可以选择分等级的金融创新业务的介入。在健全的市场准入和退出机制建立的背景下，可以适当的将中小型银行作为创新市场的主要活动者，将重要性银行作为稳定市场的基石，这样既可以利用金融创新丰富市场，同时也可以稳定市场信心。

以现阶段发展得如火如荼的互联网金融为例。由于缺乏规范的、系统的法律监管体系，我国的互联网监管缺乏连贯性和系统性，仅仅依靠银监会和中国人民银行等职能部门适时推出的行政法规难以对互联网金融监管起到真正的作用。互联网监管的重中之重就是要在法律的基础上建立系统的互联网监管系统。一是完善互联网金融法律体系，加强适应互联网金融监管和风控体系立法，明确监管原则和界限。二是完善互联网金融发展相关的基础性法律，如个人信息的保护、信用体系等。三是加快互联网金融技术部门规章和国家标准制定，互联网金融涉及的技术环节较多，应从战略高度协调相关部委出台或优化相关制度，启动相应的国家标准制定工作。四是尽快对网络信贷等互联网金融新业态建立全面规范的法律法规，尤其是要明确网络借贷机构的性质和法律地位，对其组织形式、资格条件、经营模式、风险防范和监督管理等做出规范。

五、建立金融消费者保护法律体系

在当前全球经济的货币化程度不断提高的背景下，银行得以高速发展，然而与之不相符的是，金融领域中的消费者保护却依然是一片空白。金融创新使得金融产品日益复杂，加之金融机构尤其是银行业一直以来的霸权地位，金融消费者在金融秩序中难以谋求到有利的地位。金融危机之前，各国的金融立法大多都强调金融稳定或者是经济发展，而忽视了对于金融消费者的保护。次贷危机的爆发证明了金融消费者的长期弱势的地位，不但违背了社会的公平与正义，而且最终使得社会发展走向失衡，直接引发了金融动荡。金融消费者保护体系的建立势在必行。

从法学的角度看，保护和权利是密不可分的同一问题的两个方面。之所以进行金融消费者的保护，主要是由于司法调整下的金融机构和消费者之间的权利失衡，从而利用立法监管的手段来对两者进行二次平衡，从而达到消费者权利的保护。在实践过程中，监管机构是通过实现消费者权利的可诉性将权利转化为金融消费者的合法权益。

对于金融消费者保护的学术研究开始于20世纪末，研究的重点在对于金融消费者保护的实践经验的总结。然而，此时的金融消费者保护理念尚未得到足够的重视。次贷危机爆发、蔓延，再一次引发了各国对于金融消费者保护的诸多改革法案的提出。根据世界银行金融可获得性数据库的资料，在其调查的118个经济体中，有80%的经济体有消费者保护的立法，77个经济体有普遍适用的消费者保护立法，67个经济体有专门针对特定金融服务的消费者保护立法，77个经济体的金融立法中包括了消费者保护，42个经济体有消费者保护立法框架下的金融消费者保护。我国的中国人民银行也设立了金融消费权益保护局，用以对金融消费者进行保护。截止2012年11月末，中国人民银行1256个分支机构开展了金融消费权益保护试点工作，设立了822个金融消费者维权中心，受理了11717件投诉申诉，已经处理完10499件，投诉申诉处理结果满意度为98.29%。

然而，我国现阶段的金融消费者体系问题重重，并没有真正做到依法对金融消费者进行有效的保护。

首先，缺乏明确的金融消费者保护的基本立法。我国保护消费者权益的法律依据主要是《消费者权益保护法》，而《消费者权益保护法》中第二条规定："消费者为生活消费需要购买、使用商品或是接受服务，其权益受本法保护。"这一定义过于狭窄，金融消费范畴则是一片空白，当金融消费者权利受到侵犯时很难以《消费者权益保护法》作为主要依据来维护自身权利。

第二，没有统一的金融消费者保护机构。次贷危机过后，中国人民银行、银监会、证监会、保监会纷纷设立了消费者权益保护部门，分别从各自的行业范围对金融消费者保护权益进行保护。然而，在混业经营趋势越加明显的背景下，金融服务和产品的创新已经涉及了包括银行、证券、保险等各个金融领域的综合，以机构为分类标准容易出现监管的真空和重叠，效率不高。

第三，金融消费者司法诉讼途径不畅。目前，我国整体的司法环境有待改善，存在着诉讼周期长、费用高、举证难等普遍问题，加之金融产品和服务具有专业性，更是加剧了金融消费保护的难度。尤其是在金融机构长期处于强势地位的状况下，复杂的金融产品的制定者都是金融机构，金融消费者在购买过程中存在着严重的信息不对称的情况，在非专业的背景条件下，消费者很难举证证明。

因此，建立健全的金融消费者保护制度必须结合我国经济发展的特征，借鉴国外的优秀经验，设立一套符合我国社会发展的金融消费者保护制度。

一是完善金融消费者立法。一个有效的金融消费者保护系统必须具备系统的法律体系和健全的纠纷解决制度等一系列综合制度，以及一个独立的监管机构。针对我国金融发展的特殊情况，应制定一部或几部专门针对金融消费者保护的法律，具体规定保护范围、标准、制度等关键问题，明确金融消费权益保护的相应原则和规则。同时对现有的法律法规体系进行整合，抓紧修订和完善行政法规制度，适时修订《中国人民银行法》《商业银行法》《贷款通则》等法律法规，针对性地增加对于消费者保护的相关规定，解决现阶段金融消费者的保护问题。

二是建立统一的金融消费者保护机构。解决涉及综合金融产品和业务的金融消费者求权的问题，解决监管空白和重叠，提高维权的效率。出台相应的金融消费者权益保护的政策指导，引领我国的金融消费者保护。同时，保证金融消费者保护机构的独立性，以便真正做到金融消费者权利的保护。

三是积极开展金融消费者权益保护教育，提高金融消费者的专业性和维权意识，减少金融消费纠纷。金融产品不同于其他的消费品，具有较强的专业性，需要消费者具有基本的金融知识。金融消费者权益保护教育可以让金融消费者在日益复杂的金融环境中对自己的合法权益进行保护，从而减少自身的损失。同时，金融纠纷的减少也提高了市场运行的有效性和效率。

第八章

完善银行监管体系建设

随着经济的发展、改革的不断深入，我国金融业的发展进入了一个新的阶段，混业经营时代开始到来。近几年，影子银行形式逐渐丰富，互联网金融迅速崛起，支付宝、微信支付等新金融出现，监管改革必须提上议程。对于监管，我国还处于“一行三会”的监管模式，结合国外优秀经验，需在宏观上联合监管，微观上以维护金融消费者的权益为己任，进行一系列的监管体系改革。本章基于这些背景，对银行的监管体系建设进行大胆的假设，对新的监管体系提出了一些建议和具体的措施。

第一节 “一行三会”的监管改革

一、现行监管体制存在的问题

1. 银行监管的组织架构不能适应银行的发展现状

随着市场条件日益成熟，金融机构之间的竞争日趋激烈，金融创新的步伐也不断加快，旧的组织架构已不能适应银行业快速发展的现状。

（1）银监会与中国人民银行。

从理论上看，银监会统一监督管理银行、金融资产管理公司、信托投资公司以及其他存款类金融机构，维护银行业的合法、稳定运行，央行主要负责制定货币政策，对金融进行宏观管理，但是这种监管职能的分工是很不彻底的。例如信贷管理，银监会享有对信贷管理的职能，而央行也对信贷政策进行监管，这样一种状态事实上削弱了银监会进行有效监管的基础，在一定程度上使其成为央行进行间接管理的“影子”。

在实践中，可能存在以下两个方面的冲突，一是宏观经济发展与微观金融稳定之间的冲突。央行制定的货币政策通常是逆经济周期而行的，而银行监管的目标正好相反，经济高涨时，商业银行的经营效益较好，风险较低，适当放松监管。二是中国人民银行最终贷款人的角色需要银监会的支持。银监会成立以后，银行机构监管工作都由银监会管辖，但“最终贷款人”角色则是由中国人民银行承担的，因此判断银行是否处于困境需要二者之间进行充分地沟通与交流。

（2）银监会与其他监管机构及地方政府。

随着综合经营的趋势化，分业监管模式已愈发不适合金融业的发展与稳定，而监管联席会议制度还没得到有效实施。首先，对于不少对市场有重大影响的决策，沟通不及时、协调不充分、监管不到位。其次，由于不同的机构需向不同的部门来申请业务，执行不同的监管标准，即使是同一业务，也需要得到不同部门的批准，存在重复审批现象，也容易在监管部门之间产生冲突。最后，对于一些交叉领域的机构设置和业务，一方面存在监管真空，导致危险滋生；另一方面，存在重复监管，加大了市场主体的遵从成本，也不利于金融的创新、发展和稳定。

银监会与地方政府之间的职责尚待界定。银监会作为独立的金融监管机构，理应具有超脱性，但只要地方政府负有直接管理经济的职能，行政干预就不可避免，这是因为地方政府仍然是参与资金和资源配置的主体。因此，对金融竞争性因素所引发的金融违规，地方政府可能会大力支持，但对违规攀比性因素和企业倒闭性因素所引发的金融违规，地方政府就有可能行政干预。一些地方政府为了突出本地的政绩，要求银行信贷服从地方计划，强制银行对亏损企业放贷，随意冲销企业债务等。在这种违规攀比心理作用下，金融违规行为迅速蔓延，使得各地监管者在处罚上顾虑重重，导致整个监管力度软弱。因此，明确界定银监会与地方各级政府之间的职责是当前金融监管中急需解决的问题之一。

（3）各监管机构之间。

各监管机构之间存在信息收集分工与共享机制不健全的问题。由于分业监管的结构，导致了各个监管部门之间信息资源的不可共用性，缺乏良好的信息共享机制，而信息是决策的依据，不依靠信息的决策算不得有效的决策，也就产生重复监管、监管真空、监管滞后等现实问题。

在金融监管模式下，不同的监管组织结构带来的信息共享成本和信息来源的问题都不一样。不同的监管部门对一定范围内的金融机构进行监管，只有在综合衡量的基础上对这些机构进行分析，才能保证监管的真实有效性，而这些金融机构监管所需要的信息是广泛的。在信息的采集过程中，各监管部门根据各自需要，分别向监管对象直接提取数据，沟通得不及时、不通畅，就不可避免地出现数据重复收集。在我国金融混业经营的趋势下，对金融机构进行常规性监管已经成为必须，跨领域的监管信息无形中增加了监管的成本，目前各个机构信息的收集都是不全面的，而又因为“搭便车”现象的存在，导致各监管部门都不想在公共信息建设方面增加必要的成本。因此，改变信息不对称状况，就必须建立有效的信息共享，从而达到降低监管成本、提高监管效率的目的。

2. 信息披露制度不完善

实现有效的市场约束的一个重要前提是信息披露，没有充分和正确的信息披露，也就没有市场对银行信息的理性反应及随之而来的约束行为。因此，建立和完善银行信息披露机制具有较强的理论和现实意义。

（1）信息披露的充分性。

首先，缺乏对风险管理的定量信息披露。由于我们在风险管理方面起步较晚，对各种风险管理的方法和模型应用得较少，对许多风险管理数据缺乏必要的记录与分析。在这方面，我国商业银行的定性和定量信息披露显得不足，无法提供国际标准要求的大部分定量信息。具体表现在四个方面：一是信用风险。新资本协议关于信用风险评级（特别是内部信用评级方面）、信用风险敞口计量、各种信用风险缓释技术（如抵押、担保）等方面的信息披露基本未反映。二是市场风险。各上市银行关于市场风险的披露很少，没有关于统计模型的假设前提、模型参数、模型测试等披露。三是利率风险。各上市银行都未提供因利率变化对银行收益和资本的定量影响，更谈不上这些影响的计量过程。四是操作风险。各上市银行披露内容也局限于说明内部控制制度的完整性、合理性和有效性，未披露操作风险本身，距离新资本协议的要求差距还很大。

其次，缺乏对非财务信息的披露。非财务信息对公众获知银行状况相当重要，会对公司价值的判断产生较大影响，而我国银行业非财务信息披露比会计报表披露更为薄弱，导致信息披露存在较大缺口。一方面是由于对会计报表附注披露的重要性认识不足，未能看到会计报表附注披露是基于表内项目的、对表内项目的有益补充，使得会计报表披露信息更加完整、更易于理解。另一方面受会计确认标准的限制，我国商业银行现行会计报表经常把重点放在法律形式上，而不是交易或事项的经济实质上，使得大量有用的信息无法体现在财务报表中。

（2）信息披露的真实性。

商业银行信息披露的准确性直接影响信息的有用性，对信息使用者的正确决策起至关重要的作用。真实性标准衡量的是信息披露者意图表达的信息是否与客观事实相符合，表达的信息是否与一般信息接受者所理解或感知的结果相符合。

首先，资产品质信息失真。资产质量关系到商业银行稳健程度和盈利能力，是反映金融机构安全性的重要指标，因此受到商业银行经营者、监管者和外部信息使用者的关注。就我国银行业机构来讲，过去往往为了满足内部考核需要而进行粉饰。现在即使银行机构以足够的诚信来披露，但由于技术原因导致资产质量的准确性难以把握。2006 年以来，农村信用社开始试行推广五级分类方法，但五级分类方法主观判断性较大，如果人员专业素质和道德水准不高，极易产生人为操纵现象。

其次，资本金信息失真。我国商业银行的资本充足率是根据国内相关会计制度而确定和计算出来的，造成了资本充足率高估。从我国银行资产的现状来看，银行计算资本充足率时所依据的风险权重系数在一定程度上高估了我国银行的资本充足率。大多数国家则是按贷款余额的 1% ~2% 提取一般准备金，而且还依据贷款的风险大小按不同比例提取特种准备金，风险越大，准备金提取比例越高。我国在实际操作中，由于贷款质量高估、改变计提方式、调整计提范围等原因，都有可能导致准备金提取不足。在计提范围上，除一般要求贷款、应收利息外，还应考虑其他资产的可收回性，并根据实际情况计提相应的准备金或直接冲销。

再次，盈亏信息失真。同资产质量信息失真原因类似，盈亏信息也因考核而扭曲。我国目前的商业银行信息披露监管制度，对信息披露准确性的要求比较笼统，缺乏具体可执行的标准和指引。商业银行分支机构每年实现的利润，往往是根据上级的考核标准确定，即使有基层分支机构经营不佳，但为了达到考核指标而“粉饰”指标，使盈利水平账面数大于实际情况。

（3）信息披露的及时性。《巴塞尔新资本协议》对商业银行信息披露频率要求至少应当半年一次，风险状况变动明显的应当每季披露，国际活跃银行必须按季披露一级资本充足率，并建议尽可能频繁地进行信息披露，仅对风险轮廓清晰的小银行放宽到公布年报。首先，上市商业银行定期报告的及时披露要求与国外主要证券市场相比，我国对上市商业银行定期报告的信息披露时间比较及时，与国外相差不大。其次，我国对及时公告的要求是指自起算日起或者触及披露时点的两个交易日内进行公告，时间上要滞后许多。最后，对于非上市商业银行信息披露的及时性要求也存在一些问题：一是延迟信息披露的规定不合理，对于需要延迟披露的特殊情况描述比较模糊，不易界定；二是未对临时报告事项及其及时性披露提出要求；三是未明确规定延迟披露的法律责任。

在信息披露方式上，应该采取自愿披露和强制披露相结合，除了必须披露的内容外，给银行留有自愿披露的余地。此外，还可采取补充报表披露，对于报表附注中没有规定披露的内容，在必要的情况下采取补充报表披露。同时，也需要创新披露的手段，借助于现代信息技术。

总之，以适时披露代替定期披露，以个性化信息披露代替通用型信息披露，以复合数据披露代替财务数据披露。

3. 银行监管的方式落后

我国对银行业监管的方式主要有现场监管和非现场监管两种。非现场监管是面向过程的风险监管的重要手段，具有信息的全面性、持续性和对风险的早期预警作用。现场监管是银行业监管中准确发现问题、纠正银行经营管理的偏差、处理违规违法行为的直接有效手段，能够真实和全面的掌握银行业经营管理的内部信息。然而由于主客观原因，非现场监管方式在提供全面系统信息、有效评价银行经营状况和实现早期的风险预警方面的作用尚未得到充分发挥；现场监管也缺乏系统性和连续性，许多现场检查都是从上到下的临时性项目安排。

（1）非现场监管存在的问题。

首先，非现场监管指标体系设计不合理。监管指标体系设计欠合理，风险反映不够充分。一是忽略了对银行理财、金融衍生品等表外业务和新业务的监管，而是把监管重点放在传统的资产负债业务，即使有所涉及，也仅停留在表面层次。二是监管部门注重对信贷资产质量方面的监测分析，却较少分析非信贷资产方面，忽视了对非信贷资产的监管。三是集中对商业银行总行的监管，忽视了对各级监管机构监管指标的设计；此外，注重对即时风险的监管，而相对弱化了潜在风险的监管。四是缺乏系统的评价方式和风险分析。我国商业银行还未建立起系统的预警系统和风险评价模型，缺乏动态分析手段，最终难以起到早期预警的作用。

其次，缺乏持续有效监管的信息系统平台。银行业的风险很大程度上源于信息不对称，因此，建立及时、全面、准确和动态的可供监管人员随时调阅和分析监管数据的网络化监管信息平台是克服信息不对称的重要举措。目前，我国非现场监管存在这样一些问题：一是尚未建立起即时连接商业银行和监管当局的网络化监管系统，没有监管信息处理平台；二是非现场系统收集数据情况不稳定，一些银行数据报送不及时、质量差，非现场分析总体质量仍不高；三是非现场监管联动机制有待完善，主要不足在于银监会各部门之间、部门内部以及与银监局的信息流动和沟通有待加强；四是非现场监测的范围较窄，如其他监管部门的监管结果、媒体披露的相关信息等，均没有纳入非现场监测的范畴。

再次，非现场监管的风险分析不能实现面向过程的持续动态监管。我国尚未建立系统的商业银行风险评价模型和预警系统，对银行的风险分析重点仍放在监控指标的合规性上，局限于简单的数据汇总分析和经验判断，还不能够全面实施面向银行业经营全过程的风险监管，还达不到采用宏观经济分析、历史比较分析、行业比较分析和期限缺口分析等动态分析手段来揭示银行风险变动趋势及对潜在风险和未来风险的预测，难以起到早期预警和指导现场检查的作用。

（2）现场监管存在的问题。

2003 年以来，我国银行现场检查工作取得了较大进步，现场检查初步实现制度化和规范化，针对性和持续性方面基本体现了差别监管和风险监管理念，但是仍存在较多的薄弱环节。

首先，现场检查体系有待进一步完善。一是中国人民银行跨区分行成立以后，执行现场检查的稽核监察被分配到各监管处室，这种体制有利于将现场检查与非现场检查相结合，但是也使得现场检查力量分散、力度不够的情况出现，影响检查效果。二是我国银监会检查人员的水平还不能满足新的监管形势，人事管理制度还有待进一步完善。三是在监管过程中并没有充分利用中介机构的作用，影响监管效率。我国需要借鉴像英国那样由外部注册会计师代替银行监管机构人员执行对银行机构的现场检查，有必要让中介机构参与到现场检查的过程中来。

其次，现场检查缺乏连续性。银监会对于现场检查主要是沿用过去中国人民银行的标准，只是在中国人民银行监管的基础上增加了检查的次数，没有突出银监会自身的特点，还未形成一套有效的制度。我国银行现场检查侧重于合规性的查处，对银行风险监督不足，且现场检查的人力不足，缺乏非现场监督配合，在一定时期只能以有限的力量对少数银行实施现场检查；银行监管取得的数据和资料的报送主要是依靠手工操作，在检查监督过程中易出现遗漏且效率低下。金融机构通常出于经营业务的保密性而不公开网络技术，监管当局也无法做到与被监管者的信息网络对接，导致现场检查方式缺乏自动化，因而导致现场监管缺乏连续性。

二、“一行三会”的职能定位

1. 中国人民银行

中国人民银行是宏观系统性风险监管者与银行监管者。根据《中华人民共和国中国人民银行法》的规定，中国人民银行是我国的中央银行，在国务院领导下制定和执行货币政策，防范和化解金融风险，维护金融稳定的政府机构。

历史上，中国人民银行曾经是整个金融体系的唯一监管者。自证监会、保监会、银监会成立之后，中国人民银行的原有监管职能在很大程度上已经被取代，但是其对金融机构仍具有一定的实质监管职责。第一，央行依职权对金融机构流动性和资本充足性的监测，因而央行对于整个金融体系中的风险状况有第一手的数据，可以宏观把握金融系统性风险。第二，央行作为金融机构的最后贷款人，对问题金融机构经营状况、适用援助资金的使用情况等进行监管。第三，央行在监管手段上比行政机关更市场化，更能适应降低监管成本的要求。对于违反现时金融政策或者从事较高风险的金融机构，央行可以通过市场手段而不是行政命令的方式进行限制。

2. 银监会

银监会是银行监管者和主要金融资产监管者。2003 年《中华人民共和国银行业监督管理法》正式颁布，银行业监督管理委员会成为中国银行业的专门监管部门，取代了以前中国人民银行的银行监管职责。

根据法律规定，银监会不仅是银行的监管者，而且是某些非银行金融机构的监管者。前者包括如商业银行、政策性银行、城市信用社或农村信用社等银行，以及其他从事吸收公众存款的金融机构；后者包括金融资产管理公司、信托投资公司、财务公司、金融租赁公司，以及银监会批准设立的其他金融机构。在监管的目标上，银监会对金融机构的市场行为和金融机构审慎经营两方面同时进行监管。

3. 证监会

证监会是资本市场监管者，《中华人民共和国证券法》是规制和监管资本市场的主要法律，中国证监会是“三会”当中成立最早的一个。按照《证券法》授权的范围，证监会监管的对象包括股票、企业债券、国债、证券投资基金、证券衍生品种如期货合约、期权和认股权证衍生金融产品，以及证券公司、证券投资基金管理公司的审慎监管。

4. 保监会

保监会是保险机构与保险业务监管者。保险业监督管理委员会于 1998 年成立，接手中国人民银行的保险业监管职能。

根据《中华人民共和国保险法》的规定，保监会与银监会一样，同时承担保险公司的市场行为监管和保险公司审慎监管两种监管职责。与银行机构类似，保险机构也面临着系统性风险，只是与银行系统性风险的类型存在差异，如巨灾风险、社会风险和政治经济风险等。保监会通过编制和更新“寿险业经验生命表”、监管保险基金投资风险、争取对保险业发展有利的税收政策等手段，来监督和管理保险机构的系统性风险。

三、银监会的监管范围

1. 监管目标

（1）要明确金融监管协调机制的监管目标，保持协调机制的独立性。

我国在金融监管目标上大致有两个相互独立的监管目标：一个是针对金融机构进行审慎监管，其中包括着眼于金融机构个体的微观审慎监管，以及着眼于整个金融体系的宏观审慎监管；另一个是针对金融市场存在的不公平竞争、欺诈行为，保护投资者和金融消费者权益的市场行为监管。

审慎监管中的金融机构包括商业银行、非银行存储机构、保险公司，以及任何涉及使用金融杠杆工具的金融机构，如证券公司、投资基金、对冲基金等。次贷危机让我们看到，除了传统商业银行的负债经营之外，越来越多的金融机构通过发行债券等方式，从事“借短投长”的长期投资性经营，形成了与商业银行平行的“影子银行”体制。而与一般商业银行严格遵守资本充足率不同的是，“影子银行”不受银行监管者审慎性监管，敢于在投资和交易中从事高杠杆率的冒险经营活动，其涉及的资金规模远远超过商业银行的经营规模。因此，应将“影子银行”一类的审慎性监管纳入银行监管体系，接受审慎性调查和监管。对于保险公司一类的监管，由于其经营方式、面临的主要风险和历史原因，目前在多数国家仍然采用单独机构监管模式，即保险监管者既监管保险公司的审慎性，又监管保险业务。随着金融混业经营时代的带来，保险产品逐渐涉足存储和投资等业务领域，按照审慎监管的目标，保险公司可以按具体业务的不同接受不同监管当局的监管，在资本运作上完全可以接受银行类审慎监管的要求，在具体业务上也可以接受市场监管者的要求。

因此，在未来的金融监管机构改革上，可以尝试实现“一行三会”变为“审慎+市场”的突破。设立一个总的监管当局统领银监会、证监会和保监会，使得“三会”监管既能有所区别又能很好地实现统一。同时，“三会”将对金融市场中的金融产品、违法行为、消费者保护等市场监管职能赋予另一个监管当局，类似于消费者保护局。总的来说，将“三会”职责有机协调，进行内部统一，实现混业经营大形势下的金融机构的监管，另设消费者保护局，从终端出发进行监管，且消费者保护局立于“三会”之外。这样的制度安排更能明确监管的目标和权力的主体，从而提升监管效率。

在明确监管目标之后，需要通过相关金融法律的修改，以确保“一行三会”协调机制的独立性。法律应授权“一行三会”协调机制依法做出的具体行政行为、制定的行政规章具有直接的法律效力，能够约束各个金融监管者、金融机构和金融市场参与者，使其行使权力不受任何国家机关、组织或个人的影响，从而破除国家所有权在金融政策制定、金融监管权力实施等方面的障碍，以监管目标为核心独立行使监管职权。“一行三会”协调机制可以沿用联席会议的形式，但是在会议的召开、人员的组成、决议的形成方面，应由法律直接规定和固定下来，从而提高联席会议的行政级别和决议的执行力。

（2）要确立中国人民银行在协调机制中的领导者地位。

按照现有的组织体制，参与协调机制的主体应当是所有具有金融监管职能的行政机关，即除了“一行三会”之外，还包括财政部、国家发展和改革委员会等多个行政机关。在如此多的监管部门参与监管协调机制的背景下，为保证监管的有效性，必须通过改进激励和约束机制，使得各部门在有关法律或政策的指导下，积极开展议事协调工作。由于法律没有明确创设这样一个统筹各方监管机构的监管主体，甚至也没有提供推出这样一个总体监管者的余地，所以难以形成真正有效的监管协调。

因此，在监管协调机制建立后，各监管机构先以正式协议的方式约定，在联合审批情况下，各部门做出行政决定的最长时限，以及超过时限的认定规则，试行一段时间后，再通过法律或行政法规来直接规定监管机构联合审批的最长时限和超过时限的认定规则。例如，通过修订《中国人民银行法》的方式，明确“一行三会”作为监管体系的核心，中国人民银行经法律授权作为整个协调机制的领导者、主要监管信息的发布者和监管交流的推动者；而其他专业机构监管部门在中国人民银行的统筹协调下，通过签订部门之间合作协议，加强监管合作与沟通，共同应对金融市场不断深化所带来的金融集团和金融业务等方面的监管问题。待协调机制运作成熟后，建议立法部门就相关法定事项的审批权限、审批时间等内容，做出专门立法规定，各监管部门依法执行。

2. 混业经营的监管

（1）现状。

2003 年，银行现场监管等有关职能从中国人民银行分离出来。银监会成立后，我国金融业初步形成了中国人民银行、银监会、证监会、保监会四家监管的格局，确立了分业监管、“一行三会”分工合作的金融监管体系。2004 年 6 月，《金融监管分工合作备忘录》提出，对金融控股公司的集团公司和金融控股公司内相关机构，依据其主要业务性质，归属相应的监管机构。除“一行三会”的日常监管架构外，根据宪法和《审计法》的相关规定，按照审计署工作安排，审计署金融审计司负责组织审计中央国有金融机构和国务院规定的中央国有资本占控股或主导地位金融机构的资产、负债、损益情况和主要负责人经济责任审计，以及开展专项审计调查。

当前金融分业监管体制存在监管重叠、监管漏洞、监管法规缺失等问题。一是法律法规缺失。目前，我国尚未针对金融控股公司出台专门的法律，2009年财政部出台的《金融控股公司财务管理若干规定》仅从财务管理而不是金融监管的角度提出若干规定，并只下达给中信集团、光大集团和光大总公司。二是存在监管空白和盲区。当前，金融创新业务将多个金融子行业紧密联系起来，如近年来在房地产调控背景下产生的房地产信托业务，银行为将信贷资产由表内转移至表外而产生的券商资管通道业务等，单一监管部门不能实现有效监管。三是对监管套利行为缺乏有效监管。目前，信托业已超越保险业成为第二大金融业态。从监管套利的视角看，金融控股公司以及商业银行为达到银监会对商业银行资本充足率、存贷比等考核指标的要求，将银行信贷业务以理财产品等方式，通过信托、基金、证券、保险等行业变相绕开是近年来影子银行规模快速增长的主要原因，也是造成信托业总资产快速增长的重要原因。

（2）监管措施。

国际金融危机所暴露的问题表明，缺乏有效的风险控制和风险监管，混业经营和金融控股公司将加速金融体系的风险传递和集聚。为此提出以下几种措施。

一是要加快监管法规体系建设。在出台专门针对金融控股公司的法律之前，金融主管部门要尽快出台行政性法规，为金融企业综合经营提供操作模式和监管框架。要明确金融控股公司的定义、范围、经营规则，明确对交叉业务的监管责任。

二是要加强监管指标体系研究。金融主管部门要确定对金融控股公司的监管指标，对金融控股公司整体资本充足率提出量化要求并动态监管，解决资本重复计算问题。同时，要加强风险集中度控制，建立内部交易防火墙制度，防范内部风险传递。

三是要充分发挥部际联席会议监管机制作用。2013 年 8 月，国务院批准成立金融监管协调部际联席会议制度，由中国人民银行牵头银监会、证监会、保监会、外汇局，中国人民银行行长担任联席会议召集人。充分发挥联席会议的协调、联动作用，将有利于加强“一行三会”之间的业务沟通和协调机制，避免“隧道视野”效应。

四是要进一步发挥国家审计对金融业的监督作用。国家审计在金融混业监管方面具有独立性和综合性优势。因此，国家审计要继续加大对金融机构的监管力度，把审计银行业与审计证券、保险、信托等其他金融业态相结合，着力揭示金融领域系统性风险，并加强与金融监管部门的信息沟通和成果共享，形成监管合力。

第二节　影子银行的监管问题

一、影子银行业务的界定

1. 国外对影子银行业务的界定

（1）影子银行的含义。

“影子银行”这一概念最早是由美国太平洋投资管理公司执行董事保罗·麦卡利（Paul McCully）在2007年的美联储年度会议上提出来的，认为“影子银行体系”是“游离于监管体系之外的，与传统、正规、接受中央银行监管的商业银行系统相对应的金融机构，主要指投资银行、对冲基金、货币市场基金、债券保险公司、结构性投资工具等不受监管的非银行金融机构”。

影子银行又被称为“准银行”“类银行”“平行银行系统”“影子银行体系”“影子银行系统”等。对于影子银行的定义，目前还尚未统一。盖特纳（Timothy Geithner）将那些通过非商业银行的融资安排，利用短期市场融资购买大量高风险、低流动性的长期资产的机构称作“平行银行系统”（Parallel Banking System），其指向与麦考利基本一致。美联储主席伯南克将影子银行定义为“除接受监管的存款机构以外，充当储蓄转投资中介的金融机构”。英格兰银行副总裁Paul Tucker认为影子银行是指“向企业、居民和其他金融机构提供流动性、期限配合和提高杠杆率等服务，从而在不同程度上代替商业银行核心功能的工具、结构、企业或者市场”。纽约联储的高级研究员Zoltan Pozsar、Tobias Adrian、AdamAshcraft、Hayley Boesky在其专题研究报告《影子银行》（*Shadow Banking*）中，将影子银行定义为不用从中央银行或者公共部门获取流动性的金融中介（financial intermediaries），其关注重点是影子银行在整个金融体系中的功能。金融稳定理事会（FSB）将影子银行定义为“非正式银行系统实体和活动的信贷中介”。

（2）影子银行形式。

第一，美国影子银行的形式。美国的影子银行有三种形式：内部影子银行、外部影子银行和政府的影子银行。内部影子银行是由金融公司或由传统商业银行发起的从事信贷中介等活动的资产管理公司、财务公司等。它们主要发放一些贷款，如学生贷款、住宅抵押贷款、商业抵押贷款等。外部影子银行是指独立的、以市场为导向的专业化非银行信用中介机构。它们没有政府或者大型控股母公司的信用担保支持，其风险较大，从事的业务也更为广泛多样化。外部影子银行充分利用各种资源优势、专业技术优势等开展相关业务，是最重要也是风险最大的影子银行，包括货币市场基金、对冲基金、金融公司、信托、信用担保融资公司等。政府的影子银行代表是联邦住宅贷款银行、房地美、房利美等。它们主要通过销售机构和资产抵押证券来获取融资，以政府的信誉为担保，同时使用证券化的“发起 - 分销”模式进行融资经营。

第二，欧洲影子银行的形式。由于欧洲的基金业比较发达，因此欧洲的影子银行体系主要是各种金融衍生产品，包括对冲基金和资产证券化等。它们作为非银行信用中介，复制着商业银行的核心业务，间接地起着商业银行的一些核心功能。

第三，日本影子银行的形式。日本影子银行的主要形式是综合商社，其在日本的经济生活中起着关键的作用，但因其不是正规的金融机构，所以被称为“影子银行”。日本影子银行有几种业务：一为企业间信用。企业间信用是指企业之间允许对方将应收票据或应付票据的偿付予以一定期限延长的一种信用。二是投融资活动。投融资活动是综合商社的主要业务。三是租赁。由于中小企业的资金有限，因此它们无法购买足够的厂房、机器设备等，阻碍着企业的发展。综合商社利用资金优势，加强与企业的合作，推动了租赁业的发展。

2. 国内的影子银行业务

（1）含义分析。

国内影子银行业务和国际上有所不同。中国的社会主义市场经济产生了监管市场两手兼顾的局面，因此影子银行业务也具有鲜明的中国特色。

2013 年 12 月，国务院办公厅下发《关于加强影子银行业务若干问题的通知》（“107号文”），该文是监管影子银行活动的规范性文件，按“是否持有金融牌照”和“有无监管或监管的充足情况”，来具体划分影子银行。在肯定了影子银行服务实体经济、丰富投资渠道的正面作用后，“107号文”着重指出，要借鉴国际金融危机教训，将影子银行的风险和负面影响降到最低。首先，对影子银行监管的权责做出了清晰的安排。新的监管框架提出“一行三会”“按谁批设机构谁负责”的原则，落实监管责任。同时，对于已明确地方政府监管的，实行统一规则下的地方政府负责制。对于跨行业、跨市场的交叉业务，要积极发挥金融监管协调部际联席会议制度。其次，建立影子银行专项统计，将与影子银行业务相关的“业务总量、机构数量、风险状况”纳入统计分析范围。再次，提出具体的监管思路。主要从两个方面对影子银行的活动进行规范。一方面，明确限定业务范围，要求银行代客理财资金与自有资金分开，不得购买本行贷款、不得开展理财资金池业务；要求信托公司不得开展非标理财资金池业务；银行不得为债券和票据担保；小贷公司不得吸收存款等。类似这些“似是而非”的业务将被全部禁止。另一方面，增加资本和拨备要求，要求银行要按照实质重于形式的原则计提资本和拨备，以提高金融机构抗风险水平。

由此可见，我国在影子银行的监管方面的力度与国外大有不同，这也在一定程度上决定了我国影子银行的特殊性。

（2）影子银行的形式。

我国虽然没有欧美等发达国家类似的影子银行体系，但由于各种原因，确实存在着某些影子银行业务。根据上文提到的107号文并结合FSB的定义，我国的影子银行可划分为以下三种类型：一是不持有金融牌照，完全无监管的信用中介机构，包括新型网络金融公司、第三方理财机构等；二是不持有金融牌照，存在监管不足的信用中介机构，包括融资性担保公司、小额贷款公司等；三是机构持有金融牌照，但存在监管不足或规避监管的业务，包括货币市场基金、资产证券化、部分理财业务等。

与发达国家相比，我国的影子银行体系大部分仅是对传统银行业务的改造，还处在初级发展阶段，表现为金融创新少、主体规模小、产品复杂度低。同时，其主体独立性低，大部分受传统商业银行或其他机构的控制。由于受政府部门的监管，杠杆率相对较低，且大部分仅限于国内的融资活动，很少牵涉到国际资本，因此跨国性比较低。

3. 我国影子银行的特殊性

我国的影子银行是一个重要的融资渠道，对中国金融健康稳定发展起重要作用。在中国的影子银行体系中，争论最大的当数理财产品，关于银行理财业务是否属于影子银行是我国影子银行特殊性首先要阐明的问题。

传统银行频频利用影子银行将贷款资产从其资产负债表上转移，在向监管部门和投资者披露业绩时粉饰财务报表，比如将贷款打包成高利息的替代性工具，从而实现向房地产公司等企业放贷等。且传统银行与影子银行之间的关系错综复杂。银行将承兑汇票或高风险贷款出售给信托公司，信托公司再把这类资产打包成理财产品卖给银行客户。原则上，这些理财产品的风险由投资者自己承担，一旦发生大规模的违约，投资者将遭受经济损失。但谁应该担起违约的最终责任则是更复杂的问题。因此，理财产品是影子银行体系中规模较大、影响较深的部分，对中国影子银行的健康发展尤为重要。

自 2014 年初以来，中国对影子银行的监管上升到一个新的高度。2014 年初，中国政府颁布了限制影子银行的举措，要求按照现有规定加强对银行的监管，禁止银行将某些贷款和资产转移到表外。银行需建立单独的理财业务管理体系，并相应计提资本和拨备。银行与信托公司或券商之间的合作也受到限制，且采取相应措施减缓债务增长以及影子银行的膨胀速度。监管部门提高准备金要求，以遏制银行过度放贷。

中国对影子银行各方面监管的加强，使得国内理财业务在政策层面上很难涉及高杠杆操作，流动性风险可控，已不属于影子银行范畴。中国银监局副主席阎庆民在 2 月 17 日表示，国内银行理财业务在政策层面上不应属于影子银行，但在具体执行过程中存在部分为规避监督和实现监管套利的理财业务，表现为影子银行产品。银监会在 2014 年全国银行业监管工作会议上针对银行理财业务风险防范强调，银行要建立单独的机构组织体系和业务管理体系，不购买本行贷款，不开展资金池业务，资金来源与运用一一对应，明确提出了加强理财业务监管的具体措施。

由上所述可看出，银行理财产品业务具有特殊性，与国外的影子银行有一定的不同，并不完全属于影子银行体系，因此在对影子银行进行监管时，也要注意中国特殊性。鉴于理财产品在我国的特殊地位，下面将对银行理财产品的收益、风险及监管进行具体分析。

二、我国的理财产品

1. 基本面分析

（1）市场规模。如图 8. 1 所示，2013 年度银行理财产品的发行数量达到了 45190 只，较上一年增长 39. 45%，观察近 5 年的理财产品数量，可以看出，银行理财产品的发行量持续快速增加，2013 年更是达到历史新高。

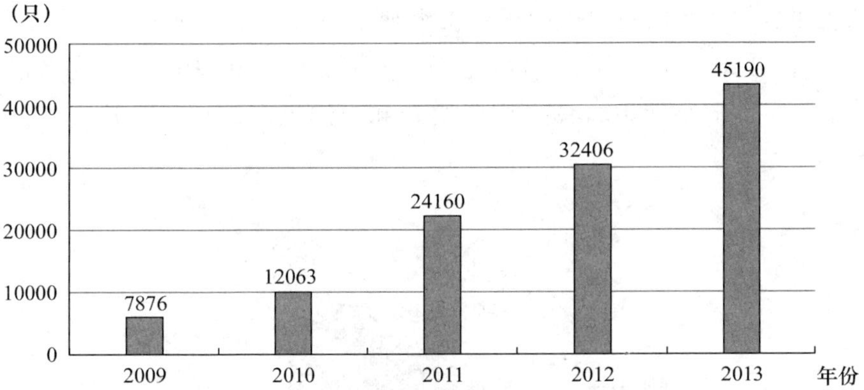

图 8. 1　2009 ~ 2013 年银行理财产品发行量年度趋势

资料来源：wind 资讯。

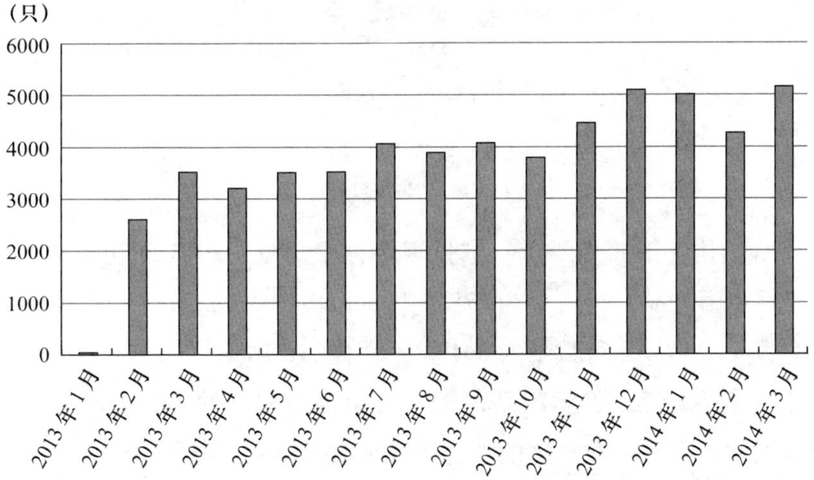

图 8. 2　2013 年初至 2014 年一季度理财产品发行量月度统计

资料来源：wind 资讯。

图 8. 2 为 2013 年 1 月至 2014 年 3 月的发行量月度统计数据，可见，1 ~ 6 月趋势相对平稳，6 ~ 12 月份在小幅波动中增长，主要是因为“钱荒”的影响。

2014 年一季度由于银监会监管改革相关文件的陆续发布，理财产品发行数量在 2 月存在一定幅度的下降，但 3 月回归 1 月的高发行数量水平。总体来看，从 2013 年初至今理财产品的发行数量处于增长状态，但存在一定的波动。

（2）发行主体。图 8.3 为 2013 年初至 2014 年一季度的理财产品发行主体情况。从发行主体结构看，国有制银行的市场份额与城商行不相上下，位居前列。首先，因为城商行对资金的渴求远高于同行，所以在理财产品发行节奏上的加快是明显的；其次，国有制银行得天独厚的资源是其他银行无法比拟的，建行、中行、工行等国有制银行常年位居发行榜前十。在 2013 年，建设银行发行数量最多，占比高达 10.8%；中国银行和中国工商银行紧跟其后，分别为 6.77% 和 5.33%。

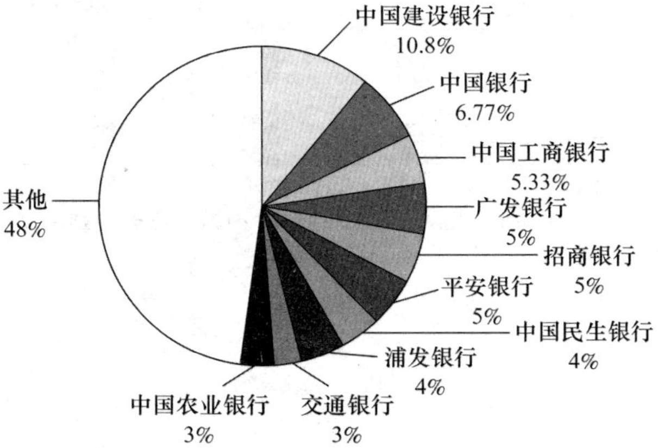

图 8.3　发行主体状况

资料来源：wind 资讯。

（3）币种结构。图 8.4 所示，按投资币种来划分，2013 年初至 2014 年一季度的人民币理财产品发行数量为 57574 只，占比高达 96.58%，呈继续扩张趋势，其次为美元产品，发行数量为 891 只，占比 1.50%。

仅就外币产品来说，美元产品占整个外币理财产品的 43.68%。美国的一系列经济数据反映良好，在这样的背景下美联储宣告逐步退出 QE（Quantitative Easing，量化宽松），这样的预期会支持美元继续走强，因此美元理财产品未来将继续保持强势。

2. 风险收益分析

（1）实际年化收益率。图 8.5 为 2013 年初至 2014 年一季度到期的银行理

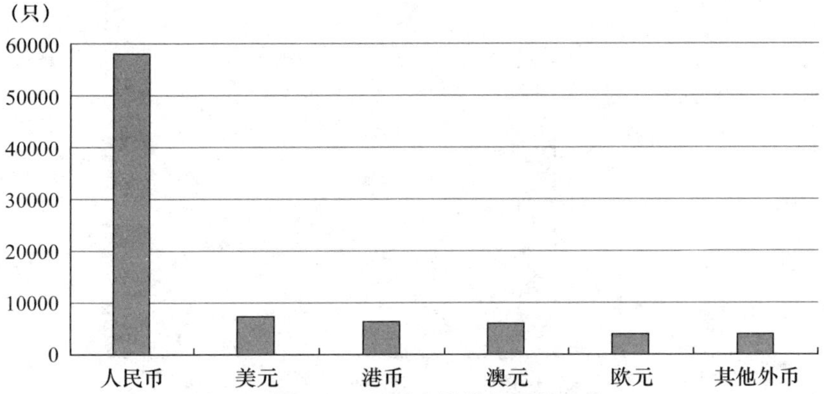

图 8.4　理财产品发行币种结构

资料来源：wind 资讯。

财产品实际年化收益率情况。按实际年化收益率来划分，到期数量最多的集中在 3% ~5% 的利率区间内，到期数量为 26286 只，占已公布实际到期收益率产品的 70.98%；其次为 5% ~8% 的产品，到期数量为 9995 只，占比为 26.99%。

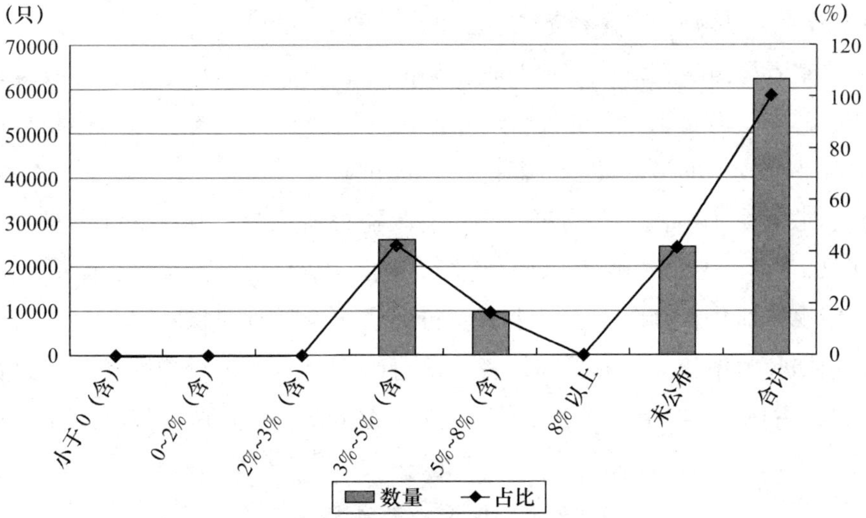

图 8.5　实际年化收益率趋势

资料来源：wind 资讯。

可以看出，理财产品的收益率大部分集中在 3% ~8% 之间，收益率较一般存款性产品高，但收益往往与风险相伴，因此对于理财产品具体的投向和过程应加强监管。

（2）预期与实际收益的比较。图 8.6 为 2013 年初至 2014 年一季度到期的银行理财产品预期收益与实际收益的比较情况，在已公布到期收益率的 33541

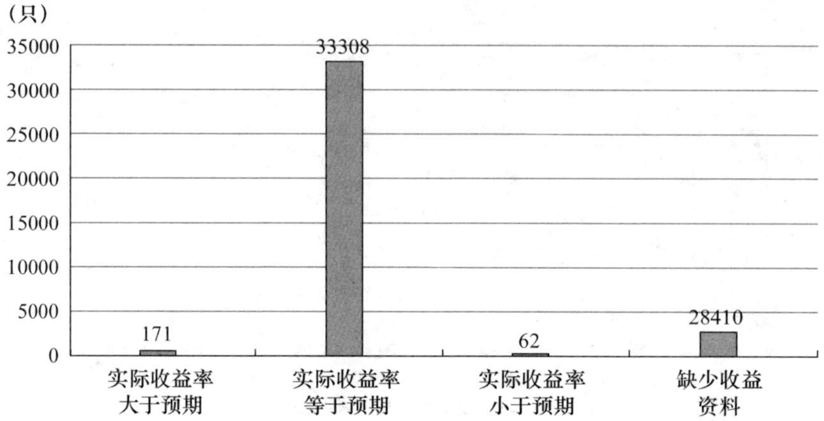

图 8.6　预期与实际收益的数量占比比较

资料来源：wind 资讯。

只产品中，实际收益率大于预期的有 171 只，占比只有 0.51%；等于预期的有 33308 只，占比 99.31%；小于预期的有 21 只，占比只有 0.18%，另外还有 28410 只产品缺少实际收益率资料，占总数量的 45.86%。

总体来看，虽然在已公布到期收益率的理财产品中大部分为实际收益率等于预期收益率，但是未公布的理财产品占比将近 50%，这部分产品中很可能存在一部分业绩较差的产品类型，存在一定的风险。

（3）收益类型。图 8.7 为理财产品的收益类型统计，其中非保本型理财产品共计 6027 只，占比高达 70.53%，这是由于非保本型产品可以走表外的通道，不会占用银行的贷款额度，也不占用银行的资本金，且非保本型产品相对比较灵活，预期收益率较高，易受到投资者的青睐。保本型银行理财产品的总数是 17568 只，占比 29.47%，其中保本固定型产品 6027 只，保本浮动性产品 11541

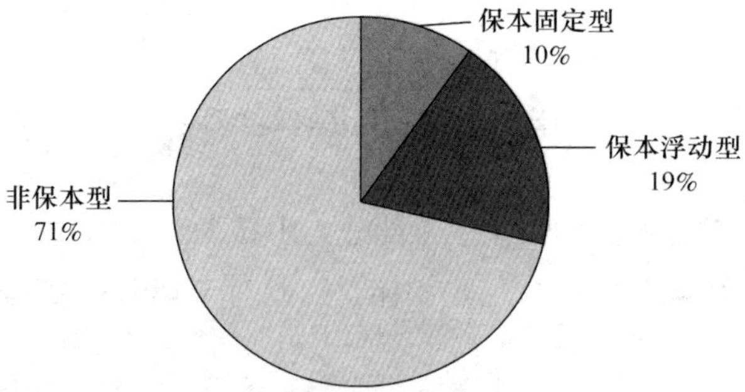

图 8.7　收益类型数量占比

资料来源：wind 资讯。

只。在信用风险可控的前提下，非保本型理财产品对于银行和投资者是双赢。但这种模式并不可取，非保本型面临的风险较大，且银行不会对预期的收益负责，因此监管的加强是必然趋势。

（4）资产配置。从2013年银行理财产品基础资产配制来看，监管的导向占据了主要的因素。2013年3月银监会下发了“8号文”，对商业银行理财产品要单独对应投资资产标的物提出要求，以及对非标债权资产余额提出了严格的量化管理指标，确定了35%和4%两条监管红线。此举是为了抑制“非标准化债权资产”业务增长速度，防范和控制风险。因此，如图8.8所示，2013年银行理财产品的债券、利率等资产配制比重达到58%，其中债券类27.25%、利率类31.16%。

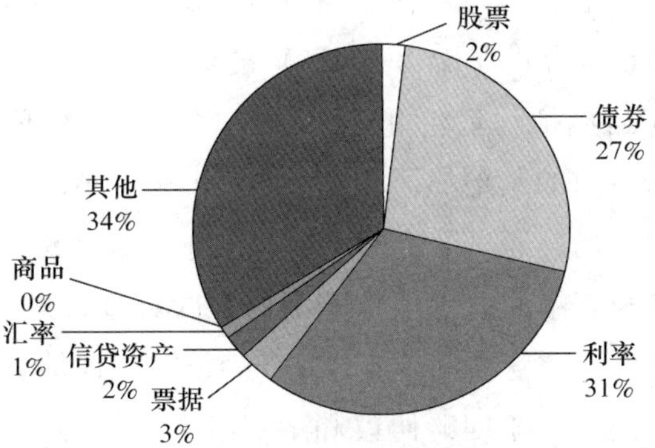

图8.8　基础资产数量占比

资料来源：wind资讯。

3. 监管改革措施

（1）银行理财转型。对于银行理财产品，要做到便捷性、规范化，具体包括：在初期，基于网络发展的现状，业务办理仍以银行柜台为主，监管开始网络化，要求被监管机构录入信息，设置统一的登记、信息披露系统，实现监管和信息透明的目的；在中后期，业务逐渐转向网络，设置统一的登记、托管、估值、披露、结算等一整套基础系统制度，实现托管行、第三方托管双重托管机制。

（2）银行组织构架调整。按照国际通行原则，建立风险防范隔离墙，实现理财业务机构和运营、存贷款业务机构和运营的彻底分离。过渡期内，在银行内部设立事业部，由总行设立，统一设计产品、核算成本、控制风险；其他部门和分支行只负责产品销售，不能开发产品。

银行理财业务实行准入制，实行分级持牌和分类管理：第一类是有全面能力的大型银行可做全牌照的资产管理人，进行债权、股权、权益类资产投资；第二类是容许银行开发相对简单的理财产品，即部分持牌；第三类牌照只能代销，不能自主开发理财产品。

（3）设立专门的信息披露机制。从国际经验来看，金融稳定理事会（FSB）成立了影子银行体系的研究组，专门推动各国加强对影子银行的监管改革。为了对影子银行产生的各类风险起到更好的揭示和预防作用，FSB 强调了信息披露和透明度的重要性。巴塞尔银行监管委员会（BCBS）在对银行与影子银行之间的合作提出的建议中指出，BCBS 正致力于建立一个大范围披露体制，该体制将会把影子银行系统所产生的风险包含在内，以解决影子银行的交互性和不透明性的问题。在对货币市场互助基金（MMFs）的监管实践中，FSB 提出 MMFs 对投资者的信息披露应当包括与估价和应用程序相关的所有必要的行动信息。对于包括信用衍生产品在内的其他影子银行实体，FSB 强调得更多的也是信息共享的重要性，即监管当局应通过 FSB 程序共享信息，获得跨管辖权的一致性，以便更好地帮助市场参与者了解这些实体造成的风险程度，最大限度地减少分歧和预防监管套利的产生。监管当局还应当基于经济功能评估非银行金融实体，并采取适当的政策性手段。对于回购协议和融资融券交易的监管，FSB 则提出应扩大现有国际金融机构之间信息的披露范围，以便获得更多有关融资融券交易和 Repos 的粒状信息，而金融机构的公共信息披露应当通过与国际标准制定机构的合作来完成，以加强上市企业的信息披露。

美国规定了对于大型私募基金、对冲基金等相关的杠杆使用和资产信息必须向监管机构披露。欧盟 2010 年颁布的《另类投资基金经理指令》中涵盖对冲基金、私募股权基金、房地产基金等，要求相关金融机构提供资产安全、资质能力报告、估值方法、风险控制等资料，加大信息披露，对基金卖空操作以及重大投资策略的信息披露等问题提出了更高更严格的要求，并设立专门监管评级机构的部门。2010 年 3 月，英国财政部公布《高层管理人员薪酬报告监管规定》，对金融机构高管的薪资体系做了相关规定并要求充分披露；7 月，英国金融服务局规定，凡是注册的信用评级机构都要按照要求对相关评级模型和方法进行披露。

确保影子银行健康发展的必由之路就是提高影子银行的透明度，完善影子银行信息披露制度。影子银行之所以缺乏有效的监管，导致不能及时地防范影子银行风险，是因为影子银行的信息披露制度不完善。因此，结合国外的相关经验，建议建立覆盖范围广、专门化的信息披露机制。具体如下。

第一，各监管部门监控标准要形成统一，要建立起完整的、及时的平台来对信息进行收集、汇总、分析并及时处理，以便发布最新的市场数据信息。

第二，对于与银行相关的影子银行产品，要让投资者充分了解每种产品的真实内涵及风险提示。

第三，对于与资本市场相关的影子银行产品，尤其是衍生品，要给出具体估价模型，且要明确披露与其相联系的实体是什么，如有嵌套，要逐层监管披露。

第四，提高非正规化的场外交易的透明度，对其制定有效的监控措施，完善投资者、金融机构、影子银行关联者之间的信息披露制度。降低交易成本，预防交易风险，以便借贷双方完成对接。对于一些高风险、高杠杆金融运行的活动实施限制，增加产品的透明度，进而打造无影灯式的监管体系。

三、建立分类监管原则和条例

1. 总述

我国的金融监管主要实行的是“一行三会”的监管体制。其中，中国人民银行主要负责货币政策的制定和执行、货币市场及外汇市场的监管；中国银监会主要负责全国银行和金融资产管理公司、信托公司、企业集团财务公司、金融租赁公司、货币经纪公司、汽车金融公司和消费金融公司等非银行金融机构的监管；中国证监会主要负责证券市场、证券业和投资基金的监管；中国保监会主要负责保险市场和保险业的监管。由于影子银行存在领域的广泛性与复杂性，又由于缺乏切实有效的监管协调机制，就很容易造成监管的交叉或真空。

国际上，金融稳定理事会（FSB）将监管的主要目标分为银行与影子银行间的合作、货币市场基金、证券化、其他影子银行实体、融资融券交易和回购协议五个方面分别进行监控，并根据各自的风险特征提出了各项政策性建议，有效地进行分类监管。这些建议对我国影子银行监管框架的设立、信息的收集和监管重点的确立有着非常重要的借鉴意义。

根据我国目前影子银行的发展状况，则适宜从以下方面划分影子银行的监管对象：银行与影子银行间的合作、资产证券化和民间借贷。它们分别由银监会和证监会进行监管，并根据各个监管机构的职能和权限，对各自的监管领域进行明确划分，并建立切实有效的协调机制。具体如表 8. 1。

表 8. 1　　理财业务监管一览

主要金融机构的理财业务	监管部门
银行	银监会
证券期货及各类私募投资基金	证监会
保险机构	保监会
金融机构跨市场理财业务和第三方业务	中央银行

2. 具体细则

针对上文“107 号文”中提到的三大类影子银行中不规范的理财产品、不审慎的信托业务、融资性担保和小额贷款四种风险业务，应进行分类监管，对不同金融机构提出不同的应对性措施和要求。

（1）商业银行。商业银行代客理财资金要与自有资金分开使用，不能购买本银行贷款，不得开展理财资金池业务，切实做到资金来源与运营一一对应。

（2）信托公司。加强信托公司回归信托主业，运用净资本管理约束信贷类业务。信托公司不得开展非标准化理财资金池等具有影子银行特征的业务，建立完善的信托产品登记信息系统，探索信托受益权流转。

（3）小额贷款公司。明确小额贷款公司是以自有资金发放贷款、风险自担的非金融机构，要通过行业自律组织建立规范，不得吸收存款、不得发放高利贷、不得用非法手段收贷。银行业金融机构按规定与小额贷款公司发生的融资业务要按照一般商业信贷业务。

典当行和融资租赁等非金融机构要严格限制，典当行要回归典当主业，不得融资放大杠杆，融资租赁公司要依托适宜租赁物，不得转借银行贷款和相应资产。

（4）融资性担保业务。明确界定融资性担保公司担保余额和净资产比例上限，防止违规放大杠杆倍数、超额担保。

（5）其他机构及业务。证券公司要加强净资本管理，保险公司要加强偿付能力管理。非融资性担保公司不得从事融资性担保业务，银行业金融机构不得为各类债券票据发行担保，银行业金融机构不能为各类债券票据发行提供担保。

规范网络金融活动，金融机构借助网络技术和互联网开展业务，要遵守业务范围规定，不得因技术手段的改进而超范围经营，网络支付平台、网络融资平台、网络信用平台等机构要遵守各项金融法律法规，不得利用互联网技术违规从事金融业务。

规范发展私募投资基金业务，要按照不同类型投资基金的本质属性，规范业务定位，严禁私募股权投资基金开展债权类融资业务。

第三节　金融消费者保护局

一、金融消费者保护局的设立目的及其职责

1. 金融保护局设立目的

设立目的有四个：一是使消费者可以及时得到易懂的信息，以便对金融交易做出正确决策。二是保护消费者免受不公平、欺骗性及滥用权力行为的侵害或者歧视性待遇。三是清理过时的、不必要的或过于繁杂的法规，从而减少无根据的监管。四是促进消费者金融产品和服务市场更加公正、透明。

2. 主要职能

（1）基本职能。

第一，从保护金融消费者利益的角度，协助中国银监会制定金融监管方案，尤其是在银监会制定的有关监管方案中，若涉及金融消费者保护的条款时，要尊重金融消费者保护局的意见。金融消费者保护局在制订有关金融消费者保护的规定或者对该等规定提出修改意见时，应考虑金融消费者及制定规则所涉及人群的利益和市场潜在风险，并应平衡金融消费者的支出、对市场风险的认识能力、市场风险及发展空间以及法律对金融消费者保护完善性的程度等因素。

第二，对涉及金融产品和服务的市场信息加以收集、调查研究、监测并予以公布，帮助金融消费者识别市场潜存风险，同时保障市场的正常运转。这可细化为：一方面是对所涉及的市场主体的组织结构、商业行为、市场形势和其他金融活动的调查权，另一方面是对其他监管机构（包括但不限于中国银监会其他部门、证监会、保监会、中国人民银行等）的相关报告的获取权。在调查

权的行使过程中，还应确保对金融消费者的私人信息、市场主体商业秘密以及其他监管机构的机密信息的保护。

第三，通过中国银监会公布其制定的规则及指导，发布其做出的命令；在公布之前应尽量先征求公众意见，并结合公众意见予以改进。在制订有关规则时，金融消费者保护局应该始终站在金融消费者的立场上，切实从维护金融消费者的利益出发来考虑有关条款的必要性、合理性和可行性。

第四，对于相关人员或机构向消费者提供金融产品或服务方面可能发生的争议，金融消费者保护局应对当事人之间如何就未来可能的争议达成仲裁协议问题进行研究，并向中国银监会、国务院法制办和全国人大常委会提交报告。

（2）特殊职能。

第一，禁止不公平的、欺诈性的或权利滥用的行为或业务。经过有关法规或上级部门的授权，金融消费者保护局有权采取任何措施，以防止任何单位或者个人在与消费者进行任何金融产品或者服务的交易或者向消费者提供金融产品或者服务时，实施或卷入不公平的、欺诈性的或者权利滥用的行为或业务。金融消费者保护局可以制定关于禁止不公平的、欺诈性的或权利滥用行为或业务的规则，此类规则中可以包含为防止不公平的、欺诈性的或权利滥用的行为或业务所做的要求。

第二，建立和完善全面、准确而有效的信息披露制度。对消费者的信息披露事项，金融消费者保护局有权制定信息披露规则，以确保自始至终就金融产品或服务的特征对金融消费者进行全面、准确而有效的信息披露。金融消费者保护局应该为披露信息做一些模板（此类模板可以随着形势的变化而进行不时的更新），模板的格式尽量简单，语言尽量平实易懂，以便普通消费者能够最大限度地理解所披露信息的内容及其意义。

第三，保障金融消费者的知情权。在我国，在消费者的一般性消费过程中，消费者可以根据《中华人民共和国消费者权益保护法》关于消费者知情权的规定而享有知情权。在消费者获取金融产品或金融服务的交易中，消费者同样有知情权。需要强调的是，由于金融产品或服务的内容大多专业性比较强，而金融产品或服务的提供者往往出于自身利益考虑甚至是蒙蔽金融消费者的目的，而有意对金融消费者所必知的一些信息进行保密或者做模糊性、误导性的处理，因此对金融消费者知情权的保护就显得更为重要。

第四，建立和完善对消费者投诉和质询的回应制度。消费者金融保护机构内部应该设立专门的消费者投诉受理部门。在具体运行上，可借鉴美联储消费者金融保护局的做法，建立消费者投诉信息数据库，根据消费者投诉的次数和涉及金额进行分类、调查、核实、调解，并通过定期的信息分析，识别潜在的消费者保护问题，为规章政策的制定提供参考，使消费者的意见受到应有的重视。同时，在相关法律法规的制定上还必须明确投诉受理范围、受理的具体部门、联系方式、调查期限、调查结果反馈、开通金融消费者投诉热线、开通金融消费者保护网站等具体事项，真正实现对金融消费者权利的保障。

3. 部门设置及职责

根据国外经验及中国的实际国情，金融消费者保护局下设四个部门，分别是调查研究部、消费者投诉部、社区服务部、老年金融保护办公室和消费者顾问委员会。

（1）调查研究部门。该部门主要负责研究、分析并报告金融市场上有关金融产品和服务的现状和发展趋势。主要包括：市场上金融产品和服务的发展状况，包括高增长率的金融产品和服务替代品的市场区域及消费者的风险范围；消费者对于金融产品和服务信息披露的认识和理解程度；消费者对金融产品和服务的费用、风险及收益的理解和认识；金融消费者的消费行为，如住房按揭贷款的覆盖及风险的程度，对理财产品的消费，及金融消费者保护不力的地区的消费者的具体情况。

（2）消费者投诉部门。该部门负责收集和跟踪与消费者有关的投诉信息，向消费者提供免费投诉热线、网站和数据库，来举报金融产品或服务中的问题，并集中收集和管理消费者对相关金融产品和服务的投诉。接到投诉之后，金融消费者保护局局长需要与相关的“一行三会”进行协调，将消费者的投诉转交给相应的机构。为了方便消费者投诉，符合一定条件的省代理机构也可收集消费者的投诉。这里的条件主要是：省代理机构体系具备该局体系的功能，拥有个人信息识别处理系统、投诉解决信息分享机制以及相关的履行程序和资源，且符合对投诉者个人信息的保密要求和数据完整性、安全性的要求。

（3）社区服务部门。设立该部门，旨在提高消费者的理财能力和金融专业素养，避免金融消费者在复杂的金融衍生产品上受到金融机构的欺骗，进而从根本上保护金融消费者。首先，该部门需要进行社区的金融咨询服务，提供与储蓄、借贷及其他金融机构主流服务相关的咨询，为金融消费者排忧解难，帮助其制定长期的储蓄策略。其次，该部门需要为消费者提供金融机构的相关信息，帮助其了解各种信用产品过去及当前的业绩，使消费者对信用产品做出正确的评估。另外，该部门还需要为消费者负担教育费用，提高消费者的理财状况。

为了更好地保护金融消费者，该部门需要与金融消费者保护局的其他部门协调执法，如与社区事务部门联合实施相关措施，以提高消费者的理财知识；与调查部门共同调查消费者得到的金融教育和咨询服务的具体情况。对金融教育部门的工作，中国人民银行应进行定期检查，评估分析理财知识和咨询项目所需要的技术资源以及提高消费者个人理财能力的有效方法，并对能有效地提高消费者理财知识的项目提出建议，使消费者据此做出更好的经济决策。

（4）老年金融保护办公室。该部门主要负责为65岁以上的老年人提供金融服务。老年人为金融消费者人群中的最弱势的群体，在中国的特征更为显著。在65岁以上的老人早年的生活环境中，“金融”这个词并不多见，而进入21世纪后，中国迅速发展，信息化、金融化程度逐渐加深，金融是年轻人的必需品，而对于老年人，则是奢侈品。因此，在金融消费者中，老年人的保护尤为重要，是整个金融消费者保护局体系完整性的关键一步。

老年金融办公室可以通过以下日常活动保护老年金融消费者。

第一，通过向老年人发放相关材料，保护其免受金融机构不公平行为、欺诈行为和滥用权力行为的损害，并帮助其对金融产品做出选择。

第二，为老年人提供特殊的个人金融管理服务，如长期储蓄、退休和长期护理规划等问题。该部门提供“一对一”的咨询服务，并为其提供个人消费信贷宣传服务。

第三，为老年人指定金融顾问，并对“一行三会”在监管过程中存在的不公平、欺诈性或者滥用权力行为进行监管。

（5）消费者顾问委员会。该委员会的职能是为消费者金融保护局提供咨询服务，包括提供金融产品和服务产业合并的信息，如金融产品和服务产业的区域发展趋势及影响等相关信息。该委员会的委员由消费者金融保护局局长任命，包括：消费者保护、金融咨询服务、社区发展、公平借贷和公民权利、消费者金融产品和服务方面的专家；服务水平较低的地区储蓄机构代表；消费者利益的代表等。

二、金融消费者保护局的独立性

1. 监管目标的独立性

从金融消费者保护局的监管目的来看，它以消费者为本位，以金融安全为目标，完全与以经营者为本位、以金融效率为目标的审慎监管机构相区别，监管目标具有独立性。

2. 机构设置的独立性

金融消费者保护局具有高度的独立性，独立于“一行三会”之外。金融消费者保护局是国务院下属的一个独立部门，主要负责监管消费者金融法项下金融产品的发售和运作。金融消费者保护局应做到仅在形式上隶属于国务院，接受国务院的总方针的指导，但国务院不得对金融消费者保护局施加任何行政上的干预，包括：国务院不得干预金融消费者保护局的任何事项或程序，包括检查或执法行动，但法律另有特别规定的除外；国务院不得将金融消费者保护局或该局的任何职能或责任与“一行三会”的任何部门和职能相合并。

3. 资金来源的独立性

一般的独立管理机构虽然拥有行政上、立法上的独立性，但是在资金来源方面却受到财政拨款的限制，国务院也会利用控制独立管理机构的资金来源，对其施加一定的影响。但是，金融消费者保护局需要拥有一定的资金的独立性，从而使金融监管达到一个新的高度，使金融真正地为民服务，定期从政府体系拨款，拨款数额视情况而定，以达到执行保护局的权力的合理必要水平。

4. 问责制度的独立性

金融消费者保护局拥有独立的问责制度，保护局和央行在法律意义上是两个独立的主体，自行承担责任和履行义务。保护局不应就“一行三会”的任何作为或不作为承担任何法律规定的责任，而“一行三会”也不应就保护局的任何作为或不作为承担任何法律规定的责任。

三、相关法律法规建设

1. 进行金融消费者保护的专门立法

我国缺乏金融消费者保护的专门立法。《消费者权益保护法》主要针对一般商品和服务，并以“生活消费目的”作为认定消费者的标准，使金融消费者往往游离于该法保护范围之外，“金融消费者”概念尚未纳入立法范畴。

在银行业方面，《中国人民银行法》《商业银行法》《银行业监督管理法》尚未采用“金融消费者”概念。2006 年银监会发布的《商业银行金融创新指引》首次提出了“金融消费者”概念，但该规定缺乏法律强制力。2010 年《中国人民银行无锡市中心支行金融消费者权益保护试行办法》中首次将“金融消费者”界定为“在金融机构购买金融商品、接受金融服务的自然人、法人或其他组织”，并将金融机构限定为无锡市依法设立的银行类金融机构。该规定中的“金融消费者”概念仍是以银行业金融交易的相对方存在的，与本文论述的金融消费者概念存在差别。在证券业方面，《证券法》及其他法律法规中采用的是“投资者”而非“消费者”概念。在保险业方面，《保险法》未采用“消费者”概念，保监会只是在其发布的《关于进一步规范人身保险电话营销和电话约访行为的通知》《关于进一步做好承保理赔信息客户自主查询制度相关工作的通知》等规范性文件中开始使用“保险消费者”一词。

因此，在金融消费者保护的法律法规方面，应首先进行专门立法，将金融、消费者和保护这三个关键词真正落实下来。

2. 加强保护力度

（1）现有金融法律缺乏对金融消费者保护的规定。《商业银行法》仅对存款人的存款安全权与存款隐私权进行概括性规定，缺乏对存款人的其他权利以及其他银行消费者的保护，《银行业监督管理法》也缺乏对银行消费者保护的明确规定。新修改的《证券法》和《保险法》虽然加强了对证券投资者和保险消费者的保护，但主要从规范证券市场行为和保险市场行为角度间接保护金融消费者利益，缺乏对证券投资者和保险消费者基本权利的一般性规定，为“日新月异”的侵害金融消费者的违法行为留下了可乘之机。

（2）目前金融消费者保护的法规主体为各个金融监管部门制定或联合制定的部门规章和规范性文件，这些法规的法律效力层级较低，当与上级法律发生冲突时，难以有效发挥保护金融消费者的作用。此外，金融监管部门发布的一些指导性的文件，如《商业银行金融创新指引》等，不具有法律强制力，减弱了其对金融消费者保护的力度。

（3）随着金融各业的交叉与合作不断增多，金融混业经营趋势不断加强，“分业监管、分头立法”的模式易导致相同性质的金融商品分属于不同金融监管部门，适用不同的金融监管法规，造成法律适用宽严不一的结果。以理财业务为例，商业银行、信托投资公司的理财业务适用银监会颁布的《商业银行个人理财业务管理暂行办法》等法规，证券公司和基金公司则适用证监会颁布的《证券公司客户资产管理业务试行办法》和《证券投资基金管理公司管理办法》，保险公司的投资型产品适用保监会颁布的《人身保险新型产品信息披露管理办法》《保险资产管理公司管理暂行办法》等法规。政出多头，不仅容易造成监管冲突，也易给违法者逃避责任承担留下可乘之机。

（4）现有金融消费者保护的法律法规重行政责任和刑事责任，轻民事责任，行政处罚力度不足。一方面，金融消费者保护的主要法律侧重于行政处罚和刑事制裁，缺乏民事赔偿的规定，如《商业银行法》仅规定了商业银行违反存款安全规定的民事责任，以及规定“商业银行违反本法规定对存款人或者其他客户造成损害的其他行为承担民事责任”，但由于该法缺乏对除存款安全权以外的银行消费者权利的规定，因此上述规定显得过于苍白；另一方面，作为金融消费者保护法律主体的各金融监管部门颁布的部门规章和规范性文件，是金融监管部门的行政监管手段，金融消费者无法援引其获得司法上的民事赔偿。上述行政性法规重规定而轻责任，行政处罚力度较轻，难以对违法行为起到有效的震慑作用。

第九章

银行业监管指标评价体系改革

本章结合之前提出的现阶段银行监管体系中存在的问题以及未来银行业的发展方向，参考国际上先进的监管理念，从分层次、逆周期以及建立激励约束机制三个方面对银行业监管具体指标的设计进行了探讨，在理论分析的基础上对各指标的具体设立和可行性进行讨论，希望对设立一套科学可行的监管评价体系有所启示。

第一节　我国银行业多层次指标设计

截止 2012 年底，中国共有银行业金融机构 3747 家，银行金融机构总资产超过 130 万亿元，但其中的规模差距也非常显著：130 万亿元资产中，有超过六成集中在大型商业银行与股份制商业银行，而城市信用社、农村合作银行等机构所占资产在 1% 左右，这就对不同规模的银行金融机构按照资产、资本总额差别化监管提供了原始的启发与思路（见表 9. 1）。

表 9. 1　　　　**银行机构总资产**　　　　单位：亿元

机构＼年份	2003	2004	2005	2006	2007	2008	2009	2010	2011
银行金融机构总计	267490	307280	364550	428900	521440	612080	772540	931250	1106800
政策性银行以及国家开发银行	21250	24120	29280	34730	42780	56450	69460	76520	93130
大型商业银行	160510	179820	210050	242360	285000	318360	400890	468040	536340
股份制商业银行	29600	36480	44660	54450	72740	88090	117850	149040	183790

续表

年份 机构	2003	2004	2005	2006	2007	2008	2009	2010	2011
城市商业银行	14620	17060	20370	25940	33410	41320	56800	78530	99850
农村商业银行	390	570	3030	5040	6100	9290	18660	27670	42530
农村合作银行	n/a	n/a	2750	4650	6460	10030	12790	15000	14030
城市信用社	1470	1790	2030	1830	1310	800	270	20	30
农村信用社	26510	30770	31430	34500	43430	52110	54930	63910	72050
外资银行	4160	5820	7160	9280	12530	13450	13490	17420	21540
新类型农村金融机构以及邮政储蓄银行	8980	10850	13790	16120	17690	22160	27410	35100	43540

一、对银行实行分层次监管的理论基础

商业银行差别化监管是指监管主体在进行监管的过程中，针对不同类型银行的特点，实施有差别的政策措施，以实现对整个银行系统运营的有效控制。设定差别化的监管指标是实施商业银行差别化监管的重要手段，差别化监管可以更好地抵御银行的系统风险。不同类型的银行在其经营业务、自身风险控制能力、内部结构和管理制度以及对于软硬信息的获得与处理上存在差异，在获得的外部政策导向与政策支持以及所面临的外部环境和竞争压力等方面都有不同的特点。选择有差别的监管政策措施，能够保证各类型银行充分利用内部比较优势，同时拥有公平公正的外部监管环境，这为保障商业银行资产安全性、有效降低银行的系统风险提供了条件，并能够最大限度地保证银行业的稳定。

研究结果表明，对不同类型银行进行差别化监管对银行业的高效运行以及营造公平的业内竞争环境有重要的意义。Chukwuogor-Ndu 和 Wetmore（2006）将美国银行按照资产规模进行划分，他们运用 1997 ~ 2002 年间 2000 多家银行的数据，对银行的利润效率、资产回报、利息收入、非利息收入和贷款损失准备等各项指标进行分析，研究发现，在商业银行放松管制的大环境下，小型银行的利润效率下降速度比大型和中型银行都快；小型银行单位资产的利息收入高于大中型银行，而其非利息收入低于大中型银行。他们从而得出结论，管制放松、技术进步、电子商务和负面的经济环境会给小型银行带来威胁，美联储

的放松管制和银行合并政策需要重新审视①。Lacewell 等（2002）也从资产规模的角度对美国的商业银行进行划分，使用随机前沿法计算 5000 多家银行可能产生的利润效率（alternative profit efficiency scores），并收集或计算了与骆驼评级法（CAMELS）高度相关的财务指标，对二者回归分析得出结论：大型银行的财务比率和利润效率之间有更强的相关性，在监管指标中加入利润效率指标对大型银行有利，但这会导致小型银行受到不公正对待，因此必须同时考虑资产规模的影响②。Bergera 等（2005）运用千余家融资自主权较大的小企业数据，构造了关于企业特征、银行特征以及企业和银行关系特征的变量，使用最小二乘法和工具变量法的结论使小型银行在利用经理人素质等软信息评估贷款项目的时候具有优势；而大型银行在利用财务指标等硬信息评估时更有优势③。

国内对差别化监管的研究还主要集中在农村中小金融机构。张迎春和张璐（2012）以村镇银行为例，从银行监管理论框架、银行监管成本收益分析以及银行经营利润最大化这三个维度对银行差别监管进行分析，认为应调整村镇银行的资产负债结构以及股权结构，制定差异化的经营策略、进入以及退出准则等有别于传统商业银行的监管规则④。徐思新（2006）提出，差别监管必须首先甄别金融机构的差异性，其次是建立风险评价评级体系，同时还要处理好差别监管与监管公正、监管能力、监管效率、银行创新、市场激励、市场退出机制的协调关系⑤。鉴于各个银行公布数据完善程度的差异性，国内关于银行监管指标的实证研究也主要是对信息披露相对完整、资产规模相似银行的小范围研究。截至目前，国内还没有对银行按照资产规模分类而进行差别化监管研究的实证分析。

从经济学角度来看，由于不同类型的商业银行在所有权形式、资本资产规

---

① Chukwuogor-Ndu, C., Wetmore, J.: Comparative Performance Evaluation of Small, Medium and Large U. S. Commercial Banks. *Banks and Bank Systems*, 2006, 1 (2): 123 ~ 135.

② Lacewell, S. K., White, L. R., Rogers, K. E.: An Analysis of Alternative Profit Efficiency Scores and Financial Ratios: Does Bank Size Matter? . *Journal of Commercial Banking and Finance*, 2002, 1: 23 ~ 30.

③ Bergera, A. N., Millerb, N. H.: Petersenc, M. A., Rajand, R. G., Steine, J. C.. Does Function Follow Organizational Form? Evidence from the Lending Practices of Large and Small Banks. *Journal of Financial Economics*, 2005, 76 (2): 237 ~ 269.

④ 张迎春、张璐：“农村中小金融机构差别监管的内在机理：由村镇银行生发”，载于《改革》，2012 年第 5 期，第 54 ~ 59 页。

⑤ 徐思新：“实施差别监管提高监管效率”，载于《管理现代化》，2006 年第 1 期，第 10 ~ 12 页。

模、存贷比例、运营风险、经营特点、业务种类、客户群体等诸多方面都存在较大差异，所以在监管成本和监管收益上都有不同的函数形式，用成本－收益分析法可以找到其监管主体对不同类型银行开展监管工作时所实现的效用最大化的不同节点。因此，对于不同类型的商业银行，监管部门需要对各种监管要素进行差别化的合理分配，从而实现监管效用的最大化，更好地实现银行业的稳定和效率，保障金融稳定和经济发展的监管目标。此外，从规模报酬的角度来看，我国商业银行的数量还在增长，说明在排除政策差异等方面的不同限制的情况下，银行业存在经济利润。因而，银行业目前来讲具有规模报酬的非不变性，监管主体在对不同类型的商业银行进行监管时，应该有的放矢、量体裁衣地制定差别化的监管目标、监管内容和监管措施，这样才能实现整个银行业的有序和高效率运行。最后，由于不同商业银行的资产规模、所有制结构和投资者有所不同，不同的投资者又具有不同的风险－收益偏好，进而使得其在经营理念与策略上又有所不同。因此，在商业银行的内部控制和外部监管方面，有必要针对其不同的经营方式和经营理念采取不同的控制手段，树立不同的监管理念，制定差别化的监管措施。

在对小银行的监管政策上，美国与中国存在显著不同：美国直接针对小银行进行债务、资本外延的调整缓解小银行监管负担；中国并没有直接针对中小银行提供资本监管优惠，而是出台多项政策用于完善小企业金融服务体系。具体政策是支持商业银行小企业贷款的资金来源（鼓励小企业金融债）和放宽小企业贷款资本要求（减小小企业贷款风险权重），有利于中小银行服务中小企业特色业务的发展，提高与大银行抗衡的竞争力。但是，这种针对小企业贷款的政策支持的出发点并非扶持中小银行，而是增大小企业的金融服务力度，只要是针对小企业的贷款，无论银行规模大小均可享受此优惠。因此，与美国监管机构直接对小银行债务、资本范围界定的调整相比，中国在对大小银行资本监管的差异性上较为弱化。

此外，我国银行体制机制本身相对趋同，激励模式无差异，注重短期利益，忽视长期利益。良好的激励模式是银行业全面健康发展的重要基础，但我国银行业监管缺乏有效的激励约束机制，在银行的绩效考核上，主要强调规模指标和盈利指标，银行的专业性、特色性、实现的社会价值和服务的专属领域等内容并没有纳入考核体系。这种激励模式的直接结果是所有银行都竭尽全力拓展那些能够迅速扩大自身规模、提高自身利润的业务和客户上，忽视特色业务的增长及特色业务对利润的贡献，农村地区和小微企业等急需金融资源支持的领域也在这种激励模式下无法获得应有的金融服务供给，形成严重的市场错位。监管导向趋同，大无约束、小无关照、指标无差异是我国银行业监管模式的主要弊端。虽然监管部门对大小银行实施了差异化的资本充足率，央行也开始强调差别化存款准备金，但这种差异化还是基于银行的规模而异，尚没有特别针对定位于服务农村金融和中小企业的专业性、特色性银行给予明确的支持。这种缺乏层次性的监管指标，导致了我国银行业同质化经营现象特别严重，进而导致很多银行业务竞争十分激烈，而在有些领域银行的作用并未得到很好的发挥，降低了银行的资源配置效率。随着我国经济体制改革的不断深入和金融业务的快速发展，银行业只有实行差异化经营才能更好地服务实体经济：对不同规模的银行，监管要求应有所不同。对于系统性重要银行，应该提高监管标准，以免出现问题而影响整个金融系统的稳定；对于规模较小、重要性相对较低的银行，应执行相对宽松的监管指标，鼓励其有特色的经营，进而提高金融系统的活力与银行系统资源配置的效率。

从现实角度来说，2008 年的全球性金融危机引起了全社会对系统性风险的关注，系统性风险监管已成为国内外学术界和全球金融监管改革的一个最热门话题。其实，早在 20 世纪 70 年代，国际清算银行就指出，“仅加强单个金融机构的监管不足以维护金融稳定，应该关注整个金融体系的风险”（Bono，2009）。Kaufinan 和 Scott（2003）认为系统性风险是一个事件在一连串机构和市场构成的系统中引起一系列连续损失的可能性。全球的银行业都具有较高行业集中度的特性，对银行业系统性风险的关注便着眼于大型金融机构，尤其在此次金融危机中，美国第五大投资银行雷曼兄弟的破产也成为危机的导火索。因此，对于大型银行的监管，应该采取更为审慎、稳健的监管措施，并将防范系统性风险作为监管的主要目标之一。2011 年 11 月，巴塞尔委员会发布了《全球系统重要性银行：评估方法和更高损失吸收能力》，提出了定量与定性相结合的商业银行全球系统重要性评估方法，从全球活跃程度、规模、关联度、可替代性和复杂性五个维度，采用 12 个指标评估银行的全球系统重要性，并要求相关银行披露全球系统重要性评估指标，旨在提高这些系统性重要银行的信息透明度，加强全社会对系统性风险所能带来的巨大损失的认识。

近年来，我国商业银行规模持续增长，关联度和复杂性不断增加，因此有必要对系统重要性较高的银行提出更高的监管要求。应要求资产规模达到一定水平以上的商业银行披露其表内外资产规模、关联度和复杂性等相关信息，有利于促进银行改进内部管理信息系统和管理水平，增加透明度，加强市场约束，同时有利于持续分析和监测相关指标及其变化情况，加强系统性风险的分析、监测与防范。

此外，我国还存在大量的中小型商业银行，主要包括一些股份制商业银行、城市商业银行。不同于系统性银行强大的品牌与规模优势，城市商业银行的核心竞争力主要来源于其企业文化、服务体系与人力资源，这些银行的资产规模大多在1000亿~10000亿元之间，对于它们的监管，应主要集中于对行业健康生态的监管，防止恶性竞争的发生，并鼓励与具有活力的中小企业展开合作，解决中小企业融资难的问题，同时也应该适当鼓励行业内的兼并重组，提高产业的整体效率。

在中小型商业银行之下，还有一些银行金融机构，这些机构尚未形成规模，资产余额在4000亿元之下，主要包括城市信用社、农村信用社以及农村中小金融机构，由于这些机构对经济的整体影响较小，可以鼓励其提高业务创新，并与农村经济发展相结合，为缩小城乡差距做出贡献，从而提高经济的整体活力与持续性。

综合以上分析，对于商业银行差别化监管的研究不仅具有重要的现实意义和现实背景，也在理论方面具有较强的经济学基础，这也为我们针对不同类型的银行结合其业务特点设立监管指标奠定了基础。

二、针对系统性重要银行的指标设计

1. 重点监管系统性重要银行的理论来源

早期金融危机理论认为，金融体系，主要是银行体系本身是不稳定的，具有内在脆弱性。这种脆弱性是指金融制度和结构的非均衡性导致风险积聚，金融体系丧失部分或全部功能的金融状态（伍志文，2002）。金融系统风险是普遍存在的，系统性危机或金融危机的爆发不可避免，其中比较有代表性的是Fisher（1933）和Minsky（1982）的理论。

Fisher（1933）认为金融体系的脆弱性与债务的清偿紧密相关。在经济周期处于上升阶段时，经济主体会因追逐利润而过度负债；当经济周期处于下行阶段时，经济主体又往往没有足够头寸去偿还债务，或者没有信心去负债投资，从而使得债务不能清偿，货币周转率下降，这些变化又会进一步引起资产价格下降、产出减少、市场信心减弱、银行破产数和失业率上升。金融危机传导机制为“新发明－过度负债－信用紧缩－物价下跌、产量减少、失业增加－信心丧失－投资减少－名义利率下降－金融市场混乱、银行倒闭和金融危机”。Minsky（1982）首先提出了“金融不稳定假说”，他认为以商业银行为代表的信用创造机构和相关贷款人的内在特性使得金融体系具有天然的内在不稳定性，从而使得金融本身就是金融危机产生的一个重要原因。金融脆弱性理论的实质是从时间维度，从金融体系与实体经济的相互反馈的角度来理解系统性风险的原因，这种相互反馈正是今天广泛讨论的亲周期性（Procyclicality）①，只不过随着金融体系变革，导致这种反馈效应的因素更加复杂。Friedman 和 Schwartz（1986）、Diamond 和 Rajian（2001）对银行及金融机构的流动性方面的研究表明，银行及其他金融机构由于三方面的原因而存在较大脆弱性：一是短借长贷和部分准备金制度导致了金融机构内在的非流动性；二是在资产负债表中，主要是金融资产而不是实物资产，主要是金融负债而不是资产净值，在全国范围内金融机构之间存在相互依赖的网络；三是存款合同的等值和流动性形成在萧条时期提取存款的激励。

Diamon 和 Dybvig（1983）是研究银行挤兑危机的早期代表，他们认为在银行的日常经营活动中特别是在没有建立存款保险和最后贷款人制度之前，对于存款者的债权来说，银行的执行程序是“先到先得”，因此，在不对称信息下，任何可能引发存款者对银行风险状况担忧的因素都会触发挤兑，在挤兑的传染效应下，有相似基本面的银行也可能发生挤兑。假如还存在证券市场方面的失败信息，银行失败的结果可能会被进一步放大，因为获得银行信用的代理人会发现他们能够作为替代债务的资源也将所剩无几，从而导致他们减少投资、收缩债务。在这种情况下，伴随着银行信用的收缩，货币供给下降，实际利率上升，消费萎缩，脆弱的借款者压力进一步加大。由于银行业较高的杠杆率，资产又多配置于不透明的、非流动的、比较困难的市场，在存款人与银行之间信

① 关于逆周期指标的讨论，将在本章第三节进行。

息严重不对称的情况下，加剧了公众预期的不确定性，并且银行之间拆借及其支付系统使它们的财务更紧密地缠绕在一起，使得银行的支付困难产生交叉影响。另外，银行经营失败涉及的利益相关者众多、发生较快，所以银行业的确存在着较高的脆弱性和传染性，近年来全球金融的一体化使这一特性进一步增强。

银行的资产与负债在流动性上具有天生的不对称性，银行部门需要始终在存款人要求的高流动性与自身要求的高收益性间权衡，Herring 和 Wachter（1999）曾经证明，银行业与房地产业之间密切的关系使得即使银行明知房地产市场已经出现过热，也有在房地产业上集中过多资产的激励，这样就进一步放大了房地产泡沫破裂后的挤兑风险。经典的 Diamond & Dybvig 模型已经证明，与 Arrow-Debreu 定理相反，银行挤兑完全有可能作为一种无效率的纳什均衡解而出现。可见，银行业与房地产业的结合使得金融脆弱性问题更加严重。虽然现阶段我国银行业不可能出现大规模的挤兑现象，但从证券市场的经验来看，投资者的非理性行为完全可能引发一场规模不小的危机。

2003 年以来，中国经济实现快速增长，GDP 增幅长期保持在 7% 以上，这也刺激银行的信贷总量不断扩张。作为天然的以负债盈利的机构，银行业的高杠杆率不可避免，而伴随着中国经济快速增长的，是房地产市场的高度繁荣。与此同时，银行信贷与房地产业之间的关系也越来越密切：2000 年以来我国房地产开发贷款和个人住宅贷款的年均增速分别为 25.99% 和 59.19%，远远高于同期金融机构贷款的年均增速（13.06%），房地产类贷款占金融机构全部贷款的比重从 2000 年的 6.04% 上升至 2005 年的 14.12%（其中，房地产开发贷款由 2.64% 上升至 4.69%，个人住房贷款由 3.40% 上升至 9.43%）。统计表明，银行信贷资产在房地产业的聚集速度是所有类型贷款中最快的。虽然单就现象而言，房地产泡沫的破裂与银行业危机并没有天然的联系，但从之前许多国家的经验来看，这两者总是会同时发生，这就为我国银行业内可能引发的大规模的系统性风险敲响了警钟。尤其在 2013 年，政府出台了严厉的房地产市场调控措施以及通胀治理措施，经济增速略有下滑，在这样的大背景下，银行的不良贷款率是否会上升，利润率是否会下滑，都是需要思考的问题。根据最新的消息，银监会正在酝酿加快推出银行破产条例，新建立的存款保险制度的限额将在 50 万元，这意味着存款者超过 50 万元的存款可能全部损失，这有利于完善银行业退出制度，提高市场化程度，但同时也增加了由挤兑所引发的系统性风险。

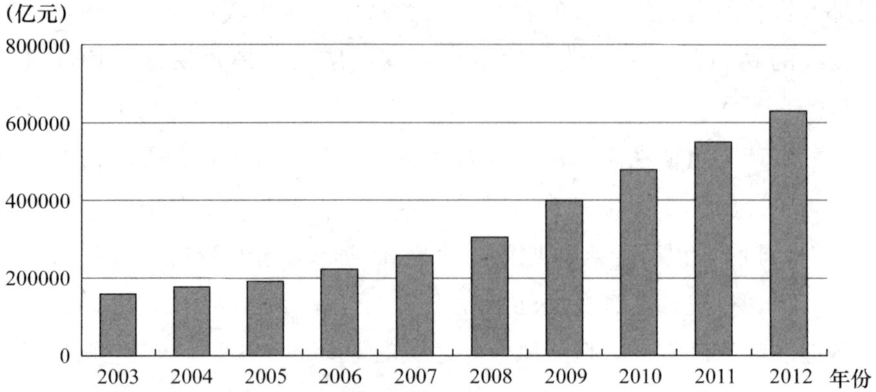

图 9.1 银行业各项贷款余额

资料来源：国泰安数据库。

此外，对银行业高管的薪酬激励机制也加剧了银行系统内的风险累积。由于在经济上升阶段的良好盈利使大量金融机构高管获得了丰厚的薪酬，而在经济下滑、金融机构陷入困境时金融机构高管却并未受到惩罚，这就激励管理人员愿意承担额外风险以达到业绩标准。根据资本资产定价模型，Alpha 代表了金融机构管理者的投资管理能力，但次贷危机表明，金融机构的超额收入很可能仅仅只是投资行为的市场风险溢价，而不是管理人员的管理能力带来的额外收入。尽管有专门的风险管理人员限制金融机构的过度风险承担倾向，但由于事前很难区分金融机构的超额收入是风险溢价还是来源于管理人员的管理能力，且风险管理人员的专业判断会受到管理人员的干扰，难以保持独立性，因此各种风险往往还是容易被忽视。

Hoggarth 和 Saporta（2001）研究发现，世界各国为解决银行问题的平均财政成本支出高达 GDP 的 16%之多。美国银行家协会估计美国每年承担的监管成本在 107 亿美元，相当于银行业非利息支出的 9%，当年全行业净利润的 59%①。这些成本虽然是巨大的，但相较于银行危机和货币危机同时爆发所带来的损失，仍是微不足道的，仅就 2008 年金融危机来说，有报告指出，此次危机对美国的损失就超过 12.8 万亿美元。因此，基于银行危机带来的巨大损失，

① 李红坤：《资本约束下银行机构激励相容监管研究》西南财经大学出版社 2008 年版。

再加上银行系统自身存在的脆弱性，更加有必要对可能引发系统性风险的大型银行加强监管。

2. 系统性重要银行的划分

对于如何确定系统性重要银行，国内外学者有较多的讨论，但主要集中于实证层面，检验金融危机风险的传染渠道，最早也是运用最多的检验方法是简单的相关系数法。由于静态的相关性分析未考虑数据序列的异方差等，使得所得出的结果存在偏误。Embrechts（1999）研究表明，将相关系数用来描述资产之间的相关关系及协同运动的状况是不完善的，这是因为相关系数仅仅描述的是两个金融市场之间是否存在线性关系的量，并不适合金融市场之间的非线性变化情况。2000 年以来，Copula 函数、极值理论和 Markov 链等非线性研究方法被提出并应用到金融市场的危机传染分析中，在捕捉非线性特征方面表现出了明显优势。Gonzalo 和 Olmo（2005）采用 Copula 方法分析了股票和债券之间跨资产间的传染，张尧庭（2002）从理论上探讨了 Copula 在金融上应用的可行性，龚朴和黄荣兵（2009）则采用时变 t-Copula 模型测算次贷危机对内地股市的影响程度。实证分析有定量精准的特点，但由于它主要采用上市银行的股票数据，而我国的银行并未全部上市，且流通股占总股本的比例较小，所以仅从股票收益率的角度难以对金融风险的传染渠道产生一个合理、全面的解释。因此，本文采用直观、定性的方式划分系统性重要银行。

从直观上来说，大型银行对经济的影响程度要比小型银行大，因此应该对大型银行采取更为严厉的监管措施。以美国为例，美国有超过 9000 家银行金融机构，对于小型的社区、村镇银行，准入退出机制较为宽松，而对于诸如摩根大通、花旗、富国等超大型银行则采取了严厉的监管措施。

关于多大的资产规模可以称作银行体系内的绝对资产规模比例，学界并未对此有所讨论，本文选取了 70% 这一比例，即认为资产总规模达到 70% 以上的所有银行可能引发系统性风险。根据这一准则，依据 2012 年中国银行业资产排名（见附表），选取资产余额在 10000 亿元作为划分系统性重要银行的标准。

3. 系统性重要银行监管指标设计

（1）英美对系统性重要银行的主要监管指标及对我国的启示。

20 世纪 70 年代以来，世界各国对银行的监管由合规性监管转向风险性监管，如英国建立的比率风险监管体系和美国建立的风险管理的先进模式，都值得我国在强化风险性监管基础上做出具体分析。

英国的比率风险监管体系（the RATE framework）是风险测评（risk assessment）、监管措施（tools of supervision）、价值评估（evaluation）的缩写。风险测评主要有 CAMELB 指标（主要用于分析商业风险）和 COM 指标（主要用于分析控制风险）。CAMELB 指标包括资本（capital）、资产（asset）、市场风险（market risks）、盈利（earnings）、债务（liabilities）、业务（businesses）六个方面；COM 指标包括控制（control）、组织（organization）、管理（management）三个方面。通过对银行商业风险和控制风险的评估，将银行分为四个等级，对 A、B 等级的银行，只需对其风险控制做出适当的监测；对 C、D 等级的银行则需采取监管措施，主要包括：①要求银行提供全面的会计师报告；②FSA（英国金融服务权力机构）的专家小组对银行财政领域进行检查；③FSA 的专家小组对银行信用领域进行检查；④向跨国银行的母国监管者收集相关信息；⑤与银行高级管理层进行审慎性会晤；⑥特别性会议讨论银行未来发展计划。

与美国相比，我国对银行的监管重点略有不同。在表 9. 2 中，可以看出中、美在金融监管评估模式上侧重点的不同①。

从表 9. 2 可以看出，在资本充足性上，我国稽核评价体系中的比重仅为 5%，可见我国对资产安全性的重视程度不如美国；在盈利程度上，我国的评价体系权重为 10%，低于美国的 20%，盈利能力作为资本安全的保障，进一步说明我国银行业对资本充足率的重视程度低于美国；经营业务合法性与信贷规模适度虽然也是对银行经营安全性的一种考察，但着眼点并不在经营水平安全，而更多的是对经营范围的限制。

从目前中国监管当局的政策来看，其对大银行的资本监管要求正与美国趋于一致。中国银监会《关于中国银行业实施新监管标准的指导意见》（银监发［2011］44 号）中规定，正常条件下系统性重要银行和非系统性重要银行的资本充足率分别不低于 11. 5% 和 10. 5%，并做出了加大对系统性重要银行在发行自救债券、提高流动性监管要求、严格大额风险暴露限制、提高集团层面并表风险治理监管标准四个方面的规定。

① 赵渤：《中国金融监管——风险、挑战、行动纲领》. 社会科学文献出版社 2008 年版。

表 9.2　　中、美"骆驼评价体系"对比

美国		中国	
指　标	权数	指　标	权数
资本充足性	20%	资本充足性	5%
资产质量	20%	资产质量	20%
管理水平	20%	经营管理状况	15%
盈利性	20%	盈利水平及其分配	10%
流动性	20%	负债清偿能力	15%
		经营业务合法性	25%
		信贷规模适度	10%
		中央银行认为需要稽核银行的其他事项	暂不积分

在未来，我国仍需加强对银行尤其是系统性重要银行资本充足率的监管。根据中国银行业协会和普华永道的一项调查，银行家普遍对 2011 年 8 月公布的《商业银行资本管理办法（征求意见稿）》在银行经营管理中的积极作用予以充分肯定，但也普遍感受到了资本补充产生的压力，超过半数的银行家打算通过提高利润水平、增加留存收益的方式来进行内源资本补充，外源资本补充方面，发行次级债成为银行家的首选①。因此，系统性银行的盈利质量也是资本充足情况的重要反映。

美国金融监管机构对金融机构评级时，盈利质量是衡量的一个重要内容，主要指标有：①贷款亏损和租赁亏损准备金。通常，监管机构必须确定银行的管理层至少每一季度对上述准备金予以复核，银行管理层为此要保持适当的记录，以支持自己的评估。②递延所得税。③保留盈余比例。保留盈余比例直接影响到银行的资本金，该比例越高，资本金比重也越高，但这种情形未必对银行有利，银行在确定保留盈余时必须分析其未来的潜在增长率。由于大多数银行股票被投资者视为收入型而非增长型股票，若一家银行的派息率较低，往往会阻碍该银行向市场再度发售新股。此外，美国监管机构还从全面性和稳定性的角度分析银行盈利质量，如一家银行是否因为承受了极大的风险而获取了耀眼的盈利率及收入水平。短期盈利表现还可以由银行通过调整非正当账目及税

① 中国银行业协会，普华永道：《中国银行家调查报告》，中国金融出版社 2012 年版。

收因素来左右，如银行在本会计年度脱手高收益资产，将盈利所得入账，但变现的资金只能投到低收益率的资产上，银行当前虽有较高的盈利水平，但是以牺牲未来盈利为代价。除了对银行过去的盈利进行分析外，还必须确认银行下一年有关的利润计划或财务预算，这种预测主要包括管理层对未来一定时期利率水平的波动幅度、当地经济状况、融资策略、资产组合、定价、增长目标、期限结构的匹配等方面的考虑，金融监管机构应仔细分析该利润计划的可行性。

长期以来，我国银行业奉行资金约束型的数量成长模式，追求规模扩张与发展速度，缺乏对资产质量和风险减除的认识，导致我国银行业资产规模快速膨胀的同时也积累了巨大的风险。因此，在未来，我国对系统性重要银行应开始向资本约束型的质量成长模式转变，加强对资本充足率指标的重视，防范系统性风险，并适当放宽对银行经营范围的限制，顺应现阶段银行业务混业化的趋势。

（2）结合我国情况设计系统性重要银行监管指标。

对于系统性重要银行而言，因其资产负债规模庞大，对经济的影响也很大，应高度重视风险防范与化解，除须遵照巴塞尔协议中的资本要求以及不良贷款率、贷款拨备率、拨备覆盖率、杠杆率等要求外，还应该对外披露其资产项下关联度较大、可能引发系统性风险的科目余额，同时也要披露一定的表外项目。

我国的系统性重要银行的指标设计应以“控制系统性风险，服务经济转型升级”为总目标，分目标控制以下三个风险：一是我国银行业国际化进程中以及各类资本进入银行业过程中形成的风险；二是利率市场化过程中形成的风险；三是人民币国际化过程中形成的风险。下面从全面性、科学简明性、层次性、可量化性以及数据的可得性角度出发，建立6个方面的指标来评价系统性重要银行防范风险的能力，这六个方面分别为稳健经营能力、盈利能力、管理能力、创新能力、当前国际化程度和持续扩张能力。为方便之后的实证分析，以下所述指标会同时分析其对银行抗风险能力的影响，若较高的指标值有利于提高银行安全稳健经营能力与抵抗系统性风险的能力，就为正向指标，反之则为负向指标，若既有利于提高银行抗风险能力又有可能对银行系统运行带来隐患，则为中性指标。

①稳健经营能力。当前，银行承担着我国社会绝大部分的资金融通任务，安全稳健性是银行特别是系统性重要银行经营过程中首先需要考虑的因素，此

能力主要从资本、信用、流动性三个方面来衡量，所涉及的指标包括总资本充足率 G_{11}、核心资本充足率 G_{12}、不良贷款率 G_{13}、拨备覆盖率 G_{14}、现金资产比率 G_{15}和存贷比 G_{16}。其中，资本充足率、一级资本充足率、拨备覆盖率和现金资产比率为正向指标，不良贷款率、存贷比为负向指标。在中国人民银行的监管比例指标中，存贷比的标准值为小于或等于 75%，贷存比过高意味着银行流动性或出现问题，会对银行的稳健经营造成不良影响。稳健经营能力的指标集用向量 $G_1 = (G_{11}, G_{12}, G_{13}, G_{14}, G_{15}, G_{16})$ 来表示。

②盈利能力。我国的大型银行普遍面临资本补充压力，而大部分银行家也表示将通过提高利润水平、增加留存收益的方式来进行内源资本补充，因此盈利能力也成为补充资本、提高银行抗风险能力的一个重要考虑因素，主要用资产收益率（ROA）、资本收益率（ROE）两个指标来衡量，均为正向指标。盈利能力指标集用 $G_2 = (G_{21}, G_{22})$ 来表示。

③管理能力。在利率市场化、人民币国际化后，面对逐渐激烈的竞争环境，银行内部的管理水平也成为衡量银行经营业绩的重要参考指标。管理能力主要由营业费用率和资产利用率来衡量。前者代表单位收入所需的费用，属于负向指标；后者反映的是使用单位资产所能获得的营业收入额，属于正向指标。管理能力指标集用 $G_3 = (G_{31}, G_{32})$ 来表示。

④创新能力。利率市场化背景下，社会的整体融资取向会由间接融资向直接融资转化，银行的传统信贷业务的盈利水平将大幅缩减，创新能力将成为盈利水平能否可持续的关键性因素之一。同时，作为系统性重要银行，过度的创新、大量的表外资产也会带来一定的风险隐患，因此适度的创新能力就显得尤为重要。根据利润的来源，商业银行的业务主要分为资产业务、负债业务和中间业务。中间业务又称表外业务，它不进入银行的资产负债表，形成非利息收入，此类业务主要分为与贷款有关的服务与支付业务、信托与咨询服务、代理服务、经纪人、进出口服务五大类。利息收入和非利息收入共同构成了银行的总收入。我们用收入中非利息收入的比率来衡量银行的创新能力，为中性指标。创新能力指标集用 $G_4 = (G_{41})$ 来表示。

值得一提的是，至 2013 年末，中国信托资产总额高达 10 万亿元，尽管占中国信贷存量的比重较小（见图 9.2），但最近几年信托资产一直以超过 50% 的年增速增长。根据高盛的预测，2013 年信托对净新增信贷增长的贡献达到 2 万

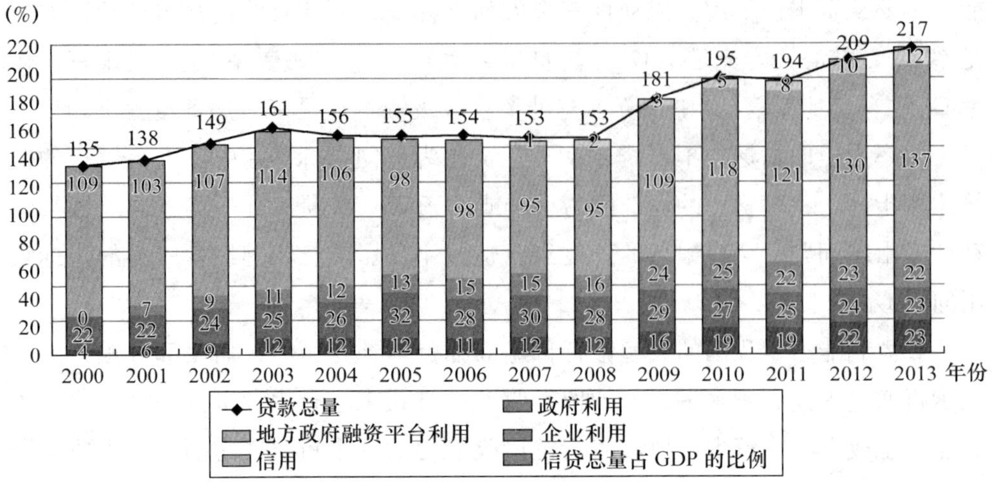

图 9.2　中国各年信贷存量

资料来源：高盛全球投资策略研究。

亿元，占2013年社会融资总量的超过1/10。中国信托业与银行有着千丝万缕的联系，尽管信托（包括很多理财产品）有表外属性，但信托公司或分销银行在销售时往往会提供支持（提供杠杆的机构承担本金和利息的损失），并使隐含的担保显性化。虽然从法律上说，信托公司和银行都没有保本的义务，但如果政策制定者要求信托公司和分销银行提供一定程度的支持，可能会促进潜在损失的确认，最坏的情况下，如果损失巨大，可能需要融资充实资本或缩减资产负债表。因此，潜在资产的质量和尽职调查将是决定这些金融机构是否和可能要承担多少损失的关键，监管者也应建立明确的信息披露制度，明晰各方在信托资产的销售过程中承担的角色与义务。

⑤持续扩张能力。与当前国际化程度一样，银行未来的增长潜力与对经济的影响程度，由总资产增长率和净利润增长率两个指标衡量，均为正向指标。持续扩张能力指标集用 G_5 =（G_{51}，G_{52}）来表示。

指标体系的具体构成及各指标的计算公式见表 9.3。

4. 对系统性重要银行监管指标体系的实证分析

本书将采用因子分析来确定系统性重要银行监管指标体系中各项指标的权重，进而对各系统性重要银行的适应风险的能力进行综合评价。所使用的处理软件为 SPSS17.0。

表 9.3　　系统性重要银行监管指标体系

指标类型	指标名称		计算公式
稳健经营能力 G_1	资本	资本充足率	资本充足率（%）=（核心资本 + 附属资本 - 扣减项）/加权风险资产总额
		一级资本充足率	一级资本充足率（%）= 一级资本/加权风险资产
	贷款质量	不良贷款率	不良贷款率（%）=（次级类贷款 + 可疑类贷款 + 损失类贷款）/全部贷款额
		拨备覆盖率	拨备覆盖率（%）=（一般准备 + 专项准备 + 特种准备）/（次级类贷款 + 可疑类贷款 + 损失类贷款）
	流动性	现金资产比率	现金资产比率（%）= 现金/资产总额
		存贷比率	存贷比率（%）= 各项贷款期末余额/各项存款期末余额
盈利能力 G_2	资产收益率		资产收益率（%）= 实际利润总额/资产平均余额
	资本收益率		资本收益率（%）= 实际利润总额/资本平均余额
管理能力 G_3	营业费用率		营业费用率（%）= 营业费用/营业收入
	资产周转率		资产周转率（%）= 营业收入/资产总额
创新能力 G_4	非利息收入占比		非利息收入占比（%）= 非利息收入/营业收入 ×100%
持续扩张能力 G_5	总资产增长率		总资产增长率（%）=（期末总资产 - 期初总资产）/期初总资产
	净利润增长率		净利润增长率（%）=（期末净利润 - 期初净利润）/期初净利润

（1）R 型因子分析基本原理。

R 型因子分析的基本思想是通过变量的相关系数矩阵内部结构的研究，找出能控制所有变量的几个随机变量去描述多个变量之间的相关关系，但这几个随机变量是不可观测的，通常称为因子。然后根据相关性的大小把变量分组，使得同组内的变量之间的相关性较高，不同组的变量相关性较低。

R 型因子分析的数学模型为：

$$\begin{cases} X_1 = a_{11}F_1 + a_{12}F_2 + \cdots a_{1m}F_m + \varepsilon_1 & (1) \\ X_2 = a_{21}F_1 + a_{22}F_2 + \cdots a_{2m}F_m + \varepsilon_2 & (2) \\ \quad \cdots\cdots & \\ X_p = a_{p1}F_1 + a_{22}F_2 + \cdots a_{pm}F_m + \varepsilon_p & (3) \end{cases}$$

其中：$m \leqslant p$；$\mathrm{cov}(F, \varepsilon) = 0$；$D(F) = I_m$，即 F 为 m 阶单位阵；

$$D(\varepsilon)=\begin{pmatrix}\sigma_1^2 & & 0\\ & 0 & \\ 0 & & \sigma_p^2\end{pmatrix}$$，即 ε_1，…，ε_p 不相关，且方差不同。

其中，X 是可测的 P 个指标所构成的 P 维随机变量，F 是不可测的向量，被称为公共因子或潜因子，可以把它们理解为在高维空间中互相垂直的 m 个坐标轴；a_{ii} 为因子载荷，是第 i 个变量在第 j 个公共因子上的负荷，如果把变量 X_i 看成 m 维因子空间中的一个向量，则 a_{ij} 表示 X_i 在坐标轴 F_j 上的投影，$a_{ij} = \mathrm{corr}(X_i, F_j)$，即 i 个变量与第 j 个公共因子的相关系数，反映了第 i 个变量在第 j 个公共因子上的相对重要性，由 a_{ij} 组成的矩阵 A 称为因子载荷矩阵；称 ε 为 X 的特殊因子。

下面定义几个基本的统计学概念。

①变量共同度。变量 X_i 的共同度为因子载荷矩阵 A 中 i 行元素的平方和，即：

$$b_i^2 = \sum_{j=1}^{m} a_{ij}^2, i = 1, \cdots, p \tag{4}$$

共同度刻画全部公共因子对变量 X_i 的总方差所做的贡献，它越接近 1，说明该变量的几乎全部原始信息都被所选取的公共因子表明了；它越接近 0，说明公共因子对 X_i 的影响很小，主要由特殊因子描述。

②公因子 F_j 的方差贡献率。它的定义为因子载荷矩阵中各列元素的平方和，记为：

$$S_i^2 = \sum_{i=1}^{p} a_{ij}^2, j = 1, \cdots, m \tag{5}$$

③因子旋转。因子旋转使得因子载荷矩阵的结构简化，便于对公共因子进行解释。这里所谓的结构简化，是使每个变量仅在一个公因子上有较大的载荷，而在其余公共因子上载荷比较小。旋转的方法有很多种，如正交旋转、斜交旋转等。本书采用正交旋转。

④因子得分与综合得分。R 型因子分析的数学模型是将变量表示成公共因子的线性组合，而在实际应用中，往往需要用公共因子代表原始变量，即将公共因子表示为变量的线性组合：

$$F_j = \beta_{j1}X_1 + \beta_{j2}X_2 + \cdots + \beta_{jp}X_p, j = 1, \cdots, m \quad (6)$$

式（6）就是因子得分函数，用它来计算每个样本的公共因子得分。接下来可以用公共因子得分及其各自的方差贡献率来计算样本的综合得分。数学模型为：

$$F = (\lambda_1 F_1 + \lambda_2 F_2 + \cdots + \lambda_m F_m) / \sum_{i=1}^{m} \lambda_i \quad (7)$$

其中，F_i 为第 i 个公共因子得分，λ_i 为第 i 个公共因子的方差贡献率。

（2）样本选取与数据来源。

由于本章节的目的在于设计对我国系统性重要银行的主要监管指标，所以银行样本的选取主要集中于国内上市银行，资产规模超过 10000 亿元的银行除了五大国有商业银行外，还有一些股份制商业银行。这些银行基本全部实现了上市，因此从数据可得性角度来说较为便利，最终选取五大国有商业银行以及在不同领域各有长处的民生、兴业、光大、招商、中信、浦发、华夏、平安 8 家股份制商业银行。

本节所需数据，如非特别说明，均来源于各大银行年报以及国泰安数据库。

（3）样本数据处理。

在进行因子分析之前，需要对各项指标数据进行适当的处理，主要是负向指标的正向化和数据的标准化。指标体系中有三个负向指标（不良贷款率 G_{13}、存贷比 G_{15} 和营业费用率 G_{31}）和一个中性指标（非利息收入比率 G_{41}），负向指标的正向化采用公式是：X′ = 1 − X；中性指标使用公式是：X′ = 1/ABS（X − 75%）。指标数据正向化之后还需进行标准化处理，以避免因度量标准的不同而产生误差，所有指标单位均为%，最后使用标准化后的数据进行实证分析。

（4）实证分析。

以下将以 2012 年数据为例，运用 R 型因子法进行实证分析并对结果进行相应解释，从而给出一套较为全面的评价系统性重要银行抗风险能力的指标体系，以期全面揭示我国系统性重要银行抵御风险的能力。

①共同度分析。

表 9.4 中，第二列是根据因子分析初始解计算出的变量共同度，其中 ZG_{11}，ZG_{12}，…，ZG_{52} 分别是指标变量 G_{11}，G_{12}，…，G_{52} 标准化后的值，由于每个原始变量的所有方差都能被因子变量解释，因此每个变量的共同度都是 1；第三

列是根据因子分析最终解计算出变量共同度，即提取的公因子对变量方差的贡献率，各指标能被 m 个因子变量解释的都在 70% 以上。可见，每个评价指标与被提取的因子之间内部结构关系紧密，满足因子分析的要求。

表 9.4　　　　共同度分析表

	初　始	提　取
资本充足率 ZG_{11}	1.000	0.940
一级资本充足率 ZG_{12}	1.000	0.961
不良贷款率 ZG_{13}	1.000	0.937
拨备覆盖率 ZG_{14}	1.000	0.889
现金资产比率 ZG_{15}	1.000	0.875
存贷比率 ZG_{16}	1.000	0.841
资产收益率 ZG_{21}	1.000	0.739
资本收益率 ZG_{22}	1.000	0.981
营业费用率 ZG_{31}	1.000	0.974
资产周转率 ZG_{32}	1.000	0.906
非利息收入占比 ZG_{41}	1.000	0.949
总资产增长率 ZG_{51}	1.000	0.931
净利润增长率 ZG_{52}	1.000	0.898

注：如非特别说明，表中所做数据结果均出自 SPSS17.0。

②主成分分析。表 9.5 为主成分列表，表中按照特征根从大到小的顺序列出了前八位的主成分，其累计方差贡献率已接近 100%。公因子特征值应该满足大于 1 的条件，故提取了前四个公因子。可以看到，正交旋转之后累计方差贡献率达 92.044%，显然这四个公因子能够解释 13 个评价指标的大部分信息。

表 9.5　　　　主成分表

	初始特征值			提取平方和载入		
主成分	总计	方差贡献率	累积方差贡献率	总计	方差贡献率	累积方差贡献率
1	6.982	48.136	48.136	5.689	38.291	38.291
2	2.394	16.389	64.525	3.182	25.168	63.459
3	2.268	15.127	79.652	2.234	17.018	80.477

续表

主成分	初始特征值			提取平方和载入		
	总计	方差贡献率	累积方差贡献率	总计	方差贡献率	累积方差贡献率
4	1. 385	12. 392	92. 044	1. 967	11. 567	92. 044
5	0. 869	3. 386	95. 43			
6	0. 343	2. 125	97. 555			
7	0. 271	1. 583	99. 138			
8	0. 068	0. 862	100			

③成分矩阵。表 9. 6 为成分矩阵，反映各变量在各因子上的权重，通过该矩阵可以得到各个指标变量的因子表达式。

表 9. 6　　　　旋转前的成分矩阵

	公因子			
	F_1	F_2	F_3	F_4
资本充足率 ZG_{11}	0. 796	0. 002	0. 365	0. 188
一级资本充足率 ZG_{12}	0. 679	0. 091	0. 568	-0. 008
不良贷款率 ZG_{13}	0. 343	0. 867	0. 495	-0. 261
拨备覆盖率 ZG_{14}	-0. 252	-0. 775	-0. 396	-0. 474
现金资产比率 ZG_{15}	0. 879	-0. 275	-0. 072	0. 029
存贷比率 ZG_{16}	-0. 183	-0. 045	0. 897	0. 012
资产收益率 ZG_{21}	0. 684	-0. 379	0. 283	-0. 192
资本收益率 ZG_{22}	0. 931	0. 146	-0. 045	0. 264
营业费用率 ZG_{31}	0. 97	0. 182	0. 056	0. 021
资产周转率 ZG_{32}	0. 352	0. 737	0. 21	-0. 473
非利息收入占比 ZG_{41}	0. 864	0. 076	0. 267	0. 234
总资产增长率 ZG_{51}	-0. 513	-0. 649	0. 387	-0. 241
净利润增长率 ZG_{52}	-0. 169	0. 173	0. 641	0. 296

从表 9. 6 中可以看到，各指标变量在公因子上的载荷分布严重不均，其中 G_{11}、G_{12}、G_{15}、G_{22}、G_{31}、G_{41} 等均在公因子 F_1 上有较大的载荷，而对于公因子 F_4，各指标变量在其上的载荷都相对较小，旋转之后，将使载荷分布更加均匀，

从而更有利于解释。此外，正交旋转之后因子载荷矩阵的结构也得到优化，使每个变量仅在一个公因子上有较大的载荷，而在其余公因子上的载荷较小，从而使每个公因子的含义更加清晰，便于解释。所以本书采用正交旋转后的因子表达式（见表9.7）。

表9.7　　　　正交旋转后的成分矩阵

	公因子			
	F_1	F_2	F_3	F_4
资本充足率 ZG_{11}	-0.264	0.966	0.056	0.081
一级资本充足率 ZG_{12}	-0.186	0.894	-0.132	0.149
不良贷款率 ZG_{13}	0.121	0.211	0.737	0.532
拨备覆盖率 ZG_{14}	0.016	-0.299	-0.884	0.136
现金资产比率 ZG_{15}	0.927	-0.261	0.054	0.042
存贷比率 ZG_{16}	0.241	-0.065	0.078	-0.975
资产收益率 ZG_{21}	0.746	0.449	-0.554	0.195
资本收益率 ZG_{22}	0.924	0.115	-0.024	0.371
营业费用率 ZG_{31}	0.839	-0.1	0.573	0.192
资产周转率 ZG_{32}	0.331	0.196	0.279	0.813
非利息收入占比 ZG_{41}	-0.379	0.726	0.028	0.312
总资产增长率 ZG_{51}	0.062	0.834	0.029	0.416
净利润增长率 ZG_{52}	-0.123	-0.429	0.812	-0.036

注：本表提取方法为主成分分析法。旋转法为具有Kaiser标准化的正交旋转法，旋转在6次迭代后收敛。

从表9.7可以看出，在公因子 F_1 上载荷较大的主要有 G_{15}，G_{21}，G_{22}，G_{31} 指标变量，主要反映的是稳健经营能力中的流动性、盈利能力以及管理能力；在公因子 F_2 上载荷较大的变量主要有 G_{11}，G_{12}，G_{41}，G_{51}，主要反映的是银行的资本充足情况、创新能力以及资产规模增长情况；在公因子 F_3 上载荷较大的变量主要有 G_{13}，G_{14}，G_{52}，反映的是稳健经营能力中的贷款质量和利润增长情况；公因子 F_4 上载荷较大的变量主要有 G_{16}，G_{32}，衡量的是银行的流动性情况和资产运用的效率情况。

④因子得分矩阵。在对各原始变量的因子载荷进行分析之后，就可以得到

各项指标变量与提取的公因子之间的关系，即因子得分矩阵，指标变量在某一公因子上得分越高，表明该指标与该公因子之间关系越密切（见表9.8）。

表9.8　因子得分系数矩阵

	公因子			
	F_1	F_2	F_3	F_4
资本充足率 ZG_{11}	0.039	0.314	-0.012	0.019
一级资本充足率 ZG_{12}	0.053	0.294	-0.062	0.033
不良贷款率 ZG_{13}	0.096	0.112	0.521	0.124
拨备覆盖率 ZG_{14}	0.162	0.034	0.493	0.056
现金资产比率 ZG_{15}	0.529	0.026	0.139	0.212
存贷比率 ZG_{16}	-0.084	-0.206	-0.379	-0.53
资产收益率 ZG_{21}	0.239	-0.028	0.048	-0.009
资本收益率 ZG_{22}	0.316	0.106	0.021	0.181
营业费用率 ZG_{31}	0.169	-0.026	0.013	-0.061
资产周转率 ZG_{32}	0.054	0.123	0.079	-0.428
非利息收入占比 ZG_{41}	-0.039	0.296	0.028	0.134
总资产增长率 ZG_{51}	0.026	-0.387	-0.016	0.021
净利润增长率 ZG_{52}	-0.079	-0.124	0.496	0.027

$$F_1 = 0.039G_{11} + 0.053G_{22} + \cdots - 0.079G_{52}$$

$$F_2 = 0.314G_{11} + 0.294G_{22} + \cdots - 0.124G_{52}$$

$$F_3 = -0.012G_{11} - 0.062G_{22} + \cdots + 0.496G_{52}$$

$$F_4 = 0.019G_{11} + 0.033G_{22} + \cdots - 0.027G_{52} \quad (8)$$

以各因子的方差贡献率为权重，得到综合得分函数：

$$F = (\lambda_1 F_1 + \lambda_2 F_2 + \cdots + \lambda_m F_m) / \sum_{i=1}^{m} \lambda_i$$

$$= (0.4814F_1 + 0.1639F_2 + 0.1513F_3 + 0.1239F_4) / 0.9204 \quad (9)$$

将式（8）带入式（9）中，即可得到综合得分F关于各具体指标变量的线性等式关系：

$$F = 0.0769G_{11} + 0.0743G_{12} + 0.1725G_{13} + 0.1794G_{14} + 0.3327G_{15}$$

$$- 0.2143G_{16} + 0.1267G_{21} + 0.2120G_{22} + 0.0777G_{31} + 0.0055G_{32}$$

$$+0.0550G_{41}-0.0551G_{52}+0.0218G_{52} \quad (10)$$

通过以上评分体系，就可以对国内系统性重要银行的抗风险能力进行综合评价。

三、针对中型银行的指标设计

1. 中型银行的发展概况与特点

本书所称的中型银行，是指资产规模在1000亿~1000亿元之间的银行，这些银行大多是地方性的城市商业银行或农村商业银行，依据本土优势，打造出适合当地特色的金融产品，与当地企业有较多的合作。中型银行具有资产规模、机构数量居中，市场化程度较高，稳健性和灵活性有机结合，鲜明的品牌特色和企业文化五个方面的特征，可以说集合了大型银行规模优势与小型银行灵活性的优点。

现阶段，我国城市商业银行加快了走差异化、特色化发展道路的探索，一是做大做强传统优势业务，在“服务地方、服务市场、服务中小企业”的定位下形成了一些业务特色；二是结合区位特点、股东优势、合作资源等方面的有利条件，从产品和业务、营销模式、风险管控、管理体制和机制等角度培育经营特色；三是创新业务模式，解决原先困扰市场和客户的难题，促进业务发展；四是瞄准一些新兴产业和关注度较低的潜在业务领域，开辟“蓝海”，形成先发优势。

总体而言，城市商业银行的差异化发展态势已初步显现：有些规模较大，综合实力不断增强，某些方面已接近股份制商业银行水平；有些在某个经济区域内具有服务网络与影响力，尤其在定价权方面有较强的影响力，将发展为能提供较为全面的金融服务、具有一定竞争力的区域性银行；有些虽然综合实力并不突出，但凭借一些独特优势，有望发展成为某些领域内的专业银行，如专门提供小企业融资、农村小额信贷、清算结算、贸易融资等专业化、精细化服务的银行；还有相当一部分的城市商业银行业务集中在较小范围内，主要定位于成为社区银行，依托当地的紧密联系，谋求稳健、可持续的发展。

跨区域发展道路逐渐得到许多城市商业银行的重视，其对各行业务发展的贡献也在不断提高，一些城市商业银行的异地分支行资产和贷款在全行的占比已达到30%左右。与此同时，城市商业银行在推动异地分支行培育业务特色、加强风险管控、延伸业务网络等方面的力度不断加大，并结合自身定位、经营特点、经济和产业状况、竞争环境等因素综合考量，采取邻近县域设立支行、省内扩张以及国际化的战略，跨区域发展正逐渐走向深入。在加强跨区域发展的同时，多家城市商业银行进行了联合重组，从而显著地改善了这些银行的资产质量、增强了资本实力、提升了市场影响力和竞争力，并且有效地整合了原先较为分散的资源，争取更好的发展条件和更大的发展空间。此外，联合重组也是地方政府保护地方金融资源、做大做强地方银行的现实选择，有助于迅速提升区域金融的安全水平，增强区域金融服务区域经济发展的能力。地方政府也能在联合重组中发挥积极作用，协调解决跨行政区域金融资源重新配置所遇到的一些难题，提高联合重组的效率。

近年来，城市商业银行与同业的合作呈现出全方位展开的良好态势，不仅合作对象更加多样，合作范围不断扩大，而且合作形式日趋丰富，合作效率进一步提高。其合作类型大致有三种形式：一是战略合作伙伴，有些合作建立在股权联系的基础之上。此类合作目的明确，内容务实，容易取得实效。二是松散型的区域合作组织，既有以省为单位组建的，也有跨省组建的。这些合作组织通过定期沟通和交流，就共同关心的热点问题进行研究和商议，进而解决分歧，达成共识。三是基于股权联系的合作联盟，如由山东省 14 家城市商业银行各出资 1000 万元设立的山东城市商业银行合作联盟，以核心业务建设为重点，同时围绕新产品研发和人员培训等方面逐步完善自身功能，取得了阶段性成果。

在风险管控方面，各家城市商业银行也按照监管要求，积极主动地加强风险管理和内部控制，在信用风险管理方面严格落实"三个办法，一个指引"，关注房地产信贷风险，审慎、稳健地开展相关业务，同时继续加强市场风险、流动性风险和操作风险的管理。

城市商业银行是银行业中较有创新活力的机构。近年来，城市商业银行不断深化改革，发展创新，通过探索综合化经营、设立小企业专营机构、发起设立村镇银行、创设消费金融公司等方面的探索，努力打造经营优势，增强综合竞争力。应继续鼓励这些创新，但也应适度监管，明晰表内表外业务，在一定规模以内的中型银行可以适度放松监管，但超过一定规模、可能引发系统性风险的银行，应该及时纳入系统性重要银行的管理体系中，进行严格监管。

2. 中型银行的监管重点与指标设计

结合中型银行灵活多样的业务特点以及差异化的竞争格局，其监管重点应与系统性重要银行有所不同。

首先，在经营稳健性上，由于中型银行的资产规模较小，业务复杂性及关联度较低，大部分为区域型机构，引发系统性风险的可能性很低，因此对中型银行的要求可以适度放宽，再加上其承担着服务中小企业的重任，与系统性重要银行相比坏账率会更高，因此将面临更为严峻的资本补充压力。与欧美较为成熟的银行差异化竞争格局不同，我国银行业的差异化发展特点近年来才开始显现，从监管者的角度来说，应当继续鼓励这种发展模式，适度放宽对中型银行资本充足率、不良贷款率、贷款拨备率等指标的要求，并安排适当的过渡期。以资本充足率为例，可以对中型银行的核心一级资本、一级资本、二级资本的范围适度放宽，鼓励通过发行次级债、优先股等新型资本市场融资工具补充资本，对符合要求的中小企业贷款的资产风险权重适度降低，以更好地鼓励中型银行与中小企业的结合。同时，需要对中小型银行从事高风险业务如信用衍生品、表外业务进行限制，提出衍生品资产占比的指标，中小银行该指标不应超过0.5%，并规定中小银行利息收入占比须达到50%以上，从而引导中小银行回归到传统的金融服务，更好地服务中小企业。

此外，还应适当放宽现行的贷款责任制，只要一个工作人员的业务合法、程序合规、工作尽职，就不应该过分追究其个人责任。不可否认，贷款责任制是抑制道德风险的有效手段，它曾使我国商业银行的不良贷款率显著降低。然而，银行作为资金融通的机构，其发放贷款过程中不可避免地会面临风险，对于风险，应该建立一套有效的风险定价机制而不是简单的“一刀切”。对于中小企业贷款而言，应将中小企业的长期发展潜力作为信贷决策的主要考量点，而非当前的盈利能力。

针对不同中型银行差异化发展的业务特点，可结合其主营业务方向有所侧重地设立指标。如专门提供贸易融资的中型银行，监管侧重点应放在其外币账户、外汇远期、期货等衍生品账户的余额，并与国家的进出口产业政策相结合；对国家鼓励进出口的产业提供的贸易融资，可以适度放宽监管标准，同时也应注意防范异常外汇资金跨境流动；对于洗钱、虚假贸易融资等犯罪行为，应该坚决打击。对于区域型银行，可以结合地方发展特点与不同地域经济发展状况，有针对性地设立监管指标，如对中西部地区的中小型区域型银行的贷款质量要求可以适度放宽，一定程度上有利于缩小东西部差距，减缓地域发展不平衡的现象。

从流动性监管角度来看，对于中型银行而言，可以试点逐步放松存贷比指标。根据对中国银行家的调查，希望适度调整 75% 存贷比硬约束的呼声较高，此外银行家对 2011 年才正式推出的拨贷比监管指标的整体评价也较低，认为不良贷款率较高的银行反而更容易达到监管标准。存贷比指标在抑制银行过多放贷和降低银行流动性风险方面发挥了积极的作用，但有超过七成的银行家认为应对该指标的约束效力、指标值和测算方式进行调整；部分银行家认为当前该指标的科学性不好，是一种较为僵化的管理办法，甚至在一定程度上限制了银行经营模式的创新和改革，因为目前银行负债资金来源已相对多元化，只要资金稳定，期限配置合适，都可以作为银行流动性管理的工具，而非仅仅局限于通过存款量来降低银行信贷的流动性风险。还有不少的银行家认为，存贷比考核激化了银行间的揽储大战，银行为了虚增存款，可能要求企业通过贷款来做承兑和保证金，进而导致企业的融资成本上升，此外，银行为了满足监管指标，大量进行倒账，也会造成银行的经营成本上升。当前，对于银行贷款投向、额度等方面的限制，加长了信贷投放中的链条，催生了民间高利贷、地下钱庄等产业，也是实体经济背负较高融资成本的原因之一。超过四成的银行家认为存贷比指标应作为监测指标而非硬性监管约束指标，未来银行内部可以将其作为资产负债管理的指标，但不应强行约束，从而一定程度上提高银行业的市场化程度以及整体的资源配置效率。

短期来看，存贷比指标仍有留存的必要，但在监管方式上应进行更为灵活、更有弹性的掌握，并对指标的计算方法进行适当的调整和改进。如将银行同业存款定期的、较为稳定的部分纳入存贷比分母的计算范畴，而将转贴现等流动性相对较好的资产和支农再贷款等政策引导性较强的贷款从分子中剔除。在存贷比指标的监管应用上，应进行弹性掌握，比如允许在75%上下浮动3 ~5 个百分点，对中小型银行可以适度放松并提高浮动范围，考虑存款准备金的高低设定存贷比等。

长期来看，当中国的企业债、金融债市场足够发达，主动负债工具较为丰富时，流动性覆盖率和净稳定融资比率将替代存贷比作为更为全面的防范流动性风险的监管指标，只要一家商业银行整体流动性管理规范，资金来源稳定，就可以用于贷款投放。

此外，对其他流动性管理指标如流动性缺口率指标而言，当期该数值较大时，有可能银行的现金流却是充足的，流动性风险并不大；而核心负债依存度只是反映了资金来源的稳定性，如果资产负债匹配较好，即使该指标很低，流动性状况依然良好，因此也不宜作为主要监管指标。

四、针对小型银行的指标设计

1. 小型银行的发展概况与特点

本书所指的小型银行，指资产规模在1000亿元以下的银行类金融机构，主要由农村商业银行、农村合作银行以及农村信用社组成。当前，农村中小金融机构已经发展成为中国县城及乡村机构网点分布最广、涉农信贷投放最多、农村普惠制金融服务和均等化建设贡献最大的一类机构群体。近年来，中国农村中小金融机构股份制改革力度加强，大量农村信用社通过兼并重组等方式转型成为农村商业银行或股份制农村信用社，法人机构数量总体呈下降趋势，集中度不断增强，运行效率有所提高。

小型银行也有其自身的发展特点：①优化信贷结构。涉农贷款投放力度不断加大，强化“三农”服务，积极落实国家产业政策，重点满足农民增收致富，农产品生产、加工、储藏、流通，以及农业龙头企业和专业化组织生产等方面的资金需求。此外，结合农村金融需求季节性特点，按照监管机构“5∶3∶2∶0”的差别化信贷投放要求投放贷款。②贷款总量呈现地区差异，东部地区贷款最多，西部地区贷款增速最快。③银行间市场参与度逐渐增加，加大了对债券、票据、同业存款等金融市场业务的投资力度，拓宽资金营运和融资渠道，降低经营风险，改善资产流动性，提高资金运用效率。④中间业务品种体系逐步完善，中间业务收入比重不断增加。随着对外贸易的迅速增长和金融工具的推陈出新，中国农村中小金融机构的中间业务品种不断增多，由最初的代收、代付业务发展到涵盖结算、信托、理财、租赁、代理保险、代理基金、代理贵金属、代客理财、委托贷款、财务顾问、银行卡等一系列新兴中间业务，形成了较为完备的中间业务品种体系。⑤股份制改造全面加速。2010年银监会确定了用五年左右时间完成农村合作金融机构股份制改造的目标，农村中小金融机构确立股份制为主导的产权改革方向，不再组建农村合作银行，符合农村商业银行准入条件的机构直接改制为农村商业银行，暂不具备条件的改制组建为股份制农村信用社，整体产权结构进一步明晰，市场化进程加快。⑥以村镇银行、小额贷款公司和农村资金互助社为代表的新型农村金融机构快速设立和发展。其中，村镇银行发展最快，且由于资本的逐利性，其在东部的发展快于中西部地区。⑦不断完善内部管理机制，完善公司治理结构，引入独立董事制度，树立以效益为中心的发展理念。整体来看，资产权益比不断提高，贷款损失专项准备缺口快速缩小，说明风险抵御和风险抵补能力进一步增强。

农村中小金融机构资产规模小，对经济的整体影响有限，是灵活性最高的银行类金融机构。因此，在信贷产品创新方面，可以针对不同的农村主体资金和服务需求，开展信贷产品创新，适应不同的信贷要求，提高贷款覆盖面。由于我国当前农业尚未形成规模化运营，还主要以小农经济为主，因此农民的信贷需求也主要以小额贷款为主。几年来，农村中小金融机构也在积极扩展农户小额贷款的适用范围，推进农户信用评级体系的建立，并借助国际国内小额信贷经验，利用信息手段，创新产品和提升农户贷款运作效率，丰富农户信贷产品，同时提高消费信贷的比例，如推出农村妇女畜牧兴家贷款、农村青年创业贷款、返乡农民工创业贷款、乡村旅游贷款等一系列信贷品种，满足农户多样化、个性化的信贷需求，刺激农村经济多元化快速发展。此外，由于农民的风险承担能力较弱，小型银行也在大力推广联保和信用共同体贷款，引导农户、农民专业合作社和农村企业成立联保体，充分利用农村社会地缘、血缘优势，把信贷受益各方联合起来形成利益共享、风险共担的利益共同体，增强整体抗风险能力，同时满足各类分散经济组织对信贷资金的有效需求。

在抵质押模式上，农村中小金融机构也不断进行业务创新，在辖区内推广农村资源性抵押贷款，积极尝试推出农民住房贷款、仓单质押贷款、账款质押贷款等信贷业务品种，拓宽农村融资担保渠道，使农村资产向资本转化。同时，农村中小金融机构也在进一步加强与政策性、盈利性、互助性担保机构的合作，充分利用地方政府的农贷担保基金，形成有效的风险保障机制。总而言之，无论是在贷款品种、服务范围，还是在贷款模式、金融服务模式上，小型银行都在加快创新步伐，为农村经济的发展提供原动力。

2. 小型银行的监管重点与指标设计

从目前我国的现实情况来看，大型银行与村镇银行近乎统一的监管准则必然达不到银行监管的有效性，使村镇银行在经营过程中把重心偏向城市区域，把重点放在大企业上。同时，统一的监管准则还会在金融市场上形成天然的进入壁垒，这会使村镇银行在业务竞争上存在先天的劣势。如果这种情形继续下去，我国农村金融资源供不应求的问题会进一步加剧，而村镇银行本身也将成为农村金融市场上的一块鸡肋。因此，必须强调小型银行在提供农村金融资源中的任务与角色，并继续拓宽“三农”支持领域，着力满足农村多元化的金融服务需求，加快构建支农产业链金融体系，应鼓励对具有规模优势和带动效应的农业企业和专业合作组织的信贷支持，发挥农业龙头企业对下游企业的辐射作用。当然，也应继续加强贷款的风险防控，严禁违规新增融资平台贷款，从源头上控制农信贷资金被挪用的风险，严控贷款流向，防止其流向农产品炒作、哄抬物价等信贷资金需求。

根据张迎春和张璐（2012）的研究，如果解除对资本充足率的最低限制，不同的银行便会根据自身的资产负债结构选择不同的投资项目，从而避免了投资项目的趋同性。为保证银行系统的安全稳定性，资本充足率的最低要求必不可少，但对于农村中小金融机构可以适当放宽，同时为鼓励支农信贷，可以根据不同农业贷款的风险收益情况以及对经济的贡献程度适度降低对农业贷款的风险资产权重，并提高对工商业贷款的风险资产权重，从而引导小型银行与“三农”领域的结合。

此外，农村中小金融机构的经营方式应由粗放式向内涵式转变：明确市场定位，制定明晰的发展战略，注重发挥自身服务网络、产品体系和专业人才的比较优势，细分行业和客户，创建针对性强的特色服务模式，加强产业链金融、规模农业和农产品加工、贸易采购、流通销售等环节的金融服务，打造服务品牌，巩固提升竞争优势；实现内涵式增长，调整绩效考核取向，减少规模指标的权重，增加资产质量、收益回报、资本占用等方面的考核，适度减少时点指标的考核，增加效益指标、长期指标的比重，促使农村中小金融机构关注长期发展质量和效益，减少短期行为。

由于历史遗留因素，农村中小金融机构的历史包袱较为沉重，在现阶段改制的大背景下，消化存量包袱的任务依然严峻。

首先，应采取有力措施降低不良贷款。对于不良贷款余额大、占比高的机构，可以通过加强清收、增加担保主体、追加合格抵质押品等方式最大程度化解风险，并可适时开展资产证券化工作，尽快满足贷款拨备率、拨备覆盖率的要求；对已形成不良的贷款，应采取拍卖、置换等方式进行处置，损失类贷款在年底前全部进行核销。同时，还应严密防范重点领域信用风险，防范重点是政府融资平台贷款、房地产贷款、贷款集中度、“影子银行”的风险，将房地产开发贷款比例降到25%以下，清查房地产企业多头贷款和关联贷款的情况，加大清收力度，限制政府融资平台贷款，除有偿还能力的保障性住房建设贷款外，不再发放新的平台贷款。

近年来，在国家保增长政策拉动下，地方小型银行以公益及基础设施建设为背景的政府相关类贷款占比大幅上升，地方融资平台的违约问题也引起了全社会的关注，应该说，这类贷款的增加，对促进地区经济发展、摆脱金融危机影响起到了积极的推动作用，但因政府相关类贷款中信用贷款比例高，抵押担保不足，按期偿还能力弱，而地方小型银行因其规模小、资金实力不足、抗风险能力弱等现实问题，大量发放此类贷款容易造成风险剧增，影响长远发展。

其次，由于地方政府往往与这些区域型小型银行结为利益共同体，单纯的劝说并不能起到实质性的监管效果，应出台相关的监管指标，对地方基础建设贷款的比例有所控制，并控制贷款集中风险，严格执行单一客户贷款比例不得超过一定界限的要求。为有效支持地方经济发展，地方小型银行自身要提高认识，从主动服务地方经济建设发展的角度出发，及时建立一套完备的以财政收入能力为核心的政府相关类贷款风险评估体系，加强对地方经济发展的分析和预测，适时把握对政府背景贷款投放的进度，支持地方经济协调发展。地方政府必须充分认识到地方小型银行经营风险的严重性和自身应该承担的责任，合理控制财政投资规模，进行与其自身财力相适应的基础建设投资，防止过度负债和过度行政干预给地方小型银行经营带来的风险。从长远看，股份制改造过程中应逐渐加强市场对小型银行的主导地位，地方政府应逐渐退出大股东的位置，让更多的民营资本进入小型银行。

再次，对于农村中小金融机构影子银行的风险防控同样应该引起重视，尤其是近年来其中间业务品种体系逐步完善，中间业务收入比重不断增加，部分小型银行还参与到了贸易结算、代客理财、委托贷款等金融工具的创新中来，应将银信理财合作业务全部纳入到表内，规范信贷资产转让业务，及时调整信贷资产转出方和转入方的资本充足率等监管指标，建立农村中小金融机构与小额贷款公司的防火墙与安全阀，严防风险传染。在流动性风险的防范方面，农村中小金融机构应该开展多种情景下的压力测试，提高备付金比例，优化资产负债结构，增加稳定资金来源，合理匹配资产负债期限结构，对重大风险事件加强应急防范，运用流动性覆盖率（LCR）和净稳定资金比率（NSFR）等指标，确保达到100%以上。

最后，农村中小金融机构长期存在着内部管理混乱、效率低下、权责不清等问题，在改制后应坚持现代公司治理制度，划清时段，分清责任，保全资金，严厉问责，建立有效地内部绩效评价体系，控制抵质押物的质量，严惩假冒名贷款行为，对借不良贷款剥离机会，恶意逃废员工、关系人债务的行为进行严厉查处。

第二节　建立我国银行业逆周期监管模式

一、逆周期监管的理论基础

1. 银行业监管的顺周期性分析

银行业的监管长期存在着顺周期性，其主要与经济周期和政治周期有关。

（1）监管的顺周期性与经济周期。

在经济周期上，主要表现在“预期的自我实现机制”上：经济上升初期，良好的基本面因素拉动经济上扬，形成“正反馈回路”；在经济衰退时期，“负反馈回路”的存在又造成经济的持续低迷。在经济学中，关于人是有限理性的、在一定约束条件下追求目标函数最大化的经济人假设，必然使得经济主体的顺周期行为成为市场经济条件下的一种常态行为，无论是企业的投资决策，还是居民的消费决策，抑或是商业银行的信贷决策，都具有典型的顺周期特征。经济主体的顺周期行为是对经济金融运行的一种正常反应，但无数经济主体的顺周期行为的集合会使实体经济和金融系统持续显著地偏离长期均衡，引起实体经济和金融体系的严重失衡，随后以金融危机和经济衰退的方式释放。

此外，《巴塞尔协议》实施后的资本监管也具有顺周期特征，商业银行为适应资本充足率的监管要求，会相应地调节其风险资产的总量和结构，进而对宏观经济产生同向作用。当经济繁荣时，银行业的盈利状况普遍较好，资产质量较高，资产的风险权重较小，基于内部评级的监管资本要求较低，银行的资本补充压力就低，银行有能力扩张信贷，刺激经济增长；当经济萧条时，资产质量变差，银行的盈利水平降低，银行出于资本充足率的约束和主动避险的需要，通常会紧缩信贷，加剧了经济的衰退。2008 年，始于美国次级住房抵押贷款债券市场的全球性金融危机引起了全球对金融监管与经济周期关系间的广泛关注，与过去多次危机高度相似的是，此次危机之前全球经历了很长的经济上行周期，金融体系中流动性过剩，资产价格上涨，信贷持续增长，杠杆率加大，系统性风险不断累积，但风险水平被公共和私营部门普遍低估。此次危机也充分表明，虽然世界范围内由于通胀高企而发生经济危机的概率已大幅下降，但仅仅保持低通胀和稳定的宏观经济仍不足以保障金融稳定（Borio and Shim 2007，White 2006），全球应在微观审慎监管的基础上，建立一套有效的宏观审慎监管框架，而适当的逆周期政策和机制被一致认为是宏观审慎框架的重要组成部分。金融机构和体系所具有的内在顺周期性，以及风险计量模型的发展和资本监管、会计准则等外部规则对金融体系顺周期性的进一步强化，是近年来金融失衡加剧、金融脆弱性增强，并最终导致此次国际金融危机发生的一个重要原因。一方面，资本监管、贷款损失准备计提和公允价值会计准则等适用于金融业的外部规则所具有的内在顺周期性特征，在一定程度上强化了经济周期的波动性，助推了危机的发展；另一方面，还应当引入逆周期政策工具，如逆周期资本要求、前瞻性的拨备计提规则和杠杆率指标等，从而熨平经济周期的波动性，减少金融失衡的程度与危害，从而达到维护金融稳定的目标。

就我国情况而言，商业银行的经营理念、盈利模式和风险敞口具有较高的一致性，进一步增强了金融体系内的顺周期性以及由此导致的潜在系统性风险。同时，我国经济的周期性也较为明显，长期的出口导向型经济，使得我国经济受国外经济的影响也较大。因此，为最大限度地减少经济周期所带来的金融体系的整体波动，应尽快建立一套完整的逆周期监管框架。

（2）监管的顺周期性与政治周期。

从政治周期角度来说，银行业的监管思路与理念又与社会政治制度、领导人的执政理念与国家的整体财政状况有关。改革开放之前，在计划经济体制之下，我国基本实行的是由中国人民银行统揽一切金融业务的“大一统”金融体制，在这一体制下，中国人民银行既行使中央银行职能，又办理所有具体银行业务；既是金融行政管理机关，又是经营金融业务的经济实体。这种“大一统”的银行体制，具有机构单一、信用集中、政企不分、对外封闭等显著特征。改革开放后，对“大一统”金融体制的改革开始启动，金融机构在经济中的作用开始得以充分发挥，之后又进行了金融机构的多元化与企业化改革，新型商业银行和其他各类金融机构相继设立，非银行金融机构也呈现了快速发展的态势，并初步形成了金融市场对外开放的格局。然而，由于传统体制性弊端尚未革除，加之金融机构数量快速增长和融资行为扭曲，金融部门在1988～1993年着重通过强化以信托公司为主的非银行金融机构的监管和重组以及国家对信贷资金流向与规模的控制，推行稳定化措施和控制通货膨胀，由此整个机构改革的市场化步伐暂时放缓。直至20世纪90年代末，商业银行的市场化改革仍不充分，行政主导力量依然过大，存在着政企不分、贷款权责不清的问题，银行甚至还充当着为国企发展无偿提供资金的角色，由此导致了大量的工商业不良贷款。

1995年，我国出台了《中国人民银行法》，明确了中国人民银行的法律地位，强调了其相对独立性，并规定：中央银行不得对金融机构在央行的账户透支，不得对政府财政透支，不得直接认购、包销国债和其他政府债券，不得向地方政府、各级政府部门提供贷款，不得向非银行金融机构以及其他单位和个人提供贷款等，确立了其作为市场监管者的地位。所以进入20世纪后，随着经济转轨进程的深入与金融市场的发展，金融业的风险因素增加，风险隐患不断暴露，中央银行的监管重心经历了四个方面的转变：从市场准入监管向全过程系统化监管转变，从合规性监管开始向风险监管转变，从外部监管开始向强化内部控制转变，从一般行政性金融监管开始向依法监管转变[①]。1992年亚洲国家开始普遍推行的巴塞尔国际银行监管委员会关于监管银行最低资本充足比率的要求，也使我国银行界和金融理论界受到很大启发，至此，金融监管开始受到广泛重视，监管工作的开展逐步适应市场经济体系的要求。

当前，与西方发达国家相比，我国在银行业监管过程中的行政力量依然较强，中央银行除了传统的三大货币政策工具之外，窗口指导也是宏观调控的重要手段。作为银行业的主要监管者，中国人民银行与银行业监督管理委员会直接受国务院领导，在政府监督和国家总体经济政策指导下制定货币政策与监管

① 崔鸿雁：“建国以来我国金融监管制度思想演进研究”，复旦大学硕士学位论文，2012年。

准则，拥有相对的独立性。在经济周期的不同阶段，银行作为政府实施货币及财政政策的重要渠道发挥着作用：在经济有下行风险时，监管者会通过放松银根、减少再贴现利率等手段刺激经济；在经济有过热风险、社会出现通货膨胀时，监管者又会通过监管指引、风险提示、审慎会谈、约见谈话等行政指导的方式影响银行的放贷行为，收缩经济。从政治周期的影响方式来看，其更多的具有逆周期特征，即执政者往往出于调控经济的目的有逆周期的影响商业银行决策的动机，从而一定程度上减少系统性风险的累积。然而，作为市场化进程的必然结果，行政干预的力量一定会逐渐减少，行政权的行使方式也会朝民主化迈进，银行监管的哲学理念也会由强制性的刚性监管向激励性的柔性监管、由以指标为核心的数量型监管模式向以风险管理为核心的质量型监管模式转变，因此，从这一角度来说，建立一套逆周期的柔性、质量型监管模式同样重要。

2. 国内外关于金融体系和资本监管顺周期性的研究综述

关于金融体系和资本监管顺周期来源的最早解释来自 Irving Fisher（1933），他认为金融体系影响经济周期最主要的渠道是所谓的“金融加速器”（financial accelerator），其根源是借贷双方信息不对称和与此相关的代理成本，即经济衰退时，信息不对称使得即使有良好前景的项目也难获融资；经济繁荣时，公司又很容易获得资金从而刺激经济增长，其中一个重要原因是借款人的资产净值和抵押品与经济周期通常呈现出正相关性，从而使得银行的信贷行为带有顺周期性并使得经济的波动加剧。

从 20 世纪 90 年代开始，西方学者对金融体系和资本监管顺周期进行了大量的理论模型研究。Bernanke 和 Gertler（1995）通过信贷渠道对耐用品消费、公司存货和投资政策以及房地产市场的影响分析了货币政策的传导机制①；Kiyotaki 和 Moore（1997）则通过建立一个耐用品既充当生产要素又作为抵押品的动态经济模型，证明了在这种模型下即使一个小幅的、暂时性的技术或收入分配震荡，也会造成产出和资产价格的持续波动②；Rajan（1994）基于行为金融学理论，提出了在有限理性条件下，银行家出现的集体性多贷和群体性惜贷

① Ben S. Bernanke and Mark Gertler, Inside the Black Box: The Credit Channel of Monetary Policy Transmission, *The Journal of Economic Perspectives*, Vol. 9, No. 4 (Autumn, 1995), pp. 27 ~48.

② Nobuhiro Kiyotaki and John Moore: Credit Cycles, *Journal of Political Economy*, Vol. 105, No. 2 (April 1997), pp. 211 ~248.

的羊群行为；Craig（2004）通过实证研究证明，亚洲的银行体系具有较强的顺周期性，这主要由房地产价格的变化所引起。

1988年以后，随着《巴塞尔协议》对商业银行最低资本要求在全球范围内的推广，大量的理论和实证研究文献开始分析资本约束对贷款和经济的影响。学界对逆周期宏观审慎监管工具的研究普遍认为，传统的以《巴塞尔协议》为代表的资本监管制度具有严重的顺周期性（Saurina，2007）。Borio等（2001）认为，金融部门的发展增强了潜在经济周期的势头，导致经济活动的剧烈波动以及储户和投资者常态联结的崩溃，对风险的认知、风险承担意愿等都会随经济波动而变化，存贷差、资产价格变化、银行内部风险评级以及诸如贷款预期损失的会计测算等都是顺周期性的，这些顺周期性行为与实体经济的相互作用放大了实体经济的波动性，成为实体经济和金融体系不稳定的重要原因之一。

国内学者也对金融体系和资本监管顺周期做了较多研究。李文泓（2009）认为金融体系的顺周期性主要体现在两个方面，一是自身经营活动的顺周期性，包括银行的信贷活动、贷款损失准备提取等；二是资本监管要求、内部评级法、公允价值会计准则计量失效等外部规则带来的顺周期性。黄世忠（2009）论述了公允价值会计诱发顺周期效应的机理和传导机制，认为公允价值会计会在逆向冲击中放大银行体系的系统性风险[①]。王晓明（2010）研究了银行信贷与资产价格的顺周期关系，指出银行信贷过度介入股市和房市是资产价格大幅上涨和下跌的主要动因，并认为保持均衡的银行信贷增长率，则能够有效平抑资产价格波动[②]。何德旭等（2010）指出，传统的风险评估方法，如评级机构的外部评估、金融机构的内部评级法以及全信贷风险模型，由于对宏观因素的忽视以及对相对风险不敏感，都会加重系统的顺周期性。高国华和潘英丽（2010）基于我国110家商业银行2000~2008年的面板数据，实证研究了我国商业银行资本充足率与宏观经济周期的动态关系，证明了商业银行的资本充足率变动具有顺周期效应，且其顺周期调整具有非对称性：在经济上升时期资本充足率的增加显著小于经济下降时期资本充足率的降低幅度，且大银行资本充足率变动

① 黄世忠:“公允价值会计的顺周期效应及其应对策略”,载于《会计研究》2009年第11期,第23~29页。

② 王晓明:“银行信贷与资产价格的顺周期关系研究”,载于《金融研究》2010年第3期,第45~55页。

的顺周期效应更为剧烈①。

综合国内外的研究成果，可以发现，无论是金融体系内部的顺周期特征，还是资本监管后出现的内外部评级法、公允价值计量方法的顺周期特征，都从理论上得到了学界的普遍认可，但由于缺乏实证经验，直至2008年次贷危机发生前，理论界和实务界对顺周期特征所可能导致的对经济的负面影响仍存在分歧，有不少人认为通过新协议的第二支柱、提高银行风险管理水平等方式可以将其控制在合理的范围内。2008年次贷危机发生后，从宏观审慎角度对银行业的逆周期监管才逐渐得到了学界、实务界的普遍认可。

3. 国内外关于银行业逆周期监管的研究

逆周期的宏观审慎监管最早在20世纪70年代末被提出（BIS，1986），但在次贷危机爆发前，学界对其的研究主要集中于其内涵、目标、必要性等理论层面。次贷危机爆发后，资本监管、会计准则下的贷款损失准备计提和公允价值准则等外部规则，以及金融机构内部风险计量和短期激励机制等内部因素的交互作用，对危机前的信贷过度增长和金融失衡扩大，以及危机发生后市场的急剧下跌、流动性短缺和信贷紧缩起到了一定的推动作用，特别是危机发生后市场的急剧下跌加剧了市场的恐慌性抛售和流动性短缺局面，形成“价格下跌－市值缩水－资本减少－抛售－价格继续下跌－流动性短缺与信贷紧缩”的恶性循环，学界与实务界深刻认识到了这些内外部规则造成的顺周期性及其危害，并对传统的微观审慎金融监管进行了反思，认为个体健康的加总并不一定等于整体健康，需要实施以逆周期监管为核心的宏观审慎监管来缓解金融体系的顺周期性。宏观审慎监管是针对现代金融发展的新特点和现行金融监管的新要求提出的，是立足于可持续的金融发展观而产生的一种新的监管理念和监管模式，其主要通过逆周期的调控政策和对系统性重要金融机构的监管，来防范和化解系统性风险，以实现金融的量性发展和与质性发展相协调，金融结构与金融发展方式的双优化。

与单体金融机构面临的风险不同，系统性风险具有宏观性和系统性、更大的负外部性、风险和收益不对称性及广泛的传染性等特征。Borio（2009）基于

① 高国华、潘英丽：“我国商业银行资本充足率顺周期效应研究”，载于《经济与管理研究》2010年第12期，第82～89页。

对系统性风险两维度的划分，认为应分别从时间维度和横截面维度来实施宏观审慎监管，其中缓解时间维度的顺周期效应带来的风险就是通过逆周期监管来实现。当前监管层也认为，实施逆周期监管是宏观审慎监管的核心（周小川，2011）。2008 年，国际清算银行提出了逆周期宏观审慎监管工具体系的参考框架，主要包括资本监管、流动性监管、风险集中度监管、薪酬激励机制监管等（BIS，2008）。2009 年 4 月，20 国集团伦敦峰会要求金融稳定理事会和巴塞尔委员会研究提出缓解顺周期问题的逆周期政策工具。同年 11 月，巴塞尔委员会联合国际清算银行、全球金融体系委员会等国际组织，成立了四个专门工作组，分别研究资本监管、贷款损失准备计提、激励机制、杠杆率与估值管理的顺周期性，并于 2009 年 12 月提出了逆周期监管的框架，包括缓解最低资本要求的顺周期性、建立留存资本缓冲、逆周期资本缓冲和建立前瞻性资本拨备方法四个要素。2010 年 12 月 16 日，巴塞尔委员会公布了《巴塞尔协议Ⅲ》和《各国监管当局实施逆周期资本缓冲指引》（以下简称《指引》），给各国监管当局制定逆周期资本监管框架提供了参考。《指引》内容涵盖了逆周期资本框架的政策目标、指导原则、判断方法等。巴塞尔委员会基于大量的实证检验，建议采用信贷余额/GDP 这一指标作为挂钩变量，确定是否应计提逆周期缓冲资本及其计提比例。

我国学者对巴塞尔委员会提出的逆周期资本框架在我国银行业的适用情况做了实证分析，证实了信贷余额/GDP 指标是一个较好的判断信贷增长过快、系统性风险累积的指标，而逆周期资本缓冲的计提也有助于提升银行业整体风险抵御能力（李文泓、罗猛，2011）。

针对贷款损失准备计提的顺周期性，Fernandez（2000）通过对西班牙动态贷款损失准备计提规则的实证研究，证明了运用前瞻性贷款损失拨备制度能够有效缓解银行贷款损失计提的顺周期性。Jimenez（2006）认为，前瞻性的贷款损失准备金要根据银行信用风险随经济周期波动的变化情况进行调整。当前主流观点认为，可通过逆周期资本要求与前瞻性拨备安排来缓解金融体系风险集中暴露的负面影响（Shin，2010）。李文泓（2009）在分析资本监管的顺周期性形成机制的基础上，提出了一方面应引入逆周期资本要求、杠杆率指标、前瞻性拨备制度，另一方面应采取措施缓解公允价值会计准则的顺周期性。王立伟（2010）指出，逆周期的宏观审慎政策工具至少应包括逆周期资本缓冲、杠杆率、流动性和前瞻性拨备这四个方面。也有学者认为，应通过调整风险权重函数和运用跨周期的风险参数、采用压力测试和回溯测试等风险计量补充工具，帮助银行加强对系统性风险的识别和防范（陈华、刘宁，2011）。综合以上观点，施行逆周期资本监管和前瞻性拨备，引进流动性和杠杆率指标，以及改进内部评级方法、公允价值会计准则、薪酬制度等外部规则，是逆周期宏观审慎监管政策工具的主要组成部分，也是缓解金融体系顺周期性的主要着力点。

二、逆周期监管的相关指标设计

1. 现有监管指标的顺周期性

（1）贷款损失准备计提的顺周期性。

贷款损失准备是银行根据借款人的财务状况、贷款的偿还情况、抵押担保的有效性，分析其贷款回收的可能性，判断其发生减值后从利润或收入中提取的用于弥补到期不能收回的贷款损失的准备金，以及其提取多少将影响银行的当期利润及以后的损失吸收能力。可见，贷款损失准备影响着银行的利润与资本变动，进而对资本充足率产生重要影响。Cavallo 和 Majnoni（2002）发现，银行资本的周期性变动主要是由贷款损失准备的计提所引起。

商业银行的信用损失按其如何弥补，可分为预期损失和非预期损失。预期损失由商业银行计提贷款损失准备对以后的贷款准确定价来弥补，非预期损失则需要用经济资本来吸收。这种后顾型的贷款损失准备计提具有较强的顺周期性：在经济繁荣和扩张时期，借款人财务状况良好，贷款违约率和损失率降低，因而银行计提的贷款损失准备减少，放贷能力增强，预期损失的减少使得银行对贷款的定价偏松，利率降低，进一步刺激借贷行为以及经济的增长；而在经济处于下行时期，借款人财务状况随即恶化，违约率上升，对未来的悲观预期使得银行计提的贷款减值准备大幅上升，利润减少，资本充足率压力增大，同时由于违约率上升，银行不得不提高贷款的定价以弥补损失，进一步缩减了借款人的借款积极性以及还款的意愿，信贷的规模减小，经济进一步恶化。

李文泓（2011）认为，现行会计准则中的拨备计提规则是导致其具有顺周期性的主要原因。财务报告是投资者评价企业现金流状况及管理层履行受托责任的参考，主要对投资者和市场负责，不以宏观审慎监管者所重视的金融稳定为目标。会计准则要求企业只能对实际发生交易或事项进行确认与计量，以贷款减值为例，只能在有客观证据表明且能有效估计资产已发生减值损失时才予以确认，若预期损失由未来事项所产生，则不能予以确认。这种天然的滞后性与金融监管所要求的前瞻性本身就存在一定的矛盾，使得贷款早期利息收益被高估，银行所计提的贷款损失准备无法得到有效积累，以吸收经济下行期所产生的信用损失。此外，产生损失的信息不充分、信息不对称、信用风险的变化难以有效识别等原因，加剧了贷款损失准备对信贷行为的顺周期影响，因此，需要建立贷款动态拨备制度，缓解会计准则与监管要求间的矛盾。

（2）资本充足监管的顺周期性。

为了适应不断复杂的银行业务，减少银行内部的风险计量与经济资本管理的差距，巴塞尔委员会于2004年发布了新资本协议。与1988年发布的资本协议相比，《巴塞尔协议Ⅱ》资本监管框架中资产的风险权重不再固定，而是允许银行选用风险复杂程度不同的方法计算风险权重，并将风险管理覆盖的范围推广到信用风险、市场风险和操作风险，相应的将其资本充足率计算公式变为：资本充足率 =（核心资本 + 附属资本 + 三级资本）/（信用风险加权资产 + 12.5 × 市场风险资本要求 + 12.5 × 操作风险资本要求），其中，信用风险主要面对银行账户与交易账户，市场风险及操作风险主要面对交易账户。

《巴塞尔协议Ⅱ》资本充足率的计算公式中分子项包含核心资本、附属资本、三级资本。银行资本的来源主要有外部筹措与自身盈利两个部分，而这两个部分都具有顺周期特征。从资本的外部筹措能力上看，在经济繁荣期，市场外部流动性充足，股价较高，银行可以以较低的成本从外部筹集资本；当经济萧条时，银行财务状况恶化，加之外部流动性短缺，股价低迷，造成银行筹资困难且成本过高，银行难以通过增加资本来满足资本充足率要求，只得减少信贷供给，造成经济的收缩加剧。从银行的盈利能力来看，在经济繁荣期，企业的财务状况良好，违约率较低，银行的盈利水平提高，整体经济活跃度较高使得中间业务收入也有所提高；而在经济低迷期则刚好相反。从分母上看，信用风险标准法根据外部评级来确定，尽管外部评级机构采用跨周期的评级方法且由于各种经济、政治等原因导致其不愿在短期内频繁修改评级，外部评级结果有一定的黏性，随经济周期的波动性较小，但其依然会随经济周期变化，且在经济衰退时期的评级变动更加频繁（李文泓，2011）。

交易账户的市场风险资本要求主要用内部模型法进行计算。内部模型法涵盖了利率风险、股票风险、汇率风险、商品风险等风险因素，计算方法包括但不限于方差－协方差法、历史模拟法和蒙特卡罗模拟法。其更多的是采用 VaR 模型法，由于该模型主要采用历史观察期的数据，且观察期较短，使得该模型计算出来的资本要求有滞后性以及较高的波动性。此外，该模型的假设如收益的概率分布满足正态分布、市场具有充足流动性、市场参与者皆为价格接受者并采取独立行动的假设过于理想化，与现实往往不符，使得模型难以有效捕捉尾部风险，模型结果常常低估实际的风险水平，因此在经济过热时往往会进一步刺激银行的杠杆行为，推高资产价格，该模型的顺周期效应也很显著。

对于操作风险资本要求，巴塞尔委员会提出了三种计量方法：基本指标法、标准法和高级计量法。前两种方法都将业务收入（基本指标法采用总收入，标准法采用按业务条线划分的收入）乘以固定系数的方式得到操作风险资本要求。我国初步施行的操作风险资本要求即为基本指标法，被设定为总收入的 18%，直接与银行收入挂钩，其顺周期性是显而易见的。高级计量法最具精确性与前瞻性，可以对高频低损和低频高损时间进行区分，风险敏感性最高，主要有内部计量法、损失分布法和打分卡法，但也都不可避免地具有顺周期效应（李文泓，2011）。

（3）银行信用风险内部评级法的顺周期性。

信用评级可采用标准法与内部评级法。标准法具有明显的顺周期特征，且由于外部评级的等级个数较少，其确定的风险权重的变动是不连续的，由此容易产生悬崖效应（cliff effects），即评级下调一个单位后风险权重有可能成倍的增加。因此，目前国际上绝大多数大型银行都实现了对信用风险加权资产的内部评级法计量。从我国目前实施的《商业银行资本管理办法》的情况来看，现阶段对信用风险加权资产的计量仍处于标准法和内部评级法并行的阶段，银监会鼓励有条件的银行使用内部评级法，但内部评级法同样有顺周期的特征。

在内部评级法的高级法中，银行需要自己估算包括违约风险暴露（EAD）、违约率（PD）、违约损失率（LGD）和期限（M）在内的所有风险要素。已有学者的研究表明，这四个参数本身、风险参数的计量模型以及参数的相关性都具有顺周期性（朱元倩，2011）。

首先，银行违约风险暴露包括已提取贷款和对可用授信承诺未来提款量的估计值，都具有顺周期性：由于贷款的期限往往较长，在经济衰退时期，存在大量经济过热时期的贷款，已提取贷款往往较高，同时借款人流动性常常趋紧，导致授信承诺的提取概率和比例上升，引起违约风险暴露的增加。这也得到了Jacobs（2008）实证研究的证实。对于违约率，根据Merton（1976）基于期权的统计模型，其与股票价格负相关，与股票价格波动性和杠杆率正相关，而股价、股价波动率与杠杆率都有很强的顺周期性。而对于违约损失率，已有大量的实证研究表明，违约公司债券的回收率和抵押品价值在经济衰退时均会下降（Bakshy et al. 2001，Altman et al. 2005），这主要是由于经济衰退时流动性减少，无违约风险利率上升，借款人为筹措流动性紧急处置资产和抵押品，资产价格下降，借款人的还款能力大幅降低，导致违约损失率上升。对于期限，在经济衰退时期借款人更可能出现还款问题，倾向于采取将贷款展期、贷款重组等推迟还款的措施。对于银行而言，在经济衰退时期贷款的出售、证券化等立即回收流动性的手段都将变得异常困难，因此银行贷款的期限将会延长。同时，这四个因素相互之间还具有正相关性，在经济衰退时同步呈上升趋势，导致资产的风险权重增加，资本要求提高，进一步增加了经济周期的不同阶段对监管资本要求的波动性。

其次，在银行的内部评级模型中，参数的计量常常偏向于选择缺乏周期性考虑的时点指标，而非跨周期指标。由于跨周期指标通常包含一个经济周期的信息，以评估债务人的财务状况，其评级往往不轻易随着经济状况改变而发生调整，所以波动较小，而时点指标波动较大，在一定程度上加大了风险资本的顺周期性。总体而言，尽管内部评级法度量的资本要求符合激励相容的监管理念，但由于其采用更为精确的与银行业务紧密相连的风险参数，且等级个数更多，使其与标准法相比有更强的顺周期性。

（4）公允价值会计准则的顺周期性。

公允价值是指按照市场原则进行的交易中，熟悉情况的市场参与者自愿进行资产交易或债务清偿所形成的价格。按照我国会计准则要求，交易性金融资产和可供出售金融资产均按公允价值计量。相比历史成本计价法反映过去的、静态的价格，公允价值所反映的是即时的、动态的价格，它因能够及时反映市场变化而产生的收益与损失，逐渐得到了日益广泛的应用。

近年来，我国银行业按公允价值计量的资产占总资产的比重逐年减少，稳定在6%左右，低于国际水平（见图9.3），这可能与金融危机后银行按公允价值计量的资产大幅缩水且银行缩小风险敞口有关，其中作为全球系统性重要银行的中国银行表现尤其显著，也说明了公允价值顺周期对银行业资产结构的影响。对银行而言，公允价值会计准则的顺周期性表现在：在经济繁荣期，银行多记投资收益、少计贷款减值损失准备，从而有能力扩张信贷，进一步刺激经济；在经济衰退期，银行则施行反向操作，少计投资收益、多记贷款减值损失准备，收缩信贷投放，使经济进一步萧条。尤其在经济危机出现之后，投资者的"羊群效应"放大了公允价值会计准则的顺周期效应：由于会计准则缺乏对不活跃市场运用公允价值的指引，在市场持续下滑、流动性紧缺的情况下，复杂性的结构化产品的估值变得尤为困难，大量机构迫于流动性压力变现资产；资产价格的下跌又引起市场投资者的恐慌性抛售，持有类似金融工具的机构又不得不根据极低的市场价格来估值，产生大额账面损失，进一步打击了投资者的信心，从而陷入恶性循环的局面，推动了危机的蔓延与深化。

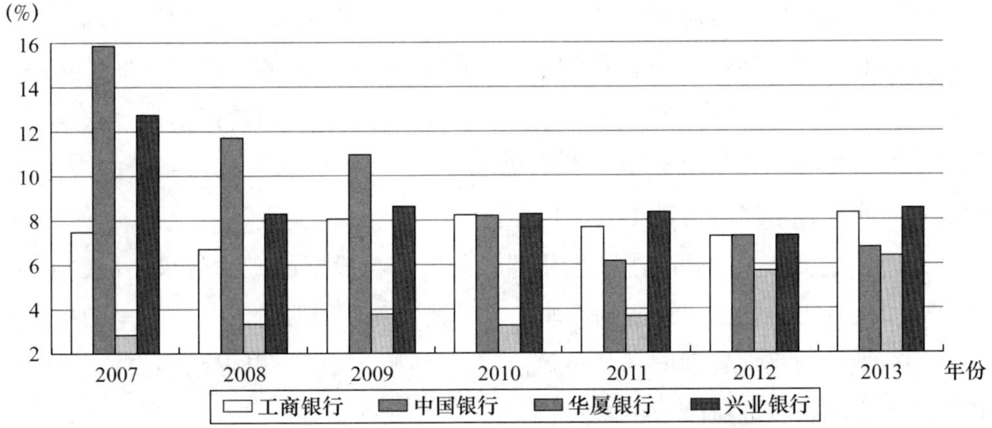

图 9.3　2008～2013 年中国工商银行、中国银行、华夏银行、兴业银行公允价值计价资产占总资产比例

资料来源：根据各银行年报整理。

（5）薪酬激励机制的顺周期性。

薪酬激励的根本目的在于激励和约束职业经理人的经营活动，降低代理成本，调和股东和管理层间的利益冲突。在传统考核机制下，金融机构管理人员的薪酬不与绩效挂钩，因此普遍有保守经营、规避风险的倾向，可以通过奖金、期权以及限制性的股票等激励方式改变其风险规避偏好，提高管理者风险承担的意愿，同时，这些薪酬激励工具也是金融机构在竞争中吸引高级管理人才的手段。次贷危机之前，人们普遍认为薪酬激励机制属于微观主体的行为，监管机构无需对薪酬进行监管，但次贷危机表明，金融机构的薪酬激励机制或将激励金融机构的管理者隐瞒风险，助长其过度承担风险，强化了金融体系的顺周期性，是危机产生的重要推动力之一。因为将管理人员薪资与金融机构盈利水平挂钩的薪酬机制过于注重管理人员的短期业绩，低估风险和未来的潜在损失，推动金融机构管理人员承担过多的风险。例如，在经济上升期，在经济利益的驱使下，银行高管倾向于放松贷款标准，过低的利率助长了房地产的泡沫，推动资产价格的上升与经济的活跃，人为提高了银行的短期收益，加剧了信贷活动的顺周期性；而经济下降时期，管理人员为避免不良贷款影响自身薪资水平，往往会大幅缩减信贷供给，加速经济向下的趋势。

我国商业银行目前普遍实行贷款终身责任制，这虽然曾使我国银行业居高不下的不良贷款率有所降低，但这种约束机制同样使得银行业的信贷行为在经济衰退时期的顺周期效应更为显著。张海蔚（2010）认为，薪酬激励机制具有不对称性和不连贯性：在经济上升阶段，大量金融机构高管获得了丰厚的薪酬，但在经济下滑、金融机构陷入困境时，金融机构高管并没有将以前的收入返还，相反，当被迫辞职时仍可获得丰厚的离职金[①]，这就加剧了高管人员的道德风险，进一步强化了经济活动中的非理性行为。

此外，绝大部分的薪酬激励采用期权制度，与股票的激励效果不同，期权制度赋予高管更多的是一种权利而非义务，其并不承担股价下跌所带来的损失，因此拥有期权的管理者倾向于从事风险程度较高的投资，以提高期权价值，从而提高了金融机构的风险承担倾向。

最后，当银行作为资产管理方时，为确保其业绩不低于同行，投资行为往往具有从众特点，尤其是在价格上升时期，使得投资效果相互强化，资产价格偏离均衡值。

总体而言，现行的薪酬激励机制会在经济过热时期进一步提高经济活跃度，放大银行系统内的风险累积，而在经济衰退时期又会引导银行管理者做出过于保守的信贷决策，因此有必要对其进行适当的变革，以减缓其对经济泡沫和经

① 张海蔚：“论金融危机中的薪酬激励机制的顺周期性及其改进”，载于《金融纵横》2010 年第 10 期，第 38 ~41 页。

济萧条所产生的推动作用。

综合以上分析，可以发现，现有的银行监管指标具有顺周期特征，尤其在20 世纪 80 年代以来逐渐普遍使用的电子信息技术使得风险管理精细化、常态化，同时也加剧了系统性风险的累积和监管指标的顺周期性，如在危机爆发时，电脑的自动化交易指令会进一步加速市场资产价格的下跌，造成恐慌性抛售。因此，建立并实施一套有效的逆周期监管指标已显得尤为迫切与必要。

2. 逆周期监管指标的设计原则

建立逆周期的银行监管机制，要求监管机构在经济繁荣时期采取审慎的监管理念，加强银行业系统性风险控制，保持充足的流动性，防止经济泡沫形成；在经济衰退时期，采取及时有效的危机应对措施，稳定市场情绪，鼓励有良好发展前景的企业兼并重组、扩大投资份额、提高自身实力，带动市场走出衰退。因此，逆周期的监管指标必须有一定的前瞻性，能够“逆风向行事”，在经济过热时能够抑制银行的放贷冲动，而在经济衰退时又能适当的鼓励信贷扩张行为。作为一套完善的监管指标体系，在设计时需遵循以下原则。

（1）全面性原则。建立宏观审慎的逆周期监管指标的根本目的是减少系统性风险的累积，控制金融不稳定性造成的经济损失，保证经济平稳、可持续地发展。宏观审慎监管认识到风险的集聚取决于金融机构的集体行动和相互影响以及金融机构自身风险对金融体系整体的影响，关注系统风险，因此其指标设计必须遵循全面性原则，考虑整体金融系统内的风险累积情况。

（2）科学简明性原则。涉及商业银行的监管指标很多，要抓住重点，不能面面俱到，否则会无谓地增加监管成本，也不能有效引导银行的经营行为，还会对银行的正常经营管理带来困扰。因此，在建立指标体系时要尽量选取公认的重要指标。同时，评价指标体系的大小也必须适宜，应有一定的科学性，不能为求全面而“一把抓”，如果指标体系过大，指标层次过多、过细，势必将监管者的注意力吸引到细小的问题上，不能达到宏观审慎监管的目的；而指标体系过小，指标层次过少、过粗，又不能充分反映银行系统风险水平。

（3）可量化性与数据可得性原则。指标体系中的各具体指标必须能够量化，对于一些主观抽象的指标，没有直接的数据可以利用，选取时就应该谨慎待之。对于监管者而言，一般数据的可得性不成问题，但也应注意数据搜集整理所带来的成本，如果一些指标并不具有鲜明的逆周期特征，且搜集数据需要耗费大量的精力，就应该考虑舍弃。

3. 逆周期监管指标的建立

针对现有监管指标的逆周期特征，本书分别建立了缓解其逆周期性的相应办法：跨周期的动态拨备计提方法，平滑化的最低资本要求基础上实施逆周期资本，降低内部评级法中风险权重函数的斜率，对公允价值准则形成的估值体系进一步完善，建立长期的薪酬激励机制，引入杠杆率、贷款成数、压力测试，等等。下面就对这些办法进行详细的介绍。

（1）缓解贷款损失准备顺周期性的动态拨备计提方法。

关于如何缓解贷款损失准备的顺周期性，目前的主流观点是采用跨周期（through-the-cycle）的拨备计提办法，提高拨备计提的前瞻性（G20 2009，IMF 2009，Borio et al. 2001），即在经济上行时期也应该提取充分的拨备，既可抵御预期损失，防范经济过热的势头，也能够在经济下行违约率上升时用以冲抵增加的信用损失，避免因临时增加拨备而进一步紧缩信贷，加剧经济下滑的趋势。部分国家和地区在20世纪末已开始采用更具前瞻性的动态拨备计提政策，并已取得一定的监管成效。如香港金融监管局提出了额外拨备的要求来防范实施新会计准则后拨备水平的下降，要求银行按照总贷款的0.5%～1%计提额外拨备，放入特别监管拨备账户。还有一些国家在信贷规模高速增长但信用风险尚未爆发时提出前瞻性的计提要求，如印度和韩国监管当局要求对信贷快速增长的行业计提拨备，我国银监会在2008年底信贷高速增长、美国次贷危机大规模集中爆发前也提高了对商业银行拨备覆盖率的要求。

（2）缓解资本要求顺周期性的资本缓冲法。

要缓解最低资本要求的顺周期性，基本的思路和方法是建立一套逆周期的资本缓冲框架，主要包括留存资本缓冲和逆周期资本缓冲。

留存资本缓冲指银行在压力情形外所持有的高于最低资本要求的超额资本，这主要取决于银行的盈利水平，包含提取的盈余公积和未分配的利润，即在经济加速、银行赚取高额利润的同时，提取足够的盈余公积并留存足够的利润，来抵御经济下滑时期可能面临的损失，并使银行有一定的资本来维持放贷水平，防止经济的进一步下滑。因此，在经济过热时期以及复苏尚不稳定的时期，银行应该适当减少甚至停止对股东的分红，留取足够的利润来抵御系统性风险，提高整个金融体系的稳健性。《巴塞尔协议》对留存资本缓冲的最低标准为风险加权资产的2.5%，并要求用核心一级资本来满足；对于未满足资本缓冲要求的银行，监管机构应采取限制银行利润分配、限制股份回购以及可自主发放的其他一级资本收益和员工奖金等方式来强制性的使银行满足资本缓冲的要求。从我国情况来看，由于我国主要上市银行仍为国有控股，近年来银行业利润连续保持高速增长而经济增速开始有所下滑，信贷风险开始凸显，因此从国有主导的角度可以适当减少对银行利润的分红要求，进一步提升其资本水平。

逆周期资本缓冲主要满足宏观审慎监管的需要，针对的是系统性风险，要求银行在经济上行阶段增加资本，建立资本缓冲，供其在经济下滑、贷款损失增加时使用，从而减小银行信贷对经济周期波动的放大作用，降低由于单家银行风险管理的失败而引发系统性危机的概率。其总体思路为：将资本要求与一定的指标变量挂钩，关键在于选取一个动态的逆周期资本乘数因子。关于如何选取挂钩变量，Drehmann 等（2010）梳理了已有的研究成果，认为挂钩变量可以分为三类：一是宏观经济指标，包括信贷增长率、GDP 增长率、信贷资产占 GDP 比例等；二是银行业绩指标，如 ROA、ROE、不良贷款率等；三是融资成本指标，包括银行业信用利差、公司债券利差等。

Repullo（2009）提出采用逆周期乘数法来调整最低资本要求，即：

$$\hat{k}_t = \mu_t k_t \tag{10}$$

其中，k_t 为新资本协议中的最低资本要求，$\hat{k}_t$ 为用逆周期调整后的监管资本要求，μ_t 为逆周期乘数，计算公式如下：

$$\mu_t = \mu(g_t,\alpha) = N\left[\frac{\alpha(g_t - \bar{g})}{\sigma_t}\right] \tag{11}$$

其中，g_t 表示 t 时点挂钩变量的增长率，$\bar{g}$代表挂钩变量综合指数的长期历史均值，σ_t 表示挂钩变量的标准差，α 为校准系数，经过 Repullo 的实证分析，GDP 增长率作为挂钩变量对最低资本要求的平滑效果最好。

巴塞尔委员会提出的与宏观经济变量挂钩的动态资本要求与 Repullo 的基本思想一致，其将资本缓冲占风险加权资产（RWA）的比例与宏观经济变量挂钩，用公式表达为：

$$k_{it} = Q \times \sum_{j} \alpha_{jt} \times (RWA_{ijt}/RWA_{it}) \tag{12}$$

其中，Q 为资本缓冲的上限，i 代表不同银行，j 代表不用地域，t 代表不同的时点，α 为逆周期乘数因子，其表达式为：

$$\alpha_{jt} = N[\delta_j \times (\mu_j - \log(S_{jt}))] \tag{13}$$

其中，S_{jt}是 t 时点国家 j 的信用利差，μ_j 为 log（S_{jt}）的长期均值，δ_j 为控制了逆周期乘数后信用利差的敏感度。Borio 和 Drehmann（2009）又提出了运用信贷资产占 GDP 的比例和资产价格组合指标来预测银行危机，BIS（2009）也认为用该指标作为挂钩变量能够更好地预测银行危机，因此，实际操作中 S_{jt} 也可以是信贷资产占 GDP 的比例。

根据 Drehmann 等（2010）对西班牙银行体系的研究，要保证资本缓冲框架的有效性，首先应当平滑化已有的最低资本要求，降低其顺周期性。此外，在逆周期资本的具体设计方面，是建立一套单一的规则，单纯提高逆周期资本要求，还是建立一套相机抉择的机制，综合监管当局的主观判断和相关外部因素来灵活调整资本要求，也是需要讨论与完善的地方。但可以明确的是，并不存在一个完全基于规则的逆周期资本框架，结合经济形势建立动态的资本缓冲框架已是未来的趋势。因此，当前单纯设立一个逆周期资本规则是远远不够的，未来还需要建立一套全面的风险量化模型，实施前瞻性的动态监管。

（3）缓解信用风险内部评级法顺周期性的指标设计。

对于如何缓解信用风险内部评价法的顺周期性，初始思路为调整风险权重函数，使其更为平滑，防止悬崖效应。在新资本协议的起草过程中，巴塞尔委员会已对此进行了优化，如将风险权重函数设计为凸性函数，当违约概率升高时，资本要求对违约概率的弹性减小，同时要求银行在极端情形和温和衰退情境下关于信贷组合向下迁徙情况进行压力测试，根据压力测试结果进一步计提资本。

欧洲银行监管委员会（CEBS，2009）对于如何进一步缓解最低资本要求的顺周期性提出了两类方法：资产组合调整法和评级级别调整法。

资产组合调整法对组合的违约概率进行转换，资本调整因子为衰退期违约概率与当前组合违约概率的比值，使得调整因子在经济下行期趋于 1，在经济上行期大于 1，进而使经济上行期的资本要求相应增加；也可以对风险权重函数的置信区间进行调整，使得经济上行时期的风险权重函数的置信区间增加，从而相应增加资本要求。

评价级别调整法主要考虑评级迁徙问题，分两步进行。第一步，计算各级别调整后的违约概率，即 mod PD_t^g = （$1-\alpha-\beta$）$PD_t^g + \alpha PD_t^{g+1} + \beta\alpha PD_t^{g-1}$，其

中，α 为评级由 g 迁徙到 g + 1 的借款人比例，β 为评级由 g 迁徙到 g - 1 的借款人比例。第二步，计算衰退期违约概率（PD），衰退期违约概率为一段时间（T年）内调整后的违约概率中的最大值，资本缓冲要求即为按衰退期违约概率与当前违约概率分别计算的资本要求的差额。可见，在衰退期，该差额较小，资本缓冲要求相对较小，在经济上行期，该差额较大，资本缓冲要求也相应较大，从而一定程度上缓解了信用风险资本要求下的顺周期性。

（4）缓解公允价值会计准则顺周期性的相关思考。

近年来，公允价值会计准则作为已普遍使用的资产计价方法，具有一定的合理性，为了满足会计信息相关性、可靠性、可比性等质量要求，对其进行改进与完善，适当地缓解其所具有的顺周期特征。

对于如何对公允价值会计准则进行改进与完善，李文泓（2011）提出了七点建议：一是进一步明确在不活跃市场运用公允价值准则的指引，加强日常尤其是危机之后对市场秩序的引导，建立完善的流动性风险溢价估值方法。二是合理、恰当地使用公允价值，由监管机构或外部审计师对金融机构的估值模型和方法进行检查，避免估值过程中的随意性、主观性。三是对使用公允价值存在困难的金融工具建立估值储备或进行估值调整，允许对资产价格产生的“不确定性”进行估计，但也应当对此过程进行严密的监控。四是允许银行对金融工具进行重分类。在危机时期，允许银行对金融资产重分类可以避免资产价格的螺旋式下跌和市场的剧烈波动。同样，对资产的重分类也应遵循严格的内部程序。五是简化套期会计，鼓励银行和其他金融机构运用套期会计技术，合理控制公允价值会计方法的适用范围。六是增加信息披露和透明度。尤其对于不活跃市场交易而言，交易主体应该充分披露交易过程中所使用的假设前提、参数和估值方法以及对当期损益的影响，使投资者充分判断，做出更为合理的投资决策。七是进一步消除国际会计准则的差异，建立全球统一的高质量会计准则，提高会计报告的可比性，避免监管套利，促进公平竞争。

当前，国际上已对公允价值会计准则使用中存在的问题进行了相应的修订。根据国际会计准则理事会（IASB）最新发布的金融资产分类与计量标准 IFRS9，其在五个方面进行了改进：一是根据管理金融资产的业务模型和金融资产合同现金流特征，将金融资产由四分类改为两分类，包括摊余成本计量和公允价值计量；二是允许在管理模式变化后对金融资产进行重分类；三是减少了公允价值选择权的适用条件；四是混合金融工具的计量要求发生改变；五是损益确认方式发生变化，对于非交易性权益投资，会计主体可选择使用公允价值计量且变动计入其他综合收益模式，销售损益不得在损益中反映，也不允许进行减值评估。

国际会计准则理事会和美国会计准则委员会（FASB）均计划简化现行的套期会计使用要求。国际会计准则理事会计划用类似现金流套期的方法替代目前的公允价值套期，简化现金流套期的复杂性；美国会计准则委员会则计划放宽套期会计的使用条件，降低对套期有效性的要求。

总体而言，目前国际上的两大会计准则体系均对公允价值计量准则进行不断完善，我国在此过程中也将有所借鉴，同时结合我国具体情况进行有针对性的创新，从而更适应我国企业对会计信息的计量要求，同时减缓公允价值计量准则的顺周期特征。

（5）缓解薪酬激励机制顺周期性的指标设计。

薪酬激励机制有利于刺激银行高管尽职尽责，提升银行的经营业绩，但在高管较为短视的情况下，该机制也具有一定的顺周期特征。因此，要缓解薪酬激励机制的顺周期特征，需要引导银行高管将眼光放长远，在经济过热时期看到日后经济衰退可能带来的恶果，而在经济低迷时挖掘有潜力的企业进行长期投资，分享企业成长后带来的利润。我国银行高管的任职时间普遍较长，往往达到5~10年，因此有适合引导银行管理层对放贷行为进行长远规划的土壤。

Gabaix等（2009）论述了一套长效薪酬体系，在此种体系下，高管薪酬的代管年限将延长至高管退休之后，通过将薪酬时间延长来防止高管采取短期行动，防止他们以公司的未来收益为代价中饱私囊。此外，该体系还提供了一种账户重新结余机制，以现金和股票的形式来保持薪酬的恒定比例，这样就能使高管在公司中始终拥有足够的股票，以便为其提供绩效激励（即使股价下跌），从而将高管的薪酬与股价挂钩，确保高管的利益与股东利益保持一致。Edmans等（2012）提出，管理者薪酬应以公司股票或现金形式存入托管账户，如果管理人员表现不佳，股价下降，现金将用于买进股票，托管账户中的奖金将相应减少；如果金融机构倒闭，管理者就将失去全部报酬[①]，这种机制能够避免管

① Edmans, Alex and Gabaix, Xavier and Sadzik, Tomasz and Sannikov, Yuliy, Dynamic CEO Compensation Journal of Finance 67 (5), 1603~1647, October 2012.

理者经营行为的短视化。

对薪酬激励机制逆周期指标的设计思路是，建立一个基于风险调整的收益衡量机制，在薪酬制度中引入风险抵扣、风险延期和风险止付机制，并与日后银行的长期业绩表现相挂钩。具体来看，应将银行的日常业绩进行一个基于未来承担风险大小的调整，即：

$$\text{mod } P_t = \frac{\sigma_u}{\sigma_f} P_t \qquad (14)$$

其中，$\text{mod } P_t$ 为调整后的利润，P_t 为调整前的利润，σ_u 为经济上行时期平均承担的风险水平（即历史中较小的风险水平），σ_f 为未来五年后承担的风险水平。这需要在高管薪酬发放中引入延期支付机制，或以公司股票形式发放并要求延长持有公司股票的时间，使得薪酬不仅能够反映银行当期的利润和风险，而且能够反映未来可能的风险和损失。这样，当经济过热时期，银行高管需要考虑日后经济下滑时贷款无法收回的可能性，如果依然无节制的扩张信贷行为，日后调整后的业绩水平必将下降，从而引导银行管理层做出理智的信贷决策。

具体操作上，张海蔚（2010）认为需要提高金融机构内部风险管理人员的风险管理水平和独立性，风险控制员应成为薪酬委员会的委员，对风险度较高的薪酬结构具有否决权，在制定薪酬政策过程中发挥关键作用。还需要提高金融机构薪酬制度的透明度，加强外部约束。监管机构应该制定金融机构薪酬制度的指导标准，按照被监管机构的遵守情况自动地调整资本要求比例；对于风险承担行为过度的金融机构，可以要求增加额外的惩罚性资本①。

三、逆周期资本监管指标的可行性分析

本部分针对之前提出的资本缓冲机制，利用我国 2000～2012 年银行业与宏观经济数据对该机制的有效性进行实证分析，主要将信贷余额与 GDP 之比作为挂钩变量来衡量逆周期资本缓冲在我国的适用性和有效性。

国内信贷余额采用巴塞尔委员会建议的广义信贷口径，即包括境内私营部门的全部债务，在我国具体包括企业和个人的贷款、公司债、企业债、中期票

---

① 张海蔚：“论金融危机中的薪酬激励机制的顺周期性及其改进”，载于《金融纵横》2010 年第 10 期，第 38～41 页。

据、短期融资券、个人理财中的信贷资产、资产证券化等。GDP 为季度年化数据，即为相应时点上四个季度移动加总额。实证分析采用的参数与巴塞尔委员会一致，即采用 HP 滤波单边趋势法测算逆周期资本缓冲，平滑参数 $\lambda=400000$。信贷余额与 GDP 之比与其长期趋势值的偏离度（GAP）的下限为 2%，上限为 10%：当偏离度小于 2% 时，不计提逆周期资本缓冲；当偏离度介于 2% ~10% 之间时，偏离度每上升 1 个百分点，逆周期资本计提比例上升 0. 3125 个百分点，不足一个基点的按一个基点计算；当偏离度达到或超过 10% 时，逆周期资本按 2. 5% 计提。

HP 滤波法主要研究季节调整后的时间序列，将趋势循环和白噪音进行分离，从而找出时间序列中的长期平滑趋势。这里假设官方信贷余额与 GDP 之比是经过充分季节调整后的数据，使用 HP 滤波法对其做趋势项的分解，实证结果如表 9. 9。

表 9. 9　我国银行业逆周期资本缓冲实证分析结果

年份	季度	GDP（折年）（亿元）	国内信贷余额（亿元）	国内信贷余额/GDP（%）	趋势值（hptrend）（%）	偏离度（GAP）（%）	逆周期资本（%）
2000	Q1	91 534. 4	107 486. 2	117. 43	133. 32	-15. 89	0
	Q2	93 870. 4	106 806. 1	113. 78	133. 63	-19. 85	0
	Q3	96 350. 3	111 346. 5	115. 56	133. 94	-18. 37	0
	Q4	99 214. 6	117 309. 8	118. 24	134. 25	-16. 01	0
2001	Q1	101 867. 1	120 501. 4	118. 29	134. 56	-16. 26	0
	Q2	104 417. 3	125 193. 4	119. 90	134. 87	-14. 97	0
	Q4	82 787. 9	133 014. 8	160. 67	135. 18	25. 49	2. 5
2002	Q1	84 864. 1	154 543. 9	182. 11	135. 48	46. 62	2. 5
	Q2	87 178. 0	159 328. 2	182. 76	135. 79	46. 97	2. 5
	Q3	116 893. 7	164 611. 9	140. 82	136. 10	4. 73	0. 85
	Q4	120 332. 7	172 624. 7	143. 46	136. 40	7. 06	1. 58
2003	Q1	123 818. 8	180 260. 4	145. 58	136. 70	8. 88	2. 15
	Q2	126 860. 6	190 670. 3	150. 30	137. 00	13. 29	2. 5
	Q3	130 605. 3	198 449. 1	151. 95	137. 31	14. 64	2. 5
	Q4	135 822. 8	206 283. 6	151. 88	137. 61	14. 27	2. 5

续表

年份	季度	GDP（折年）（亿元）	国内信贷余额（亿元）	国内信贷余额/GDP（%）	趋势值（hptrend）（%）	偏离度（GAP）（%）	逆周期资本（%）
2004	Q1	140 381.6	212 393.9	151.30	137.91	13.39	2.5
	Q2	146 359.8	213 924.0	146.16	138.21	7.96	1.86
	Q3	152 461.1	217 476.9	142.64	138.51	4.14	0.67
	Q4	159 878.3	224 419.1	140.37	138.80	1.56	0
2005	Q1	165 575.1	231 100.6	139.57	139.10	0.47	0
	Q2	171 385.0	235 755.6	137.56	139.40	-1.85	0
	Q3	176 567.7	242 219.7	137.18	139.71	-2.52	0
	Q4	184 937.4	248 367.1	134.30	140.01	-5.71	0
2006	Q1	191 135.8	263 294.5	137.75	140.31	-2.56	0
	Q2	198 453.3	271 244.8	136.68	140.62	-3.94	0
	Q3	205 621.7	275 820.0	134.14	140.93	-6.79	0
	Q4	216 314.4	288 737.8	133.48	141.23	-7.75	0
2007	Q1	225 754.5	301 433.9	133.52	141.55	-8.02	0
	Q2	236 884.8	313 661.6	132.41	141.86	-9.45	0
	Q3	249 074.2	323 436.0	129.86	142.18	-12.32	0
	Q4	265 810.3	339 659.2	127.78	142.50	-14.72	0
2008	Q1	277 338.2	348 375.8	125.61	142.82	-17.21	0
	Q2	290 289.2	353 970.7	121.94	143.15	-21.21	0
	Q3	302 735.3	362 950.5	119.89	143.48	-23.59	0
	Q4	314 045.4	379 378.7	120.80	143.81	-23.00	0
2009	Q1	317 578.5	427 576.7	134.64	144.14	-9.51	0
	Q2	321 771.2	457 598.4	142.21	144.48	-2.27	0
	Q3	328 322.6	473 934.6	144.35	144.82	-0.47	0
	Q4	340 902.8	494 580.3	145.08	145.17	-0.09	0
2010	Q1	353 699.3	521 017.5	147.31	145.51	1.79	0
	Q2	367 578.0	540 682.5	147.09	145.86	1.23	0
	Q3	382 226.2	559 825.4	146.46	146.21	0.26	0
	Q4	401 512.8	587 324.0	146.28	146.56	-0.28	0

续表

年份	季度	GDP（折年）（亿元）	国内信贷余额（亿元）	国内信贷余额/GDP（%）	趋势值（hptrend）（%）	偏离度（GAP）（%）	逆周期资本（%）
2011	Q1	416 378. 9	611 055. 8	146. 75	146. 91	-0. 16	0
	Q2	433 122. 1	630 497. 6	145. 57	147. 27	-1. 70	0
	Q3	451 230. 8	647 552. 5	143. 51	147. 63	-4. 12	0
	Q4	473 104. 0	687 971. 6	145. 42	147. 98	-2. 57	0
2012	Q1	484 096. 5	722 026. 2	149. 15	148. 34	0. 81	0
	Q2	494 619. 0	746 505. 2	150. 93	148. 70	2. 22	0. 07
	Q3	504 500. 8	772 580. 9	153. 14	149. 07	4. 07	0. 65
	Q4	519 470. 1	805 593. 8	155. 08	149. 43	5. 65	1. 14
2013	Q1	529 860. 2	846 427. 3	159. 75	149. 79	9. 96	2. 49
	Q2	539 491. 5	867 997. 5	160. 89	150. 15	10. 74	2. 5
	Q3	552 828. 8	899 230. 2	162. 66	150. 51	12. 15	2. 5
	Q4	568 845. 2	927 007. 0	162. 96	150. 88	12. 09	2. 5
2014	Q1	578196. 1	947 973. 6	163. 95	151. 24	12. 72	2. 5

资料来源：本表所用数据，如非特别说明，均取自 wind 数据库，所采用的计量软件为 MATLAB。

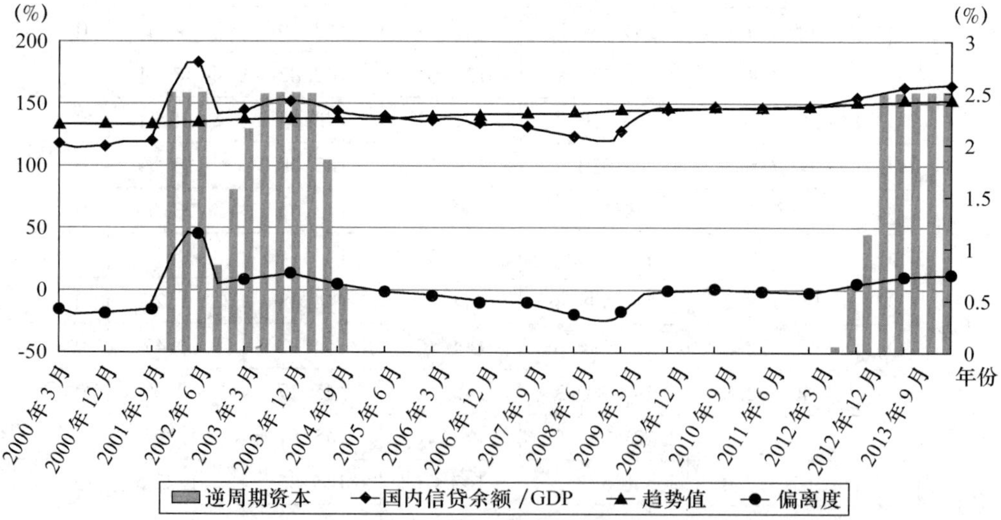

图 9.4　国内信贷余额与 GDP 之比趋势值、偏离度及应计提的逆周期资本缓冲

从图 9.4 中可以看出，我国自 21 世纪以来信贷规模与经济总量之比有两个较快增长时期，分别是 2001 ~2004 年和 2012 年至今，其中有 11 个季度需计提的逆周期资本缓冲达到了上限 2.5%。具体来看，2001 年下半年至 2004 年上半年，是我国经济的一个高速增长时期，结构调整加快，M2 余额高速增长（图 9.5），金融机构的信贷投放加速，出现了能源紧张、部分地区和行业固定资产投资增长过快、外资流入偏多等局部过热迹象，因此这一时期需要计提逆周期资本来预防经济下行之后对银行体系造成的风险。2008 年国际金融危机后，我国也实行了积极的财政政策和适度宽松的货币政策，M2 增速在 2008 年下半年有了又一波高速增长，通胀率一度高企，但从信贷规模与经济总量之比的情况来看，信贷快速增长并超过趋势值开始于 2012 年下半年，尤其自 2013 年以来，地方融资平台、影子银行以及房地产信贷等领域的潜在风险也引起了国内外的广泛关注，结合社会融资规模[①]反映的结果来看，该指标也于 2011 年短暂下滑后又开始了新一轮的高速增长（图 9.6），说明近两年投融资活动热度较高，因此也需要计提一定的逆周期资本。

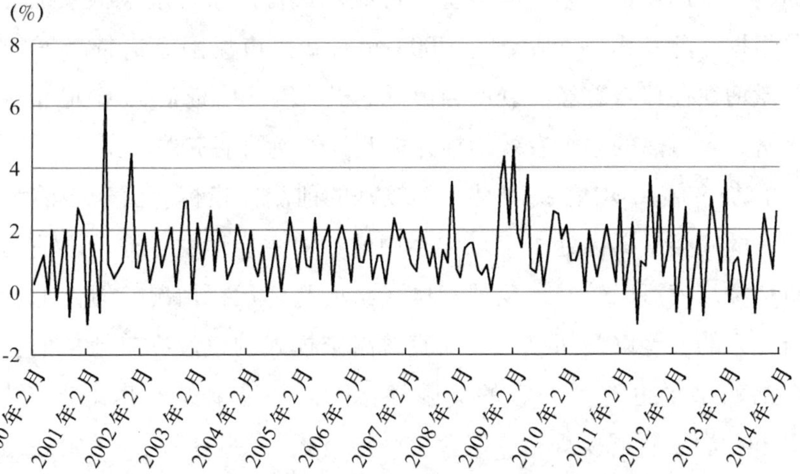

图 9.5　我国广义货币 M2 余额增速

① 社会融资规模是指一定时期内（每月、每季或每年）实体经济从金融体系获得的全部资金总额，是增量概念。该指标从 2002 年起开始统计，已成为全面反映金融与经济关系以及金融对实体经济资金支持的总量指标。

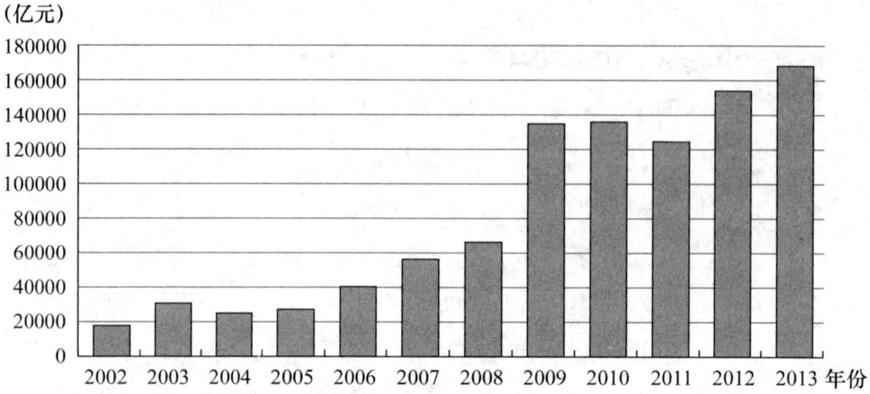

图 9.6　我国社会融资规模变化

通过以上的实证分析结果，可以得到以下结论。

（1）信贷余额与 GDP 之比可以较好地反映经济体中系统性风险的累积程度。从直观上讲，一个国家的信贷规模应该与改过的经济总量相适应，若信贷增速超过经济增速，则可初步判断信贷投放过快，银行可能采取了过于激进的经营策略，其资产质量有恶化的危险并可能对银行体系乃至金融系统带来系统性风险。根据国际货币基金组织于 2003 年对新兴市场国家信贷激增问题的研究，信贷激增往往伴随着经济衰退和银行危机，因此信贷余额/GDP 指标可以成为判断经济是否过热的一个有效指标并据此计提逆周期资本。

（2）信贷余额/GDP 在我国是一个较好的前瞻性指标。由于当前我国以银行业为代表的间接融资还处于金融体系中的绝对主导地位，综合之前的分析结果，银行信贷规模可以较好地反映我国经济的整体运行情况，但伴随着近年来影子银行体系的发展以及间接融资向直接融资模式的过渡，单纯从信贷规模反映投融资活动水平也有了一定的局限性，因此还需要结合房地产价格指数、CPI、PPI 和社会融资规模等指标综合反映经济运行的热度，采用定性与定量分析相结合的方式确定逆周期资本的缓冲和释放机制，并据此进行宏观审慎框架下的逆周期监管。

（3）我国银行业信贷规模波动较大，大部分逆周期资本比率为 2% 以上或 0，且自改革开放后并未经历严格意义上的经济下行阶段与经济周期性变化的考验，因此还需建立在经济下行时期资本缓冲释放的机制，尤其在经济结构调整、经济增速进一步下滑的背景下，这一机制更具有现实性意义。

逆周期资本缓冲的计提有助于提升银行体系的抵御风险能力，但在我国的具体运行还需要更多的检验并配以更细化的操作方案。我国自 2011 年开始提出设置抵御经济周期波动的超额资本，将逆周期资本缓冲包含于留存缓冲资本中并统一要求留存缓冲资本达到 0～4%，必要时达到 0～5%，在出现系统性贷款高速增长的情况下，商业银行还需计提逆周期超额资本，但大多数时间逆周期超额资本为 0①，单一的额外增加一定额度的逆周期资本要求是不够的，还需要根据经济运行情况对逆周期资本要求进行动态调整。此外，在计量方法与模型的应用上，监管机构还需要对数据和信息进行更广泛的搜寻与分析，对于 HP 滤波趋势法而言，数据样本区间的选择会对趋势值产生重要影响继而影响对逆周期资本缓冲大小的判断和决策，因此还需要配合其他计量方法进行综合判断。

总之，逆周期监管指标体系的建立是一个复杂的系统性工程，决策层在制定政策时需要结合金融与实体经济运行的具体情况进行有针对性的判断与把握，这其中也需要各级政府部门、企业和金融机构的密切配合，进而保证银行体系乃至整个宏观经济的平稳运行。

第三节　激励制度和约束机制下的指标设计

一、激励约束机制的理论基础

1. 对监管过程进行激励与约束的理论来源

现代公司制度建立以来，委托代理理论便一直是学界、业界探讨的话题，由于委托代理问题的存在，道德风险、逆向选择的问题一直困扰着研究公司治理的学者，并对整个资源配置效率带来很大的影响。世界经济发展中的数次经济危机引起了人们对于金融业监管的重视，并逐步建立起了一套完善的监管体系。银行监管作为社会公共产品，普通民众无法提供，这使得其供给先天带有稀缺性，作为社会公众利益代表的政府部门理所当然地成为银行监管的供给者。社会公众将自己监管银行的权力委托给监管机构，同时通过纳税的形式给予监管者一定的报酬，从而形成社会公众与监管当局之间的委托代理关系。

① 中国金融四十人论坛（http：//www. cf40. org. cn/plus/view. php？ aid =4120）。

由于监管当局只是观念性象征物，其具体职能由银行监管者个人来执行，在社会公众与监管者之间信息不对称的条件下，监管者的经济人理性导致银行监管的道德风险，接受委托的监管者的目标有可能偏离社会公众福利最大化的目标，产生委托代理问题：金融监管当局接受社会公众委托，代表国家对金融业的市场准入、退出和业务运营进行全程监督管理，其根本目的在于维护金融稳定和正常的竞争秩序，所以监管当局追求的是一种社会公共利益；而具体的监管任务由分散的监管人员来承担，他们作为独立的和理性的市场主体，必然以追求个人收益最大化为目的。监管当局与监管人员之间的这种利益目标冲突以及监管人员固有的利己动机和机会主义倾向，使得监管人员在实际操作中不仅具备为了获取更多个人利益而偏离监管目标的内在激励，甚至还可能为了追求自身效用而采取危害社会福利的行为。这种复杂的委托代理关系导致在各相关利益者的博弈中，监管者的行为并不必然与既定监管目标一致：既存在因监管者被“俘虏”导致监管宽容问题，也存在监管人员利用监管权力寻租、设租导致监管腐败的问题，还可能有监管措施过于严厉、监管范围过宽的监管过度问题，特别是在受到地方政府、金融机构所有者等各利益集团干扰和强力影响的情况下，监管行为很可能偏离既定的监管目标。

金融活动是人的活动，现代的金融监管工作也已不再是简单的“以制度法规为准绳、以事实为依据”的合规性检查，更多的需要处于代理链最前端的监管人员依据相关知识、经验和实际情况对被监管对象进行准确全面的风险考评测定与预警提示，这个过程中监管人员的综合素质、知识经验、行为倾向、激励与受约束程度成为影响监管绩效至关重要的因素。改革开放以来，我国开始逐步推行市场经济，经济活动中的许多领域已经实现了去行政化的改革，然而在监管领域，依然有着鲜明的行政命令特征，政府在对包括银行在内的金融机构的日常业务的审批、新增机构、开辟新业务以及对其注资、补贴、收购兼并等依然进行较强的计划经济色彩，未能对监管者进行有效的激励与约束，致使执法人员在执法过程中缺乏尽职尽责的动力，这在客观上限制了经营管理状况良好的机构的发展，而运行较差的机构又不能及时退出。显然，这样的机制有失公允，使银行内部控制的措施难以有力推行，也不利于整个金融体系运行效率的提高。因此，监管机构有必要建立一套科学有效的监管绩效考核和激励约束机制，通过一系列的政策、程序、操作规程来指导、约束监管人员的履职行为，实现对监管人员的激励相容及绩效评估，以提高监管效率，实现监管有据、监管有度、监管有力、监管有方的最优监管状态。

2. 国内外关于建立银行业监管激励约束机制的文献综述

（1）关于激励相容问题的文献综述。

监管经济理论代表人物 Stigler（1971）认为，监管者有可能被“俘获”，从而失去监管的动机，并强调了建立一套完善规则的必要性[①]。Mayes（2006）认为，监管者在察觉扭曲行为的信号或危机即将发生时，往往过于容忍，而在解决问题时又动作迟缓，不能马上抓住问题本质。2008 年美国次贷危机爆发后，如何激励监管者提供有效监管的问题受到各国政府及学者的关注。其实早在 1996 年，诺贝尔经济学奖得主詹姆斯·米尔利斯与威廉·维克里已率先将著名的“激励相容”概念引入委托代理问题，他们认为，在不确定性和信息不对称的情况下，由于代理人和委托人的目标函数不一致，代理人的行为有可能偏离委托人的目标函数，而委托人又难以观察到这种偏离，无法进行有效监管和约束，从而出现代理人损害委托人利益的现象，逆向选择和道德风险由此产生；为解决此问题，委托人需要做的是设计一种体制，使委托人与代理人的利益进行有效“捆绑”，以激励代理人采取最有利于委托人的行为，从而使委托人利益最大化的实现能够通过代理人的效用最大化行为来实现，即实现激励相容。此后，Edward. S. Prescott（1997）和 Arupratan（1998）各自发展了详细的“预先承诺制”的机制设计，并验证了其可实施性。此外，Michael. H. Moskow（1999）认为，有效率的银行监管对市场机制有依赖，故具备激励相容的特性。Kane（2000）认为对监管者的激励机制的缺失是造成银行监管失灵的主要原因。

国内方面，蒋海等（2002）通过对金融监管中的博弈分析，提出导致金融监管失灵的原因主要在于当前的监管体系没有充分全面地认识到金融市场失灵的根源和监管者的自利行为以及激励问题，并提出应完善监管契约设计，建立监督、考核监管者的体系，形成激励相容的监管机制[②]；巴曙松（2004）结合

---

① George J. Stigler：The Optimum Enforcement of Laws，*Journal of Political Economy*，Vol. 78，No. 3（May-Jun.，1970），pp. 526 ~ 536.

② 蒋海、钟琛、齐洁：“对金融监管理论基础及其政策的反思”，载于《经济科学》2002 年第 4 期，第 87 ~ 96 页。

国际银行监管的最新趋势提出“当前全球金融监管的演变趋势和主要特征是更为强调激励相容”①；金雪军和李红坤（2005）对国际银行业监管模式的演进做了理论分析，解释了中国金融监管中的监管失灵和激励缺失的原因，并在此基础上提出形成激励相容的金融监管机制的基本思路和框架②。

（2）关于对银行业市场约束问题的文献综述。

国外对银行业约束机制的研究由来已久，主要集中讨论市场约束的某一机制，比如强制信息披露与发行初级债券。Berger 等（2000）收集了 184 家大型银行持股公司 1989～1992 年间股票回报的反常变动、内部人普通股持股比例、机构投资者普通股持股比例以及穆迪公司对其债券的评级四个方面的市场信息后发现，债券市场的评价并非系统性滞后于现场检查，甚至于在预测银行持股公司随后的业绩时，股票及债券收益比官方评级更有远见，并提出结论：通过强制信息披露，可以最大限度实现市场约束，提供更为及时、准确的信息，来补充官方监管传统现场检查的时滞③。也有不少学者从实施基础角度评价市场约束的有效性，Levy-Yeyati 等（2004）分析指出系统风险可以直接或间接地影响市场约束，制度因素会影响市场参与者的激励和信息的可获得性。Llewellyn（2005）又将阻碍市场约束的制度因素分为结构性的和政策引起的两大类，前者包括缺乏信息及弱的信息披露要求、大量国有银行的存在、延期偿还的较大倾向、范围过宽的存款保险体系及低效率的市场，后者包括全部覆盖的存款保险及延期偿还的援助政策④。

国内方面，周道许（2000）、陈俊龙等（2001）率先对市场约束的内涵进行探讨；蒋海等（2002）提出应充分运用市场约束加强金融监管，让投资者、存款人、经营者及监管者等风险制造者承担必要的风险；罗平（2004）指出，市场约束就是通过要求银行披露信息，提高市场对银行经营的约束力，强调了

① 巴曙松：“金融监管框架的演变趋势与商业银行的发展空间”，载于《当代财经》2004 年第 1 期，第 53～56 页。

② 金雪军、李红坤：“激励相容监管机制：银行业监管效率的基石”，载于《东南大学学报》2005 年第 9 期，第 16～22 页。

③ Berger，A. N.，Davies，S.，Flannery，M. J：Comparing market and supervisory assessments of bank performance：Who knows what when? *Journal of Money*，*Credit and banking*，2000，32（3）：641～670.

④ Llewellyn D. T.：Inside the Black Box of Market Discipline. *Economic Affairs*，2005，25：41～47.

信息披露对于市场约束的重要意义[1]；蒋海和刘少波（2003）、张亦春和雷连鸣（2005）、黄蕙（2006）、王晓龙（2006）分别从金融基础设施建设、不对称信息条件、系统性风险冲击、国家信誉淡出角度分析市场约束与银行监管的关系。

综合而言，对银行业进行激励相容与市场约束机制的设计已经得到了国内外学者的广泛认可，但对如何设计一套针对监管者自身的激励相容与约束机制的研究较少。激励约束机制的缺乏，有可能导致监管失灵和监管成本的提升，并使金融体系内的风险积聚。下面对这一问题进行探讨。

二、激励约束机制的设计

在广义的银行监管框架下，银行监管是一个由多重委托代理关系组成的网络，在政治家与公众间、监管机构与政治家间、银行与社会公众间，均存在复杂的委托代理关系。本书所述的激励约束机制主要是解决监管机构与监管者个人间的委托代理关系，即假设监管机构完全代表了社会公众利益，其监管目标与监管者个人所追求的目标有所冲突时所应设立的一套机制。

牛学成（2008）认为，我国现有的对监管人员的考核指标存在考核重点不突出、考核档次较低、监管效果指标选取不够科学、考核结果难以定量评价等问题[2]，随着金融创新以及混业经营的趋势越来越明显，没有一套科学合理的对监管人员的绩效评价体系，将对金融系统的健康运行带来很大的负面影响，因此建立一套有效的激励约束机制迫在眉睫。激励约束机制的设计主要涵盖薪酬与非薪酬两个范畴以及内部约束与外部约束两个层面，力求做到简明、高效，通过建立一套完善的激励和约束机制，将抽象的权力和职责具体到个人，推动监管机构与监管者的目标趋向一致，从而极大地提高监管效率，最大限度地减少委托代理问题所带来的危害。

在对监管者的绩效考核机制方面，目前国际上存在着以“理性和量化”为特色的美国银行监管模式和富有弹性的英国监管模式。在美国，银行业监管各方面都使用着精确、复杂的计量分析模型，渗透着理性量化的监管理念。英国则长期实行的是一种富有弹性的监管方式，强调运用监管者的判断力和经验来

① 罗平：《巴塞尔新资本协议研究文献及评述》，中国金融出版社 2004 年版，第 10 ~ 15 页。

② 牛学成：“论银行监管者绩效考核和激励约束机制的建立”，载于《当代经济》2008 年第 5 期，第 10 ~ 11 页。

把握经营机构的经营状况。两种监管模式各有优缺点：美国模式精确，将人的主观性降到最低，但缺乏灵活性，大量计量模型的使用还加强了监管的顺周期性并使得系统性风险的扩散更加迅速；英国模式具有灵活性的特点，但过多的主观判断使得决策失误的可能性加大。因此，需要将两者有机结合，采取定性评价和定量评价相结合的方式对监管绩效予以考核与评价。

1. 激励约束机制薪酬与非薪酬部分的设计

银行业监管作为政府管制的重要组成部分，存在着寻租现象：如果监管人员在监管过程中对发现的问题知情不报，被监管者便逃避了官方监管的处罚，相当于获得了一笔隐性收入，并向监管者提供了一定的利益。但如果监管人员将发现的问题如实汇报后并不会提高自己的福利水平，甚至会受到问责，则监管者的主动性和积极性必将大打折扣。因此，要避免寻租现象的发生，最好的措施即是建立一套完善的薪酬激励制度，使其与监管者和被监管者合谋所获得的收益相匹配，且对隐瞒不报的监管人员进行一定的罚款。

在监管者履行自己的职责之前，监管机构应与其签订合同，规定如果达到一定的监管效果，将给予监管者相应的报酬，以资鼓励，我们用 W 表示合同规定将要给予监管者的报酬。通常而言，该报酬包括两部分：一部分是固定收入，也就是固定工资和福利等；另一部分是效益报酬，对于盈利性机构来说，主要包括奖金、利润留成、年薪、股票期权等，直接将经营业绩与该部分报酬挂钩。对于监管机构而言，效益报酬应该体现长期性的特点，即视未来 3~5 年银行系统的风险控制情况及日常运营管理情况给予监管者相应的报酬，用变量 S 和 N 分别代表监管机构事先许诺给予监管人员的固定收入水平和激励比率，Y 表示监管效果。为方便考虑，在这里用保证资本充足率和稳健经营的情况下，银行业经过经济周期性调整后的盈利变动来衡量[①]，则 $W=S+NY$，$\triangle W=N\times\triangle Y$，监管效果的改变将影响监管人员报酬的可变部分，要在合约中明确 S 和 N 两个变量。对于监管人员而言，其会在放弃收取贿赂和收取贿赂可能招致的惩罚造成的机会成本和履行职责获得的收益间进行权衡，当惩罚足够严厉而薪酬激励较为可观时，监管人员一定会选择认真的履行职责，从而顺利地实现监管机构所预期达到的目标。

---

① 实际上，监管效果还有许多不可量化的因素，包括稳定的公众预期、良好的社会秩序等。

在非薪酬激励方面，从源头上要加强对监管者的教育和筛选。此外，对于监管者的激励也存在违规获利的诱惑与规则强制的问题，注意考虑监管人员精神层次的需求，将监管效果与监管人员的业绩、声誉和升迁等问题挂钩，对于认真履行监管职责的人员进行一定程度的表彰甚至破格提拔等，而对违规的监管人员，如果触犯了法律，除追究其法律责任外还要予以行政处罚，从而加大其违规成本。

总之，对渎职行为的严厉处罚和对履职行为的适当奖励是加强规则强制力的源泉。此外，降低监管人员违规获利的诱惑力，还需要整个社会经济体制的进一步完善。

2. 激励约束机制内部与外部约束部分的设计

内部约束方面，应在监管层内部公示各种激励约束措施，鼓励监管人员之间相互监督，并将具体的奖惩措施进一步细化，加大对违规行为的惩罚力度。现行的《金融监管工作考核办法》中提出，对现场检查发现重大问题或隐患、及时采取有效措施予以制止并严肃查处的，加 0.4 分，措施不力、酿成严重后果的，扣 0.2 分；对非现场监管中发现重大问题或隐患并且及时采取有效措施予以警示与纠正的加 0.3 分，措施不力、酿成后果的扣 0.15 分；在现场或非现场监管中成绩突出、受上级通报表扬，经验、做法推广的，现场监管加 0.2 分，非现场监管加 0.15 分，因工作失误被通报批评的，则前者扣 0.2 分，后者扣 0.15 分；而对于“监管人员接受被调查机构宴请”的严重违规行为，仅扣 0.2 分。可以看到，现行的奖惩机制存在着不对等的情况，加分往往是扣分的两倍，并且对于严重违规行为，扣分较低，惩罚力度较弱。因此，需要对监管效果进行适当的量化，视监管得当所避免的损失或监管失责所造成的损失进行细致化的奖惩。

银行业监管当局内部人力资本的监督也是一种有效的内部约束手段。如果银行监管体系健全、奖惩措施明确，将吸引更多的人才进入银行业监管当局；反之，如果监管体系内部管理混乱，将使员工丧失信心，人才流失率提高，从而促使监管当局改善自己的监管行为。

此外，要对现有的监管模式进行创新，可以实施监管预先承诺制度，建立适合我国银行业特点的风险评级模型和独立的风险评级或评审机制，科学测算违约概率，积极推进基础数据建设，在监管体系内部建立“评级共享数据池”，不断完善银行的差别化管理体系。

目前，世界范围内普遍使用的银行监管工具有市场准入限制、存款利息率上限、资产组合限制、资本要求、存款保险和监管控制六项。官方监管有着市场主体无法比拟的强制力量，正如法学家 Aron 曾说："企图回到纯粹的自由放任政策，使国家缩减到仅执行收税员、警察和护卫之类的古老最小限度职能，实际上是拒绝整个现代文明的趋势。"尽管政府会在金融监管活动中犯错，但这种错误并不一定比市场失灵所导致的问题严重，因此，我们需要讨论的问题不是要不要金融监管，而是如何有效实施金融监管，其中有效的外部约束机制就是一个重要的措施。

对于监管者而言，外部约束主要来自三个方面：一是存款者的约束，即"市场约束不过是银行挤兑的代名词"。如果一家银行经营了过多的高风险业务而监管当局并未有效的监管，则其一旦出现流动性困难，必将导致储户的挤兑行为，这无疑也是对监管当局监管不当的有力质疑。二是银行股东的约束。当银行股东认为银行经营活动的安全性和盈利性变差之后，往往会"用脚投票"，卖掉手中持有的股票，迫使银行改善经营状况。因此，当银行业股票长期低迷时，不仅银行高管需要反思，银行业监管者也需要对此有所思考。三是金融从业人员的约束。如果监管当局没有很好地履行职责，使得金融体系运行混乱，风险大量累积，大量人才将不再进入金融行业，现有的金融从业人员也会离开目前的岗位，银行体系会进一步萧条，从而促使监管者反思自己的监管行为。

有效的外部约束的前提和基础是信息公开，不仅需要银行向社会公众披露信息，确保市场参与者更好地了解银行的风险状况与资产头寸的充足与否，银行监管者也需要定期向社会公众汇报自己的监管成效，及时曝光监管过程中发现的重大违规问题，同时需要对市场中出现的最新动态做出及时有效的反应，广泛吸收市场反馈的信息，避免因为监管者自身的工作程序和利益结构影响银行系统的安全性和盈利能力。

若更好地达到外部约束的效果，信息的合理使用也是一个重要的方面，因此还需要加强对广大投资者尤其是中小投资者的教育，提升金融从业人员的风险意识，培养一批合格的市场主体和参与者，引导社会形成理性的投资理念与价值取向。

三、激励约束机制的理论模型及其必要性分析

1. 激励相容与约束机制的理论模型

（1）激励相容机制的理论模型。

在运用激励约束机制分析问题前，需要建立几个基本的假设前提。

第一，委托人、代理人双方——代表公众利益的监管机构与监管者之间掌握的信息是不充分的，对于对方的基本特征、效用函数等不具有准确的信息。此外，信息也是不对称的，社会公众无法观察到监管者的努力程度，也不具有监管者的内部信息优势，但可以看到银行业整体的运作情况，从而得知监管效果；而监管者也无法得知社会公众对监管效果所要求的底线。

第二，在客观条件的约束下，双方都能够做出实现自己决策目标的最优理性选择，监管者可以最大化自己的效用，社会公众可以得到最理想的监管效果。

第三，实际监管过程会受到一些超过监管者控制范围的客观条件和随机事件的影响，银行系统的最终稳定程度是不确定的，双方的决策后果存在一定的不确定性。

第四，决策的顺序如下：首先，假定监管机构与监管者签订一个长期合同，在合同中规定给予监管者报酬的条件和方式；然后，监管者根据合同的约束选择自己的行为使自己的收益最大化，监管机构选择一个方式使自己的成本最小化并取得最好的监管效果。在监管者行动期间，如果某些超越监管者控制的客观事件发生，监管者的行动、商业银行的资产状况和一些市场随机事件共同决定了银行系统的稳定程度，由于信息的不完全性，监管机构无法确定银行系统的变化在多大程度上是由经营者的努力程度的变化所引起，但是社会公众可以观察到银行在一段时间内整体的运作情况，并视市场对银行系统稳定性的评价以及危机发生的频率及造成的损失大小，依据事前签订好的契约向经营者兑现作为已达监管效果的一个函数的奖励性报酬或者实施相应的惩罚。

对于委托人与代理人而言，激励相容与约束机制的思想均是将二者的目标趋于一致，解决一个非线性规划问题。以下使用经典的委托代理模型来进行刻画（张维迎，2004）[①]。

---

① 张维迎：《博弈论与信息经济学》，上海人民出版社 2004 年版。

令 A 代表代理人所有可选择行动的组合，$a \in A$ 表示代理人的努力水平，$\theta \in \Theta$ 是不受代理人与委托人控制的外生随机变量，θ 在 Θ 上的分布函数和密度函数分别为 G（θ）和 g（θ）。在代理人选择行动 a，外生变量为 θ 的情况下可以实现一个可观测的结果 x（a，θ）和产出 π（a，θ），其中 π（a，θ）直接归属于委托人。假定 π 是关于 a 的严格递增的凹函数，即给定 θ，代理人工作越努力，产出越高（$\partial\pi/\partial a>0$），但努力的边际产出递减（$\partial^2\pi/\partial^2 a>0$）；π 是 θ 的严格增函数（$\partial\pi/\partial\theta>0$）。委托人的问题就是设计一个激励合同 s（x），根据观察到的 x 对代理人进行奖惩，关键是要分析 s（x）具有什么样的特征。

假定委托人和代理人的 v－N－M 期望效用函数分别为 $\nu[\pi-s(x)]$ 和 $u[s(\pi)-c(a)]$，其中，π 为监管当局获得的监管效果，s 为监管当局对监管者做出的激励与约束，c 为监管者个人付出努力所耗费的成本，$v'>0, v''\leqslant 0, u'>0, u''\leqslant 0; c'>0, c''\geqslant 0$。也就是说，委托人和代理人都是风险规避者或风险中性者，努力的边际负效用是递增的。委托人与代理人的利益冲突首先来自假设 $\partial\pi/\partial a>0$ 和 $c'>0$：$\partial\pi/\partial a>0$ 意味着委托人希望代理人多努力，而 $c'>0$ 意味着代理人希望少努力，因此，除非委托人能对代理人提供足够的激励，否则代理人不会如委托人希望的那样努力工作。委托人的期望效用函数可以表示为 $\int v[\pi(a,\theta)]-s[x(a,\theta)]g(\theta)d\theta$，委托人的问题就是选择 a 和 s（x）最大化上述期望效用函数。但委托人需满足代理人的两个约束：第一个约束是参与约束（Participation constraint），即代理人从接受合同中得到的期望效用不能小于不接受合同时能得到的保留效用 u，可以表述如下的（IR）；第二个约束是代理人的激励相容约束（Incentive compatibility constraint），只有当代理人从选择 a 中得到的期望效用大于从选择 a′得到的期望效用时，代理人才会选择 a，可以表述为如下的（IC）。委托人的问题是选择 a 和 s（x）最大化期望效用函数，同时满足约束条件（IR）和（IC），即：

$$\max\int v[\pi(a,\theta)]-s[x(a,\theta)]g(\theta)d\theta$$

$$s.t.\ (IR)\int u[s(x(a,\theta))]g(\theta)d(\theta)-c(a)\geqslant u$$

$$(IC)\int u[s(x(a,\theta))]g(\theta)d(\theta)-c(a)$$

$$\geqslant\int u[s(x(a',\theta))]g(\theta)d(\theta)-c(a'),\forall a'\in A$$

（2）市场约束机制的理论模型。

这里主要从存款者的角度阐述如何对监管人员的行为进行有效的市场约束。存款人根据银行的风险管理水平和经营管理状况，通过自己的存取款行为，影响高风险银行的资金成本和吸收存款的规模。对于极少部分流动性管理失控的银行，甚至会产生挤兑现象，从而引发整个银行体系的风险扩散，进而促使监管人员反思自己的监管行为，达成有效的市场约束。

许多学者对美国债务融资成本与违约风险间的关系进行了研究，得出了基本一致的结论，即存款的风险升水基本能够反映银行的风险状况。另一种形式的市场约束是存款人一般会把存款从风险高的银行转移到风险低的银行。下面进行简单的理论证明：假设所有代理人风险中性，且存贷款市场是竞争性市场，银行部门对所有资金进行投资，期望收益是 R，设存款人能够获得的存款收益为 R_D，银行投资失败的概率为 P，在此情况下存款人能得到的收益为 S，则存款人的期望收益为：

$$E(R_D) = (1 - P)R_D + PS = R \tag{13}$$

即存款人的期望收益应该与银行投资的期望收益相等，合理的存款利率是：$R_D^* = \dfrac{R - PS}{1 - P}$ 若信息充分，利率会根据 P 和 S 充分调整，存款供给在 R_D^* 上具有完全弹性，市场约束能被利率充分反映，利率与存款数量无关，但现实中往往不存在这种理想情况，对 P 和 S 的估计只能是大致准确，这种情况下，存款供给曲线一定向右上方倾斜，若部分储户对风险认识不够充分，便会将资金在利率低于真实利率水平 R_D^* 的情况下提供给风险性银行，风险性银行就能借此增加利润，用公式表示为：

$$E(\pi) = R(D + K) - [(1 - P)R_D D + PSD] \tag{14}$$

其中，$E(\pi)$ 为某银行的利润，D 为吸收的存款数额，K 为银行的资本数额，当 $R_D < R_D^*$，则 $E(\pi) > RK$，经济利润 $\pi = E(\pi) - RK$，若风险性银行不对额外风险进行补偿，则经济利润为正，在完全竞争条件下会吸引更多的银行进入高风险市场，一方面分散了每家高风险银行的吸储规模，另一方面随着储户对风险情况认识的深入也会主动减少在高风险银行的存款。此外，对风险敞口的适度控制让风险性银行不会大规模的扩张存款，而只是适度提高 R_D 且仍使其小于 R_D^*。

2. 对设立激励约束机制必要性的分析

就我国目前银行业审慎监管的工作情况来看，仍存在着过于强调监管技术和监管手段而忽视监管环境和监管文化建设的情况，行政主导色彩也较为浓烈，致使监管人员的绩效意识不高，监管效率较低，也制约了银行机构金融的创新能力和综合实力的提高，下面就尽快建立一套激励相容机制和有效的市场约束机制的必要性进行探讨。

（1）对我国银行业监管激励相容机制必要性的描述性分析。

实际上，很难对监管效果和监管过程中的激励程度不足给出一个精确的定量化结果，在这里我们认为监管目标是努力提高银行业资本充足率，在保证稳健经营能力的情况下追求盈利的最大化，因此当银行体系内未发生重大的风险事件且资本充足率稳步提高或保持不变的情况下即认为达到了较好的监管效果。我们首先对资本充足率和银行盈利能力（ROA）的变化情况进行分析。

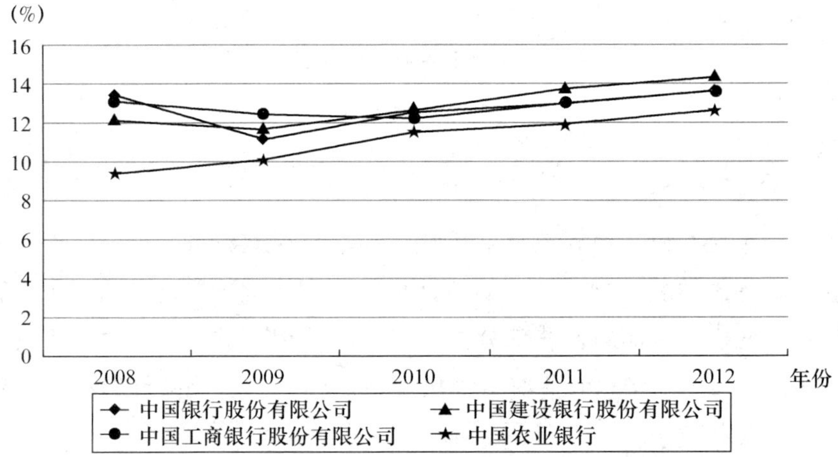

图 9.7　四大国有商业银行近年资本充足率变化

注：如非特别说明，数据均来自国泰安数据库和各大银行年报。

由图 9.8 可以看出，除 2009 年受全球金融危机影响四大国有商业银行的资产利润率和资本充足率略有下滑外，其他年份均保持较为平稳的增长。为了对资本充足率的提升对银行盈利能力的影响有一个更为直观的认识，我们计算 ROA 与资本充足率之间的弹性水平，即：

$$e = \frac{\triangle ROA/ROA}{\triangle CAPTA/CAPTA}$$

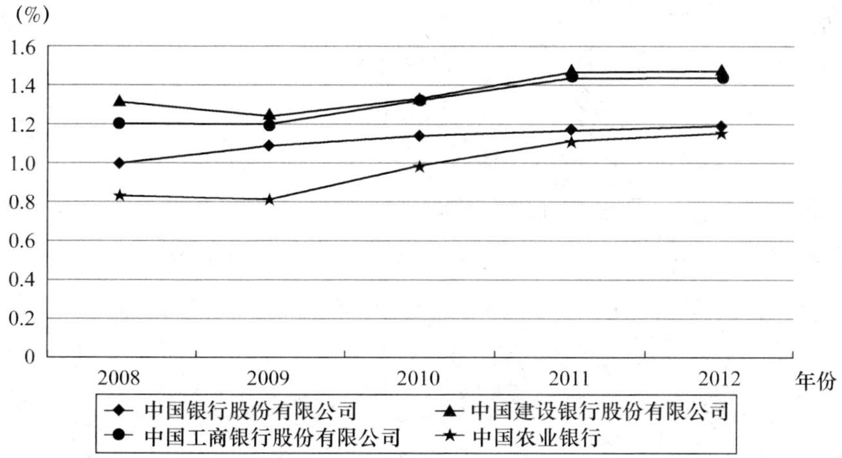

图 9.8　四大国有商业银行近年的盈利能力变化

其中，CAPTA 为资本充足率，将该指标定义为激励相容弹性系数，对我国四大国有商业银行近年的激励相容弹性系数的计算结果如表 9. 10。

表 9. 10　　四大国有商业银行近年的激励相容弹性系数

年　份	中国银行	中国建设银行	中国工商银行	中国农业银行
2009	-0. 53	1. 41	0. 15	-0. 34
2010	0. 35	0. 77	-13. 73	1. 37
2011	0. 85	1. 44	1. 24	4. 01
2012	0. 34	0	0. 19	0. 80

可以看出，我国四大国有商业银行的激励相容弹性系数变动较大，部分年度甚至出现负值，也较少能够维持在 1 左右的水平，说明我国银行在提高资本充足率后盈利能力的提高还不够充分。其原因除了银行自身的内部风险控制系统和治理结构存在缺陷外，监管过程中行政主导色彩过浓、缺乏对监管人员的有效激励和约束也是一个主要的原因。

根据李红坤（2008）对银行资本比率与银行失败的 Logit 分析结果，无论是发展中国家还是发达国家，资产利润率和资本比率与银行是否失败都显著负相关，不良贷款率与银行失败显著正相关①。因此，资本充足率、资产利润率和不良贷款率是衡量银行体系稳定性的重要指标，要稳步提升银行业的资本质量

① 李红坤：“资本约束下银行机构激励相容监管研究”，浙江大学硕士学位论文，2008 年。

和盈利能力，需要银行机构、监管机构和监管人员三者达成一致目标，即需要构建一套完善的银行业监管激励相容机制。

（2）我国银行业市场约束力的实证分析。

本部分借用 Demirguc-Kunt（1999）模型设计的基本思路①。

首先，研究银行风险与利率水平间的关系。市场利率作为资金的价格，是存款者和市场中的投资者对银行及银行监管者进行市场约束的主要手段，当银行系统承担了过多的风险时，利率表现为风险升水，进而引起监管者的注意。Demirguc-Kunt 模型设计的基本思路是，计算模型中自变量和因变量的相关性及相关程度，来说明市场约束的存在及其大小，具体公式为：

$$\text{Interest\%}_{i,t} = \alpha + X_{i,t-1}\beta + \varepsilon_{i,t}, \varepsilon_{i,t} \sim N(0,\sigma^2) \tag{15}$$

其中，$\text{Interest\%}_{i,t}$表示银行 i 在第 t 期的利息支出与银行存款之比，可看作银行承担的利率水平，$X_{i,t-1}$表示滞后一期的衡量银行风险程度的变量，包括流动性、盈利能力和资本充足率，$\varepsilon_{i,t}$是随机扰动项，服从白噪声过程。在模型设立中，还选取成本收入比例作为控制变量，若该指标较高，可能代表银行的经营效率较低，须以较高利率补偿这种低效。

根据同样的道理，我们研究银行存款增长速度与银行风险间的关系，模型设立为：

$$DG_{i,t} = \alpha + X_{i,t-1}\beta + \varepsilon_{i,t}, \varepsilon_{i,t} \sim N(0,\sigma^2) \tag{16}$$

其中，$DG_{i,t}$为银行 i 在第 t 期的存款增长率，选取的自变量与控制变量与模型（15）相同。

具体的变量指标如表 9.11 所示。

根据之前的分析，当银行的流动性越充足，盈利能力越好，资本充足率越高，银行承担的风险较小，承担的利率水平应较低，存款的增长速度应较快，故做出假设：式（15）中自变量 X_1，X_2，X_3 的回归系数均为负，式（16）中自变量 X_1，X_2，X_3 的回归系数均为正。

下面就对该假设进行检验。

本部分实证研究的样本银行共 18 家，包括工、农、中、建、交五大国有商

① Demirguc-Kunt A，Detragiache E. 2000：Does deposit insurance increase banking system stability? An empirical investigation. IMF working paper WP/00/03.

表 9.11　　　　　　　市场约束力的指标变量选取

	指标名称	指标计算
自变量	人民币流动性比例 X_1——代表流动性	流动性资产期末余额/流动性负债期末余额 ×100%
	资产收益率 X_2——代表盈利能力	资产收益率（%）=实际利润总额/资产平均余额
	资本充足率 X_3——代表资本充足情况	资本充足率（%）=（核心资本+附属资本-扣减项）/加权风险资产总额
因变量	承担的利率 Interest%	利息支出/存款
	吸收存款增长率 DG	（当年存款余额-上年存款余额）/上年存款余额
控制变量	成本收入比例 K	营业费用/营业收入

业银行和民生、兴业、光大、招商、中信、浦发、华夏、平安、广发九家股份制商业银行，以及上海、上海农商、南京、徽商四家地方性商业银行，分别用代号 1~18 代替，样本期间为 2006~2012 年，如非特别说明，数据均来源于国泰安数据库和各大银行年报，建立面板数据后，采用 Eviews6.0 对上述两个模型进行估计。

第一，存款利率与银行风险间市场约束的实证分析。

将银行承担的利率水平作为因变量，运用面板 OLS 法，采用截面数据上的变截距、固定效应模型对式（15）进行估计，结果如表 9.12。

表 9.12　　　　　存款利率与银行风险间的市场约束实证分析

变量	系数	标准差	t 值	p 值
C	5.476***	1.258	4.354	0.000
X_1	-0.006	0.010	-0.571	0.570
X_2	-0.211	0.379	-0.556	0.579
X_3	0.050	0.031	1.641	0.105
K	-0.088***	0.023	-3.894	0.000

注：*表示 10% 显著性水平，**表示 5% 显著性水平，***表示 1% 显著性水平。

从表 9.12 可以看出，综合 18 家银行 7 年的面板数据，银行承担的利率水平与流动性水平、资产收益和资本充足率的相关性都不显著。其中，与资本充足率的关系为正相关，与原假设出现矛盾，存款利率与成本收入比的关系虽为负相关且较为显著，但相关程度较小，仅为0.088。综合而言，利率水平与银行承担的风险水平间的相关程度均很小且不显著。

第二，银行存款增长率与风险间市场约束的实证分析。

将银行吸收的存款增长率作为因变量，运用面板OLS法，采用截面数据上的变截距、固定效应模型对式（16）进行估计，结果如表9.13。

表9.13　　存款增长率与银行风险间的市场约束实证分析

变量	系数	标准差	t值	p值
C	11.015	16.101	0.684	0.496
X_1	-0.161	0.103	-1.562	0.122
X_2	3.952	5.175	0.764	0.447
X_3	-0.887**	0.408	-2.175	0.032
K	0.638**	0.294	2.170	0.033

注：*表示10%显著性水平，**表示5%显著性水平，***表示1%显著性水平。

从表9.13可以看出，银行吸收的存款增长率与流动性水平、资本充足率负相关，与资产收益率、成本收入比正相关。其中，与流动性比例、资产收益率的关系均不显著，与资本充足率的关系虽较为显著，但其符号与假设的情况相反。目前，我国银行的存款增速与银行稳健经营水平的相关性还未达到理性阶段，资本充足率并不成为推动银行存款快速增长的主要因素。控制变量成本收入比与利率水平负相关，与存款增长率正相关且都较为显著，与假设情况不符。这或许是由于银行在综合服务方面投入的成本较高，提升了用户的体验和满意程度，从而造成了较低的筹资成本和较高的存款增速。

总体而言，我国银行的存款利率和存款增长率与银行实际承担的风险水平相关性均较弱，存款人对银行施加的市场约束还非常弱，资本充足率作为衡量银行稳健经营能力的主要指标，还未成为影响银行筹资成本和存款增长情况的主要因素。这主要是由于我国尚未实行全面的利率市场化，存款利率主要由政府直接设定，并不能真实反映银行经营过程中承担的风险。此外，过多的行政干预也是国家信用对银行提供隐性保险的表现，存款人还尚未对银行的风险管理情况进行全面的关注。因此，未来的利率市场化改革也将对银行的经营以及监管者的监管行为施加更多的市场约束。

第十章

银行业市场准入与退出机制变革

市场准入监管是商业银行监管的第一道关。上海自贸区的设立、对外开放的深入发展以及民营资本在银行业的发展壮大等新的经济金融环境，对于建立合理、宽松适度的银行准入制度提出了新的要求。本章对商业银行准入制度建立的目标、原则、路径选择和具体设置进行了探讨，力图对商业银行准入制度的建立和完善提出具有实质性的、可操作性的建议。与市场准入对应的是银行的退出，目前我国银行业实行的是隐性存款保险制度，缺少专门的法律来管制银行的退出，随着银行业管制的逐渐放松，银行业的风险也逐渐暴露出来，现代化的市场退出制度亟待建立，在本章最后笔者对我国建立独立的存款保险公司提出了具体的建议。

第一节　商业银行准入机制的选择

一、建立商业银行准入机制的目标和原则

1. 目标

市场准入监管是对商业银行的首要监管。市场准入制度规定银行准入的条件和方式，直接影响着银行业的市场结构、银行的行为和市场绩效。由于银行业的特殊性及对经济的影响，各国都对银行准入有着比较严格的要求，以防止不合格的银行以及银行从业人员进入银行系统。但如果要求过于严格，则会造成竞争的不充分，市场的不充分竞争可能会产生垄断进而影响金融体系乃至国

民经济体系的稳定。因此，建立合理的市场准入规则对于银行业的稳健运行和市场竞争环境起着至关重要的作用。

当前的经济金融形势对银行准入制度提出了新的要求。要完善银行的市场准入制度，需要考虑相关背景。

其一是对外开放的深入发展和上海自贸区的设立。我国银行业实现全面对外开放，外资银行和外国资本的涌入对中国银行业的影响日益明显。随着上海自贸区的设立，中国银行业乃至中国金融业在区内的运作机制和规则都会被重新设置。而自贸区的发展有可能使区内的这些变化影响到全国金融业。

其二是民营资本的进入。早在2002年9月中国人民银行监管二司公布的研究报告《进一步发挥中小银行的作用》中就提到了“鼓励民间资本进入银行业”。十六届三中全会通过的《中共中央关于完善社会主义市场经济体制若干问题的决定》指出，鼓励社会资本参与中小金融机构的重组改造，在加强监管和保持资本金充足的前提下，稳步发展各种所有制金融企业。近年来对民营银行的准入问题再度引起热议。2014年政府工作报告指出，要稳步推进由民间资本发起设立中小型银行等金融机构，引导民间资本参股、投资金融机构及融资中介服务机构。截止2014年1月，已经通过国家工商总局预核准的民营银行超过70家。3月11日，中国银监会表示已选择一些民营资本共同参与首批5家民营银行在天津、上海、浙江和广东开展试点。民营银行早已不是要不要发展的问题，而是怎样发展的问题。民营银行的准入机制、持续监管、退出机制的讨论和设计再度引发专家学者的研究，民营银行的监管规则要不要单独设置，民营银行的建立和发展会促使现有银行业的监管制度产生哪些调整等问题都亟待解决。

银行准入制度的目标即是在这样的宏观背景下，在法律的框架下，建立宽松适度的准入规则，兼顾银行业的效率和公平。

2. 原则

在建立银行准入制度时，应当始终贯彻以下原则。

（1）公开透明原则。美国法学家布兰代斯曾说过：“公开原则犹如太阳，是最佳的防腐剂；犹如电灯，是最有效的警察。”加强商业银行的信息披露，商业银行市场准入的整个过程都必须在金融监管当局的直接监督控制下依法公开的进行。在法律体系框架内，银行准入审批必须具有充分的透明度，公开信息，通过有效方式向社会公众准确表达银行市场进入原因、方式及相关制度安排，将银行放在一个透明的、全社会可以看到的环境中，以社会监督补充金融监管当局的监管，可以在很大程度上使银行在正常、合法的轨道上运营。

（2）审慎性原则。银行准入应严格遵循市场规律，遵循渐进放开、规范标准的原则，减少行政指令，避免因增添政绩因素等人为原因给银行业带来制度性风险。防止不合格的法人或自然人设立银行，维护存款人的利益和公众对银行的信心。

（3）市场化原则。无论是地下金融的合法化，还是民营银行的准入，都应该是自下而上市场选择的自然演进结果。在对待银行准入问题上，宜按照经济发展现状和市场需要，由市场自然演进形成，符合经济社会发展规律、内生于经济发展程度的需要。准入规则的设立基于市场化原则往往是科学的选择。

（4）协调配合原则。鉴于银行业的准公共产品特性，市场准入过程中需要政府部门的协调运作。这其中涉及诸多当事人，如准入银行本身（股东和职员）、与准入银行的相关交易者、银行监管当局、财政部门、司法部门等。银行监管当局、财政部门、司法部门三者相互协调配合与否，将决定银行准入能否顺利完成。特别是银行监管当局，要在具体操作上贯彻引导、平等的理念，居于一种监管者而非管理者的角度，削弱行政色彩，强调市场意志。

二、建立商业银行准入机制的路径选择

1. 淡化资本性质差别，建立统一的准入机制

将民营银行纳入商业银行体系，统一准入要求，而不针对民营银行单独建立准入机制。

第一，我国一方面进行国有银行股份制改造，另一方面也提出要鼓励民间资本进入银行体系。有很多学者在进行“民营银行准入机制”的专门研究，力图制定专门针对民营银行的准入规则，探索民营银行的发展道路。其原因可能主要是担心民营银行因为其资本性质而带来新的较国有股份制商业银行更大的风险。比如由于资本的逐利性和生存环境压力导致民营银行可能会从事高风险的经营活动；再比如民营银行在运营中因为各种原因可能会存在较多的关联交易问题。但是，这些风险在国有股份制商业银行中同样存在，随着金融体系改革的逐渐深入，尤其是利率市场化的逐步推进，商业银行的利差会不断缩小，

利润空间的缩减同样会带来从事高风险经营活动的动机。以上是其一。

第二，即使民营银行的风险较大，也不必单设准入规定。我们要建立的银行准入机制是银行运营的最低标准，只要符合这个标准就可以进入银行系统。

第三，随着我国民营银行试点工作的开展，一系列支持民营资本进入金融体系的国家政策出台，民营银行进入商业银行体系只是时间问题。而金融监管也应当具有前瞻性，对民营银行与商业银行做出一致的准入要求。因此，建立准入机制时不应当区分银行的资本属性，要给予民营银行“国民待遇”，建立统一的银行准入机制。

2. 适度降低银行准入门槛，发挥金融对实体经济的促进作用

我国《商业银行法》在商业银行准入部分特别强调，在审批设立商业银行时应考虑当地经济发展的需要和银行业的竞争状况，避免过度竞争。《中国人民银行关于进一步规范股份制商业银行分支机构准入管理的通知》中指出：“中国人民银行审核股份制商业银行机构发展规划和筹建计划时，要进行市场环境调查，其机构的发展应与经济发展、市场需求相适应……对于多家银行申请在同一城市筹建分行的，要结合对当地经济发展、金融市场的分析，在对各家银行综合评估的基础上，提出设立分行的意见，避免出现过度竞争。”具体做法是通过限制机构准入的数量限制过度竞争，明确规定“对于各项存款达到1000亿元并且国内生产总值达到300亿元的城市，一年之内最多新设两家股份制商业银行分行，对于相关指标达不到上述规模的城市，一年之内只允许新设一家分行”。这项制度规定的出发点是为了维护整个银行体系的安全，防止银行过度竞争。但事实上，由于进入者受到限制，反而降低了银行业的市场竞争程度，客观上带来了诸如减少消费者福利、降低银行业经营效率，以及弱化现有银行努力动机的消极影响。

事实上，民营银行的准入门槛较高。长期以来，我国银行准入门槛很高，国有资本在银行业的垄断地位没有动摇，民营银行的设立虽早已没有法律障碍，但在实践中从来没有获批进入市场。

民营银行的建立和发展在理论和实践上均被证明是大势所趋。从发达国家产业发展的历程来看，产业资本与金融资本相互转化与渗透是普遍现象。民营资本的进入，有助于打破中国银行业长期的垄断局面、充实商业银行资本金、拓展商业银行的经营规模、激活各个银行的竞争力，进而有助于推动商业银行体制的真正改革。2006 年，我国向 WTO 承诺的 5 年过渡期结束，我国银行业基本实现全面对外开放。而随着越来越多的外资银行涌入国内，我国银行业将面临不小的压力。因此，鼓励不同性质的资本进入银行业市场，可以促进银行之间的竞争，提高信贷配置效率，进而提高我国银行业的整体竞争力，增强与外资银行抗衡的能力。

逐步合理地放开银行准入制度、鼓励各种资本类型进入银行业，还有助于建立和优化银行业现代治理结构，构建商业银行之间的市场竞争和优胜劣汰机制，进而推动中国银行业的长远发展。正如清华大学中国与世界经济研究中心主任李稻葵所说："目前来说，逐步放开银行准入是比利率市场化更加重要的改革。"

3. 完善法律法规，建立系统可操作的银行准入制度

《中华人民共和国公司法》《中国人民银行法》《商业银行法》《银行业监督管理法》《金融机构管理规定》等对银行准入进行了原则性的规定，但都过于笼统，可操作性不强。而将其更详细的操作权交给了金融监管当局，由监管当局根据实际情况灵活掌握，这是典型的用行政审批制代替法律规定。随着民营银行的逐渐放开，如此"灵活"的准入机制可能会诱发更多的"寻租"问题。

因此，应当更多地以法律法规的形式确立银行准入要求，制定专门针对银行准入的法律法规十分必要。

4. 以注册制为目标，简化审批程序

银行准入制度的发展趋势应是由审批制向注册制发展，而注册制在金融市场化全面发展、相应配套制度健全、监管框架有效的条件之下才能实现，进而真正实现银行业的自由竞争与发展。我国目前这些条件尚不具备，但是应该以此为目标，逐步简化审批程序，直至条件具备，开始实行注册制。

就目前来说，银行监管部门应当力争在最大程度上完善银行准入法律法规体系，尽可能地将银行准入规则法制化、明确化、具体化，从而减少行政性因素或者人为因素在银行准入过程中的影响。然而，银行准入规则不可避免地将保留一些内容由行政审批实现，这一部分就可能出现寻租活动。

关于审批权的归属问题，本书认为不应采取部分学者提出的多级发牌制度，即不应采取最高监管当局和省市级派出机构等多层次的审批。多层次的审批容易引起银行准入规则的不统一，派出机构与当地申请准入的银行更可能存在某种利益关联等，从而诱发更为严重的寻租行为。压缩寻租空间的有效方法是将审批权集中于最高金融监管当局。具体来说，可以由中国银监会成立一个银行准入审批委员会，由具有专业金融知识、良好职业道德素养和多年银行业监管经验的人组成，建立规范严密的审批流程，明确审批人员的权利义务和应负的法律责任，按照统一标准审批申请准入的银行。

第二节　商业银行准入规则的具体设置

一、订立“生前遗嘱”，强调风险自担

“生前遗嘱”，即“恢复与处置计划”，由金融稳定理事会（FSB）提出，要求金融机构拟订并向监管机构提交，当其陷入实质性财务困境或经营失败时快速有序的处置方案，以促使机构恢复日常经营能力，实现部分业务功能分拆或机构整体有序关闭的制度安排。在银行进入市场前即制定“生前遗嘱”，突出强调银行风险自担的原则，约束银行的经营行为，维护金融稳定；约定风险发生时的处置方式也与银行退出机制一起，保证银行在其经营出现困境时能够通过有效有序的处理机制，保护金融消费者、存款人和纳税人的合法权益，防止储户和政府为问题银行买单。

关于“生前遗嘱”的内容，至少要包括：第一，风险化解。要求拟准入银行列示经营过程中尤其是经营恶化时可能会出现的风险并制定出相应的化解方案。第二，债务偿还。制定债务偿还机制，对银行经营不善出现资不抵债时资金的偿还来源和顺序做出相应规定。第三，机构处置。当银行难以维系生存时如何救助，是由股东来救助还是通过兼并重组方式，出资人和主持人都要在“遗嘱”里列示清楚。第四，业务的剥离和恢复安排。在“生前遗嘱”中阐释银行拟开展的业务以及业务分割机制，某些业务出现问题之后，要把这部分剥离出去，以免影响整体。

二、股东资格审查

当前《商业银行法》对于股东资格的审查，即何人或何类机构有权利设立

商业银行并未做出限制性规定，只要求持有注册资本 5% 以上的股东提交资信证明和有关资料（第 15 条），对商业银行投资人的资格没有限制性规定。我国《证券法》和《保险法》禁止证券公司、保险公司投资于商业银行。根据这一规定以及 1994 年中国人民银行发布的《关于向金融机构投资入股的暂行规定》[①]，可能成为商业银行股东的主体包括：党政机关、部队、团体和事业单位，各级地方财政部门，商业银行、信托投资公司、企业集团财务公司、融资租赁公司，工商企业，个人；不得投资于商业银行的主体包括：保险公司、证券公司、政策性银行，城市信用合作社、农村信用合作社（可投资于合作银行），各金融机构分支机构，外资、中外合资金融机构和企业。《银行业监督管理法》第 17 条规定，“国务院银行业监督管理机构应当对股东的资金来源、财务状况、资本补充能力和诚信状况进行审查”。现有法律对于银行股东的限制存在诸多不全面、不适宜之处。以下是对于准入银行股东要求和限制的具体探讨。

1. 加强股东信息的披露，防止通过资本游戏而进行隐蔽的间接持股

要进行有关“股东的股东”的信息披露，以将隐性的间接持股显性化。对此，可参照巴塞尔委员会发布的《有效银行监管核心原则》进行细化。一般应审查银行的直接和非直接控制者、主要的直接或间接股东。审查内容主要但不仅限于：股东过去所有的银行或非银行企业，他们在商界的声誉，所有主要股东的财务状况以及必要时提供进一步财力支持的能力。作为审查其声誉的一部

---

① 《关于向金融机构投资入股的暂行规定》：一、各党政机关、部队、团体以及国家拨给经费的事业单位，除国务院批准或法规及中国人民银行规章规定外，一律不得向金融机构投资。二、各级地方财政部门经当地政府同意，由中国人民银行核实，可以用财政结余资金向金融机构投资。三、国家开发银行、中国农业发展银行、中国进出口银行等政策性银行一律不得向金融机构投资。四、中国工商银行、中国农业银行、中国人民建设银行、中国银行未经中国人民银行批准，一律不得向金融机构投资。五、其他商业银行、信托投资公司、企业集团财务公司、融资租赁公司在资本充足率为 8% 并遵守以下规定的前提下，再向金融机构投资。七、城市信用合作社、农村信用合作社除按中国人民银行规定的比例可向信用合作社联社、合作银行投资外，不得向其他金融机构投资。九、各金融机构分支机构一律不得向金融机构投资。十一、工商企业向金融机构投资必须符合以下规定：（一）经企业行政主管机关或董事会批准可以用自有资金向金融机构投资，但必须同时具备以下条件：1. 在工商行政管理部门登记注册的具有法人资格的企业；2. 经营业绩良好，按期足额归还银行贷款，最近 3 年连续盈利。（二）年终分配后，净资产达到全部资产 30% 的，可以向金融机构投资入股。但对金融机构投资的累计金额加企业其他投资的累计金额不得超过本企业净资产的 50%。（三）严禁以银行贷款向金融机构投资。十二、外资、中外合资金融机构和企业均不得向中资金融机构投资。十三、严禁工商企业与金融机构之间、金融机构之间以换股形式相互投资。十四、未经中国人民银行总行批准，金融机构（城市信用合作社、农村信用合作社除外）不得向个人募集股本。

分，监管当局还必须确定他们初始资本的来源。对于银行控制者，在准入时可要求其声明对银行所负责任和义务，对于因本人违法行为诸如非法关联交易、挪用资金等而引起银行经营困难甚至资不抵债的情况，对银行债务负有无限责任。

2. 对于银行股东资格要求的具体设置探讨

准入规则中对发起人和股东资信问题的要求分为积极条件和消极条件。积极条件可以是比较原则性的。但是消极条件即禁止性条件则必须加以明确，使之具有可操作性，减少寻租空间。比如可以规定：

银行的自然人股东必须具备以下条件：①具有完全民事行为能力；②不存在有数额较大未清偿债务或者有拖欠数额较大债务历史；③有良好的社会声誉和信用，无违法犯罪历史和不良信用记录；④不曾担任因经营不善而破产清算公司、企业的高级管理人员，不附有任何个人责任的除外。

银行的法人股东必须具备以下条件：①具有良好的公司治理结构或有效的组织管理方式；②具有良好的社会声誉、诚信记录和纳税记录，能按期足额偿还金融机构的贷款本金和利息，不存在有数额较大未清偿债务或者有拖欠数额较大债务历史；③具有较长的发展期和稳定的经营状况；④具有较强的经营管理能力和资金实力；⑤最近5年内无重大违法违规行为；⑥财务状况良好，最近2个会计年度连续盈利；⑦年终分配后，净资产不低于全部资产的30%（合并会计报表口径）。

另外，关于股权结构，公司治理中有很多讨论，股权过于集中、一股独大可能会侵害中小股东、存款人的利益；股权过于分散，可能会产生严重的委托代理问题和内部人控制问题。但是就银行来说，尤其是对于民营银行来说，应该更注重防止股权过度集中的情况，在这种情况下更可能出现通过关联交易等方式侵害中小股东和存款人的利益，甚至可能出现“跑路”现象。但是，在准入制度中不宜以法律法规形式对银行的股权结构加以限制，这不符合准入制度的监管原则和精神。

三、资本金要求

资本要求对于控制银行行为的风险是十分重要的，它是新巴塞尔资本协议的第一支柱，也是所有国际国内金融监管中的重要内容。资本金是银行破产的最后一道防线，能够有效增强公众对银行的信心，减轻债权人（包括存款人）对银行财务能力的疑虑；资本金是一种减震器，当管理层注意到银行的问题并恢复银行的盈利性之前，资本通过吸纳财务和经营损失，减少银行破产的风险。银行必须有足够的资本，才能使借款人相信银行在经济衰退时也能满足其信贷需求。

对于银行业准入的最低资本金要求，《商业银行法》第十三条规定，设立全国性商业银行的注册资本最低限额为10亿元人民币，设立城市商业银行的注册资本最低限额为1亿元人民币，设立农村商业银行的注册资本最低限额为5000万元人民币。《中国银监会农村中小金融机构行政许可事项实施办法》中规定，农村信用合作联社的注册资本最低限额为300万元人民币，村镇银行在县（区）域设立的，最低限额为3000万元人民币；在乡（镇）设立的，最低限额为100万元人民币。注册资本必须是实缴资本。下面主要从最低资本金的设立要求和资本金来源方面探讨银行准入机制的具体设置。

1. 建立统一的最低资本金要求

对商业银行、城市商业银行、农村商业银行、农村信用社、村镇银行等的准入不加区分，设立统一的最低资本金要求，简化审批程序，为最终实现注册制迈出步伐。在持续监管中，再根据银行的资产、资本等的不同对银行实行分层次监管，应用差异化的监管指标（详见本书第九章第一节）。

2. 降低最低资本金要求

与其他国家的法律规定相比，我国法律对于设立商业银行的初始资本金要求远远超出发达国家和地区的标准，即便和印度这样的发展中国家和俄罗斯这样的转轨经济国家相比也存在着相当大的差距（表10.1）。

正如袁宝良（2004）所说，我国商业银行设立的较高资本金要求如同一把“双刃剑”，一方面可以防止商业银行过度冒险、阻止新银行的破坏性竞争行为，但另一方面过高的资本要求客观上增加了商业银行的设立成本，为市场的先进入者设置了一道屏障，使其免于众多后来者的竞争压力，从而可能导致市场的正当竞争受到抑制。事实上，中国国有商业银行对银行业的垄断、银行业不充分竞争在一定程度上即是目前所采取的这种较高的初始资本要求所造成的负面影响之一。

一旦资本要求降到一个合适的程度，那么可以预想的是，新的竞争主体将

表 10.1　　银行业市场准入资本金要求的国际对比

国家（地区）	最低资本要求	是否要求申请人提效用作资本的资金来源的信息	资金来源是否需要监管当局确认	是否可以用非现金的资产或者政府证券的形式	首期资本缴付是否可以使用借来的资金
中国	商业银行 10 亿元；城市商业银行 1 亿元；农村商业银行 5000 万元	是	是	否，只能用现金	否
澳大利亚	5000 万澳元	是	是	是	是
加拿大	500 万加元	是	是	是	否
法国	500 万欧元	是	是	是	是
德国	500 万欧元	是	是	是	否
香港地区	3 亿港币	否	否	是	是
印度	20 亿卢比	否	是	否	否
意大利	设立形式为有限责任公司的银行，是 6300 万欧元；互助银行，是 200 万欧元	是	是	是	否
日本	20 亿日元	是	是	否	是
挪威	500 万欧元	是	是	否	否
韩国	1000 亿韩元，不在全国范围内营业的为 250 亿韩元	是	是	是	否
瑞士	1000 万瑞士法郎	是	是	是	否
台湾地区	10000 新台币	是	是	是	是
英国	500 万欧元	是	是	是	是
美国	各州设定限额	是	是	否	是

资料来源：袁宝良，“中国商业银行准入管理法律制度研究”，中国政法大学硕士学位论文，2004 年。

在银行体系内不断涌现，这必将促使各家商业银行在内部管理、经营策略、业务开展等方面展开激烈竞争。新的竞争规则会在整个过程中产生并发挥作用，市场的自动调节功能也将得到不断的强化。

因此，无论是从促进国内商业银行竞争的角度出发还是从比较法的观点来看，现行的初始资本金要求都是偏高的，适当的调整是必要的，更是有益的。

3. 审查资本金来源，明确资本金形式

在法律上，要求商业银行的设立申请人提交资本金来源的相关信息，严格审查银行资本金的来源，审查初始资本来源是否透明。资本金必须是自有资金，不得以委托资金、债务资金等作为资本金。另外，尤其要警惕投资商业银行的洗钱活动。

关于资本金形式，如表 10.1 所示，15 个国家中，73% 的国家对于以非现金资产投资商业银行持肯定态度。相对而言，我国的立法只允许以现金作为资本金，看似保守甚至死板。如果允许首期资本或者随后的注资可以用借入的资金或是诸如政府证券形式的非现金的资产，这就相当于放宽了限制。但就目前来说，我国资本市场不发达，非现金资产难以准确定价，在充抵资本金的过程中很有可能产生严重的寻租行为，作为资本金的非现金资产的价值可能被高估，这显然与资本金"最后一道防线"的设置初衷相违背。因此，我国银行准入机制中资本金宜以现金形式认缴。

四、业务审批

在营业范围方面，《银行业监督管理法》授权中国银行业监督管理委员会根据有关规定批准金融机构的业务范围（第 31 条）。《商业银行法》也规定商业银行的业务范围应当由章程规定，并且向银监会报批。但是，两项法律都没有明确规定银监会应当根据什么标准或者规则批准某家银行的业务范围。《商业银行法》第三条规定，商业银行可以经营下列部分或者全部业务：①吸收公众存款；②发放短期、中期和长期贷款；③办理国内外结算；④办理票据承兑与贴现；⑤发行金融债券；⑥代理发行、代理兑付、承销政府债券；⑦买卖政府债券、金融债券；⑧从事同业拆借；⑨买卖、代理买卖外汇；⑩从事银行卡业务；⑪提供信用证服务及担保；⑫代理收付款项及代理保险业务；⑬提供保管箱服务；⑭经国务院银行业监督管理机构批准的其他业务。经营范围由商业银行章程规定，报国务院银行业监督管理机构批准。商业银行经中国人民银行批准，可以经营结汇、售汇业务。

对于商业银行开展业务的监管，出发点应是控制其运营过程中可能出现的风险，同时也要兼顾有关法律法规和国家宏观金融政策的执行。其监管的重点应该放在对新业务和风险较大业务的管理上。传统的业务由于经过了长期的实

践，客户、商业银行以及监管机关对其潜在风险都有比较明确的认识，但对于新开发的业务品种，不仅客户不了解其运作规程，即使是商业银行，对其可能产生的风险也处在试探和摸索的过程中，因此监管机关对新业务的市场准入实行相对严格的审批制度是十分必要的。对于风险较大的业务品种，即使对其风险控制具有充分的实践和认知，鉴于风险事故发生可能导致的严重后果，监管部门仍应给予充分的关注。针对商业银行总行已经开办的业务品种，一级法人审批制度就可以保障其风险在银监会总会已经得到充分的监管，在商业银行分支机构新开或增开该项业务时就没有必要在银监会分支机构进行批准或备案。从问题的反面来看，商业银行章程所列出的业务范围，基本上属于风险控制手段比较完善的传统业务，对其审批可以适度放松，从而将监管的重心转向可能存在较大风险或缺乏实践经验的业务。因此，对于新设立的银行，可以考虑先准许其开展传统业务，随着银行风险控制、内部控制的改善和加强，逐步扩大业务准许范围。

值得重视的是银行在开展业务时关联交易的限制。

2004 年 5 月 1 日开始实施的《商业银行与内部人和股东关联交易管理办法》是目前专门针对银行业关联交易的规范，对控制商业银行非公允关联交易的风险具有一定的现实意义。

商业银行非公允关联交易是造成大量信贷资产损失、形成不良资产的重要原因之一，常常成为关联方获得利益的工具，造成风险感染和风险外溢，产生信用风险甚至直接引发金融机构的倒闭。在当前环境下，我国银行业的关联交易有可能大幅增加：第一，民营资本在银行业占比提高，民营银行在未来一段时间建立和发展。民营资本进入银行业的一个重要动力即是方便企业自身融资，因此民营资本股东利用其对银行的控制权或影响力来获取大量关联贷款或者从事其他非公允关联交易的潜在风险会更加突出。第二，随着中国金融业的扩大开放，外资银行的大量进入，外资银行在华分支机构与母国银行及其关联机构之间进行关联交易以进行资源转移、获取利益的潜在风险也会增加。第三，虽然我国目前仍是分业经营、分业监管，但混业经营的趋势已经开始显现，各种形式的金融控股公司开始萌芽，公司内部关联交易发生的规模和概率也会随之增加。

目前，有关银行业关联交易的法律规定主要是部门规章和规范性文件缺乏系统性和协调性，对于关联交易的限制在实践中的执行力有限。

对于关联交易的监管，应着重于监管以下几类活动：第一，向关联机构做股权投资。问题银行可能通过投资降低银行自身的实际资本水平，减弱银行的抗风险能力，但是计算集团的资本时通过双重或多重计算资本可以掩盖资本水平。第二，向关联机构授信或融资。准入制度中可以考虑规定银行向一个关联机构提供融资的最大数额，防止银行无限制地向关联机构提供资金、转让资产，使银行暴露于关联机构的风险中。第三，与关联机构之间的资产购买和转让。准入制度中应明确规定此类活动要基于市场条件，防止银行与关联机构双方操纵交易价格，达到间接为关联机构提供融资的目的。第四，关联机构之间的服务协议，比如安排相互之间资金、债务支付和转移的连续义务等。银行监管当局应当规范和检查这些交易的价格，确保其基于市场价格。

限制关联交易重要的一点是在金融控股公司内建立防火墙，包括法人防火墙和业务防火墙。法人防火墙是利用法人有限责任的规定，设置独立法人实体从事不同金融业务，以隔离各自风险。业务防火墙又可以细分为资金防火墙、身份防火墙和管理防火墙。设立资金防火墙，禁止或限制资金在金融集团内的任意流动，禁止以关联交易的形式在集团内部任意调配资金；设立身份防火墙，禁止关联机构之间董事、主要管理人员的交叉任职，并确保关联机构营业场所的分离；设立管理防火墙，对控股公司和子公司各自的业务领域和权限做出明确界定，防止控股公司对子公司的不当影响。

五、内控制度

准入银行应有完善的公司治理结构和内部控制制度。对此，需要强调以下两点。

1. 独立董事制度

独立董事制度是指在董事会中设立独立董事，以形成权力制衡与监督的一种制度。独立董事不在公司担任除董事外的其他职务，并与其所受聘的上市公司及其主要股东不存在可能妨碍其进行独立客观判断的关系。独立董事对上市公司及全体股东负责。

独立董事是法人治理结构的重要内容，对于防止大股东控制银行和内部人控制、完善民营银行的公司治理结构具有重要意义。准入规则中应当设立独立董事制度。具体来说，在准入要求中应当对独立董事人数的比例、独立董事的任职资格等加以明确。

2. “双人监控”原则

所谓“双人监控”，即指即使是小型银行，也必须有至少两名以上知识和经验丰富、有管理决策能力且信誉良好的人进行决策和有效管理。此原则由于具有分权平衡、公平审慎的特色，所以备受欧美国家监管者的推崇，经合组织（OECD）也曾多次发文推介“双人原则”为代表的新型银行治理机制。

“双人监控”制度的本意在于通过银行内部监管权力的分配与制衡，使银行管理层排除干扰，迅速查究银行业务舞弊行为或违规行为，从而保证银行的安全稳健经营。

股份制商业银行应按照“双人原则”配备高级管理人员，并配备正职行长。其分、支行正职行长未经中国人民银行批准，不得由上级行人员兼任；经批准兼任的，必须保证在正职岗位的实际工作时间。央行加强对股份制商业银行拟任高级管理人员前任职务离任稽核报告的审查，提出审查意见；对离任稽核报告中指出的问题是否影响拟任职务，必须提出明确的意见。

总之，应当在银行准入要求的基础上构建法律体系，在法律框架内放开银行进入银行体系，而不应当在法律法规之外再加上某些人为因素抬高银行准入门槛。这是我国金融体制改革向纵深发展的一个重要步骤和必经阶段。而对于银行风险、存款人利益保护等方面的担忧，应当交给银行存续的持续监管以及完善的银行退出制度来解决。

第三节　我国当前银行业退出机制分析

一、银行业金融机构退出的模式

所谓银行业金融机构退出机制，即为金融机构作为法人不再继续经营，退出市场的模式与制度的总和。完善的退出机制，可以避免银行业的风险积累，起到维护金融市场稳定的作用。

目前，国际上有以下几种退出模式。

第一，破产，这是相关金融机构符合规定的破产标准，司法机关运用司法程序对其实施市场退出的模式。破产减轻了存款保险机构以及最后贷款人的负担，但是会造成较大的社会动荡。只有有高效率的司法体系和完善的资本市场，破产才能有效进行。破产一般会涉及多起法律诉讼，目的是最大限度的保护债权人的利益。

第二，清算关闭。这是在金融机构资不抵债或者是其经营活动违反了法律规定的时候，监管部门依照法律规定，撤销其法人资格，停止全部业务，处理债权债务关系，进入清算程序的退出模式。

第三，撤销。这是指中国人民银行对经其批准设立的具有法人资格的金融机构依法采取行政强制措施，终止其经营活动，并予以解散。撤销对象是那些资产损失严重、没有其他机构愿意对其进行兼并的银行。

第四，解散。这是指依法设立的银行因出现章程或法律规定的事由致使法人资格消灭的法律行为或法律事实。《商业银行法》第 69 条规定："商业银行因分立、合并或者出现公司章程规定的解散事由需要解散的，应当由国务院银行业监督管理机构提出申请，并附解散的理由和支付存款的本金和利息等债务清偿计划。经国务院银行业监督管理机构批准后解散。"

第五，合并。它是指两个及两个以上的银行经中国人民银行批准，依照法定程序合并为一个银行的行为，同时合并各方解散。在合并过程中，金融监管机构或者存款保险公司通常予以协助。该方式能够较好地保护债权人的利益，同时不易引起社会动荡，是一种较为有效的市场退出模式。

第六，收购。它是指一家银行经监管部门批准，以出资的方式按照法定程序对其他银行获取所有权的行为。收购方承担被收购方的债权债务关系，同时被收购方丧失法人资格。该方式操作简单，同样能够很好地保护被收购方债权人的利益，且不易引起社会动荡。

加强金融监管、健全银行的内部管理制度等，可以维护银行的安全经营，但是这些途径都不能够消除银行危机的产生以及蔓延，各国开始寻求其他提高银行体系稳定性的措施，其中存款保险制度就是一个行之有效的方法。虽然存款保险制度也有其负面效应，但是整体来看，利大于弊，是经济不断发展、利率市场化的必然要求。

二、有效的银行退出机制的作用

随着金融改革的不断深化，我国银行业结构出现了大的变革：大型国有商业银行完成了股改上市，外资银行大规模进入国内银行市场，农村金融机构的准入条件放松，民营资本进入银行业的不断推进，以及上海自贸区的银行业与国际接轨，等等。这些都意味我国银行业的竞争会更加激烈，一些中小银行会面临更大的风险。因此，我国构建一套更加完善的银行退出机制刻不容缓。

首先，有效的银行退出机制能够降低政府以及中央银行的负担。在隐性的存款保险制度下，银行出现问题，国家承担后果；建立存款保险制度之后，银行破产退出产生的费用将由存款保险公司承担，并最终将风险分摊给各个存款性金融机构，这样就降低了政府及中央银行的经济负担。

其次，有效的银行退出机制可以降低存款性金融机构的道德风险。政府不为存款性金融机构的问题买单之后，存款性金融机构势必会居安思危，不再单纯为了盈利或扩大规模去从事高风险的业务，加强自身的风险管理，减少风险暴露。同时，那些高风险、低效率的机构在激烈的竞争中会退出市场，有利于银行业充分竞争环境的形成。

再次，有效的银行退出机制会避免出现储户挤提的情况。在海南发展银行的倒闭案例中，储户的集中挤提是其倒闭的直接原因。储户在得悉自己的存款可能无法得到全额偿付后，便纷纷去银行排队提取存款，应对储户的挤提几乎成了海南发展银行破产前的主要活动。所以，有效的银行退出机制可以增强储户的信心，储户明确知道银行破产后自己会得到多少赔偿，就不会去相信一些关于银行破产的传言，也不会去参与挤提。

最后，有效的银行退出机制才能适应利率市场化的趋势。随着金融改革的不断深化，我国利率市场化也在逐步推进中。2013 年 7 月 20 日起，国家全面放开了金融机构贷款利率管制，而自 2014 年 3 月 1 日起，放开了上海自贸区小额外币存款利率上限，这是我国利率市场化改革极为重要的一步。利率市场化改革会改变我国银行业目前“重准入，轻退出”的局面，因为利率管制放开之后，银行业的竞争加剧，优胜劣汰必然会导致一批银行倒闭，如果没有完善的退出机制来“料理后事”，那么银行业就难以建立起一个良好的市场秩序，所以一个有效的银行退出机制是金融改革深化必不可少的一步。

三、我国银行业退出机制的问题

近十年来，国内外的经济环境发生了巨大的变化，我国银行业的竞争格局也有了很大的转变，银行业总资产和总负债规模迅速增加，分别由 2003 年的 27.66 万亿元和 26.59 万亿元增至 2013 年的 148.05 万亿元和 137.92 万亿元。银行业形成了国有商业银行、政策性银行、城市商业银行、农村商业银行和外资银行良性竞争的局面。随着外资银行的大量进入，银行业的国际化程度不断提高。银行业的业务也由传统业务逐渐扩展到证券、保险、基金等领域。在银行业迅速发展的同时，银行业的退出机制却不够成熟，具体看来，存在以下问题。

（1）法律体系不健全，缺少专门的银行破产法来规范银行的市场退出。虽然在《中国人民银行法》《商业银行法》《金融机构管理规定》《金融机构撤销条例》等法律法规中均涉及银行的退出，但是真正具体规范银行退出的条款却很少。同时，不同的法规对于同一件事的规定存在着互相冲突的部分，这加大了实施的难度。各项法律条文指出的重组、接管等退出模式不够全面，像并购等主动型的退出模式并没有专门规定，在使用并购方式退出的案例中，收购方常常由于缺乏资金支持影响并购的顺利进行。另外，我国法律法规中并未明确规定由哪个机构负责管理问题银行的整个退出过程。问题银行退出时的行政干预太多，缺少市场化的退出途径。我国的银行退出时大多数情况是政府指定一家银行进行托管，由指定的银行负责退出银行的清算。这种政府保底的退出模式已经不适应市场化的发展趋势，在利率市场化的不断推进中，应该有相配套的市场化的退出机制。

（2）银行内部的风险管理不够健全。长期以来，我国银行业实行的是隐性的存款保险制度，一旦银行出事，总会有政府兜底，这无形中加大了银行的道德风险，因为出现问题自己不需要负责，所以银行会从事风险更大的活动。同时，内部的风险预警、风险控制以及出现问题的事后处理机制都不够健全，在利率逐渐市场化、存款保险制度逐步推进的情况下，我国银行业的竞争将更加激烈，所以建立更加全面的风险管理体制势在必行。

（3）隐性的存款保险机制使得银行业发展不均衡，金融资源较多地集中于大银行。截至 2013 年底，全国性大型银行各项存款总计 56.09 万亿元，而中小型银行为 24.62 万亿元，大银行所占比例接近 70%。这是因为在缺乏显性存款保险制度的国家，居民倾向于选择大银行作为存款机构，造成了大型金融组织的畸形繁荣。这些大的银行存在“大而不倒”的道德风险隐患，同时，创新动力不足也是普遍存在的问题。

（4）缺少存款保险制度以及处理倒闭银行的专门机构。目前，国际上很多国家已经设立了显性的存款保险制度。在我国，有关建立存款保险制度的讨论也持续了20余年，2013年“两会”期间，全国政协委员、银监会副主席蔡鄂生再次建议：“应尽快出台金融机构破产条例，建立和规范金融机构的市场退出机制”。近来，酝酿了5年之久的《银行业金融机构破产条例》更名为《商业银行破产条例》，并已上报国务院。从各种消息可以看出，我国的存款保险制度已是箭在弦上。

第四节 建立存款保险制度

一、存款保险制度

所谓存款保险制度，是指为各类存款性金融机构建立一个保险机构，各成员按一定比例向保险机构缴纳保险金，并由此建立存款清偿基金。当投保的存款性金融机构面临支付危机或者濒临破产时，该保险机构向其提供资金援助或者直接对其存款人进行偿付，从而维护存款人的利益，提高金融系统的稳定性。

近年来，国际金融危机频发，特别是20世纪90年代之后经历了几次重大的全球性金融危机，存款保险制度在保护金融系统稳定和安全方面发挥了显著作用，使得越来越多的国家或地区开始着手建立该制度。至今，已有超过110个国家或地区建立了存款保险制度，其中包括主要的发达国家和新兴市场国家。

1. 存款保险制度的分类

存款保险制度根据表现形式，通常可分为隐性存款保险制度和显性存款保险制度。其中，显性存款保险制度是指对存款保险机构的设立以及对投保成员的援助、赔偿细节均做出了明确的规定。中国长期以来实行的是隐性存款保险制度，即未对存款保险制度相关内容进行法律界定，但是银行业已经形成一种约定俗成的制度，即一旦银行出现问题，国家将对储户进行全额偿付。1998年，受亚洲金融危机冲击，不良资产比例大、资本金不足、支付困难、信誉很差的海南发展银行发生了挤兑现象，耗尽了准备金和国家34亿元的救助资金，但依然未能挽回因支付能力严重不足而被国务院和中国人民银行关闭的局面。所有储户在该银行的储蓄存款本金及合法利息，最后由中国人民银行指定中国工商银行支付。

随着我国经济转轨步伐的加快，利率市场化稳步实施，金融业逐渐放开，这种隐性的存款保险制度暴露出许多弊端，如政府出面承担了本应由投资者、债权人、经营者甚至存款人所应承担的全部责任，这不仅增加了财政压力，而且未能体现风险合理分担的市场化原则，加大了存款性金融机构的逆向选择与道德风险，许多银行高级管理人员的非法行为难以得到遏制。所以，我国亟待建立一套责任明晰、风险共担的显性存款保险制度。

2. 存款保险制度建立的原则

根据其他国家的经验，我国在建立存款保险制度时应遵循以下几个原则。

（1）强制性参加，即所有的存款性金融机构都应加入存款保险制度。在我国，像五大行一类的大银行是基本没有破产危险的，所以它们可以不去参加存款保险制度；而一些小的银行因风险管理极不健全，在利率管制放开时岌岌可危，这类银行就会积极参加存款保险制度。逆向选择使得存款保险制度的效果被扭曲，只有强制性的存款保险制度，才能有效地分散风险。

（2）加强信息披露。在存款保险制度建立之后，存款保险机构需要了解参保机构的风险管理状况，以便根据风险调整参保机构的保险费率，同时能及时治理一些暴露出来的问题，避免风险的进一步扩散。储户也要了解参保机构的各种信息，这样可以改善储户"用脚投票"的情况，根据评估做出把钱存到哪家机构的决定。

（3）有一定的存款赔付上限。如果对储户的存款提供全额保护，那么无异于是目前的隐性存款保险制度，只有设置一定的赔付上限，改变储户完全不考虑银行是否会破产的现状，风险共担，储户会更关注银行的经营状况，银行也会提高自身的风险管理水平，以吸引更多储户。

（4）事后高效处置原则。参考我国之前的银行破产案例，我国银行破产需要经过多项法律程序，用时长，这不仅增加了监管当局的处置成本，而且会影响储户对监管当局处置能力的信心。

（5）让公众了解的原则。在隐性的存款保险制度下，有国家为银行保底，储户无须担心自己的存款随着银行的破产而减少，但是在建立了存款保险制度之后，储户可能会因为银行的经营不善而失掉部分存款。所以，在建立存款保险制度之前，首要的任务是向公众普及存款保险制度相关的信息，让储户对银行破产以及存款保险制度有一个全面的认识，在银行破产时能做到不参与挤提，并配合存款保险机构进行事后处置。

二、我国存款保险制度具体设置建议

1. 建立风险最小化型的存款保险制度

存款保险制度的职能决定了存款保险机构在金融安全网中权力的大小，也决定了其在处理银行危机时采取何种措施。世界各国存款保险制度的职能设置不尽相同，大体上可以分为以下四类。

（1）付款箱型。如字面意思，这一类存款保险制度赋予了存款保险机构最简单的职能，就是向存款性金融机构收取保费之后，仅在成员遭遇危机时，对其存款人进行偿付。在这种设置下，存款保险机构的权力最小。英国（金融危机前）、澳大利亚都采取这种类型的存款保险制度。

（2）强付款箱型。除了对承保机构的存款人进行偿付之外，还适度参与风险处置，包括向高风险的银行提供流动性支持，为银行重组提供融资等。

（3）损失最小化型。存款保险机构积极参与倒闭机构的处置，运用多种风险处置工具和机制，实现处置成本最小化。典型国家有日本、法国、俄罗斯和加拿大等。

（4）风险最小化型。其职能设置目的是将存款保险机构自身所面临的损失风险降至最低，存款保险机构的权力比其他三类都要大，具有广泛的风险控制职能、完善的风险处置职能以及一定的审慎监管权。美国、韩国以及我国台湾地区都采用此种存款保险制度。

前两种存款保险制度被称为狭义的存款保险制度，后两种存款保险制度被称为广义存款保险制度。目前，新加坡、荷兰等国主要采取付款箱型以及强付款箱型，而美国和日本等国主要采取损失最小化型和风险最小化型。在 2008 年金融危机之后，各国出于维护本国金融稳定的目的，存款保险机构的职能有所拓宽，其在风险处置中的地位有所提升。

目前，我国金融行业立法不够完善，特别是在银行出现危机的时候缺乏一套法律来指引问题银行的处置，所以存款保险制度的建立，不仅能保护存款人的利益，也是完善银行退出机制的必然要求。我国当前处于市场经济的发展阶段，政府融资平台、民间融资、影子银行以及特定行业的风险初步显现，不稳定因素相对较多。如果我国采用狭义的存款保险制度，仅关注问题银行的事后处置，则无法维护金融业的稳定。因此，建议我国采取广义的风险最小化型存款保险制度，存款保险机构在承担风险处置职能的同时，还被赋予了监管存款性金融机构的重任。为了保证其职能实施的有效性，存款保险机构还应独立设置，其主要职责是对金融机构进行风险检查与风险评估，并制定问题银行的处置方案。存款保险制度与审慎监管、最后贷款人一起构筑了国家金融安全网络，维护我国金融体系的稳健发展。

2. 覆盖目的：保护大多数中小储户的利益

存款保险制度的覆盖范围可以从三个层次进行划分：地理层次、机构类别层次以及存款账户类别层次。

（1）地理层次。通过地理层次来确定存款保险制度的覆盖范围又有两种不同的原则：属地原则和属国原则。大多数国家按照属地原则来确定覆盖范围，即在本国境内所有吸收存款的金融机构，包括外国金融机构的分支机构以及附属机构，都要参与本国的存款保险，但是不包括本国存款性机构在海外的分支机构。属国原则则是要求本国的存款性金融机构及其在海外的分支机构都要参与本国的存款保险制度，但不包括本国境内外国金融机构的分支机构。日本就是按照属国原则来进行划分的。

（2）机构类别层次。机构类别的划分主要区别在于非银行类存款机构的覆盖范围，这取决于一国的监管目标和监管体系。如果其存款保险制度的目标是维护整个国家金融体系的稳定，那么对非银行类存款机构的覆盖范围就会更广。另外，一国金融业监管体系的不同也会影响覆盖范围的确定，如果保险业、证券业以及银行业分别受不同的机构监管，不同行业的指标设置不同，那么存款保险制度的覆盖范围就会仅限于银行。

（3）存款账户类别层次。存款保险制度所保障的账户主要是储蓄存款账户和支票账户，很多国家把大额存款人（如大额定期存单）排除在存款保险体系覆盖范围以外，因为国家提供存款保险的主要目的是保护大多数居民的利益，而大额的存款人常被认为有能力获取银行信息或者有足够的能力保护自己。此类划分方法的主要区别就是企业存款、同业存款、政府机构的存款、银行官员的存款等存款账户的覆盖与否。

对我国存款保险制度的覆盖范围，有以下三点建议。

首先，我国适宜采用属地原则，因为我国市场经济还没有充分发展，如果采用属国原则，那么难以确保本国经济不受外国金融机构不稳定性的影响，而且属地原则可以降低我国金融机构在其他国家分支机构的经营成本。

其次，我国金融业采取分业监管模式，分别设有银监会、证监会与保监会三大监管机构，非银行金融机构如保险公司、证券公司、财务公司、金融租赁公司、消费金融公司等接受不同的机构监管，有不同的指标要求。所以将这些非银行金融机构都纳入存款保险体系的条件还不成熟，建议我国在存款保险制度建立时仅仅包括存款类金融机构（商业银行、邮政储蓄银行、农村合作金融机构、村镇银行、外资银行等）。

最后，在各类存款中，我国的储蓄存款占比最高，应纳入存款保险范围，同时建议企业存款也参与存款保险。因为我国的企业存款所占比例很大，企业存款得不到保护的话，在危机时会影响整个金融体系的稳定。同时，为了降低可能获得内幕消息而引发的道德风险，同业存款、政府机构存款、银行官员的存款等存款账户不应参与存款保险。

3. 关于赔付限额的讨论

存款赔付额度即在银行破产时，储户仅能获得在此额度之内的赔付，超过这一额度的存款，存款保险公司不予赔付。设定存款赔付限额的目的是在保护大多数中小投资者的同时，激励大额储户对银行活动进行监督。国际上有两种方法来设定存款保险赔付限额。

（1）按照人均 GDP 的倍数来确定。关于倍数的选择，不同国家有不同的标准。其中，欧洲国家最低，为人均 GDP 的 1.6 倍；非洲国家最高，为人均 GDP 的 6.2 倍；亚洲、中东和西半球国家及地区居中，分别为人均 GDP 的 4.0 倍、2.4 倍和 2.2 倍。中国 2012 年人均 GDP 为 38354 元，如果按照人均 GDP 的一般倍数 2 ~4 倍来计算，赔付限额约为 8 万 ~15 万元，参考我国较高的储蓄率，这样的数额略低，不足以保护大多数存款人的利益。建议可以选取较高的 6 作为倍数，以配合我国金融市场发展不成熟以及高储蓄率的国情，此时，赔付限额大约为 23 万元。

（2）使 90% 以上的存款人得到全额偿付。对于近来“个人存款在 100 万元以下全额赔付，其余（包括企业）按一定比例赔付”的猜测，本书认为这是有可能的，因为存款额在 100 万元以下的存款总额占全部存款的 90% 以上，所以以 100 万元为赔付的上限的话，能够为大部分储户提供保障。

4. 保险基金的运营

存款保险基金是存款保险机构持续经营的基础，在投保成员破产时，可对储户进行及时赔付，以防止危机扩散。

（1）存款保险基金的来源。一般来说，存款保险基金有以下几个来源：①收取的存款保险费用。这是存款保险基金的最主要来源，参保机构按照一定的比例向存款保险机构缴纳保费。②初始资本。存款保险机构初始资本一般由政府拨款、中国人民银行认购和参保机构认购组成[①]。其中，政府拨款是初始资本的主要资金来源，目的是保留对存款保险机构的主导权，同时可以加强储户对存款保险公司的信心。③中国人民银行贷款以及发放特别金融债券。④存款保险基金的投资收益、处置破产机构的收入等也是存款保险基金的组成部分。

（2）保费的筹集方式。国际上保费的筹集有三种方式：事前累积制、事后分摊费用制以及二者相结合的混合形式。事后分摊费用制的优点是减轻参保机构的资金压力，并且节省了参保机构所缴纳保费的机会成本，但是有无法及时获取足够资金以缓解危机和给参保机构造成短期资金压力的缺陷。大多数国家采取的是事前累积制，也有国家像加拿大采取的是二者结合的混合形式。建议我国先采取事前累积制的筹集方式，这样一方面能够在危机时给问题机构提供及时的救助，另一方面可以给存款保险机构奠定一定的资金基础，便于其自身的设施建设；在存款保险机构运行稳定之后，再加入事后分摊费用制，以弥补发生危机时存款保险机构资金的不足。二者结合的形式，可以充分利用这两种形式各自的优点，提高存款保险机构运行的稳健性。

（3）存款保险基金规模的控制。存款保险基金规模的选择很重要，规模太小则无法有效缓解危机，规模太大则会加重参保机构的负担。国际上确定存款保险基金规模一般有两种方法：一是参保机构按照一个不变的保险费率缴纳保费，基金规模的大小不会引起保险费率的调整；二是设立一个基金占受保存款总额的目标比值，一旦基金规模超过这个目标值，就会引起基金费率的下调，反之上调。大部分国家采取后一种方法，但是基金占受保存款总额的目标比值的选取则差别很大，比值较大的乌克兰达到10%，而一般的国家设定为低于1%，如香港地区的目标值设定为0.2%。建议我国采取第二种确定存款保险基

---

① http：//www.financialnews.com.cn/yw/gd/201308/t20130805_ 38278.html。

金规模的方法，因为前一种方法在前期会因为费率太低而无法迅速筹集足够的资金来缓解危机，而在达到足够的额度之后再继续积累基金会降低超过部分的收益（由于基金的投资对象一般为风险较低的短期债券，所以其收益会低于发放贷款的收益）。

（4）保险基金的管理运营。存款保险基金的管理运营目的是在保证其低风险高流动性的前提下获取尽可能大的收益。其投资方向的确定上，本书参考了我国保监会关于保险基金投资方向的相关规定等，对存款保险基金的运营有以下建议。

其一，存款保险基金的投资范围限于国债、银行存款、银行间隔夜拆借市场、回购市场和其他具有良好流动性的金融工具，包括上市流通的证券投资基金、股票、信用等级较高的企业债、金融债等有价证券。其中，银行存款和国债投资的比例不得低于50%，银行存款的比例不得低于15%，企业债、金融债投资的比例不得高于10%，证券投资基金、股票投资的比例不得高于30%。

其二，存款保险基金不得投资不符合国家产业政策、不具有稳定现金流回报预期或者资产增值价值，高污染、高耗能、未达到国家节能和环保标准、技术附加值较低等的企业股权。不得投资创业、风险投资基金。不得投资设立或者参股投资机构。

建议我国的存款保险基金投资一些经济稳健、信用风险较小的国家的政府债券或者是该国信用评级高的企业债券。但是，不建议投资那些流动性差的金融工具或者是长期持有金融工具（具体如表10.2）。

表10.2　　存款保险基金的投资范围

	具体的投资范围
建议投资	国债（占比最大）、银行存款、银行间隔夜拆借市场、回购市场、上市流通的证券投资基金、股票、信用等级较高的企业债、金融债，以及经济稳健、信用风险较小的国家的政府债券或者是该国信用评级高的企业债券等（其中，国债＋银行存款≥50%，银行存款≥15%，企业债＋金融债≤10%，证券投资基金＋股票≤30%）
不建议投资	风险较高的公司的股票、债券，不符合国家产业政策、不具有稳定现金流回报预期或者资产增值价值，高污染、高耗能、未达到国家节能和环保标准、技术附加值较低等的企业股权，风险投资基金，流动性差的金融工具

5. 保险费率的定价

存款保险费率的定价，主要有三种思路：一是以 Merton 的期权定价模型为基础，把存款保险看作参保机构的看跌期权，利用 BS 期权定价公式计算保险费率；二是以期望损失定价模型为基础，通过估计损失的期望值来计算保险基金的损失以及保险费率；三是 Duan 于 1995 年提出的 GARCH 期权定价模型，运用均衡定价原理通过引入一般化的风险中性定价关系或者称为局部风险中性定价关系，给出了系统的 GARCH 期权定价理论。在这三种定价方式中，目前最常用的是基于 Merton 的期权定价模型，多位学者对 Merton 模型进行了改进。例如，Ronn & Verma 在其基础上考虑了监管宽容，通过上市银行的股价波动来估计其资产的波动性，进而估计资产的市场价值，在此基础上估算保险费率。

（1） Merton 的期权定价模型①。

理论基础：Merton 认为，存款保险机构对银行债务进行担保，类似于向银行发行了一份看跌期权，它给予银行在其资不抵债的时候向其提供资金援助的权力，而银行向其缴纳的保费类似于期权费，到期不行使期权的最大损失为保费。

模型假设：

假设一，银行负债等于存款，且存款的本金利息全部被保险。

假设二，距离存款到期的时间 T 等于距离下一年度审查这一银行的时间间隔。

假设三，银行资产价值服从几何布朗运动。

$$\text{dln } V_t = \mu dt + \sigma dz$$

其中，V 是投保银行资产价值，μ 为资产的瞬态期望收益，σ 为资产收益的瞬态期望标准差，z 为遵循标准维纳过程。

根据 BS 期权定价公式得到的保费为：

$$G(T) = Be^{-rT}\varphi(x_2) - v\varphi(x_1) \tag{1}$$

其中，

$$x_1 = \frac{\ln(\frac{B}{V}) - (r + \frac{\sigma^2}{2})T}{\sigma\sqrt{T}}, x_2 = x_1 + \sigma\sqrt{T}$$

① 姜兴坤、孙健、宋玉：“引入所得税的 Merton 模型存款保险定价研究”，载于《统计与信息论坛》2013 年第 3 期，第 22 ~ 27 页。

式（1）中，G（T）为存款保险的保费；B为合约到期时存款机构负债，根据假设，也等于到期时银行的存款额；V为公司资产现值；r为以连续复利记的无风险利率；T为存款保险合同的期限；σ为资产价值的波动率；$\varphi(x_2)$ 为标准正态分布函数。

假设被保险的存款D是无风险的，则其现值为：

$$D = Be^{-rT} \tag{2}$$

用g表示保险费率，则g＝G（T）/D。根据式（1）和（2）可将g表示成：

$$g(d,\tau) = \varphi(h_2) - \frac{1}{d}\varphi(h_1) \tag{3}$$

其中，$h_1 = \frac{\ln(d) - \sigma^2/2}{\sigma\sqrt{T}}$；$h_2 = h_1 + \sigma\sqrt{T}$；d＝D/V，表示参保存款机构存款与总资产的比率；$\tau = \sigma^2 T$，表示投保期间存款机构资产报酬率的方差。

（2）引入保险基金投资收益的Merton模型。

存款保险机构以收取的保费建立保险基金，用于发生危机的参保机构的处置以及存款保险机构的持续运营。保险基金被用来投资从而获取一定的收益。本书在Merton期权定价模型的基础上做一定的改进，引入存款保险公司运营保险基金的收益率。对于参保机构，保险基金投资带来的收益可以减少其需要缴纳的保费，所以，考虑了保险基金收益率之后，参保机构缴纳的保费为G（T）×（$1 - r_i$）。

综上，参保机构缴纳的保费为：

$$F(T) = G(T) \times (1 - r_i) = [Be^{-rT}\varphi(x_2) - V\varphi(x_1)](1 - r_i) \tag{4}$$

其中，$x_1 = \frac{\ln(\frac{B}{V}) - (r + \sigma^2/2)T}{\sigma\sqrt{T}}$，$x_2 = x_1 + \sigma\sqrt{T}$

式（4）中，F（T）为引入保险基金收益率的存款保险保费，其他变量与式（1）中的意义相同，保险费率计算公式为：

$$g' = F(T)/D \tag{5}$$

D为参保银行存款现值。

（3）拓展的Merton存款保险模型费率测算。

①样本的选取。笔者赞同大多数研究的看法，即中国应实行差别费率，不

同类型的参保机构对应着不同的保险费率，这样能够减轻逆向选择和道德风险，而且更加公平。本书在测算保险费率时，考虑数据的获得，选择在A股上市的股份制商业银行为样本，包括国有五大行——中国工商银行（6601398）、中国建设银行（601939）、中国银行（601988）、中国农业银行（601288）、交通银行（601328），以及五家在A股上市的股份制商业银行——浦发银行（600000）、光大银行（601818）、兴业银行（601166）、民生银行（600016）、中国银行（601988）。

②变量的选取：

- 存款保险机构赔偿金额B，存款利率参考2012年金融机构1年期定期存款基准利率3%，即在保险合约到期日，若银行执行“期权”，存款保险机构需要支付的赔偿金为：按照3%利率计息的存款本金加利息，即为式（4）中的B；
- 参保存款性金融机构存款现值D，参考前边的叙述，可知D针对的是本币存款，包括个人存款以及企业存款，故选取客户存款这一指标作为参保机构存款额，即为式（5）中参保机构存款现值D；
- 存款保险期限T，假设存款保险期限为1年；
- 银行资产现值V，选用2012年会计年末各银行总资产；
- 以连续复利记的无风险利率r，一般情况下，选取相应期限的国债利率作为无风险利率，本文选取2012年一年期记账式国债的年利率2.94%为无风险利率；
- 保险基金投资收益率r_i，建议保险基金应投资于风险较小的国库券，那么同样选取相应期限的国债利率作为保险基金投资收益率，由上可得，$r_i = 2.94\%$。

以上参保机构存款总额、银行总资产V的数据均来源于各样本银行2012年度报告。

③资产价值波动率σ的计算。资产价值波动率表示的是银行风险的大小，其数值的准确性对保险费率的估算至关重要。而银行总资产的日数据较难获得，而使用季数据的话，由于数据数量太少，估算得到的波动率并不准确，参考了多种求资产波动率的方法，笔者采用2012年3月5日至12月31日的个股总市值来估算各银行总市值波动率，各银行2012年的每日股价、股本、总市值数据

均来源于 wind 数据库。具体步骤如下：

- 对每日总市值做 2 日移动平均数平滑，减小偶然因素对股价的影响，选用平滑后的总市值来计算波动率。其中，用 m_{ij} 表示第 i 个银行第 j 个交易日的平滑后总市值（其中 i = 1，2，3，…，n，j = 1，2，3，…，n，n 为 2012 年 3 月 5 日到 12 月 31 日的每个股票交易日）。
- 用 m_{ij} 来求总市值的增长率，定义为 u_{ij}，其中，$u_{ij} = 1n\frac{m_{ij}}{m_{ij-1}}$；
- 对 u_{ij} 求平均值，用 $\overline{m}_i$ 表示；
- $\sigma_{i,p} = \sqrt{\frac{\sum(u_{ij} - u_i)^2}{n-3}}$ 即为总市值的日波动率（由于之前采用了 2 日移动平均数平滑，所以这里自由度为 n ~ 3）；
- $\sigma_i = \sigma_{i,p} \times \sqrt{365}$ 表示第 i 个银行的总资产年波动率（假设 1 年有 365 天）。

④拓展的 Merton 存款保险模型保险费率计算结果。根据以上的变量假设及数据搜集，带入公式（4）、（5），能够得到引入保险基金收益率之后的存款保险费率 g，结果如表 10. 3。

表 10. 3　　引入保险基金收益率之后的存款保险费率　　单位：百万元

银行名称	存款现值 D	银行总资产 V	保险赔偿金 B	总资产波动率 σ	保险费率估算值 g
北京银行	714188. 03	1119969	735185. 16	25. 2%	0. 4489%
中国工商银行	13650861. 96	17542217	14052197. 3	11. 8%	0. 0773%
光大银行	1427772. 71	2279295	1469749. 23	14. 7%	0. 0035%
中国建设银行	11349690. 47	13972828	11683371. 37	13. 8%	0. 4251%
兴业银行	1814322. 89	3250975	1867663. 98	19. 7%	0. 0111%
浦发银行	2135609. 04	3145707	2198395. 95	18. 4%	0. 1370%
民生银行	1927316. 71	3212001	1983979. 82	21. 0%	0. 0642%
中国农业银行	10869266. 61	13244342	11188823. 05	11. 2%	0. 1852%
中国银行	9179342. 19	12680615	9449214. 85	10. 9%	0. 0053%
交通银行	3730585. 16	5273379	3840264. 36	20. 8%	0. 4746%

从图 10. 1 保险费率估算值与总资产波动率，我们可以看出，保险费率基本上与总资产波动率呈同向变动，即银行的风险极大程度上影响保险费率的确定。

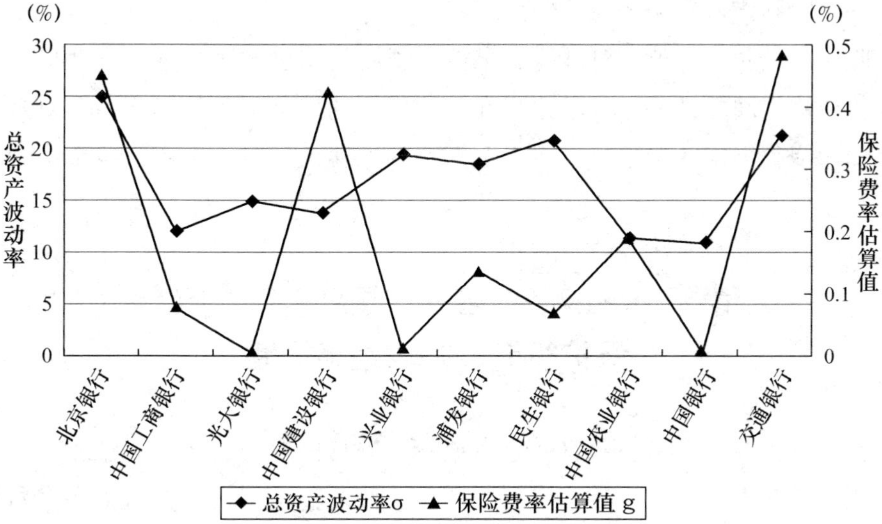

图 10.1 保险费率估算值与总资产波动率

6. 风险最小化的必要措施：早期纠正

由于在职能设计部分建议我国选取风险最小化型存款保险制度，因此为了达到控制风险的目的，对于出现问题的参保机构的早期纠正是必不可少的。早期纠正就是对于出现问题的机构进行及时的救助，避免风险的进一步扩散。早期纠正涉及两方面的问题，首先是如何断定一个机构需要进行早期纠正，其次就是进行早期纠正的工具选择。

（1）问题机构需要进行早期纠正的标准。通过监管机构对于参保机构的现场检查和非现场检查，发现参保机构的最低资本要求、资本充足率、一级资本充足率、逆周期资本要求、储备资本要求等已经低于最低标准，或者发现参保机构从事的一些表外业务风险较大，会引起严重的后果，还可能是参保机构的内部防火墙设置不够完善，出现的操作风险会对机构产生较大影响等，存款保险机构根据对参保机构的持续监督，及时进行早期纠正，可以避免问题的传染并且能够降低处置问题机构的费用。

（2）早期纠正的工具选择。进行早期纠正需要结合参保机构的具体问题来选择方案，可以向出现流动性困难的机构注入资金，剥离问题机构的不良资产。对于机构内部控制出现问题的情况，可以向问题机构派驻专业人员，帮助其进行风险处置。如果是参保机构从事风险较大的业务，可以暂停该业务的继续运营，同时限制该机构从事风险较大的业务。

除了以上两点之外，对进行了早期纠正的问题机构进行惩罚，会更加有利于参保机构之间的公平。本书建议在问题机构的风险得到控制之后，对其在一段时间内征收一定的费用，作为出现问题的惩罚，同时该费用应该全部纳入存款保险基金。

第五节　破产处置——建立银行业破产保护机制、并购重组机制

银行的主要业务是吸收存款、发放贷款，与一般公司相比，银行有众多的债权人与债务人，在破产时不仅要维持金融业的稳定，而且要保护大多数储户的利益，这种特殊性决定了其在破产处置时也应不同于一般公司。目前，我国缺少一部专门针对银行破产的法律，虽然关于银行破产的处置在《公司法》和《商业银行法》里都有所提及，例如，我国的《商业银行法》中指出："商业银行不能支付到期债务，经国务院银行业监督管理机构同意，由人民法院依法宣告其破产。商业银行破产清算时，在支付清算费用、所欠职工工资和劳动保险费用后，应当优先支付个人储蓄存款的本金和利息。"① 但是，却没有说明商业银行在破产时没有能力支付储蓄存款的应对措施。而在美国，规制一般债务人进行破产处置的法律主要是《美国破产法》，存款性金融机构由于具有极强的公共性以及外部性，被排除在破产法典之外，适用的是完全特殊的法规。我国银行业市场一直是"重准入，轻退出"的状态，随着利率市场化的不断推进以及对商业银行准入的逐渐放松，必须要有一套完备的银行退出法案相配合，才能保证我国银行业在市场化进程中保持稳定。

在拟定我国银行的破产处置方案时，由于美国银行破产处置方式发展成熟、处置效率高，本书主要参考了美国的做法。美国银行一旦宣告破产，联邦存款保险公司（Federal Deposit Insurance Corporation，FDIC）往往成为破产机构的指定接管人，它将履行一般破产法中破产受托人的职责，包括承继破产银行的所有权利，并收回属于破产银行的资产和债权。

---

① 《中华人民共和国商业银行法》第70条。

同时，FDIC 将审查每项权利请求是否真实，然后确定处置方案。处置方式主要有购买及债务承担（purchase and assumption）和清算（liquidation）两种。购买及债务承担是由另外一家银行来购买破产银行的资产，包括其客户关系和商誉，并且承担破产银行的部分或者全部债务。在这个处置过程中，FDIC 有权将破产银行与其他银行进行合并，而且无需得到法院、监管当局的同意，即可转让破产银行的资产以及负债。在找不到合适的兼并方或者没有机构愿意购买破产银行的时候，FDIC 还可以组建一个“过渡银行”来接管破产银行的债权债务。在实践中，购买及债务承担是较常使用的处置方式，但是如果破产机构有大量的或有负债或者存在欺诈等，会使得第一种处置方式难以实现，此时就需要对破产银行进行破产清算。为了保护自己及其他债权人的利益，FDIC 将通过各种方式确定、回收资产，然后按照偿付顺序来偿还债务。在此期间，除非是基于理事会主席的请求，法院无权限制或影响 FDIC 的行动，这减少了破产处置过程中的行政干预，提高了破产处置的效率。

我国应采取以下几种银行破产处置方式。

1. 救济式兼并（并购重组）

救济式兼并即在参保机构无法持续经营时，寻求其他有实力的存款性机构对问题机构实施兼并，存款保险机构在兼并过程中提供资金以及技术支持，在此过程中应当确保存款保险机构不受监管机构或者是司法机构等的行政干预，以提高处置效率。兼并机构接管问题机构的业务，并就双方的业务进行整合，进而使问题机构储户的存款得到全额保护。

相较于其他破产处置方式，救济式兼并是效率较高的一种途径，它不会使储户的利益受损，且用时较短，费用相对较低。我国在破产处置时可多做参考。

2. 清算及业务转让

问题机构如果无法找到其他的方式进行救助，最终只能进入破产清算程序。破产清算中存款保险机构应以处置成本最小化为原则，首先成立专门的破产清算组，拟定详细的破产清算方案，对进入破产清算的机构的各种资产、债务进行核实登记，并且核对其所有的储蓄存款，然后处理破产机构的各项资产，按照清偿顺序对债权人进行清偿。我国《商业银行法》（2003 年修订）第 71 条第 2 款规定：“商业银行破产清算时，在支付清算费用、所欠职工工资和劳动保险费用后，应当优先支付个人储蓄存款的本金和利息。”如果清算所得总资产不足以偿还储户存款，存款保险公司需要就不足额部分对储户进行清偿。为了减轻存款性机构破产的系统性风险，建议在进入破产清算程序之后，将破产机构的业务转让给其他机构。

3. 注入资金

如果问题机构的破产主要是由于流动性不足引起的，存款保险公司还可以向其注入资金。此时注入资金相当于存款保险人履行最后贷款人的责任，注入的资金是问题机构向存款保险机构的贷款，在该机构能正常运营之后需进行偿还。

4. 新设接盘银行（bridge bank）

如果问题机构的规模较大，拥有大量储户及员工，而进入破产清算程序用时长、费用大，而且会增加失业人口，引起社会的动荡，但是，却又无法找到其他机构可以兼并问题机构。此时，建议新设一个接盘银行，对问题机构进行改革重组，并进行业务转让，保留问题机构的大部分员工，同时替换原问题机构的管理层。

第六节　补充机制——建立清偿基金

存款保险制度对一国银行业的作用虽利大于弊，但它并不是没有缺点的。首先，存款保险制度的覆盖范围有限，例如银行的理财产品、本国金融机构在国外的分支机构、政府机构存款等都不在本书建议的存款保险覆盖范围内；其次，积累的存款保险基金在处理问题银行时不一定充足，可能由于保险费率不够高，使得银行业破产蔓延的时候无法有效的制止危机。因此，仅有存款保险制度仍无法完全覆盖银行业的风险敞口，故建议我国建立一个清偿基金用作处理存款保险基金无法覆盖的风险敞口。例如银行发行的理财产品，因为现在通过发行理财产品来揽储已经成为银行的重要手段，银行理财产品风险低、收益稳定的特点使得储户愿意把部分存款拿出来投资，在银行破产时，这部分投资于理财产品的资金也应得到一定的赔付。

为了对清偿基金进行很好的管理，可以建立一个银行业清偿基金协会，对国内的银行按一定频率征收统一的会费作为基金。基金的具体运作可以参照存款保险的投资方向，投资于风险低且流动性高的金融工具。在会员银行出现危机的时候，可以对存款保险基金无法覆盖的损失进行一定比例的赔偿，以降低银行危机的影响。

就目前我国银行业的发展状况来看，只对储户的存款进行赔偿显然不能充分控制风险，建立清偿基金是很有必要的。

第十一章

银行创新业务监管与配套改革

随着金融脱媒加剧，互联网金融的崛起，中国银行业所面临的市场环境越来越复杂和困难，银行在应对金融脱媒时需要有创新型的补充资本工具以及资产证券化产品作为金融工具。互联网金融的兴起对银行造成了较大的冲击，加速了利率市场化的进程，倒逼银行改善资产负债质量和服务水平。本章前两节讲述银行在面对金融脱媒与互联网金融挑战时的应对方法以及相应的监管手段，第三节阐述了监管机构在千变万化的市场环境中如何通过建立监管人员外聘机制，提升信息科技监管手段来适应市场的变化。

第一节　衍生品创新业务监管

一、补充资本工具创新

企业的资本通常有两个作用，一是为企业发展提供资金支持，二是让渡企业所有权。而银行资本与普通非金融企业相比更为重要，英格兰银行将银行资本的作用分成四类：一是缓冲损失，二是给予存款者信心，三是提供无成本融资，四是强化银行治理。银行资本的重中之重便是缓冲损失功能。

银行发行的资本工具是主要的银行资本来源，合格的资本工具应该满足三个条件：第一，次级性，即其清偿顺序在存款人之后；第二，忍耐性，即出现外部冲击时，资本不会被赎回；第三，可靠性，即资本能够降低银行的道德风险。

在后金融危机时代，随着全球经济的复苏、《巴塞尔协议Ⅲ》的推出以及国内经济转轨期的特殊情况，国内银行以往单一的资本工具模式已经行不通了，国际国内环境迫切需要银行创新资本工具。

1. 资本工具创新迫在眉睫

由于国际银行业规则的变化，以及国内经济形势等多方原因，国内银行资本工具急需创新。以下分两方面来阐述这一问题。

（1）制度因素。

2008 年席卷全球的金融危机，不仅让诸多中小银行面临灭顶之灾，同时也毁灭了那些资本充足率较高、看似安全的“大的不能倒”的大银行。究其原因，过度创新的资本结构是重要因素，经过华尔街金融大鳄设计的复杂资本工具本是用来对冲风险、提高金融效率的工具，却逐渐被用来作为谋取暴利的金融炸弹，这些资本工具不仅剥离了风险与收益的关系，同时严重削弱了其吸收损失的能力，并将这种漏洞隐藏在其复杂的结构背后。我国监管机构在应对金融创新方面，一直保持审慎态度，在保证不出现系统性风险因素的前提下，允许有限创新，对于过度创新问题一直是防范有加。

国际上，针对这种过度创新导致的问题，2010 年 12 月巴塞尔委员会发布了《巴塞尔协议Ⅲ》，确立了资本质量与资本数量同等重要的观念。具体来讲，它将资本分为核心一级资本、其他一级资本、二级资本三类。核心一级资本主要包括普通股及留存收益，核心一级资本充足率标准由之前的 2% 提高到了 4.5%，一级资本充足率由 4% 提高到了 6%，包括二级资本在内的附属资本维持 8% 水平，同时银行需要维持 0 ~ 2.5% 的逆周期缓冲资本。

我国自 2004 年开始引入巴塞尔协议监管框架，由此建立了较为全面的以资本充足率为核心的监管体系。金融危机后，银监会更是在巴塞尔协议的基础上提高了资本充足率要求。据 2010 年的数据显示，我国的大中型银行资本充足率均超过 10%，核心资本充足率均大于 8%，远超《巴塞尔协议Ⅲ》的要求。并且，由于股份制银行的权益多数为普通股，更有着极强的吸收损失能力，短期看，《巴塞尔协议Ⅲ》对我国银行监管体系的影响不大。但是，长期来看，会对我国银行监管体系及银行业发展带来较大影响。

第一，我国法制体系不够健全，《巴塞尔协议Ⅲ》所要求实行的资本工具在我国尚无法可依；第二，由于我国企业以间接融资为主，伴随着经济发展，我国未来每年信贷增长规模将会维持在10% ~20%的水平，由此带来的资本需求量远远高于国外资本市场发达的国家。

（2）国内环境因素。

与国外银行过度创新不同的是，国内银行的融资渠道过度依赖外源性融资，一级核心资本大多是普通股，且多数银行的一级资本全部是核心一级资本。但是，目前A股市场中上市银行所占市值已经接近全部A股市值的30%，其中包括了8000亿元市值的中国工商银行与4000亿元市值的中国银行。股市已经连续6年表现平平，目前处于历史底部，此时再通过股市融资势必会影响市场运行。同时，受宏观因素、金融脱媒以及实体经济运行不利等影响，银行利息收入连年下降，据统计，A股上市银行2011年净利息收入增长率为24.26%，2012年为16.34%，2013年下降为12.64%。

在融资受阻的同时，银行面临的更大压力是未来不断扩张的信贷规模。虽然央行有意控制信贷规模增长，但是为了维持7.5%的GDP增长，银行还是需要保持每年10% ~20%的信贷规模增长率。

根据资本充足率公式：资本充足率 = （资本 - 资本扣除项）/［风险加权资产 + （操作风险资本 + 市场风险资本） ×12.5］，分子的减少倾向与分母的增加将给银行带来资本充足率危机，《巴塞尔协议Ⅲ》的监管框架更是严格控制了资本质量，可谓“雪上加霜”，多数银行未来将会面临较大的资本补充压力。

例如，据统计，2013年一季度中国商业银行的资本充足率为12.28%，核心资本充足率为8.78%。假定商业银行未来资产负债规模扩张速度放缓，年增长率为20%，加权风险资产增长率相同，商业银行每年不良贷款利率反弹50BP ~100BP，商业银行未来每年净利润增速放缓至10%，分红比例下降至35%，则我们可以得出如下数据，见表11.1。

由表11.1可见，到2017年，中国银行业的资本缺口有可能达到1万亿 ~2.5万亿元的规模。因此，中国银行业迫切需要新的资本补充渠道。创新补充资本工具，刻不容缓。

2. 监管政策鼓励创新

（1）《商业银行资本管理办法（试行）》（以下简称《资本办法》）。

2012年6月8日，银监会发布了《资本办法》，引入了《巴塞尔协议Ⅲ》

表 11.1　　　　中国商业银行资本预测

指　标	2013 年	2014 年	2015 年	2016 年	2017 年
核心资本充足率	10.38%	10.06%	9.68%	9.26%	8.8%
总资本充足率	12.80%	12.26%	11.75%	11.26%	10.79%
核心资本缺口（9.5%）	(6132)	(4713)	(1823)	2951	10117
总资本缺口（11.5%）	(9080)	(6419)	(2554)	2857	10238
核心资本缺口（10.5%）	866	3684	8253	15042	24626
总资本缺口（12.5%）	(2083)	1978	7522	14948	24747

资本来源：谢婷、钟伟，“银行创新资本工具：国际经验及中国实践”，载于《金融管理》2013 年第 11 期。

的监管框架，将监管资本改为核心一级资本、其他一级资本、二级资本，系统重要性银行核心一级、一级、二级资本充足率最低标准分别为 8.5%、9.5%、11.5%。更重要的是，2013 年以后发行的不合格二级资本将不被计入监管资本，2013 年以前发行的不合格二级资本每年递减 10% 计入监管资本，10 年后不再计入。

何为合格的资本工具呢？《资本办法》给出了如下定义：对于核心一级资本，要求清偿顺序排在最后，本金永久性，不可赎回；对于其他一级资本，要求清偿顺序在存款人、一般债权人和银行次级债之后，本金永久性，无赎回奖励，发行 5 年后方可赎回，必须带有一定触发条件下的转股或减记条款；对于二级资本，要求清偿顺序在存款人和一般债权人之后，期限不得低于 5 年，5 年后方可赎回，除非破产清算，否则投资者无权要求加速偿还。

虽然《资本办法》给出了合格工具的定义，却并没有指定任何投资工具，这就给资本工具都的创新提供了想象空间。因此，只要经过监管机构认可的资本工具，都可计入监管资本。在系统性重要银行的 11.5% 最低资本充足率中，由于 8.5% 的核心一级资本要求较为严格，暂时只能由普通股及留存收益构成，发挥空间不大，但是 1% 的其他一级资本和 2.5% 的二级资本则可以通过创新资本工具进行补充。

但是，《资本办法》也有其缺陷，由于我国尚无相关法律条文支撑转股条款的债券发行，银行往年发行的次级债都不符合《资本办法》提供的标准，而国内也尚无发行符合《资本办法》条件的债券的先例，这就导致《资本办法》

试行后银行的核心一级资本与一级资本没有区别。

（2）《关于商业银行资本工具创新的指导意见》（以下简称《指导意见》）。

2012 年 12 月，银监会在《资本办法》的基础上，再次发布了《指导意见》，作为配套改革措施。针对商业银行创新资本工具法律依据不充分、配套监管政策不到位、会计处理不确定、发行渠道与投资者不够广泛这四个困难，提出了三项基本原则。一是坚持市场化的驱动路径；二是坚持先易后难，稳步推进；三是坚持先探索后推广。同时，《指导意见》也对资本工具的合格标准做出了进一步阐述，要求资本工具必须以合同形式发行，明确资本工具的损失触发条件，其他一级资本的出发条件为核心一级资本充足率降低至 5.125%，二级资本触发条件未设计量化指标，由监管部门灵活判断。同时，《指导意见》明确了其他一级资本工具的减记或转股可采用部分减记或转股的形式，降低了发行难度。

可以说，《指导意见》的颁布，说明了监管当局鼓励商业银行进行资本工具创新的态度，并在保证存款者及投资者资金安全的前提下，尽可能地为商业银行提供足够弹性空间去发挥。

3. 未来创新资本工具发行规划

（1）国外创新资本工具发行概况。

在次贷危机之前，国际银行业的资本充足率普遍维持在 13% 以上，却仍然没有抵御住金融危机的冲击，《巴塞尔协议Ⅲ》针对这种资本数量高、质量不足的情况推出新的资本工具后，世界各大银行都陆续推出了顺应《巴塞尔协议Ⅲ》的资本工具。

瑞银集团（UBS）2012 年 2 月在欧洲中期票据市场上发行 20 亿美元的二级资本工具。当（i）该工具本金和累计未付的利率总额在赎回日达到某值时，或（ii）税收政策变化导致该工具无法享受原税收“红利”时，或（iii）资本工具监管要求变化使得该工具不再能计入二级资本，或（iv）资本监管要求降低使得瑞银集团资本充足率超过标准不再需要该工具时，瑞银集团可以提前赎回全部工具。当满足监管要求且监管机构批准时，该发行人或其子公司可以在公开市场上以任意价格回购该工具。当瑞银集团核心资本充足率低于 5% 时，或者监管部门认定需要通过核销或者公共部门救助瑞银集团时，瑞银可将该票据本金减记至 0 并将其核销。

汇丰控股（HSBC Holdings PLC）于 2010 年 6 月发行了一款票面利息为 8%、可交换为非累计利率优先股的永续一级混合资本债券。该债券有三种重要的触发机制：第一，当“替代票据机制”无法满足（即可发行普通股或者可充作一级资本的合格替代证券）时，汇丰可提前赎回该债券；第二，当税收优惠条件改变或该债券不再能够计入一级资本或替换该债券的优先股不再能够计入非创新型一级资本时，汇丰有权收回该证券；第三，若该证券的“违约机制”（即该银行将被清算但还未进入重组、破产等程序时）触发且汇丰有足够未发行的优先股时，汇丰有权将该证券交换为优先股。

澳洲西太平洋银行（Westpac Bank）在 2012 年 3 月发行总金额约为 12 亿美元的可转换优先股。该优先股若在 Scheduled Conversion Date 满足了 Conversion Condition①，则可以转换为普通股。如未转换，若在 Scheduled Conversion Date 之前满足了“税收触发条件”、“监管触发条件”或者在“Optional Conversion/Redemption Date”时满足“收购触发条件”，则该银行有权选择转换为普通股或者提前赎回。在任何“Conversion Date”除非满足了“资本触发条件”或者“收购触发条件”，该银行可以选择交换该工具而不用将其转换。

除了上述三家银行外，包括美国合众银行、劳埃德银行、荷兰合作银行、意大利联合信贷银行、瑞信集团等国际性银行都在近几年发行了新型资本工具。2012 年以来，全球银行业累计发行了约 191 亿美元规模的优先股产品以及 135 亿美元的新型次级债产品，其中欧洲市场发行规模最多，占总规模的 76%，美国市场占比 14%，亚太市场 10% 左右。新型资本工具普遍出现超额认购的情况。

（2）国内市场发行概况。

在国内，2012 年银行业发行 2078 亿元次级债，其中农业银行 500 亿元、工商银行 200 亿元、建设银行 400 亿元、中国银行 230 亿元，中信、光大、招商、浦发等银行 404 亿元，以及其他城商行、农商行等 344 亿元。

目前，我国还没有合格的、可以计入监管资本的创新型资本工具发行。不过，2013 年，工行和中行先后公告将发行 600 亿元减记型合格二级资本工具，建行和农行分别公告将发行 600 亿元和 900 亿元减记型合格其他一级、次级资

---

① 由于缺乏资料未查到具体条件，下同。

本工具。

（3）创新资本工具类型选择。

目前，核心一级资本主要由普通股及留存收益构成，难以进行创新。其他一级资本由于存在本金永久性、发行5年后方可赎回、偿付顺序在存款人之后等特点，目前国际上发行较多的产品为优先股和附带转股或者减记条款的长期债券。

对于转股与减记债券的选择，在国内市场上，由于我国法律条款尚不健全，转股条款缺乏法律支持。《公司法》规定债券持有人对转换股票或者不转换股票拥有选择权，这与新型资本工具中的转股条款相矛盾。不仅如此，《公司法》同时规定公司债券应为一定期限内还本付息的有价证券，这与一级资本工具的无期限性相矛盾，此类资本工具也并不存在于《合同法》中规定的15类有名合同中。《指导意见》明文规定了资本工具的发行应签署合同，但由于无标准合同可依，此类资本工具的发行存在法律困难。另外，由于大规模的债券发行往往是在银行间债券市场进行的，而转股需要在交易所市场进行，这种制度缺陷也为转股型债券发行带来了困难，更不用提转股所涉及的银监会、证监会、中国人民银行三方多重监管的问题了。所以，目前国内银行以及监管部门倾向于率先发行减记型债券试水。

于是，其他一级资本工具被锁定在了股权融资的优先股和债权融资的无期限附带减记条款的债券。对于两者的比较，见表11.2。

表11.2　　　　优先股和减记型债券对比

项目	优先股	减记型债券
受偿顺序	存款人、债权人、普通股股东之后	存款人、普通股股东之后
收益分红	灵活度较高，可不分红	利息固定
吸收损失	全额吸收	可按条款规定部分减记
融资成本	7%左右	6%左右

由表11.2可见，优先股与减记型债券各有利弊，并且都获得了监管机构的默许与支持。银行可针对自身资本结构的情况自行选择。

对于二级资本工具，由于其目的是在清算阶段弥补损失，附带减记条款的次级债便是比较合适的资本工具。

（4）创新资本工具发行规模预期。

从需求端看，创新型资本工具在国内国外市场上都有很大的需求。在海外市场，国外银行发行的创新型次级债产品几乎全数超额认购。国内市场中，银行间债券市场2011年发行债券总规模达到6.96万亿元，交易所债券市场发行量达到1.83万亿元。同时，市场对商业银行发行的创新型产品认可度很高，以商业银行发行的可转债为例，2010年中国银行发行的400亿元可转债有效申购资金达到1.74万亿元，超额认购53倍；中国工商银行发行的250亿元可转债有效申购金额达到2.61万亿元，超额认购122倍。可见，商业银行发行的创新型资本工具，在市场上应该是不愁找不到买家的。

从供给端看，根据《资本方法》规定，我国银行未来要满足的资本充足率如表11.3。

表11.3　《资本方法》对我国银行资本充足率的要求

	核心一级资本	一级资本	总资本
最低资本要求	5%	6%	8%
储备资本要求	2.5%	—	—
逆周期资本要求	0~2.5%	—	—
SIB附加资本要求	1%	—	—
SIB资本总要求	8.5%	9.5%	11.5%
其他银行资本总要求	7.5%	8.5%	10.5%

由表11.3可见，对于8.5%和7.5%的核心一级资本，创新性资本工具无能为力。但是，《资本办法》为其他一级资本留出了1%的制度空间以及2%的二级资本制度空间，合计3%。不仅如此，根据《资本办法》规定，银行2013年以前发行的不符合新规定的次级债，每年按照10%递减计入监管资本，这意味着银行每年都需要为了补充这些不符合规定的次级债而进一步发行创新型资本工具。

根据表11.4可见，假设未来几年大型银行每年信贷比例增长率10%，其他银行增长比率20%，则每年新增的创新型资本工具供给规模可达千亿元。

4. 未来监管方向与策略

对于创新资本工具所面临的法律难题，上文已有所阐述，资本工具的发行不仅要做到不违反法律，更要做到有法可依，才能让发行人放心，让投资人安

表 11.4　　中国商业银行未来资本增长预测　　单位：百万元

	2010 年	2011 年	2012 年	2012 年比 2011 年增长率	2011 年比 2010 年增长率
大型商业银行	26814805	31084904	34860825	12. 15%	15. 92%
中小股份制银行	8314177	10623217	12810500	20. 59%	27. 77%
城市商业银行	643837	807738	995147	23. 2%	25. 46%

心。当然，考虑到《合同法》《公司法》《商业银行法》《证券法》等法律的修订难度很大，期限较长，短时间内难见成效，而创新资本工具又迫在眉睫，所以作为直接监管机构，银监会应该加紧出台相关法规及规章制度，从法规层面给予创新资本工具法律空间，同时与其他监管部门协调，对于可能发生的法律冲突进行预估。本书认为，尽快推出创新资本工具的试点性质规范性文件是目前监管工作的第一要务。

2013 年以来，监管机构陆续推出了银行优先股试点的相关政策，意图通过优先股融资解决商业银行的资本压力，但是考虑到近年来低迷的股票市场环境，银行市值权重已经接近全部 A 股市值的 30%，而不少银行股价已经破净，此时发行优先股不仅得不到较好的估值，同时也会增加资本市场的压力。因此，本书建议，资本工具的选择，在不干预银行进行自主选择的前提下，对债券融资给予一定的优惠政策，比如适当降低债券类创新资本工具的费率。对于转股型债券与减记型债券的选择方面，前文已有论述，应率先支持减记型债券的试点，目前转股型债券还不具备相关的法律条件以及制度条件。

对于创新型资本工具的融资成本，监管机构应该以市场导向为主，参考国外银行的发行先例，在普通债权融资成本的基础上，针对转股，减记条款进行适当加权。

在创新资本工具的投资者方面，各方争议较大。本书认为，为了防范多重监管带来的监管困难，同时体现银行支持实体经济的原则，应该对保险公司、证券、基金等金融机构购买银行创新资本工具产品在申购数量、申购比例、发行银行利益相关方的投资者选择等方面进行限制。

在发行市场的选择方面，国内市场中，由于银行间债券市场的投资者以金融机构为主，因此不建议在银行间市场发行。交易所市场虽然规模较小，但是投资者种类较多，投资需求充足。同时，减记型债券在交易所市场进行交易，也为今后转股型债券的上市交易奠定了基础。商业银行也可以选择在海外发行创新型债券产品，但同样应该限制利益关联方，比如银行的战略投资者进行申购。

总体来讲，与国外银行业过度创新不同的是，我国银行有些过度保守。国外发展成熟的学生贷款、汽车金融等信贷业务在我国处于起步阶段，而我国目前为数不多的资产证券化产品也仅仅停留在以房屋贷款为标的资产的层面上，随着我国个人信用信息的逐步完善，完全可以选取个人信用记录良好的信用贷款作为资产证券化的标的物，盘活信贷资产。因此，相关政策应该有限度的鼓励创新，支持商业银行发行以前市场上没有的、满足监管资本条件的资本工具。同时，在对银行发行进行监管的同时，起到保护银行及投资者的责任，防范国外对冲基金等利用转股及减记条款进行套利。

二、资产证券化

2013 年 6 月 23 日，隔夜头寸拆借利率瞬时飙升 578 个基点，达到 13.44%，与此同时，各期限资金利率全线大涨，“钱荒”这个崭新的词汇进入寻常百姓家，成为普通市民谈论的热点问题。银行在 2012 年被贴出“暴利”的标签后，2013 年再次以“钱荒”的姿态进入公众视线。

造成钱荒的原因主要有以下几点：一是资金外流。美联储一直以各种不同的口径向市场吹风：“量化宽松政策将逐步退出。”加上美国经济复苏数据的日益走强，美国对全世界资本的吸引力增强，造成新兴国家资金外流。中国也不例外，2013 年上半年，我国银行结售汇余额逐月下降（2 月份由于季节性因素除外），从 2012 年 12 月的 509 亿美元下降到 5 月份的 104 亿美元。二是国家外汇管理局 5 月 5 日发布的《关于加强外汇资金流入管理有关问题的通知》（以下简称“20 号文”）在 2013 年 6 月底实施，迫于外币纳入贷存比考核的压力，一些银行已经提前开始买入美元补充外汇头寸，以求达到监管标准，这是那一段时间美元买盘力量增大的主要原因，也在一定程度上加剧了银行间资金面紧张状况。同时，“20 号文”还强调了“对进出口企业货物贸易外汇收支的分类管理”，这实际上是监管层在严查虚假贸易，使得国际热钱流入大幅减少，5 月份以来外汇占款增长进一步大幅下降。三是随着杠杆率的不断放大，商业银行的人民币超额备付金在逐渐下降，3 月末超额备付金率从 2012 年底的 3.51% 降至2.58%；二季度，超储率继续下降，银行体系流动性的边际承受力也因此大为下降。四是监管压力。6月底之前，银监会对《中国银监会关于规范商业银行理财业务投资运作有关问题的通知》的落实情况展开检查，迫使银行将表外非标资产转移至表内同业资产，直接挤压同业拆借额度。

“钱荒”之后，随着央行收紧流动性的政策导向，各银行纷纷意识到流动性紧缩将是未来的大趋势，对于市场上的货币供给，各银行必须要盘活存量。与此同时，2013年7月5日，《关于金融支持经济结构调整和转型升级的指导意见》正式公布，其中提出的“逐步推进信贷资产证券化常规化发展”是最高层面首次对信贷资产证券化试点重启表态，也被各方视作信贷资产证券化重启的重大进展。自然而然地，资产证券化成为各大银行面对流动性危机时的一把“利器”。

在监管机构的鼓励下，银行纷纷开始了自2005年后的第二次信贷资产证券化方面的尝试。如何在稳健中有所创新，正是本书要探讨的问题。

1. 美国资产证券化历史简述

资产证券化起源于20世纪70年代的美国，美国也是目前资产证券化最为发达的国家。我国的资产证券化之路自然要借鉴美国的成功经验，并吸取次贷危机中资产证券化过度带来的失败教训。

70年代，美国的储蓄贷款协会将30年期固定利率住房抵押贷款打包发行，住房抵押贷款转手证券为住房抵押贷款业务筹措资金，这种住房抵押贷款转手证券就是资产证券化产品的最初形式。1970年，《紧急住房融资法案》授权成立了房地美。它由联邦住房贷款银行FHLBanks成员所有受联邦住房贷款委员会FHLBB监管并最终于1989年公开上市，与吉利美、房利美共同承担了确保住房贷款市场的稳定性、流动性可支付能力的职能。自此，完整的抵押贷款二级市场基本建立。

1970～1986年，资产证券化产品结构较为简单，主要是住房抵押转手证券MPT。MPT结构简单，期限与住房贷款期限高度匹配，风险较低，但也存在明显缺陷。首先，30年期限对于投资者而言时间太长；其次，利率上升环境中提前偿还现象越来越多，而发行人不能对现金流进行再投资、再分配，使得抵押贷款转手证券的期限变得无法确定。1983年，抵押贷款担保债券CMO发行。CMO并不是以住房贷款为基础资产的证券化产品，而是以不同期限的MPT为基础资产的证券化产品，可以说是资产证券化的证券化。CMO首次引入了信用分级概念。之后，甚至出现对 CMO 进行再次打包，即 CMO2。但是，由于缺少资产出售的担保，债券本质是发行人的负债，其规模越大，发行人财务负担越重，资本金消耗越高，使其无法长期支持实体经济发展。1987 年，住房抵押贷款支持债券 MBS 发售。MBS 允许对基础现金流进行分级，使得证券化产品的灵活性大大增加，各类创新型证券化产品层出不穷。之后，债权抵押债券 CDO 出现了，这种证券化产品允许发起人对基础资产进行主动管理。资产证券化的创新，使得美国金融市场呈现爆发性增长，一些非机构债券也开始发行非机构担保资产证券化类产品 RMBs，其中的次级 RMBs 增速最快，这种次级债经过层层打包，往往能伪装成优质产品，又进行反复的买卖，不断提高价差，最终酿制了席卷全球的金融危机。

美国的资产证券化之路，兴起于信托法律的完善以及利率市场化的发展，毁灭于过度创新与监管不力。中国银行业应吸取美国的教训，在坚持审慎性的基础上，进行有限创新。

2. 监管视角

2009 年银监会发布的《商业银行资产证券化风险暴露监管资本计量指引》（以下简称《指引》）中，将资产证券化产品分为传统型资产证券化产品和合成型资产证券化产品。传统型资产证券化是指基础资产的信用风险通过资产转让、信托等方式全部或部分转移给投资者，基础资产的现金流用以支付至少两个不同信用风险档次的证券的资产证券化交易。合成型资产证券化是指基础资产的信用风险通过信用衍生工具或者保证全部或部分转移给投资者的资产证券化交易，交易结构中至少具有两个不同信用风险档次的证券。信用衍生工具包括资金来源预置型和资金来源非预置型两种类型。相应的资产证券化风险暴露包括但不限于资产支持证券、信用增级、流动性便利、利率互换、货币互换、信用衍生工具和分档次抵补。只要产生了资产证券化风险暴露，就应当计提相应的监管资本。

相比较旧的资产证券化《指引》，新的《指引》提高了资产再证券化风险暴露的风险权重，要求审慎使用外部评级。如果商业银行为资产证券化交易提供信用支持，且该信用支持已经反映到外部评级中的，该银行就不得使用外部评级，而应按照未评级资产证券化风险暴露的有关规定计量监管资本要求。强调商业银行应对证券化基础资产进行尽职调查，了解相关信息和风险特征。提高流动性便利的信用转换系数，取消了在市场整体出现动荡条件下的合格流动性便利享受的资本优惠。

2012 年 5 月，中国人民银行、银监会、财政部三部委联合发布了《关于进一步扩大信贷资产证券化试点有关事项的通知》（以下简称《通知》），基本确立了以信贷资产为融资基础、由信托公司组建信托型特设机构载体（SPV），在银行间债券市场发行资产支持证券并进行流通的信贷资产证券化交易结构和基本规则。此轮证券化鼓励金融机构选择符合条件的国家重大基础设施项目贷款、涉农贷款、中小企业贷款、经清理合规的地方政府融资平台公司贷款、节能减排贷款、战略性新兴产业贷款、文化创意产业贷款、保障性安居工程贷款、汽车贷款等多元化信贷资产作为基础资产，并在不违规的前提下选择合适的基础资产种类进行上报，可以说相当于负面清单制度。同时，鼓励保险公司、证券投资基金、企业年金、全国社保基金等经批准合规的非银行机构投资者参与投资。

在审慎性方面，《通知》要求发起机构应持有由其发起的每一单资产证券化中的最低档次资产支持证券的比例不得低于发行规模的 5%，持有期限不得低于最低档次证券的存续期限。同时，针对评级机构的公信力不强且缺乏足够历史与实践经验的现状，《通知》要求，资产支持证券在全国银行间债券市场发行与交易，初始评级应当聘请两家具有评级资质的资信评级机构。

可以说，《信贷资产证券化试点管理办法》借鉴了大部分巴塞尔新资本协议中对于资产证券化的监管策略，《通知》则在此基础上增加了更多符合中国国情的东西，算是证券化试点的经验总结。

可见，相对于美国证券化的监管，我国监管机构对于证券化有着不同的监管态度，具体区别见表 11.5。

表 11.5　　中国与美国资产证券化区别

	美国资产证券化市场	中国信贷资产证券化市场
发行机构	不限	银行
准入标准	备案制	审核制
基础资产信息披露	无要求	详细披露
基础资产种类	不限	负面清单管理
资信标准	较低	较高

由此可见，我国证券化试点秉持审慎性原则，还是较为保守的。

3. 资产证券化监管的核心

对于资产证券化的监管，要把握住四个原则：促进金融体系的安全和稳定，保护投资者的权益，提高金融体系运行效率，保护原始债权人的利益不被侵害。

有句话说“资产证券化天生就是用来规避资本监管的”，资产证券化的监管难度可见一斑。对于资产证券化的监管，首要问题就是资产是否真实出售。从资本监管的角度分析，只要资产被完整的打包转移出去，银行没有自留风险，那么就可以不计提监管资本，问题是，银行为了给予投资者信心，使产品便于出售，往往会给予一定的隐形担保。甚至有的时候，银行信贷资产在法律层面和会计层面已经完全出售时，仍然没有真实出售，此时如果银行没有计提相应的监管资本，则会对银行的资产充足率和经营的审慎性造成损害。

因此，监管者需要判断，在资产出售或转让之后，发起银行是否仍然对被转让的资产拥有实际的或间接的控制。在资产证券化的交易结构中，发起银行往往不只是充当发起人的角色，而是同时以提供信用增级、流动性便利等身份参与交易的其他环节，这就更增加了实施资本监管的难度。

对于不同评级的资产证券化产品，有着不同的监管资本计提，详情见表 11.6。

表 11.6　　信用评级与风险权重对应表

信用评级	AAA 到 AA -	A + 到 A -	BBB + 到 BBB -	BB + 到 BB -	B + 及以下
证券化风险暴露	20%	50%	100%	350%	扣减
再资产风险证券化	40%	100%	225%	850%	扣减
公司贷款	20%	50%	100%	100%	150%

对资产证券化进行监管的第二个核心是破产隔离，即原始权益人破产清算时，支持证券化的资产不作为清算法定财产，所产生的现金流仍然按照原来证券化的契约执行，支付给投资者，起到保护投资者的目的。在对于真实出售的监管中，监管机构的主观经验判断非常重要，因为商业银行可以通过各种结构设计在制度上做到资产剥离，但在经济意义上未真实出售的状态。对于破产隔离的监管，主要依靠制度设计，使得 SPV 完全接管原始资产的收益与风险，保证原始权益人不论发生什么情况，都不会影响证券化产品投资者的合法权益。

要做到破产隔离，首先要保证 SPV 的专一性和安全性，SPV 不能做除了证券化以外的其他业务，并且 SPV 不能轻易破产。从上文美国证券化的发展历程中可以看到，美国证券化的繁荣主因之一就是信托法的成立，而且之后的每一次证券化创新都是以新的信托法案的通过为起点的，由此可见制度创新对于资产证券化发展的重要性。我国目前的 SPV 载体一直是信托公司，但是由于我国的信托机构业务繁多，并且仍然存在破产风险，严格来讲与巴塞尔协议中所定义的 SPV 是不同的，我国资产证券化产品是由政府及银行的隐形担保来保证其安全性的，这就违背了商业银行真实出售的原则。如果要做到真实出售，那么证券化产品的安全性又无法向投资者保证，这就让监管机构面临一个监管难题，即保证金融系统安全性与保证投资者权益之间的矛盾，解决这个矛盾最好的方式是通过法律形式确认 SPV 机构的专一性和安全性。

资产证券化产品的第三个核心是对于原始资产的安全性监管。理论上讲，凡是可以产生现金流的东西，都可以证券化，这在为证券化的原始资产带来无限想象空间的同时，也带来了无限的风险。从美国的证券化历史进程中我们可以看到，美国对于证券化的资产管理采用备案制，资产安全性由投资者自行判断，随着次级债的层层分级和不断打包，很多投资者很难看得懂复杂的证券化产品。与此相比，中国的信贷资产，尤其是个人房屋贷款，安全性比较高，如果银行能够盘活这类信贷资产，能够获得较为充沛的流动性。在原始资产的安全性方面，要留意的是整个金融体系的系统性风险。

4. 资产证券化监管的不足

资产证券化与金融衍生品的无序繁衍是本轮国际金融危机的源头之一，这二者可以说是这场危机的始作俑者，自然也是本轮国际金融监管改革的重要领域。资产证券化和金融衍生品是金融创新的重要组成部分，金融业的发展离不开金融创新。我们不能因发达国家的过度金融创新造成的严重后果而对其产生恐惧和规避心理，同时，也要做好风险防范，避免重蹈覆辙。

首先，应完善对金融衍生品的监管立法。监管机构对金融衍生品监管的过度放松，从而造成的监管真空甚至监管缺失是引爆次贷危机的主要原因之一，因此美国在本次金融监管改革中将场外金融衍生品全部纳入法律监管范畴，这也必然成为全球金融衍生品的监管趋势。我国目前实施的监管立法模式是“每推出一类产品，就制定相应的管理规定”，监管部门从 2005 年至今根据不同场外金融衍生产品制订了不同的管理规定，如《远期利率协议业务管理规定》

《全国银行间债券市场债券远期交易管理规定》《金融机构衍生产品交易业务管理暂行办法》《银行间市场信用风险缓释工具试点业务指引》。这些规定是我国场外金融衍生品市场监管制度框架的法律基础，对市场规模不大、产品种类有限的金融衍生品市场发挥了有效的监管作用。不过，随着金融衍生产品创新力度的加大，市场上交易产品的种类增多，市场规模扩大，上述立法模式逐渐滞后于市场的持续发展，无法有效调控复杂、多元的场外金融衍生品交易带来的高风险。因此，应加快制定统一的金融衍生品交易监管法，对金融衍生品的性质、种类、衍生品交易各方的权利和义务、监管机构及其权责、监管措施等加以规定，提高法律调控金融衍生品市场的有效性，从而维护整体金融体系的稳定与安全。金融衍生品投资的制度建设是企业规范衍生品投资的保障，能够防范金融衍生品带来的高风险，维护金融市场的良好秩序。

其次，资产证券化和金融衍生品市场设计得过于复杂。正如银监会副主席王兆星所说：过于复杂的资产证券化和金融衍生品变成了金融自我创新、自我循环和自我膨胀。金融机构利用资产证券化和金融衍生品可以有效地进行风险管理、更好地服务实体经济，对于提高流动性、风险管理能力和市场效率都能发挥很大作用。但那些复杂的资产证券化和金融衍生品，特别是以再证券化为代表的金融产品与工具很难看出其对市场效率和风险管理的贡献，这种自我创新、自我循环和自我膨胀的金融活动应当受到严格限制和约束。同时，应当积极引导资产证券化设计得简单明了，便于投资者充分地识别风险。

再次，资产证券化和金融衍生品的信息披露也不完善。鉴于金融衍生品本身的复杂性、表外性等特点，使得向投资者全面、及时、有效的披露与金融衍生品交易有关的必要信息显得尤为重要。复杂的证券化和衍生品交易可以掩盖客观存在的风险，如次级按揭资产经过多次证券化和复杂的信用衍生品交易后，有可能摇身一变成为高信用等级的资产，但实际的风险并没有消失，而是被掩盖起来推迟了暴露的时间，直至危机的集中爆发。信息披露制度有效性的关键在于会计标准和审计标准的制定和发展要能充分、适当地反映金融衍生品业务潜在的风险和收益，并且，该标准要得到国际社会的广泛认可和理解。我国应该从美国次贷危机中吸取教训，改进财务和会计制度，使其能够有效反映金融衍生品交易的规模、风险及其对金融机构稳定性的影响等关键问题，以适应金融衍生品市场监管的需要。与此同时，在资产证券化产品的发行过程中，信用评级机构在信息披露方面也承担着重要的责任，对于原始资产的安全性、证券化产品的定价等方面，信用评级机构的评级报告有着重要的话语权。美国有着诸多相对独立的信用评级机构，但是在资产证券化过度创新的浪潮中，尚且不能冷静客观地给予高风险的产品合理的警示。我国的信用评级机构还处在发展的初级阶段，尚不能脱离其他金融机构与政府部门的影响而独立运作，这样不成熟的信用评级机构，是难以在风险较高的证券化产品的发行过程中出具客观的审慎性评估报告的。

最后，对金融监管与金融创新的辩证关系认识不足。我国一直通过立法严格限制金融创新，导致我国金融衍生产品市场的不发达。然而，金融业的发展离不开金融创新，当然金融业也不能无限制的创新，金融创新的同时也需要对金融实行必要的监管。从此次金融危机，我们发现美国金融监管中的问题是过分依赖金融市场自律，过度开发金融衍生产品，对金融创新产品监管不力，甚至监管缺位。美国和中国两个方面的例子充分说明，正确处理金融监管与金融创新之间的关系是我国金融业发展的重要基础。因此，在当前新的经济金融环境下，我们要在鼓励和推动金融创新的同时，建立与之相适应的、完备的监管体系，要在维护整个金融体系稳定的同时激发市场活力。

5. 资产证券化监管策略建议

信贷资产证券化是中国金融改革的重要环节之一。未来几年，中国的资产证券化产品会越来越多，以下是对未来监管策略的监管建议。

（1）对于原始资产，以盘活存量、释放流动性为目的，保障投资者资产安全为基本原则。优先鼓励安全性较高的个人房屋贷款作为基础资产进行资产证券化。尤为关键的一点是，对于政府隐形担保的基建项目，不建议银行进行资产证券化。虽然三部委联合发布的指导建议要求资产证券化产品需要从侧面跟随国家的产业政策，为地方政府指导银行发行证券化产品留下了政策空间。但是，如果银行将政府基建项目证券化，无疑是将政府债务违约风险转嫁给了投资者，最终受益者是地方政府，却无益于金融体系的稳定与社会政策发展。在中央与地方政府的博弈中，希望监管政策可以把握全局，严格限制地方政府利用资产证券化发展谋私利。

（2）我国目前的信用评级机构多数有央企和银行背景，相互关系错综复杂，缺乏独立性。信贷资产证券化中，对于证券化产品的评级不仅关系到商业银行的监管资本计提，同时对于投资者的投资选择也至关重要。商业银行为了减少监管资本，会千方百计影响信用评级机构的客观评价，为监管增加难度。

从监管的角度来讲，建议从制度设计上来保证信用评级机构的客观性。一是脱离信用评级机构的国企背景，从产权角度让信用评级机构民营化；二是出台单独的信用评级监管法律，对信用评级过程中出现的违规现象加以限制；三是允许普通个人成立信用评级机构，并严格限制股东关联方，让评级市场进入充分竞争状态。

三、脱媒业务

根据有关机构的统计数据，近几年来，我国金融脱媒呈加快之势。从社会融资结构看，2002～2012 年间，我国社会融资规模由 2 万亿元扩大到 15.76 万亿元，年均增长 25%。这期间，间接融资（人民币贷款）占比从 91.9% 下降至 58.2%，而直接融资发展迅速，企业债券和非金融企业股票融资占社会融资规模的比重从 4.9% 上升至 14.0%。从家庭户金融资产的构成看，银行存款占比下降，而居民在股票、基金、保险、理财产品上的投资占比增加，逐渐形成了银行负债端的金融脱媒。

我国金融业的脱媒趋势首先由中小型金融机构开始，而不是像美国一样以大型综合性银行为开端，主要是由于我国大型银行为了支持国家的产业政策，而将大量资金借予大型国企，以此维系了较大规模的信贷水平；而中小企业由于很难从银行得到贷款，同时我国资本市场不够发达，只得转向非金融市场或者民间借贷。近年来，随着私募基金、第三方支付、P2P 信贷服务平台等行业的逐渐发展，同时 2012 年 8 月银监会下发了《关于人人贷有关风险提示的通知》，要求银行业金融机构务必建立与人人贷中介公司间的“防火墙”，严防民间借贷风险向银行体系蔓延，更加剧了小额信贷与互联网、社会网络等创新技术、创新金融模式的结合，促使中小企业脱离传统金融工具，从其他非金融企业获得资金。

与此同时，2012 年我国《金融业发展和改革“十二五”规划》提出，非金融企业直接融资占社会融资规模的比重将提高至 15% 以上。央行发布的《中国金融稳定报告（2013）》认为，2013 年要坚持市场化取向，大力发展直接融资，鼓励金融创新，努力构建品种齐全、运行高效、功能完备、规模相当、适应经济社会发展需要的金融市场体系，从政府层面鼓励金融脱媒。

《2012 年中国第三方支付年度盘点》显示，2012 年中国第三方互联网支付的交易规模达到 3.8 万亿元人民币，同比 2011 年增长 76%。2013 年，余额宝等新兴网络金融工具的诞生，更是加剧了金融脱媒的速度。金融市场和非银行金融机构的快速发展，对商业银行的资金来源和资金运用形成了一定的压力。

随着金融市场的逐渐发展完善，居民理财观念的提高，居民的金融资产已由单一的存款发展到存款、股票、债券、基金、保险产品、银行理财产品、信托理财产品以及贵金属等多种形式。由于我国银行有着较为严格的信贷管制，因此，在信贷、利率和外汇三重管制以及高通胀环境下，居民为了获得更高回报的资产，倾向于在金融市场上购买并持有收益相对较高的股票、债券、保险和基金等。从企业角度看，随着金融市场发展，社会信用体系不断健全，信息不对称程度的降低在帮助投资者充分了解企业的同时，也便利了企业在资本市场上进行融资，削弱了企业对商业银行资金的依赖程度。企业也倾向于脱离银行等受管制的金融中介机构，通过直接融资方式获取资金。

1. 商业银行的应对策略

金融脱媒势必会造成商业银行赖以生存的信贷利差业务利润下滑，为了利润增长，商业银行会想方设法提高收入。首先，以往机构臃肿的大型银行会精简机构，吸纳精英人才，使银行内部架构适应新时代脱媒的金融环境发展。近些年来，民生银行率先尝试事业部改革，将传统银行中的各部门改组成各项事业条线便是商业银行的一次尝试。金融脱媒会倒逼银行进行市场化改造，由传统的行政导向型的人力资源体系转型为市场导向型。

在资本结构方面，商业银行会积极创新中间业务，在银行资本增速低于社会总资本增速的大背景下，商业银行需要提高资本利润率，在政策允许的范围内尽可能地提高资金收益。同时，商业银行会主动提高无贷款客户的比重，使得其资本结构出现变动。利润率和资本周转率的提高伴随着风险的提高，商业银行为应对脱媒业务的兴起，更需要在政策及法规的指引下，扩大业务范围及内部有效的风控措施。

在国内市场，随着我国资本市场的日益成熟，大型企业逐渐具备了在资本市场上进行直接融资的能力，而无需找银行贷款，商业银行会逐渐将市场重心转移到中小企业、农业企业等以前不太重视的小微企业上。小微金融、社区银行、网络银行将是未来银行的发展重点，针对不同客户群推出具有个性化的服务及产品将成为商业银行的核心竞争力之一。

在国外市场，随着人民币逐渐具备强势地位，中国的金融资本将会逐渐走出国门，在国外市场驰骋。而中国的企业也在逐渐做大做强，像联想集团、华为等企业已经在各自的领域成为全球领先的世界级公司。商业银行作为国内资金的载体，不仅需要在全球各地为国内企业服务，同时也需要带领中国金融资本在世界各地进行产业投资。这是中国金融发展的客观要求，同时也是银行提高利润率的有效手段。

科技化是另一个商业银行的发展趋势，VTM（Virtual Teller Machine，虚拟柜员机）将会在未来进行试点，并逐步取代部分柜台业务，营业网点将逐步减少，以减少商业银行的租金及人力成本，社区银行和零售银行将成为服务个人用户的主体。由美国发起的新型科技变革将会在未来几年逐渐影响中国银行业的发展趋势，互联网金融及移动互联网使得银行的服务越来越便捷、高效，银行掌握的客户大数据资源将会成为其核心竞争力之一。

2. 监管策略

综上所述，金融脱媒现象的不断发展，给各市场主体带来新的变革和挑战。主要表现在：①传统金融机构正努力进行金融创新和业务经营模式调整，不断参与资本、保险、期货、黄金等市场业务，越来越多地呈现出综合化经营的特点，而大量表外资产的出现，直接导致影子银行发展迅猛。②各类新型中小金融机构抓住资本市场供需严重不平衡的机遇，推出各类金融服务，不断丰富资本市场产品的差异性。③大量脱媒资本直接参与经济活动而非通过金融中介机构，流动性大大增强，削弱了央行以利率、存款准备金率等常规货币政策调控经济的效果，这给央行和政府的宏观调控提出了更高的要求。

针对影子银行的监管已经迫在眉睫，但这只是治标不治本的临时应对之策。影子银行的规模如此之大，归根结底是因为银行在监管限制与金融脱媒化的双重夹击下，因利润减少不得不做的反击。既然金融脱媒是大势所趋，那么解决影子问题的根本应该放在放宽监管政策方面。监管部门应该在客观情况允许的情况下，积极推进利率市场化，逐渐放开对银行的信贷监管限制。只有当银行资金的价格在市场上具有了一定的竞争力，才能缓解现存的影子银行问题。

另外，现行一部分不恰当的监管制度扭曲了金融行为，一定程度上促使金融脱媒现象的产生和发展。从2011年发生的“温州跑路潮”事件看到，众多处于起步和上升阶段的中小微型企业融资需求大，但因自身风险系数高、抵押资产少及银行银根紧缩等制约而出现不同程度的“融资难”，它们转而寻求高利率、低门槛的民间借贷资本，以至因负担过重而出现资金链大面积断裂的后果。这集中反映出，过度集中而严格的金融监管对资本市场的活跃性有明显的“金融抑制”作用。

因此，对于监管机构来讲，为银行的信贷政策松绑恐怕是适应金融脱媒的第一步，如果银行的资金价格长期与市场价格不符，只会使得金融脱媒对银行发展不利。

事实上，金融脱媒现象对银行未来发展的利弊，至今学术界尚无定论。根据美国市场的实证分析来看，金融脱媒会促进银行进行创新业务，促进银行资源利用效率的提高，但同时会降低金融系统的稳健性，有学者认为2008年的次贷危机便是源于金融脱媒的过度发展。综合长期来看，金融脱媒对于银行未来的发展进度影响如何并无确定性的结论。

对于我们国家的银行业来说，只要在正确的监管政策引导下，金融脱媒可以促进银行业良性竞争，引导金融资本流向有需求的企业中去，做到在扶持实体经济的同时发展银行业。如果监管政策不利，则会变相加剧影子银行风险，使商业银行增加杠杆，表外风险越来越严重。

综上所述，监管机构的最佳策略，是在逐步放开对商业银行利率管制的情况下，强化对“影子银行”系统和新型融资机构的监管，健全风险防范机制，完善宏观监管体系。同时，适应银行业综合经营趋势，适时、主动修订相关法律法规，创造相匹配的制度环境，适时修订现行《商业银行法》《银行业监督管理法》等相关法律法规中关于商业银行、非银行金融机构的营业范围的规定。

第二节　互联网金融

一、互联网金融综述

1. 互联网金融是大势所趋

如何定义互联网金融是目前监管机构首先要解决的问题。交通银行副行长侯维栋认为，互联网金融是充分利用互联网技术对金融业务进行深刻变革后产生的一种新兴的金融业态。中国银行业协会专职副会长杨再平认为，互联网金融是以金融服务提供者的服务器为物质基础，以因特网或者通信网络为媒介，通过内嵌金融数据和业务流程的软件平台，以用户终端为操作界面的新型金融运作模式。简单来说，即通过互联网技术运作的金融业务的统称。但阿里巴巴集团主席马云对互联网金融有着不同的认识，他指出，“互联网企业从事金融业务的行为称为互联网金融，而传统金融机构利用互联网开展的业务称为金融互联网”。与传统金融服务相比，互联网金融实际上就是借助互联网技术、移动通信技术实现资金融通、支付和信息中介等的新兴金融模式。因此，不论是金融业务借助了互联网技术还是互联网平台开展了金融服务，并没有本质上的区别，两边是交叉进行、相互促进的。尽管目前表述不尽一致，但随着金融与互联网融合、渗透程度的持续提升，互联网金融业务不断规范发展，目前存在的金融互联网与互联网金融的界限将逐步淡化。

本书认为，互联网金融，应该泛指所有通过网络媒介进行金融服务的产业，目前主要包括网络支付、网络借贷、网络金融产品销售。网络支付又包括了传统金融企业的网上金融服务，比如银行的网络银行或者券商的网上交易，同时也包括了第三方支付，比如支付宝。

相比传统渠道的金融服务，互联网金融有着诸多优势。

（1）庞大的网络用户群。根据中国互联网络信息中心的统计数据，截至2012年12月底，我国上网用户数量为5.64亿，位居世界第一位；手机网民规模达到4.2亿，上网用户中74.5%的人群使用过手机上网业务；网络购物用户规模达到2.42亿，较2011年增长24.8%，其中使用手机进行网络购物的用户数量是2011年的2.36倍。

（2）海量交易信息与信用数据。中小企业由于原始资本积累不足、资金需求短频急、抗风险能力较差等特征，难以从商业银行获得融资，而互联网电子商务平台和第三方支付组织在运营中积累了大量的客户，这些客户的交易记录、买家评价等信息构成了重要的信用记录，进而构建起互联网信用评价体系和信用数据库。这有助于识别中小企业的信用情况，消除融资中信息不对称的障碍，甄选企业发放贷款。

（3）强大的网络支付功能。随着电子商务的快速发展，第三方支付平台交易量不断增大，支付业务呈现多元化发展态势，为客户提供互联网支付、移动支付、电话支付、银行卡收单以及跨境支付等全方位支付解决方案。网络支付的发展进一步加速金融脱媒，使得商业银行支付中介的功能被边缘化，并使其中间业务受到替代。例如，支付宝财付通等能够为客户提供包括收付款自动分账、转账汇款、机票与火车票代购、水电费与保险代缴等支付结算服务。

（4）方便快捷的操作流程。与商业银行复杂的内部流程相比，互联网平台金融产品的操作流程相当方便快捷。以贷款为例，商业银行信贷流程一般包括借款申请、贷前调查、风险评价、逐级审批、合同签订、贷款发放等多个环节，从借款人提交申请到贷款实际到账的周期较长；而网络借贷的流程大大简化，贷款审批流程简单、放款速度快、产品类型丰富多样，借款人只需在电脑前轻点鼠标即可完成贷款申请，信誉良好的借款者最快当天就可以获得款项。

2. 我国互联网金融的发展历程

20 世纪 90 年代中期以来，我国互联网金融开始出现并不断创新，先后经历了两轮快速发展的浪潮。

（1）我国互联网金融发展的第一波浪潮。

20 世纪 90 年代中期至 21 世纪初，以网络银行、网络证券和网络保险的出现为标志，我国互联网金融经历了第一轮快速发展。

第一，网络银行。网络银行有两种模式：第一种是虚拟银行模式，即在互联网上创建电子银行，采用高科技服务手段与客户建立密切的联系，提供全方位的金融服务；第二种是网上银行模式，即银行通过互联网公共服务来完成传统业务处理，包括开户、查询、转账、汇款、理财等。我国网络银行发展基本属于第二种模式。

第二，网络证券。网络证券是指利用互联网资源，获取国内外各种证券的实时行情信息，检索证券投资资讯，通过互联网进行委托，完成交易等一系列活动的总称，具体包括网络证券发行、交易及信息服务等。我国网络证券发展主要有两种模式：一是由传统证券经营机构在互联网上设立网站，提供网上服务；二是由 IT 公司创建证券类网站，通过丰富的数据信息和高效的行情分析软件，提供证券咨询和数据分析等服务。

第三，网络保险。网络保险是指以互联网为工具开展保险经营管理活动的经济行为，主要有三种模式：一是保险公司自建网站推销自家险种；二是由 IT

公司创建保险网站，开展保险业务；三是建立保险行业第三方门户网站，向公众介绍保险信息，为保险同业提供交流平台。

（2）我国互联网金融发展的第二波浪潮。

2010 年以来，以社交网络、移动支付、云计算、搜索引擎等为代表的互联网现代科技的快速发展为起点，我国互联网金融掀起了第二波发展浪潮。

第一，移动支付。随着手机以及移动互联网的普及，越来越多的人通过手机、平板电脑进行移动支付，各大银行和券商纷纷推出了基于移动平台的客户端，供金融服务使用者便捷交易。同时，第三方支付类产品，比如支付宝等也推出了移动客户端，大大加速了金融效率。未来将会推出更加便捷的近距离无线通讯技术（Near Field Communication，NFC）支付模式，以及阿里巴巴正在研究的意念支付，使得移动支付越来越快捷，覆盖面越来越广泛。

第二，网络借贷。网络借贷是指民间出资人通过网络平台在收取一定利息的前提下，向他人提供小额借贷的金融模式。我国网络借贷主要分为以下四种模式：一是以拍拍贷、人人贷为代表的个人对个人（P2P）借贷模式；二是以宜信为代表的债权转让模式，即先出借资金，然后将债权按照金额期限进行拆分并转售，从中获取利差；三是以阿里巴巴金融为代表的网络小贷模式，通过构建交易平台，获取客户交易信息，在数据筛选的基础上评估客户还款能力，并通过网络进行贷款审批和放款；四是以陆金所、开鑫贷为代表的第三方担保模式，通过引入担保公司或小贷公司为网络借贷行为提供担保。

第三，网络金融产品销售。近年来，越来越多的银行允许客户在网上购买银行理财产品，基金及券商更是将多数经纪业务转移到网上交易。随着余额宝等网络理财产品在 2013 年发行，货币市场基金等金融产品的网络销售呈现爆发式增长。预计在未来，面向个人用户的理财产品，包括基金产品、保险产品以及券商资管产品将会多数在网上发行，并逐渐减少网点销售渠道。

互联网金融未来前景广阔，网络银行、P2P 借贷、网络支付、网络众筹会越来越多地出现在我们的生活中。目前，全国首家互联网金融行业组织——中关村互联网金融行业协会已经成立。该协会的一项重要工作就是加强和国家金融监管部门及主管部门的对接交流，研究互联网金融行业发展规律，推动制定互联网金融行业发展规则和标准，引导行业健康规范发展。为解决互联网金融模式下企业信用管理的问题，中关村互联网金融信用信息平台同时启动。该平台将通过整合权威数据资源和会员企业信用信息，进行深入的数据挖掘分析，解决互联网金融模式下企业信用管理面临的三大问题，即信用信息情况查询，通过共享各企业信用信息降低成本，建立评分机制、实现信用审核标准化。随着互联网金融的容载量越来越大，聚拢的资金开始数以万亿记，其所面临的风险也就越来越高。

3. 互联网金融面临的风险

（1）交易对象不清。随着互联网金融扩张，金融交易的虚拟化，交易范围广，交易对象跨区域，甚至于跨国界，交易对象难以确认，风险难以掌握。金融资本如果丢失，极难追踪，网络的匿名性让不法分子的诈骗行为更加难以辨认。

（2）网络技术安全隐患不确定。互联网金融具有便捷的特征，但在缺乏有效监管的情况下，技术漏洞将成为不法分子进行金融犯罪的工具。

（3）个人信息保护无保障。个人信息保护是互联网金融发展的重要基础之一。近年来，小规模的网络个人信息泄漏、买卖事件频发，从单一事件而言，小规模的个人信息泄漏违反了商业道德，从国家层面来看，出现大规模的个人信息泄漏可能会危及国家安全。

（4）风险预警机制缺乏，风险防控缺位。互联网金融交易时间短、速度快和交易频率大，传统的风险防范方式无法施展，目前还只是停留在风险提示阶段。

（5）互联网金融企业的合法性难以界定。目前很多企业以财务公司、投资公司、小额贷款公司的名义在互联网上进行非法集资，事实上没有相关资质进行资金募集业务。这种超越自身营业范畴的经营方式会带来巨大的风险，轻则公司投资失败，给投资者造成损失，重则公司进行庞氏骗局等诈骗行为，使得投资者血本无归。由于互联网金融模式无需当面进行交易，使得投资者难以辨认“骗子公司”的真面目。

（6）现行监管体系对互联网金融业务存有空白。目前，我国并没有针对互联网金融进行监管的专门机构，中国人民银行、银监会、保监会、证监会四个金融监管机构也并没有设立专门的监管部门针对传统金融企业的互联网金融行为进行监管。由于互联网金融企业往往具有混业经营的倾向，使得目前处于分业监管状态的监管机构更难对互联网金融进行监管。

（7）欠缺对互联网金融企业的监管措施。监管法规的缺失，使得对互联网金融企业的监管无法可依；监管手段的缺乏，使得对互联网金融企业的监管无法有效实施；监管人才的缺乏，使得对互联网金融企业的监管缺乏优秀的监管队伍；监管国际化的丧失，使得对互联网金融企业跨区域、跨国界的金融行为难以监管。

二、第三方支付

第三方支付是指作为第三方的非金融机构在买方、卖方和银行之间建立连接并向交易关联方提供交易资金代管和货币清算服务的一种担保支付方式。第三方支付的出现，解决了买家与卖家之间的不信任问题，通过第三方担保的措施，将一个交易过程的逆向选择问题降到最低。但是，如果第三方支付平台自身出现问题，那么交易双方都会遭受巨大的损失。因此，对于第三方支付平台的监管就显得迫切而重要。

目前，我国的第三方支付监管还不健全，主要体现在如下方面。

第一，缺乏相应的监管法律。目前，有效针对第三方支付平台的监管法律包括《电子签名法》《电子支付指引（第一号）》《支付清算组织管理办法（征求意见稿）》《非金融机构支付管理办法》《非金融机构支付管理办法实施细则》。它们从法律层面规范了电子支付中的签名有效性问题，对第三方支付机构的性质、设立条件、审批方式、监管策略等形成了初步的规范，但是由于多数管理办法与实施细则都属于征求意见及部门规章，法律层级较低，效力不大。其次，法律规章将第三方支付定义为非金融机构，但是第三方支付干的实际上是金融机构的活，即为资金融通提供一个平台，本质上是金融中介，如果将其定义为非金融机构，那么对它的资本金的监管便无需像对金融机构一样严格，这对于传统金融机构是不公平的，对使用第三方支付平台的用户是不负责的。

第二，我国没有建立完整的针对第三方支付的监管体系。虽然《非金融机构支付管理办法》明确了中国人民银行在对第三方支付监管中的主体地位，但是由于第三方支付平台涉及多方面金融机构，尤其牵涉到银行以及结算支付方面的问题，仅靠中国人民银行并不能全面覆盖第三方支付平台的风险范围。

第三，缺乏对第三方支付平台沉淀资金的有效监管。首先，目前出台的监管法律以及监管重点都放在支付结算过程以及第三方支付平台的合法性上，忽略了第三方支付平台对于沉淀资金的处理。大量的客户资金沉淀在第三方支付体系账户内，第三方支付机构如何处理，是否应该允许第三方支付机构用客户沉淀资金做无风险投资，这是目前第三方支付法律法规的一个空白。其次，第三方支付平台是否需要缴纳保证金。由于目前监管机构给第三方支付的定位是非金融机构，使其无需像金融机构一样持有一定比例的资本金，那么，当客户资金出现损失该怎么办；再有，这个保证金交给谁？理论上讲，中国人民银行是对第三方支付机构的监管主体，保证金理应交给中国人民银行，但是由于第三方支付平台沉淀资金是保存在银行体系内，那么这部分资金同时属于银行体系，银行体系也要为这笔资金缴纳保证金，造成了双重的保证金缴纳。那么，第二个方法是第三方支付平台将保证金缴纳给托管银行，这样可以解决保证金的双重缴纳问题，但是又会出现银行与第三方支付平台私下勾结、输送利益的可能性。

由此引出的第四个问题是在第三方支付平台破产，第三方支付机构控制者非法捐钱跑路等极端情况下，谁来弥补客户损失。使用第三方支付平台的客户，从根源上讲并不是投资者，他们将钱存在第三方支付平台不是为了获取投资收益，而是为了达成某项交易的被动行为。从这个角度来看，第三方支付平台是带有半强制性质的交易媒介。因此，用户不应该承担第三方支付平台带来的风险损失，如果第三方支付机构出现意外，客户资产应该进行全额赔付。那么，紧接下来的问题就是谁来赔付，第三方支付缴纳的保证金只能弥补一部分客户资产，剩下的则只能由托管银行来赔付，但是托管银行是否有这个义务偿付呢？目前稍微大一些的第三方机构的沉淀资金都能达到百亿元、千亿元，这种级别的偿付足以对银行经营造成巨大的影响。目前来讲，唯一可行的方式是要求第三方支付机构在较多数量的银行开户，客户从不同银行转移到第三方平台账户资金，由此银行进行托管，如果第三方支付平台出现问题，则由不同银行分别偿付自己银行的托管资金，这样可以分散单一银行的压力。由此，我们可以推论出，第三方支付平台的保证金必须交给银行，并且这部分保证金要大于银行为这部分资金支付的保证金，这样让银行获得一笔有收益的存款，银行才有动力去承担风险。

第五个问题是最复杂、也是最难解决的，便是利用第三方支付平台进行洗钱的问题。由于网络交易的匿名性与瞬时性，使得非法交易通过第三方支付平台交易很难追踪。不法分子通过第三方交易平台进行洗钱、贿赂、赌博、违法交易等非法金融行为难以察觉及追踪，为监管机构带来了巨大的麻烦。要解决这个问题，首先要保证第三方支付体系实行真实账户绑定，不能出现漏洞。其次，要提高监管机构的技术手段，对第三方支付平台体系内的资金流动进行点对点监控，对同一银行账户中第三方支付账户中的不同虚拟账户进行分类管理。最后，严格审查第三方支付机构的资质，从根源上控制第三方支付平台的非法行为。

三、P2P 网贷

P2P（personal to personal）网络借贷起源于 P2P 小额借贷。P2P 小额借贷是一种将很小额度的资金聚集起来、借贷给资金需求者的一种商业模式，其社会价值主要体现在满足个人资金需求、发展个人信用体系和提高社会闲散资金利用率三个方面。随着互联网技术的快速发展和普及，P2P 小额借贷逐渐由单一的“线下”模式转变为“线下”与“线上”并行，P2P 网络借贷平台应运而生。P2P 网络借贷平台是个人通过第三方平台在收取一定利息的前提下向其他个人提供小额借贷的金融模式。通过这种借贷方式，P2P 网络借贷平台可以缓解人们因为在不同阶段收入不均匀而导致的消费力不平衡问题，使更多人群享受到 P2P 小额信贷服务。目前，P2P 网上借贷服务的贷款对象主要是小额的借贷者，借款金额从 5 万元到 100 万元都有，借款期限长则 3 年，短则 1 个月。网上贷款用途大致可以分为两大类，一类是用于个人资金周转，比如租房、装修、买电脑、结婚、旅游等，另一类是创业借款，以帮助投资者和创业者更好地应对由于资金不足而引发的各类危机。

P2P 网贷在 2010 年初步成型，并逐渐发展壮大，越来越多的融资人和放贷人通过网络渠道进行资金融通的服务，使得网络 P2P 平台聚集的资金越来越多，风险也越来越大，逐渐有越来越多的 P2P 网贷平台破产或者管理者跑路等情况发生。银监会于 2011 年 9 月发布了《中国银监会办公厅关于人人贷有关风险提示的通知》，其中针对我国 P2P 机构的运作现状和我国金融行业的整体状况提示了七大风险，包括影响宏观调控效果、容易演变为非法金融机构、业务风险难以控制、不实宣传影响银行体系整体信誉、监管职责不清、法律性质不明、贷款质量低劣和房地产二次抵押业务存在风险隐患。

针对这七项风险，银监会在现有的监管职权范围内，从管理银行从业人员、建立防火墙、维护声誉三个方面，对银行机构提出控制措施和防范风险的要求。一是加强对银行从业人员的管理，防止银行从业人员涉足此类信贷服务，牟取不正当利益；二是加强与工商管理部门的沟通，针对“贷款超市”“融资公司”等不实宣传行为予以严肃查处，切实维护银行合法权益，避免声誉风险；三是建立与人人贷中介公司之间的“防火墙”，要求银行业金融机构按照“三个办法，一个指引”的要求，落实贷款全流程管理，防止 P2P 机构帮助放款人从银行获取资金后用于民间借贷，防止民间借贷风险向银行体系蔓延。

但是，银监会对 P2P 网贷的监管仅限于将 P2P 网贷的风险与银行系统风险隔离开，P2P 网贷自身的风险却并没有降低，反而因为银行的隔离有所提高。由此可见，银监会单方面的监管对于 P2P 网贷来说是远远不够的。当 P2P 网贷资金出现损失时，大量的放款人将血本无归。因此，对 P2P 平台及借款人实行更加严格的监管及审核制度是必要的。

目前，市场上超过 200 家的所谓 P2P 企业，根据其经营模式至少可分为三类，一是以拍拍贷为代表的纯粹中介平台，二是以宜信为代表的“准金融机构”，三是以陆金所为代表的信贷资产证券化模式。在这三种模式中，只有少数平台属于纯粹的中介机构，即只提供资金融通的展示平台，而不提供任何担保，所有风险由资金供求方自行承担；其余大多数的机构都会对资金需求方进行一定程度的显性或隐性担保。其中，较有代表性的是宜信，宜信打破了其他 P2P 平台让资金供求双方自行提供和选择利率的模式，而规定了贷款人年利率10% ~ 15%，借款人年利率 15% ~17% 左右，而宜信平台赚取中间的差价，并为贷款人提供担保。从这种角度来看，宜信 P2P 网贷平台不仅收取手续费，还赚取利差，并承担坏账风险，可以说其商业模式与银行无益。但是，宜信并不需要缴纳保证金，这就导致了在大规模坏账出现的时候宜信无法保障贷款人的合法权益。

传统来讲，从防范金融法律风险角度看，P2P 借贷应该坚持“三不”原则，即不吸收存款，不发放贷款，不做担保。但从金融实践来看，大多数的 P2P 平台都没有做到“三不”原则，趁着 P2P 网贷的法律空白之际，为谋取最大利益而冒风险。因此，应该尽快推出针对 P2P 网贷的监管法规，防范逐渐加剧的互联网金融风险。

另外，监管机构应该严格审核 P2P 网贷机构的资质，谨慎发放 P2P 资质拍照。目前来讲，我国 P2P 平台主要有两类注册方式，一是注册为电子商务公司，主营网络技术等；二是注册为投资咨询公司。这两种注册方式都打了工商法的“擦边球”，严格来讲都不具备经营 P2P 网贷平台的资格。监管机构应该谨慎发放 P2P 网贷资质，给那些有足够资本金支撑、管理人员有足够金融从业背景的机构发放经营牌照。

对于持有牌照的合格 P2P 网贷机构，应该由央行提供一定的征信信息。目前，尚没有 P2P 网贷机构能够得到央行的征信系统对接，这主要是由于网贷机构缺乏合格资质，央行为了防止征信信息被用作不法用途，而暂时不允许对接。但是，征信信息对于 P2P 网贷机构来说是重要的控制风险/避免经济诈骗的信息工具，如果央行未来能够将征信系统与 P2P 网贷机构进行对接，将能够大大降低 P2P 网贷平台的风险。而对接的前提，便是要求监管机构严格审核 P2P 机构的资质，将合格执照发给少量信誉度高的企业。

目前，中国人民银行征信中心旗下的上海资信已经推出了一个基于互联网的征信信息系统，专门用来收集 P2P 网贷业务中的信用信息并提供给 P2P 机构进行查询。P2P 网贷行业也已经初步形成了自己的黑名单系统。但是，这样还远远不够，P2P 网贷的风险还需要监管机构加大力度去防范。

第三节　银监会相关配套机制改革

一、建立监管人员外聘机制

1. 银行监管人员队伍建设不完善

在我国金融业大开放的背景下，我国银行监管当局面临严峻的挑战，监管挑战既来自于监管环境的改变，也来自于监管人员队伍建设的压力。提高银行监管的有效性和适应银行监管的国际化要求，完善、壮大监管人员队伍大是关键。

（1）银行监管人才还比较匮乏。监管当局必须提高监管人员素质重要性的认识。金融业的竞争，从某种程度而言也是人才的竞争，谁拥有一流的人才，谁就会站在发展的制高点上。目前，我国金融系统每年都会引进大量人才，但是人才流动性也很大，商业银行等金融机构为了自身竞争力的需要，愿意付出高昂代价从中国人民银行、银监会等监管机构“挖角”。另外，目前金融监管部门存在一些不可忽视的问题：有些监管人员知识结构已经老化，其专业监管能力在新的形势和环境下面临诸多挑战；很多基层监管人员缺乏跨领域监管必备的知识和能力，难以胜任混业经营下的银行监管工作，监管部门之间的工作沟通交流也有一定障碍，缺乏匹配的专业人才支撑，监管协调机制运作举步维艰。

（2）监管人员素质有待进一步提高。有效的商业银行风险监管，最关键的步骤是发现和评价商业银行存在的风险，这就要求高素质、高能力的监管人员，而我国的监管机构在人员方面存在许多问题，主要表现在：对商业银行的风险监管，要求监管人员不仅要熟悉被监管银行的产品结构、业务流程、内控机制、计算机系统，还要具备良好的金融、会计、法律等专业知识，从而能对风险管理系统的合理性、可靠性、有效性及商业银行的风险程度进行检查和评判，这些监管内容不是一个监管人员能够独立完成的，需要一支专业监管人员队伍相互配合共同完成。而我国商业银行监管机构内部监管人员的专业结构配置不合理，没有建立起结构合理的专业化监管人员队伍。另外，金融市场的发展和技术的进步带来了大量新知识、新管理技术和新产品，监管人员只有通过不断地学习才能适应银行业的发展、实施有效监管。因此，学习应当成为监管人员日常工作的组成部分，而我国尚没有建立实用有效的监管人员培训机制，没有针对不同层次、不同专业的监管人员制定系统全面、持续的培训计划，监管人员的知识难以跟上市场发展的需要。

（3）监管机构的人力资源配置方式仍需不断完善。我国银行监管机构人力资源配置方式仍存在很多问题，主要体现在以下几个方面。

第一，人力资源的配置机制不完善。正是由于监管机构的用人制度存在缺陷，才引发了监管人员匮乏和素质不高的现象；从现在实行的人力资源配置机制来看，用人制度、工资制度、福利制度、约束激励制度等方面都有进一步改善的地方。当然，在改进的同时，应参照国际惯例，以面向市场化和国际化为原则，建立一套吸引人才和留住人才的人才制度。

第二，对人力资源培训工作不足。目前，我国尚没有针对不同层次、不同专业的监管人员制定全员的系统、全面、持续的培训计划，也没有建立分等级的监管人员资格考核标准，相当部分监管人员的知识难以跟上市场发展的需要，这对实施有效的银行业风险监管形成巨大障碍；随着金融体制改革的深入，提高监管机构人力资源素质已经十分迫切，然而对人力资源培训工作不足，导致了银行监管和人才缺乏之间的矛盾更加严重。

第三，缺乏严格的激励约束机制。我国现行的商业银行风险监管缺乏严格的监管制约机制，没有建立分等级的监管人员资格考核标准，缺乏对监管人员的制度规定及责任划分，而对监管人员建立有效的激励约束机制将会更有效的发挥监管的职能。

第四，没有充分发挥中介机构的协助监督职能。由于监管机构人才缺乏，监管机构可以利用中介机构的人才优势来帮助其更好地执行银行监管的职能，可以借鉴像英国那样由外部注册会计师代替银行监管机构人员执行对银行机构的现场检查，有必要让中介机构参与到现场检查的过程中来。

2. 建立监管人员外聘机制的必要性

目前，银监会并没有专门的现场监管部门，现场监管职责由各监管部执行，各地银监局则负责监管各省市分支行、网点。但是，多数银监局存在现场监管人数不足、人员素质不高的情况。

由于我国的公务员编制问题，各地银监局普遍面临现场监管人数不足的问题。银监局经常需要同时监管上百家银行的分支行，不可能做到面面俱到、同时兼顾，不少地方的银监局需要聘用“临时工”“合同工”来解决人手不足的问题，这些“临时工”在专业性、学历等方面都不能达到监管人员的要求，同时又无需负法律责任，使得监管效率和监管质量都不能达到应有的标准。

更让人困扰的问题是，由于监管人手不足，少数监管人员长期对固定的分支行进行现场检查，监管人员与被监管银行工作人员之间进行长期的接触，给监管套利、“人情监管”留足了制度空间。

监管人员素质不足、监管人员与被监管人员的长期接触产生的“人情效应”，势必会导致监管队伍的腐化，从而降低监管效率。这种现象普遍存在于各地银监局，甚至银监会层面。要解决这种问题，需要监管人员制度的创新，本书认为，在监管队伍方面，建立监管队伍人才库，现场监管时采用随机抽取监管队伍这种方式，可以有效规避监管套利的情况。

3. 建立监管人员外聘机制的可行性分析

一支优秀的监管队伍，既包括法律、会计方面的专业人才，也包括丰富经验的银行从业人士。各地银监局，甚至银监会也不可能有大量的专业人才加入监管队伍，这就需要银监会外聘专家来协助监管。

首先，银监会需要成立新的部门来专门管理监管人才队伍，每次现场监管需要由银监会牵头。该监管部门应与一定数量的会计师事务所、律师事务所签署长期合作协议。事务所允许银监会每年调用固定数量的该所资深人士加入银监会的监管队伍，辅助银监会对银行的会计报表、法律合规方面进行监管检查。同时，银监会应与经验丰富的大学教授、专家学者、已退休银行管理人员签署合作协议，让学院派和实战派的专业人士加入监管队伍。

一支完整的监管队伍，应该是由银监会监管人员、外聘法律会计专业人士、外聘专家教授三部分人组成。根据监管内容的不同，银监会监管部门应动态调整不同监管队伍的人员构成比例。这样的监管队伍，不仅可以提升监管人员的专业素质，同时也可以降低监管人员与被监管单位因长期接触而导致的“人情成本”。

要执行这样的监管人员外聘机制，首先要解决的是合法性问题，需要银监会出台有关规定，对监管人员外聘机制给予法律上的许可。在具体经办时，要求外聘人员与银监会签署保密协议，不得将监管对象及监察内容告知他人。

其次，由于需要聘请专业人士，此种监管人员外聘机制势必会提高银监会的监管成本，但从收益上看，专业人士比非专业人士更能看出银行存在的真正问题，督促银行整改，总体利大于弊。可以考虑通过提高被监管银行的罚款额度等方式弥补提高的监管费用。

最后，建立监管人员外聘机制最重要的是有充足的外聘专家人才库，以保证每次检查抽取的专家人才重复率低，并且能在特定的时间找到合适的人才，这不仅需要政策的配合，也需要大量的资金支持。

二、小额信贷公司监管

1. 小额信贷公司发展历史及现状

目前，世界上典型的小额信贷模式是美国第五大银行——富国银行在美国中西部所推广的以服务小微企业及个人的小企业银行业务，富国银行的“企业通”机构每年能够提供近 200 万笔小微企业贷款。

在中国，小额信贷的源头是公益性的资助项目，主要包括：通过低息贷款加技术支持新建项目；通过提供贷款资本金加技术支持新建项目；通过低息贷款加技术支持新建非政府小额信贷机构；通过提供贷款资本金加技术支持新建非政府小额信贷机构；通过提供贷款资本金和技术支持村基金和社区基金。21 世纪，根据央行扶持“三农”的要求以及“一号文件”中明确提出通过小额信贷扶持微型企业后，商业性质的小额信贷公司开始试点。2006 年，中国农业发展银行改革启动，2007 年，四川仪陇惠民村镇银行、吉林东丰诚信村镇银行、吉林磐石融丰村镇银行正式成立。2008 年，浙江省第一家开展小额贷款业务的机构——海宁宏达小额贷款公司正式运营，注册资本为 1.6 亿元人民币，这家公司按照市场化原则进行经营，贷款利率约为银行贷款利率的 4 倍。

2. 小额信贷公司监管现状与存在问题

目前，国内小额信贷公司的监管基本原则由中国人民银行确定，具体实施方案由各地方政府根据实际情况制订，具体法律规范是中国人民银行和银监会共同发布的《关于小额贷款公司试点的指导意见》（以下简称《指导意见》）。《指导意见》规定：凡是省级政府能明确一个主管部门负责对小额贷款公司的监督管理，并愿意承担小额贷款公司风险处置责任的，方可在本省的县域内开展组建小额贷款公司试点。当前，各地对小额贷款公司实施监管的机构形态各异，主要以地方政府的金融办为主。地方政府与中央对于小额贷款公司在监管政策方面有所争议，比如银监会规定各省市对于单一股东出资额占注册资本金要求不得超过 10%；但是江苏省政府发布的《江苏省小额贷款公司管理办法（试行）》规定主要发起人及其关联方合计持股比例不得超过 45%，其中单一主要发起人及其关联方合计持股不得超过 20%，其余单个股东及其关联方持股比例不得超过小额贷款公司注册资本总额的 10%，单个股东持股不得低于 1%，《广东省小额贷款公司管理办法（试行）》规定主发起人及其关联方合计持股比例不超过 45% 等等，地方政府政策在很多方面突破了中央制定的政策限制。

除了地方政府与中央政策产生冲突外，小额贷款公司监管还存在以下问题。

（1）集中监管缺失。全国范围来看，目前小额贷款公司日常监管和风险处置由地方政府负责，在国家层面无人负责。从小额贷款公司的发展看，地方政府的大力支持是必不可少的推动因素，但是地方政府的监管能力和监管经验难以胜任小额贷款公司的监管。目前，地方银监局和中国人民银行的分支机构在对小额贷款公司的监管中发挥的作用仅仅是对业务运作进行备案和跟踪，未将其纳入金融监管范围。

（2）监管政策导向不明晰。如央行、银监会在有关文件中仅指出要支持“三农”，这在一定意义上造成了小额贷款公司社会目标的模糊。一般认为，整个县域经济全部属于农村和农业经济的范畴，为此，小额贷款公司只要在业务区域运营，就不可避免地要经营涉农贷款。政策文件要求小额贷款公司近三年均要实现盈利以及极低的不良贷款率，小额贷款公司下一步的发展去留完全取决于中央政策，为此股东层面会强化盈利性的要求，经营可持续的目标会被放在首位，而社会目标会放在第二位。由于中央政策目标的不甚明确以及基层监管能力的欠缺，使得引导资金投向地段客户的目标难以实现，这将导致的一个结果就是出现小额贷款公司“贷大不贷小”的现象。

（3）多头监管，协调困难。地方政府在监管过程中涉及的有关部门包括金融办、财政、工商、公安、银监、人行等诸多部门，难以厘定职责分工。这种局面易造成多头监管，使得小额贷款公司面临多重申报和监管者多重审查，增大了市场运行成本，也容易导致小额贷款公司的监管套利。

（4）地方监管力量严重不足。小额贷款公司的专业性监管仅靠地方的主管部门很难实现，不少市县等基层政府部门现有组织机构和人员配备对审批工作尚且应接不暇，在监管工具欠缺的条件下，日常监管难以深入，地方政府存在重发展、轻规范的监管导向，往往注重信贷投放数量，忽视规模扩张带来的经营风险。同时，准入审批重形式、轻实质。一些政府主管部门主要关注股东出资和下级政府无实质意义的承诺，而对股东的资质、关联情况和入股资金来源的审查流于形式，关联股东超比例、股东无实际出资能力等现象时有发生。

（5）信用制度体系不完善。目前，我国信用法律法规并不完善，还未制定出规范小额贷款公司信贷业务的具体实施细则。

三、信息科技监管

1. 信息科技监管进程

2006 年，随着网络银行、银行系统电子化的逐步完善，银监会出台了《银行业金融机构信息系统风险管理指引》（以下简称《指引》），将商业银行的电子系统正式纳入监管范围，弥补了我国银行业信息系统监管领域的空白。但是，随着银行业信息化的发展，信息科技的作用已经从业务支持逐步走向与业务融合，成为银行稳健运营和发展的支柱，定位在基本要求上的原《指引》已经很难进一步满足商业银行信息科技风险管理的需要。同时，由于原《指引》对信息系统风险管理以原则性要求为主，在商业银行执行、操作层面的指导意义不够完善。因此，2009 年，银监会颁布更新版的《商业银行信息科技风险管理指引》，原《指引》被废止。新的《商业银行信息科技风险管理指引》共 11 章 76 条，按照坚持法人监管、坚持风险监管、坚持内控监管、坚持从保护广大储户利益出发四个基本原则，要求商业银行在信息系统开发、测试和维护以及服务外包过程中加强对客户信息的保护，防止敏感信息泄露，对业务连续性管理加以规范，保障客户数据安全和服务连续。新的《指引》规定了董事会和高级管理层在信息科技风险管理中承担的主要责任，提出要构建信息科技风险管理的"三道防线"（信息科技管理、信息科技风险管理、信息科技风险审计），要求商业银行在决策层设立首席信息官，有利于商业银行加强信息科技治理。

2012 年 8 月，银监会正式设立信息科技监管部。该部门的主要职责是负责指定银行业信息科技监管政策，指导银行业信息科技发展规划，开展信息科技非现场监管和现场检查，处置信息科技突发事件，开展银行业标准化相关工作以及银监会信息科技风险防范工作归口管理。银监会主席尚福林指出，信息科技监管部要全面落实各项职责，持续完善银行业信息科技监管制度和标准体系建设，创新、丰富信息科技监管方法和工具体系，加强信息科技监管专业队伍建设，深入开展风险评估、检测、评级和现场检查工作，加强内外部协同合作，促进银行业信息化建设和信息科技风险管控工作协调有序、健康发展。银监会信息科技监管部的成立，标志着银监会将信息科技监管提升到了战略高度。

2. 信息科技监管指标建设

根据银监会的指示，各地银监局在实地检查各行信息科技监管效率的时候，应该从信息科技治理、信息科技风险管理、信息安全、应用系统开发测试和维护、信息科技运行、业务连续性管理、外包、审计八方面分别考核。从信息科技重要性角度考虑，给予信息安全、信息科技运行、业务连续性管理、应用系统开发四个监管项目 15% ~20% 的权重考量，其余四个监管项目 5% ~10% 的权重。以下针对这八个监管层面分别阐述。

对于信息科技治理，首要的监管目标是明确商业银行董事会和管理层制定的信息科技治理目标、治理架构以及董事会和管理层制定的信息科技战略，要求商业银行管理层和董事会有一套清晰的信息科技治理架构。管理层应设立首席信息官，首席信息官应亲自参与信息科技战略制定过程。商业银行应能出具相关信息科技战略、企业战略、合规性引用条款、成本效益分析报告、风险评估报告等相关文件；另外，银监局在突击审查时，应考核董事会和管理层对信息科技建设情况的了解，包括信息科技建设的历史和现状、覆盖业务情况、信息科技审计职责和计划、关键管理人员以及相关员工队伍结构和总量情况。

对于信息科技风险管理，银监局应参照组织机构文档和岗位职责说明考察银行信息科技部门是否有健全的组织架构、合理的岗位配置、是否对重要岗位和不兼容岗位进行区分，通过面谈相关岗位人员，考察重要岗位人员的资格是否符合要求。同时，银监局应考察银行的信息科技内控制度体系是否完善，是否有信息科技领域的专家顾问团队和技术咨询研究组织。在风险控制方面，是否有完善的新技术、新产品准入风险控制和法律、声誉风险监控，并考察信息科技风险的排查、执行、处理、评估的效率。

在信息安全方面，应考察信息系统的安全等级，信息安全职能部门的组织是否完善，职责是否明确，相关岗位工作人员是否有信息安全部门认证的资格。在安全系统内容方面，对用户认证和访问控制的安全性进行考察，对计算机数据中心、网络设备、存储机密信息的信息科技设备等物理安全进行考察，对操作系统、应用系统、日志、病毒库等重要软件方面的完整性和实用性进行考察。

在应用系统开发测试和维护方面，要求对系统开发队伍进行考察，对项目风险进行合理评估。在系统测试过程中，考察测试的充分性和独立性。对系统的验收和发布，要考察系统验收的完整性，是否有试运行等。对于系统维护，银行应做到对问题和变更实施系统评审和维护验收，应有完整全面的系统维护过程记录及应急方案备案。

在信息科技运行方面，应对运行部门岗位完整性、明确性进行考察，对系统用户的管理员应该严格考察，确保每个账号有唯一的合规使用人员，对超级用户职权采取双人管理等制约措施，并保有操作记录。对于操作系统和信息系统的配置，应该有完整的操作系统安全性报告和信息系统配置记录，有对系统运行升级的完整管理制度和应急计划，有全面的问题管理机制和服务台管理记录文档。

对业务连续性的管理至关重要。银监局应考察灾备中心的建设情况，备用办公设施和基础设施是否完善，系统服务商是否有应急后备措施。银行管理层应对业务连续性控制有总体目标和风险底线，银行应有完整的业务连续性计划，并配有相关测试和评估结果供银监局查阅。

在外包方面，银监局应考察外包的服务范围和外包商的资格，查阅银行信息科技外包合同协议、外包服务应急计划以及外包服务的评估报告和审计报告。

在审计方面，银行审计部门应设有专门的信息科技审计岗位，对信息科技审计人员有专门的资格水平要求和相应培训。对外部审计，银行则应与外审机构签订专门的信息科技外部审计协议。

参考文献

[1] 张伟．当代美国金融监管制度实施效果的实证研究．国际金融研究，2012（7）

[2] 王凯．新兴市场银行并购的产业经济学分析．国际金融研究，2003（12）

[3] 卢安文，任玉珑．商业银行操作风险形成机理研究——基于行为经济学视角．重庆大学学报，2009（6）

[4] 李涛．商业银行监管的国际比较：模式及影响——兼论中国的商业银行监管模式选择．经济研究，2003（12）

[5] 王传正．论中国银行监管制度的构建．东北财经大学硕士学位论文，2005

[6] 刘晓星，卢菲，谢福座．银行监管对银行发展的影响．金融论坛，2011（1）

[7] 王学龙．基于稳定与效率协调的有效银行监管研究．上海：上海财经大学出版社，2008

[8] 江春，许立成．金融监管与金融发展：理论框架与实证检验．金融研究，2009（4）

[9] 沈坤荣，李莉．银行监管：防范危机还是促进发展？——基于跨国数据的实证研究及其对中国的启示．管理世界，2005（10）

[10] 刘晓平．银行监管有效性体系的建构．西安工程大学硕士学报，2010（5）

[11] 肖兴志，韩超．中国银行业监管效果的实证研究．产业经济研究，2008（4）

[12] 孟艳．我国银行成本的量化研究．审计研究．2007（4）

[13] 罗开位，连建辉．商业银行治理：一个新的解释框架——商业银行“契约型”治理的经济学分析．金融研究．2004（1）

[14] 阎庆民．中国银行业监管效率分析．金融研究．2002（8）

[15] 孟艳．我国银行监管的制度变迁研究，中央财经大学学报，2007（7）

[16] 李文泓．关于宏观审慎监管框架下逆周期政策的探讨．金融研究，2009（7）

[17] 杨谊，蒲勇健，樊杲．中国银行业隐性存款保险与资本充足监管机制下的联合效率分析，中央财经大学学报，2006（10）

[18] 潘建．新中国中央银行职能的法规诠释．当代中国史研究，2009（5）

[19] 中国人民银行．中国人民银行六十年．北京：中国金融出版社，2008

[20] 李志辉．中国银行业的发展与变迁．上海：上海人民出版社，2008

[21] 刘明康．新中国银行业发展历史回顾与未来展望．中国金融，2009（19）
[22] 戴相龙．回顾1997年全国金融工作会议．中国金融，2010（19~20）
[23]《中国人民银行负责人就取消对国有商业银行贷款限额控制答记者问》，1998年3月14日
[24] 中国人民银行《关于转发<国务院办公厅转发中国人民银行整顿银行账外账及违规经营工作实施方案的通知>的通知》，1998年9月25日
[25]《中国人民银行办公厅关于对全国人大财经委有关金融工作的建议的复函》，2001年3月14日
[26] 廖岷．中国银行业监管体制变革史．国际金融报，2003年3月24日
[27] 李宏．我国金融法律基本框架的建设与发展．河南省政法管理干部学院学报，2000（2）
[28] 成家军．宏观审慎监管：概念、特点与政策框架．内蒙古金融研究，2009（7）
[29] 苗永旺，王亮亮．金融系统性风险与宏观审慎监管研究．国际金融研究，2010（8）
[30] 龚锋．我国四大国有商业银行的稳健性评估与分析．东莞理工学院学报，2005（6）
[31] 穆秀芝．浅析"腕骨"监管指标体系的实施对商业银行经营管理的影响．内蒙古金融研究，2012（6）
[32] 翟光宇，陈剑．资本充足率高代表资本充足吗？——基于中国上市银行2007~2011年季度数据分析．国际金融研究，2011（10）
[33] 马若菲．中国商业银行监管有效性研究．内蒙古大学硕士学位论文，2012
[34] 阎庆民．中国银行业效率分析．金融研究，2002（8）
[35] 周慕冰．现阶段提高我国银行业监管有效性的六个问题——基于总结国际金融危机教训的思考．求是，2012年6月1日
[36] 宓丹．银行监管有效性分析．四川大学硕士学位论文，2007
[37] 胡丹．"杠杆率"监管指标对中国商业银行的影响分析——基于各上市银行的会计报表披露分析．财会学习，2012（3）
[38] 陈梦雯，郭宇岗，Philippe Dorbaire.《巴塞尔协议III》中的杠杆率指标对银行风险的影响及其在中国的适用性分析．江西社会科学，2011（9）
[39] 黄海波，汪翀，汪晶．杠杆率新规对商业银行影响研究．国际金融研究，2012（7）
[40] 陈伟钢．新贷款损失准备金制度的功能．金融时报，2013年6月3日
[41] 陈建刚，张英．银行经营现状及趋势分析：拨备成为调节利润工具．国金证券研究报告，2011年（7）
[42] 尚福林．把握好金融创新与金融稳定的平衡．求是，2014年4月16日
[43] 国际货币基金组织，世界银行著．中国银行业监督管理委员会译．关于中国遵守《有效银行监管核心原则》详细评估报告．北京：中国金融出版社，2012
[44] 陈珍．国际银行业监管的法律制度研究．苏州大学硕士学位论文，2011
[45] 陈兵．巴塞尔协议Ⅲ：国际金融监管改革新动向．金融教育研究，2013（1）
[46] 陈尊厚．东南亚金融危机探源及对我国经济影响的分析．金融教学研究，1998（9）
[47] 黄家骅，陈晋．试探东亚金融危机的起因．福建师范大学学报（哲学社会科学版），1999（1）
[48] 朱静平，唐永．涵论经济周期波动中的银行资本监管．湖南商学院学报（双月刊），2010

[49] 佘鹭莎．中美银行业监管模式比较研究．郑州大学硕士学位论文，2009（22）
[50] 周春喜．美国银行评级制度的比较及对我国的启示．商业研究，2002（9）
[51] 贾辉艳．浅谈国际金融监管现状与发展趋势．北京市经济管理干部学院学报，2003（3）
[52] 张犇．中美银行监管模式比较分析．商业文化，2010（12）
[53] 刘志宇，曾筱清．英国金融监管的新方法：判断、焦点及稳定性．金融服务法评论，2012（1）
[54] 陈颖．英国如何对银行进行监管．银行家，2005（12）
[55] 路妍．英国银行监管对我国银行业监管的启示．东北财经大学学报，2002（5）
[56] 桑光淇．金融监管体制的国际比较与借鉴．苏州大学硕士学位论文，2007（12）
[57] 耿静．美国英国和日本金融监管比较及对我国的借鉴．东北财经大学硕士学位论文，2002
[58] 翟晓燕，石会娟．日本新旧金融监管制度的概述．日本问题研究，2006（3）
[59] 俞燕燕．日本银行监管体制探究及其对中国的启示．厦门大学硕士学位论文，2002
[60] 唐艳芳．新加坡的银行监管与启示．河南金融管理干部学院学报，2004（6）
[61] 王广平．新加坡的启示．甘肃金融，2002（5）
[62] 童冬华．银行监管和政府产权利益下不良资产的生成机制分析．华侨大学硕士学位论文，2006
[63] 阮绍铨．浅析新加坡金融监管及其启示．东南亚，2006（3）
[64] 张永红．新加坡银行监管对我国的启示．金融理论与实践，2003（12）
[65] 尚娟．香港银行监管的主要经验及其启示．财会月刊（理论），2006（3）
[66] 王鹏．银行监管体系国际比较及其启示．企业导报，2010（1）
[67] 王志峰．香港银行业监管制度变迁研究与借鉴．长春金融高等专科学校学报，2006（4）
[68] 张庆．论德国银行监管体制与结构模式．西南财经大学硕士学位论文，2008
[69] 王艳霞．银行监管国际比较研究．东北财经大学硕士学位论文，2005
[70] 耿瑛．评析当今德国的银行监管．立信会计高等专科学校学报，2002（3）
[71] 焦建．日本和美国银行治理模式比较研究．辽宁大学硕士学位论文，2006
[72] 张永红．新加坡银行监管对我国的启示．金融理论与实践，2003（12）
[73] 王琳琳．银行监管体制的国际比较及其对我国的借鉴．中国人民大学硕士学位论文，2005
[74] 田琳．德国银行的监管机制．现代商业银行，2003（3）
[75] 宋玮．德国银行监管模式研究．成人高教学刊，2002（4）
[76] 郝婷．德国的金融体系和金融监管．河北审计，2003（2）
[77] 张永辉，赵晓峰．德国的金融监管体系改革及其对我国的启示．西安财经学院学报，2003（3）
[78] 耿瑛．他山之石——当今德国的银行监管．武汉金融，2002（9）
[79] 中国人民银行研究局赴德课题组，谢平，李文宾，等．德国的综合银行制度及其监管问题．武汉金融，2001（1）
[80] 韩军．联邦德国的银行监管体制．德国研究，1998（3）
[81] 于景涛．德国全能银行体系与混业经营的启示．山东经济战略研究，2003（6）
[82] 卜元石．德国的金融监管制度．法学杂志，1999（4）

[83] 尚娟. 英国银行监管的主要经验及其对我国的启示. 经济论坛, 2006 (1)
[84] 文晶. 英国银行监管体制及其对我国银行监管的启示. 上海金融, 2000 (12)
[85] 唐双宁. 21 世纪国际银行监管新趋势及其对我国的启示. 金融研究, 2001 (1)
[86] 陈岗. 英美金融监管体制改革对我国的启示. 新金融, 2000 (6)
[87] 刘晓菊. 英国银行监管经验及对我国的启示. 对外经济贸易大学硕士学位论文, 2007
[88] 张卓元. 中国经济转型论集著. 北京: 中国社会科学出版社, 2013
[89] 国家发改委经济研究所课题组. 中国改革开放三十年经济增长动力分析分报告一. 经济研究参考, 2012 (43)
[90] 高尚全. 中国改革开放 30 年: 回顾与展望. 经济研究参考, 2009 (5)
[91] 马晓河, 赵淑芳. 中国改革开放 30 年来产业结构转换、政策演进及其评价. 改革, 2008 (6)
[92] 张国强, 郑江淮. 中国服务业发展态势及其国际竞争力: "金砖四国" 比较视野. 改革, 2010 (3)
[93] 张建中, 梁珊. 后危机时代中国对外贸易发展趋势及其政策措施. 云南财经大学学报, 2011 (6)
[94] 盛斌. 入世十年转型: 中国对外贸易发展的回顾与前瞻. 国际经济评论, 2011 (5)
[95] 马晓河, 胡拥军. 中国城镇化进程、面临问题及其总体布局. 改革, 2010 (10)
[96] 简新华, 黄锟. 中国城镇化水平和速度的实证分析与前景预测. 经济研究, 2010 (3)
[97] 徐青乔. "新型城镇化与商业银行的发展机遇" 研讨会发言摘要. 金融论坛, 2013 (9)
[98] 刘勇, 中国城镇化发展的历程、问题和趋势, 经济与管理研究. 2011 (3)
[99] 孙晓霞. 统筹规划 "十二五" 开局之年的财政金融工作. 中国财政, 2011 (5)
[100] 孙晓霞. 财政支持金融改革发展三十年回顾. 中国财政, 2008 (21)
[101] 兴业证券: 浅究银行营业税改的空间和效果. 行业研究报告, 2008 年 12 月 12 日
[102] 张志敏. 改革开放以来政府职能转变的路径与战略突破. 改革, 2009 (2)
[103] 张幼文, 黄仁伟. 中国国际地位与经济强国之路. 世界经济研究, 2003 (5)
[104] 徐坚. 改革开放 30 年中国国际地位的提高. 当代世界, 2008 (3)
[105] 吴学明. 中国国际经济地位和国际经济影响力的综合分析. 世界经济研究, 2012 (12)
[106] 王东. 中国面临的国际环境: 未来十年发展的考量. 中国未来研究会 2011 年学术年会论文集, 2011
[107] 魏海燕. 世界竞争力评价体系研究及其思考. 科技管理研究, 2013 (5)
[108] 易纲. 中国改革开放三十年的利率市场化进程. 金融研究, 2009 (1)
[109] 皮天雷. 中国改革开放三十年来金融制度变迁探析. 中国经济问题, 2011 (3)
[110] 张舒雅. 浅析我国经济增长方式的转变. 中国外资, 2014 (2)
[111] 孙乃纪, 周辉广, 李冬冬. 我国省域视角下经济增长方式的实证分析与对策. 经济与管理, 2014 (2)
[112] 任保平, 韩璐. 中国经济增长新红利空间的创造: 机制、源泉与路径选择. 当代经济研究, 2014 (3)
[113] 卢万青. 经济增长方式的国际比较机器关联定位. 改革, 2013 (6)
[114] 马立新. 新时期中国经济增长方式的转变. 中国市场, 2013 (24)
[115] 吴敬琏. 推进改革已成共识, 须重建市场体制. 当代财经, 2014 (1)

[116] 中国宏观经济信息网研究部. 经济放缓改革提速. 中国投资，2013（5）
[117] 王明胜. 经济转型时期商业银行可持续发展探讨. 现代经济信息，2013（20）
[118] 张冀湘. 商业银行应对经济转型升级挑战的战略思考. 新金融，2013（3）
[119] 农行重庆万州分行课题组. 我国经济转型中商业银行可持续发展研究. 贵州农村金融，2012（4）
[120] 李雪. 论经济转型中商业银行的作用. 管理学家，2012（1）
[121] 陈育林. 关于当前城市商业银行发展及转型的思考. 银行家，2014（3）
[122] 周游. 论我国银行监管的缺陷及其法律矫正. 西南交通大学硕士学位论文，2010
[123] 张建伟. 法与金融学：路径依赖与金融法变革. 学术月刊，2005（10）
[124] 黎四奇. 对我国银行监管法律体系的评析与思考. 法律科学. 西北政法学院学报，2004（6）
[125] 江春，许立成. 法律制度、金融发展与经济转轨——法与金融学的文献综述. 南大商学评论，2006（2）
[126] 江曙霞，代涛. 法与金融学研究文献综述及其对中国的启示. 财经科学，2007（5）
[127] 江春，许立成. 法与金融学的文献综述. 经济学动态，2005（5）
[128] 江春，许立成. 法律制度、金融发展与经济转轨——法与金融学的文献综述. 南大商学评论，2006（2）
[129] 高硕. 试论我国银行监管法律制度的完善. 西南财经大学硕士学位论文，2005
[130] 梅靖. 对我国银行监管的法律研究. 华东政法学院硕士学位论文，2005
[131] 易宜松. 论我国银行监管法律制度的改革与完善. 对外经济贸易大学硕士学位论文，2003
[132] 时小丽. 巴塞尔新资本协议下的我国银行监管法律问题研究. 华东政法学院硕士学位论文，2006
[133] 陈丽琴. 我国银行监管的法律研究. 合作经济与科技，2012（14）
[134] 郑国辉. 网上银行监管的法律缺失及其立法建议. 商场现代化，2009（17）
[135] 韩增丽. 商业银行监管法律制度探析. 山东大学硕士学位论文，2012
[136] 李解. 巴塞尔协议Ⅲ视角下我国银行监管法律问题研究. 西南政法大学硕士学位论文，2012
[137] 黄毅. 银行监管的法律研究. 北京：法律出版社 ，2009
[138] 张炜. 银行业法制年度报告 2010. 北京：中国金融出版社，2010
[139] 张炜. 银行业法制年度报告 2013. 北京：中国金融出版社，2013
[140] 黄毅. 银行监管的法律与文化. 中国金融家，2012（4）
[141] 刘晓勇. 银行监管框架构建与监管有效性评价. 金融监管研究，2012（5）
[142] 宗良，陈静. 全球系统重要性银行监管变革与展望. 国际经济分析与展望（2011－2012）. 2012
[143] 刘蕾. 银行监管的法经济学分析. 绵阳师范学院学报，2009（6）
[144] 韩龙，周茂荣. 论 WTO 框架下金融自由化与金融监管的关系. 世界经济，2002（4）
[145] 胡维波. 金融监管的理论综述. 当代财经，2004（3）
[146] 黄金老. 金融自由化与金融脆弱性. 北京，中国城市出版社，2001
[147] 李德. 经济全球化中的银行监管研究. 北京，中国金融出版社，2002
[148] 李宏. 论开放经济下中国的金融管制. 经济评论，2003（4）

[149] 孙杰．货币与金融：金融制度的国际比较．北京：社会科学文献出版社，1998
[150] 易宪容．美国金融业监管制度的演进．世界经济，2002（7）
[151] 贝克，莱文．法律制度与金融发展．比较第22辑．北京：中信出版社，2006
[152] 银监会．金融监管研究．2013
[153] 张继红．美国银行破产若干法律问题探究及启示．国际金融研究，2006（3）
[154] 陈颖．对银行业市场进入壁垒的分析与思考．中央财经大学学报，2006（3）
[155] 王楠．我国银行破产法律制度问题研究．法学家，2007（4）
[156] 董兵兵．我国银行市场准入法制存在的问题与对策．行政与法，2007（10）
[157] 苏洁澈．论银行监管机构的侵权责任——以银行破产和英美法为例．法学家，2011（1）
[158] 王菱钰．最后贷款者和存款保险制度——以银行破产为视角．法制与社会，2012（17）
[159] 邹俊楠．我国商业银行破产若干法律问题研究．烟台大学硕士学位论文，2013
[160] 何萍．我国商业银行破产法律制度研究．西北大学硕士学位论文，2009
[161] 周丹．我国商业银行破产法律制度完善的研究．中国政法大学硕士学位论文，2008
[162] 许春茂．银行破产的公共政策及其制度支持．中国政法大学硕士学位论文，2009
[163] 莫丽梅．英国银行破产法律制度及启示．中国金融，1999（3）
[164] 何畅．现行商业银行破产法律制度存在的缺陷及完善对策．金融论坛，2003（12）
[165] 黎四奇．我国商业银行破产法律制度的现状及其矫正．上海金融，2005（9）
[166] 厦门银监局课题组．银行牌照管理研究——兼谈完善我国银行市场准入的政策建议．金融研究，2004（8）
[167] 蒋鹏．论我国商业银行市场准入的法律调控．学习与探索，1996（1）
[168] 中国银行业监督管理委员会关于调整银行市场准入管理方式和程序的决定．中国财经审计法规公报，2003（14）
[169] 刘学海．试论商业银行破产法律制度．上海金融报，2006年4月21日
[170] 吴志攀．华尔街金融危机中的法律问题．法学，2008（12）
[171] 孙健波，李妍．美国对“次贷”的金融监管及其经济法学思考．法学杂志，2009（5）
[172] 罗培新．美国金融监管的法律与政策困局之反思——兼及对我国金融监管之启示．中国法学，2009（3）
[173] 朱元倩．中国的影子银行体系及其分类监管．农村金融研究，2013（9）
[174] 武晓蒙．国际影子银行比较及监管启示．时代金融，2012（12）
[175] 王昀，孙天琦．中国金融行为监管局最新动向及启示．金融时报，2014年1月
[176] 刘永韬．要切实加强对金融混业经营的监管．中国审计报，2014年3月
[177] 田丰．浅谈中国式影子银行．时代金融，2014（1）
[178] 冯博．美国金融消费者保护机构的独立性及对中国的启示．河南大学学报，2012（7）
[179] 李婷．美国金融监管和金融消费者权益保护新发展及对中国启示．法制与经济，2014（1）
[180] 马其家．美国的金融消费者保护及其启示．郑州大学学报，2011（11）

[181] 谢文廷．金融消费者保护研究．江西农业大学硕士学位论文，2013
[182] 曲一帆．金融消费者保护法律制度比较研究．中国政法大学硕士学位论文，2011
[183] 伍巧芳．美国金融监管改革及其借鉴——以次贷危机为背景．华东政法大学硕士学位论文，2012
[184] 于永宁．“一行三会”监管协调机制的有效性问题．山东大学学报，2012（4）
[185] 陈斐．中国银行业监管的法律问题研究．中国政法大学硕士学位论文，2007
[186] 戴新华．我国上市银行信息披露监管研究．湖南大学硕士学位论文，2009
[187] 张成团．中国银行业监管问题的制度分析．山西财经大学硕士学位论文，2006
[188] 张玉梅．我国银行业监管研究．北京交通大学硕士学位论文，2007
[189] 张迎春，张璐．农村中小金融机构差别监管的内在机理：由村镇银行生发．改革，2012（5）
[190] 徐思新．实施差别监管，提高监管效率．管理现代化，2006（1）
[191] 李红坤．资本约束下银行机构激励相容监管研究．浙江大学硕士学位论文，2008
[192] 赵渤．中国金融监管—风险、挑战、行动纲领．北京：社会科学文献出版社，2008
[193] 中国银行业协会，普华永道．中国银行家调查报告．北京：中国金融出版社，2012
[194] 万荃．推进中国利率市场化研究．吉林大学硕士学位论文，2013
[195] 张军松，吴先满．利率市场化条件下我国商业银行面临的风险研究．商业时代，2010（11）
[196] 谢东昇．外资银行进入对中国银行业的影响．复旦大学硕士学位论文，2012
[197] 张青龙，王舒婷．人民币国际化给我国商业银行带来的机遇与挑战．新金融，2010（10）
[198] 崔鸿雁．建国以来我国金融监管制度思想演进研究．复旦大学硕士学位论文，2012
[199] 黄世忠．公允价值会计的顺周期效应及其应对策略．会计研究，2009（11）
[200] 王晓明．银行信贷与资产价格的顺周期关系研究．金融研究，2010（3）
[201] 高国华，潘英丽．我国商业银行资本充足率顺周期效应研究．经济与管理研究，2010（12）
[202] 张海蔚．论金融危机中的薪酬激励机制的顺周期性及其改进．金融纵横，2010（10）
[203] 蒋海，钟琛，齐洁．对金融监管理论基础及其政策的反思．经济科学，2002（4）
[204] 巴曙松．金融监管框架的演变趋势与商业银行的发展空间．当代财经，2004（1）
[205] 金雪军，李红坤．激励相容监管机制：银行业监管效率的基石．东南大学学报，2005（9）
[206] 罗平．巴塞尔新资本协议研究文献及评述．北京：中国金融出版社，2004
[207] 牛学成．论银行监管者绩效考核和激励约束机制的建立．当代经济，2008（5）
[208] 张维迎．博弈论与信息经济学．上海：上海人民出版社，2004
[209] 袁宝良．中国商业银行准入管理法律制度研究．中国政法大学硕士学位论文，2004
[210] 于宝福．银行业关联交易及规则．北京：社会科学文献出版社，2009
[211] 陈颖．商业银行市场准入与退出机制问题研究．北京：中国人民大学出版社，2007
[212] 赵农，刘小鲁．进入与退出的壁垒：理论及其应用．北京：中国市场出版社，2007
[213] 邢军峰．中国民营银行准入的研究．河南大学硕士学位论文，2004
[214] 诸葛隽．民营金融：基于温州的探索．北京：中国经济出版社，2007
[215] 韩龙．国际金融法．北京：法律出版社，2006

[216] 刘军，李自杰，屠新泉．世界贸易组织概论．首都经济贸易大学出版社，2006
[217] 周仲飞．入世过渡期后的中国外资银行法．上海：上海财经大学出版社，2008
[218] 曾筠清．金融全球化与金融监管立法研究．北京：北京大学出版社，2005
[219] 潘林伟．美国金融监管改革新法案的解析与启示．新金融，2010（10）
[220] 厉鹏．美国金融监管的制度性变革．中国金融，2010（14）
[221] 邱房贵．我国银行监管的主要问题及其法律对策．广西社会科学，2009（8）
[222] 李振强．论我国银行监管法制的完善．经济与法，2010（5）
[223] 曹啸．中国转轨时期民营金融机构的发展困境：一个理论视角．金融论坛，2008（8）
[224] 中国银行业监督管理委员会．农村中小金融机构行政许可事项实施办法，2014 年 3 月 13 日
[225] 中国银行业监督管理委员会．商业银行与内部人和股东关联交易管理办法，2004 年 5 月 1 日
[226] 国务院．中华人民共和国外资银行管理条例，2006
[227] 中国银行业监督管理委员会．中华人民共和国外资银行管理条例实施细则．2006
[228] 姜兴坤，孙健，宋玉．引入所得税的 Merton 模型存款保险定价研究．统计与信息论坛，2013（3）
[229] 于晓非．中国商业银行资本结构优化调整研究．辽宁大学硕士学位论文，2012
[230] 容玲．第三方支付平台竞争策略与产业规制研究．复旦大学硕士学位论文，2012
[231] 张利．美国资产证券化研究．吉林大学硕士学位论文，2013
[232] 肖璞．后危机时代中国有效金融监管问题研究．湖南大学硕士学位论文，2013
[233] 李文泓．资产证券化的资本充足率框架及其对我国的启示．金融研究，2005（8）
[234] 王胜邦．我国商业银行发行次级债券补充资本问题研究．金融纵横，2003（9）
[235] 陈裘逸，张保华．资产证券化定义和模式的检讨——以真实出售为中心．金融研究，2003（10）
[236] 彭惠，李勇．不良资产证券化的收益分析与风险管理——资产证券化对发起人的影响．国际金融研究，2004（6）
[237] 王志强，Hugh Thomas. 银行资产证券化选择问题．世界经济文汇，2004（3）
[238] 罗平，王胜邦，陈颖．积极利用附属资本工具，提高商业银行资本充足率．中国金融，2004（18）
[239] 洪艳蓉．资产证券化若干法律问题比较研究．厦门大学硕士学位论文，2002
[240] 吴海峰．资产证券化理论和实践研究．南京农业大学硕士学位论文，2003
[241] 谢永江．资产证券化特定目的机构研究．中国政法大学硕士学位论文，2004
[242] 陈森松．整合型风险管理策略下或有资本工具研究．武汉大学硕士学位论文，2005
[243] 胡敬新．我国股份制商业银行资本约束条件下多元化融资模式研究．同济大学硕士学位论文，2007
[244] 张泽平．资产证券化的法律制度研究．华东政法大学硕士学位论文，2007
[245] 周乐伟．资产证券化的经济学分析．厦门大学硕士学位论文，2007
[246] 龚澄．中国商业银行全面资本管理研究．西北大学硕士学位论文，2008
[247] 宋国才．巴塞尔协议Ⅲ监管变革及对中国商业银行的挑战．外交学院硕士学位论文，2012

[248] 王琪. 第三方支付企业与商业银行的竞争与合作研究. 首都经济贸易大学硕士学位论文，2012
[249] 产俊.《巴塞尔协议Ⅲ》下我国商业银行资本约束与资本金补充研究. 西南财经大学硕士学位论文，2012
[250] 蔡正旺. 巴塞尔协议Ⅲ下四大监管工具对我国上市银行的影响研究. 西南财经大学硕士学位论文，2011
[251] 洪艳蓉. 中国资产证券化的制度竞争与协调. 证券市场导报，2006（9）
[252] 沈炳熙. 资产证券化与金融改革. 金融研究，2006（9）
[253] 陈新林. 第三方支付发展研究. 特区经济，2007（4）
[254] 中国人民银行海口中心支行课题组，陈小辉. 第三方支付沉淀资金问题及监管. 南方金融，2007（9）
[255] 管同伟. 美国资产证券化的最新进展及其演变趋势. 国际金融研究，2007（10）
[256] 王少波. 资产证券化信用评级：国外模型方法及其借鉴. 当代经济科学，2007（6）沈炳熙，马贱阳. 关于我国开展不良资产证券化的几点认识. 金融研究，2007（12）许多奇. 信息监管：我国信贷资产证券化监管之最优选择. 法学家，2011（1）
[257] 张春燕. 第三方支付平台沉淀资金及利息之法律权属初探——以支付宝为样本. 河北法学，2011（3）
[258] 王元璋，涂晓兵. 试析我国资产证券化的发展及建议. 当代财经，2011（3）
[259] 杨涛. 商业银行信息科技风险评估研究. 统计与信息论坛，2011（5）
[260] 洪艳蓉. 重启资产证券化与我国的发展路径. 证券市场导报，2011（9）
[261] 胡威. 资产证券化的运行机理及其经济效应. 浙江金融，2012（1）
[262] 王保岳. 资产证券化风险研究. 中国社会科学院研究生院硕士学位论文，2009
[263] 王心如. 资产证券化与金融稳定的关联性研究. 吉林大学硕士学位论文，2010
[264] 何韵. 中国资产证券化问题研究. 西南财经大学硕士学位论文，2010
[265] 郑彩琴. 我国资产证券化风险隔离机制之研究. 南京大学硕士学位论文，2012
[266] 纪晓宇. 网络第三方支付监管法律问题研究. 云南大学硕士学位论文，2012
[267] 黄震. P2P 网贷行业的发展现状与未来趋势. 经济导刊，2012（Z3）
[268] 谢平，邹传伟. 互联网金融模式研究. 金融研究，2012（12）
[269] 李博，董亮. 互联网金融的模式与发展. 中国金融，2013（10）
[270] 宫晓林. 互联网金融模式及对传统银行业的影响. 南方金融，2013（5）
[271] 杨群华. 我国互联网金融的特殊风险及防范研究. 金融科技时代，2013（7）
[272] 沈杰. P2P 网贷平台的成因、问题和发展思路. 商，2013（13）
[273] 李倩. 第三方支付沉淀资金风险研究. 上海师范大学硕士学位论文，2013
[274] 孟晶晶. 第三方支付平台监管制度研究. 华东政法大学硕士学位论文，2013
[275] 刘峙廷. 我国 P2P 网络信贷风险评估研究. 广西大学硕士学位论文，2013
[276] 徐显峰. 我国第三方支付发展研究. 西南财经大学硕士学位论文，2013
[277] 陈金磊. 网络金融中第三方支付及其法律规范. 湖南大学硕士学位论文，2007
[278] 汪轶. 我国商业银行信息科技风险监管研究. 西南财经大学硕士学位论文，2011

［279］唐磊．商业银行信息科技风险现状与管理策略分析．中国金融电脑，2009（2）

［280］何茂春．商业银行信息科技风险的量化计量研究．金融论坛，2009（2）

［281］杨涛．商业银行信息科技风险量化与管理研究．信息安全与技术，2010（6）

［282］陈朝晖．商业银行信息科技风险及防控策略研究．北京交通大学硕士学位论文，2009

［283］邵伟琳．基于项目的中学信息科技学习平台的设计与实践．华东师范大学硕士学位论文，2009

［284］美国金融消费者保护 http：//www. consumerfinance. gov/the – bureau/.

［285］Cevdet A Denizer，Mustafa Dinc，Murat Tarimcilar，Financial liberalization and banking efficiency：evidence from Turkey. Journal of Productivity Analysis. 2007.

［286］Borio C . Towards a macroprudential framework for financial supervision and regulation. BIS Working Papers. 2007，11.

［287］IMF. Lessons of the Financial Crisis for Future Regulation of Financial Institutions and Markets and for Liquidity Management. February 4，2009.

［288］Carolyn Currie. A new theory of financial regulation：Predicting，measuring and preventing financial crises. Journal of Socio-Economics. 2006，2：48 ~ 71.

［289］Levine Ross. Financial Development and Economic Growth：Views and Agenda . Journal of Economic Literature. 1997 ，35：688 ~ 726.

［290］Hrishikes Bhattachrya. Irrelevance of Bank Capital Regulation：Return to the Generic Behavior of Capital. Working PaPer. 2006.

［291］Barth James R ，Gerard Jr. ，Caprio，Ross Levine. The Regulation and Supervision of Banks around the World：A New Database. World Bank Working Paper，2001.

［292］Camerer，Colin F，Richard H Thaler. Anomalies：Ultimatums，Dictators，and Manners. Journal of Economic Perspectives. 1995，2：209 ~ 220.

［293］Yingyi Qian. The process of China’ s market transition（1978 – 1998）：The evolutionary，Historical，and Comparative Perspectives. Stanford University.

［294］Saez Lawrence，Yang Joy. The deregulation of state-owned enterprises in India and China. Comparative Economic Studies. September 2001：69 ~ 97.

［295］Wong Y C Richard，Wong M L Sonia. Competition in China′s domestic banking industry. Cato Journal. 2001，2：19 ~ 41.

［296］Anonymous. Finance and economics：The worst banking system in Asia. The Economist. May 1998：65 ~ 66.

［297］Gilley，Bruce，Murphy David. Why China needs a real central bank. Far Eastern Economic Review. May 24，2001：48 ~ 52.

［298］Peter Stein. China's Bank Regulation Offers Needed Reassurance. The Wall Street Journal. December 2009.

［299］Diamond，Douglas W. ，Phillip H. Dybvig. Bank Runs，Deposit Insurance and Liquidity. Journal of Political Economy. June 1983，91.

［300］Gilbert，R. Alton，Andrew P Meyer，ect. Could a CAMELS Downgrade Model Improve Off – site Surveillance. Review – Federal Reserve Bank of St. Louis. 2002, 84.

[301] Maximilian J. B Hall. Banking regulation and supervision in Japan: Some issues and concerns. Journal of Financial Regulation and Compliance, 2003, Vol. 11 (1).

[302] Fischer, Karl – Herman, Pfeil, Christian, The German Financial System. Oxford University Press. 2003: 291 ~ 349.

[303] Chukwuogor – Ndu, C., Wetmore, J.. Comparative Performance Evaluation of Small, Medium and Large U. S. Commercial Banks. Banks and Bank Systems. 2006, 1 (2): 123 ~ 135.

[304] Lacewell, S. K., White, L. R., Rogers, K. E.. An Analysis of Alternative Profit Efficiency Scores and Financial Ratios: Does Bank Size Matter?. Journal of Commercial Banking and Finance, 2002, 1: 23 ~ 30.

[305] Bergera, A. N., Millerb, N. H., Petersenc, M. A., Rajand, R. G., Steine, J. C.. Does Function Follow Organizational Form? Evidence from the Lending Practices of Large and Small Banks. Journal of Financial Economics, 2005, 76 (2): 237 ~ 269.

[306] Ben S. Bernanke and Mark Gertler, Inside the Black Box: The Credit Channel of Monetary Policy Transmission, The Journal of Economic Perspectives, Autumn 1995, 9 (4): 27 ~ 48.

[307] Nobuhiro Kiyotaki and John Moore, Credit Cycles. Journal of Political Economy?, April 1997, 105 (2): 211 ~ 248.

[308] Edmans, Alex and Gabaix, Xavier and Sadzik, Tomasz and Sannikov, Yuliy, Dynamic CEO Compensation Journal of Finance. October 2012, 67 (5): 1603 ~ 1647.

[309] Borio C, Lowe P. Assessing the risk of banking crises. BIS Quarterly Review. 2002.

[310] Claudio Borio, Haibin Zhu. Capital regulation, risk-taking and monetary policy: a missing link in the transmission mechanism. BIS Working Papers. December2008.

[311] M Bordo, B Eichengreen, D Klingebiel, MS Martinez-Peria. Financial crises lessons from the last 120 years. Econ Policy. 2001, 32: 53 ~ 82.

[312] George J. Stigler. The Optimum Enforcement of Laws, Journal of Political Economy, May-Jun., 1970, 78 (3): 526 ~ 536.

[313] Berger, A. N., Davies, S., Flannery, M. J. Comparing market and supervisory assessments of bank performance: Who knows what when? Journal of Money, Credit and banking, 2000, 32 (3): 641 ~ 670.

[314] Llewellyn D. T.. Inside the Black Box of Market Discipline. Economic Affairs, 2005, 25: 41 ~ 47.

[315] Demirguc-Kunt A, Detragiache E. 2000. Does deposit insurance increase banking system stability? An empirical investigation. IMF working paper WP/00/03.

[316] Levine R.. Foreign Bank, Financial Development, and Economic Growth. In: Clande E. B. (Ed), International Financial Markets. Washington, D. C., United States: AEI Press, 1996.

[317] Agenor P. R.. Benefits and Costs of International Financial Integration: Theory and Facts. Working Papers-International Economics. Trade, Capital flows. No. 2699. World Bank, Washington, D. C., United States (10), 2001.

[318] Asli Demirguc Kunt, Luc Laeven, Ross Levine. Regulation, Market Structure, Institution, and the Cost of Financial Intermediation. Federal Reserve Bank of Cleveland. August 2003.

[319] Barth, Caprio and Levine, The Regulation and Supervision of Banks Around the World. World Bank. Working Paper. 2001.

[320] Bresnahan, T. F , Reiss, P. C. Entry and Competition in Concentrated Markets. Journal of Political Economy. University of Chicago Press. 1989, 99 (5) .

[321] Charles W. Calomiris, Carlos D. Ramirez. The Political Economy of Bank Entry Restrictions: Theory and Evidence from the U. S. in the 1920' s. Comments Welcome. 2004.

[322] Demsetz, Harold, Barriers to Entry. American Economic Review. American Economic Association. 1982, 72 (1) .

[323] Shapiro, D. and R. S, Khemani, The Determinants of Entry and Exit Reconsidered. International Journal of Industrial Organization. 1987, 5.

[324] Spence, A. M. Entry, Capital, Investment and Oligopolistic Pricing. Bell Journal of Economy. 1977, 10.

[325] Stiglitz, Joseph E. and Andrew Weiss . Credit Rationing in Markets with Imperfect Information. American Economic Review. 1991, 71.

[326] Wenders, John T. Collusion and Entry. Journal of Political Economy. 1971, 79.